成为有信念的教师

CHENG WEI YOU XIN NIAN DE JIAO SHI

肖川 著

CnS PUBLISHING & MEDIA 中南出版传媒

岳麓書社·长沙

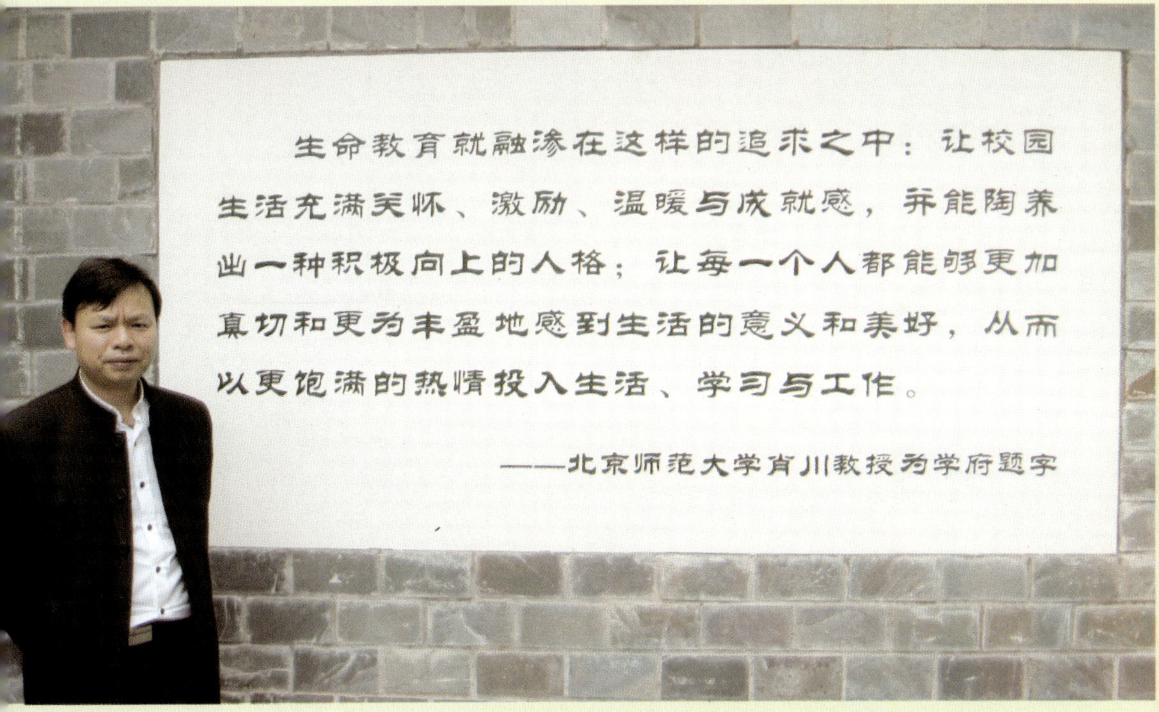
生命教育就融渗在这样的追求之中：让校园生活充满关怀、激励、温暖与成就感，并能陶养出一种积极向上的人格；让每一个人都能够更加真切和更为丰盈地感到生活的意义和美好，从而以更饱满的热情投入生活、学习与工作。
——北京师范大学肖川教授为学府题字

目录

教育之情状

让教育充满信念

我这样看世界

创造恰切的教育

教育如歌，且歌且行

自序：直抵内心的言说

教育随笔，作为一种教育思想的表达方式，受到越来越多的有识之士的厚爱与青睐。原因恐怕就在于教育随笔自身的内在质素。在我看来，教育随笔，得其真味的也许就在一个“随”字：随和，随意，随缘。

随笔，没有居高临下的霸气，没有正襟危坐的俨然，没有煞有介事的虚假，没有耳提面命的烦闷。像朋友之间的抵膝而谈，不求全面，不求“客观”，不求严谨，甚至也不求立论的“公允”、命题的“科学”；只求遣一己之意趣，痛快淋漓地嬉笑怒骂。它不奢望成为重大决策的依据，也不企望成为学术积累的文献。它表达一种情怀，一种趣味，一种心境，一种追求。文章本由心而生。也许，表达所产生的快乐是人们写作的真正动力，至少对我来说是这样。

不急不躁，不温不火，漫不经心，亲切自然，这大概就是随笔的品性。它可能非常的温情，非常的纤细，非常的文质彬彬，非常的布尔乔亚，因而就可能异常的隽永，异常的精致，异常的耐人寻味。尽管我还做得很不好。“虽不能至，心向往之”吧，也算一种追求。毕竟，附庸而后风雅。

随笔不是投枪，不是匕首，不是檄文，也不是战斗的号角；它不是为了晋升职称而炮制的论文，也不是为了课题交差而拼凑的“成果”。它是有感而发、不吐不快的大实话。它力图用感性的文字表达理性的思考，用诗意的语言描绘多彩的教育世界。

法国的社会学家皮埃尔·布尔迪厄(Pierre Bourdiea)就十分反感一种偏见：人们自然而然认为，严肃或深刻就必然是乏味的，令人生厌的。

他与艺术家哈克达成共识:文化活动中最重要的是趣味,人们应当从中得到乐趣。如果作品本身没有趣味,不能使人得到乐趣,人们就会到别处去寻找乐趣。人们阅读的动机是多种多样的,其中一定包括怡情。

其实,早在100多年前,英国批评家哈兹利特就曾指出:“以亲切的风格写作,不是容易的事。许多的人误以为亲切的风格即是通俗的风格,写文章而不矫揉造作即是随随便便地信笔所至。相反,我所谓的亲切的风格,最需要准确性,也可以说最需要纯洁的表现。不但要排斥一切无意义的铺张,而且也要芟除一切庸俗的术语,松懈的、无关的、信笔拈来的词句。不是首先想到一个字便写下来,而是要选用大家常用的最好的一个字;不是任意地把字组合起来,而是要使用语文中之真正的惯用的语法。”随笔是亲切的,却并不随便。在轻盈、轻巧之中,它透着一种内在的严肃与庄重。

在一些大手笔的学者看来,随笔这东西不过是些小打小闹的玩艺,成不了气候。而我一向固执地认为,能写好小文章的人,一定能写好大文章;能写好大文章的人,却不见得也能写好小文章。这大概就因为,小文章如同小楷,稍有纰漏,就会一览无遗,而大文章如同狂草,只要整体布局得当,有些小毛病,也不大要紧;小文章得讲究遣词造句,讲究起承转合,讲究情趣、理趣和文趣,而大文章不大需要讲究这些。当然,这两者不太好比,毕竟建造大型建筑物要比雕琢盆景更费时、更费力,也更费材料。比较正确的态度就是“各美其美,多元共存”。在学术的百花园中,多一种品种,又有什么不好呢?

试想一下,广大教师对于教育的理论兴趣是如何产生的?在我看来,只有当理论的光芒照亮黑暗的角落,凸现了存在于角落里的事物的基本轮廓,而唤起了教师进一步了解其细节的冲动与渴盼时,理论的兴趣才开始产生。教育存在于我们日常的、细微的、不经意的行为之中。而教育随笔的独特之处就在于能够对那些司空见惯、习以为常的现象以小见大,见微知著,以孔窥豹,洞幽察微。正因为如此,教育随笔才有助于培养和激发教师的理论兴趣。

其实,随笔不仅是一种写作的风格,更是一种生活态度的自然流露。

正如诗云:“删繁就简三秋树,领异标新二月花”,“看似寻常最奇崛,成如容易却艰辛”。在大学校园生活过的人当秉有一种精神特质,那就是健康心态的批判性与对有尊严的多样性的崇尚。他们应该是自由思想的创获者,是妖术与谎言的揭秘者。

真正经得起历史检验的文字一定是基于“个人经验,民间立场和批判意识”的。批判意识并不意味着只有抨击、否定与蔑视,没有认同、肯定与欣赏。但对于知识分子来说,只有拒绝赞美、歌颂现状,才能不躺在业已取得的成绩上沾沾自喜,才能确认继续前行的理想的路标,才能升华出更高的理想;只有严肃地对社会生活中的各种阴暗与丑恶的现象进行无情的揭露、批判、抨击和否定,才能更好地凸现正义与良知的可贵,也才能对美好的事物、崇高的价值最终有所肯定。

爱的反面不是恨,而是冷漠。批判是基于一种深刻的爱。正如自由知识分子徐复观先生所言,“假定我们没有对国家民族的真挚的爱,便不会写许多文章,惹出许多麻烦。在我看来,真正的自由主义者,也自然而然的是一个爱国者”。

当代西方思想家柏林有言:思想家不是时代进步的动力,也不是时代进步的征兆,他们是时代进步的代言人。我衷心地渴望:任何一个能将日常的经验升华成为具有永恒生命力的光辉灿烂的东西的人,可以自由自在地、尽量完整地表达自我。

这也是人类永恒的渴望。一个不争的事实是:思想在学习和相互交流中生成,在思考中得到提升,在写作中得以梳理。文字的奇迹也可能变为生活的奇迹——我们的认识、阐释、命名和书写能够将人性的尊严以及优美的光辉赋予我们的生活。更何况我们的时代需要思想,我们的教育需要思想。让我们能自由地、充分地交流——以美好的心情和语言,以美好的理想与文体。

教育是什么

一个父亲令孩子跪在地上,用尖刻的言辞训斥孩子,还口口声声说:“今天我就要好好教育你。”可人们或许说:“这哪是教育,简直是对孩子的侮辱和摧残。”可见,“教育”是一个与一系列评价标准相联系的规范性概念。

教育,作为实践主体一种自觉的活动,我们既可以从价值—目标追求来作出命题,也可以从过程所具有的特质来作出命题,还可以从活动所产生的效果来作出命题。正如盖列(W.B.Gallie)所说,有些概念“在本质上错综复杂,必然引起争论”,人们经常使用这些概念,但对它们却没有作出令人满意的解释。教育概念正是这样一个典型。

在中文的文献中,《中庸》是最早对“教育”作出命题的:“天命之谓性,率性之谓道,修道之谓教。道也者,不可须臾离也;可离,非道也。”意思是说:上天所赋予人的气质叫做性,依照本性去做事叫做道,使人修养遵循道的过程就是教化。这个道,不能离开我的身心片刻;如果可以离开,那就不是正道了。“修道”既是作为目标追求,也是活动过程。

我们可以罗列出关于教育的若干陈述。现代教育学把教育区分为广义与狭义的两种概念。广义的教育自有人类社会以来就已产生。这种教育存在于各种生产、生活活动之中。凡是一切增进人们知识、技能、身体健康以及形成和改变人们思想意识的过程,统可归之于这种广义的教育。把狭义的教育定义为:教育者按照一定的社会要求,向受教育者的身心施加有目的、有计划、有组织的影响，以使受教育者发生预期变化的活动。(南京师范大学教育系编《教育学》，人民教育出版社，1984年，第18~19页)

教育不仅是人类社会发展和个体人生旅程不可或缺的要素，也是联结个人和社会的重要纽带。它还联结着人类文明的历史、现实与未来。教育是人类关于自身的理想对象化的主要方式，也是人类自我塑造的主要方式，是人类社会所特有的更新性再生系统。

在我们这个星球上每天都有成千上万的学生走进学校，走进教室，他们希望自己的学习兴趣得到激发，学习的需要得到满足。渴望自己在学习的过程中做的每一件事情都是有意义的，希望通过付出的努力获得成长，变得越来越有力量。作为教师，每天也都在试图引导学生去做一些有意义的事情、思考一些重要的问题、建构他们对世界的新的认识。父母希望自己的孩子受到良好的教育，社会机构希望学校培养有良好的现代文明教养的公民和训练有素的专业人员。美国教育家、永恒主义教育流派代表人物罗伯特·赫钦斯(Robert Maynard Hutchins,1899—1977)曾写道："什么是教育?教育就是帮助学生学会自己思考，作出独立的判断，并作为一个负责的公民参加工作。"(《现代西方资产阶级教育思想流派论著选》，人民教育出版社，1980年，第214页)人们将许许多多的希望寄托在我们称之为"教育"的事情上。我们如何来确认孩子们在学校中受到的可真是"教育"而不是愚弄或误导?我们可以用什么来保证他们的合理期待不会落空?!

如果我们在行动的时候是无目的的，几乎就不可能说我们是在做任何事情。在杜威看来，教育的目的，在于通过组织保证继续生长的各种力量，以保证教育得以继续进行。使人们乐于从生活本身学习，并乐于把生活条件造成一种境界，使人人在生活过程中学习，这就是学校教育的最好的产物。(钟启泉编著《现代课程论》，上海教育出版社，1998年，第30页)

从目标追求的意义上说，教育就是施加影响以便对方成为我们希望成为的人的自觉活动。教育是受理想所导引、激励、鼓舞和推动的活动，在教育理想的谱系中，有关“受过教育的人”的理想是最为重要的。“受过教育的人是这样一种人：他倾向于某些行为方式而不倾向于另一些行为方式；他具有诸如审慎、关心个人利益等一般性的品质（也包括派生出的诸如勇气与克制等品质），如果从更广泛的角度来考察，还应该包括那些更具有道德意味的品德如：仁慈、公正、诚实、宽容、讲信用。真正受过教育的人往往崇尚人的自主性（autonomy），因而他自己就富有主见，并对其他人的独立思想持同情态度。他能使自己从狭隘的目的中超脱出来，并运用想象力去理解其它人的思想。”[（英）约翰·怀特《再论教育目的》，教育科学出版社，1992年，第144页]希望教育达到怎样的目标，取决于人们个人的政治哲学和生活哲学。

教育是一个过程，正如道德教育哲学家彼得斯（R.S.Peters）指出的，“‘教育’这个概念已把某种有价值的东西应被得到这一准则包含其中。它意指某种有价值的东西正在被人们以一种在道德上可以接受的方式所传递”。（瞿葆奎主编《教育学文集·德育》，人民教育出版社，1989年，第682页）彼得斯指出：“暗含在‘教育’核心中的准则是：（a）‘教育’暗含把有价值的东西传递给那些与将受这些价值所约束的人。（b）‘教育’必须包括实证的知识、理解以及某种认知角度。（c）‘教育’至少要排除某些传递的程序步骤，其依据是这些步骤不能激起学习者的意愿和主动性。”（麦克莱伦著，宋少云等译《教育哲学》，生活·读书·新知三联书店，1988年，第39页）

厄尔·凯利（E.Kelly）在《回归民主》一书中指出：“衡量我们在教育上所作努力的一种简易方法，就是根据民主的原则去判断它们……（a）每个人都有价值，都重要……他有权利得到人的待遇。不管他的出身或被迫在期间生活的环境怎样，他在法律上具有平等的权利。（b）个人比一切事物都重要。政府和学校——由许多个人创立而为许多个人服务——是我们生活的方式的体现……（c）每个人都是独特的。他不同于生活着的其他人……（d）每个人都有其独特的目的，这些目的指引着他，使他的能力能够得到最大的发挥。（e）自由是民主国家的生活的必要条件，但它并不意味着一个人可以自由地为所欲为。不管是什么人，只要他与别人为邻，他就没有这种为所欲为的权利，因为别人也有必须受到尊重的权利……如果我们要强调学习者本身，则不可能有比民主的理想更好的参照点了。它具有得到大家一致赞同的优点。”（转引自瞿葆奎主编《教育学文集·德育》，人民教育出版社，1989 年，第 539 页）

教育，包括训练，却不是训练。在这里训练既包括心智技能、动作技能的训练，也包括日常行为习惯的训练；教育区别于训练在于教育必定包含精神的因素，有着人格的陶融和心灵的憧憬，最高明的单纯的技能训练也只能将人制造成最有效率的工具。20 世纪初德国以施普兰格为代表文化教育学派对“教育”的定义强调的就是教育的精神性的一面：“所谓教育，是将一人的爱移渡于他人的心中的意志，而这意志则在使人之价值受纳性与价值创造性的全体从其内部而发展之。”“教育是使包含在‘文化材’中的普遍妥当的文化价值在受教育者人格中实现的活动。”（蒋径三主编《文化教育学》，商务印书馆，1936 年，第 97、141 页）

尽管一个学生可以拒绝某些传授的东西，所传授的大量内容还是被学生不假批判地接受了。虽然为了把这种传授的过程视为教育，它必须满足“最低限度的知情和自愿的要求”，但学生也不能充分估价自己正在学习的东西。

“教育不是把外面的东西强迫儿童或青年去吸收，而是要使人类‘与生俱来的能力’得到生长。”（《杜威教育论著选》，华东师范大学出版社，1981 年，第 131 页）在杜威看来，道德教育根本上是促使学生通过理智的思考，选择对现在是有意义的生活方式，而不是灌输一系列道德准则。巴西学者弗莱雷对此有深刻认识。他认为传统教育类似于“银行储蓄”，也就是说，教育成了一种储蓄行动，而不是一种创造活动——学生是储蓄所，教师则是储蓄者。教师在学生那里储蓄越多，就越是个好教师。可见，学校里进行的灌输要远远超过大多数人的想象。

“教育就是对自己的和他人的生活的意义执著地、不懈地追求……教师通过讲述、读写以及倾听自己的和他人的生命的故事来跨越文化障碍，发现自己的潜能和他人的正直、诚实，加深对自己以及他人的生活经历的理解，从而更好地认识自我、认识他人，带领着大家一起超越自我。”

[(美)Linda Torp,Sara Sage 著,刘孝群、李小平译《基于问题的学习——让学习变得轻松而有趣》,中国轻工业出版社,2004 年,第 17 页]这是威尔瑞(Witherell)和诺丁斯(Noddings)(1991)对教育的理解。

由于教育是一个人际交往的过程，教师在这个过程中要有传达情感、知觉、技能、观念以及处理各种抽象关系的办法,所以,有效的教育取决于有效的交往,即使在建立了和谐的关系之后,也是如此。

有效的交往包括真诚、非权势、积极相待和交往的技能:真诚就其最基本的意义来说,指开诚布公,行事不伪饰,不以个人的权威或职业地位作掩护。有的教师时常以个人的职业地位或权威掩饰自己的弱点,这样做无疑会脱离学生。

非权势的教师是相对于权势的教师而言，意指这种不持居高临下、盛气凌人的态度。出于帮助人的热情和向往成效,直至今日,教师仍抵制不住权势的引诱,试图在最大的程度上影响和指导学生的生活。当然,这种态度对有些学生能奏效,但对另一些学生则不能奏效,这取决于学生的个性。积极相待基于这样一种设想,如果帮助者对要帮助的人持积极、认可态度,那么发展和变化最有可能发生。

教育基本上是一种言语过程，其中要用词来传递各种抽象的情感,见解与观念,因此教师应精通他所使用的语言,以便能够在各种情境下,就不同的课题同学生交往,并使之成为清楚明确的说话方式等等,而且还意味着要用学生最能理解的语言来表达思想和意义。(邵瑞珍主编《教育心理学》,上海教育出版社,1997 年,第 380 页)

布鲁纳在《论认知》(On Knowing,1962)中强调过:“所谓教育,终究是要发展心智能力与感受性。……教育必须使智能发挥作用,借助个人超越自身的社会世界的文化方式,去开辟哪怕是些微的新局面,创造出自身的文化来。”“学校,是进入心智的门户。确实,学校是生活本身,不单是生活的准备。但是,学校终究是特殊的生活形式。人的富于可塑性的时期,是人之所以称之为人类的发展特征,是人类区别于其他动物之所在。最有效地利用这个时期并周密地计划的生活的形式,便是学校。……学校这个地方,首先是旨在使人类运用智慧,发现新的因素,和这未曾想象过的新型经验世界——同此前的世界非连续的经验世界——飞跃的特殊社会。"因此，布鲁纳说："我们也许可以认为，教育的最一般的目标就是追求卓越性(excellence)。这个词，不仅意味着教育成绩优异的学生，而且也意味着帮助每一个学生获得最好的智力发展。"这样，"如果促使了所有的学生能充分利用他们的智力，就将使我们这个处于技术和社会异常复杂的时代的民主国家，有更好的生存机会"。(钟启泉编著《现代课程论》，上海教育出版社，1998 年，第 111 页)教育作为传承文明和接续历史的活动，它要让每一个学生都获得成功。

理解"教育"的关键词

用概括出"关键词"来梳理出一个学术领域的基本样貌，是当今国际学术界一个比较流行的做法。它的可取之处是可以做到纲举目张、以简驭繁。当然，它也的确有冒顾此失彼、挂一漏万的危险的可能。况且，哪些词可以作为关键词，不同的学者会有不同的理解。但不管怎样，这一学术探索和表达的方式仍然是有着无可争辩的价值的。

基于我的教育探索，基于我对教育的理想与信念，如下一些词应该是理解"教育"的关键词：学习领域，学生的发展，生命教育，公民教育，经验课程，有效教学，课堂互动，知识建构，教师成长，学校文化。

学习领域　学习是对学生来说"有意义的活动"的精蕴。今天年轻一代究竟该学些什么？学习内容的性质又是怎样的？这是教育者不可回避的问题。人类纷繁复杂的学习活动，从其性质来说，无外乎这六大领域：语言、数学、科学与技术、艺术、历史与社会(包括社会实践)、体育与健康。任何学习，从其内容来说，都可涵括在这六大领域之内。这六大学习领域的划分，有助于我们对学习内容与人类生活之间关联的认识，亦即根据学习领域所建构的课程学习的意义。

与"学习领域"相关联的是"学习主题"。每一个学习领域都有不同层级、不同谱系的学习主题。认识到这一点，对于我们教师建构知识的系统框架,从而自觉地帮助学生建构出知识的系统框架,有着很重要的价值。过去,广大中小学教师只有关于“课”的观念,一节一节地上课,却很少思考或清晰地意识到“课”的知识内容是如何组织起来的,这也是教师课程意识缺失的一个表现。

学生的发展　从教育活动的绩效来看,我们的目的就是促进学生的发展。至于“促进学生的发展又究竟为了什么”,这是一个更高的、带有教育终极价值关怀的问题。

学生是有着发展需要和丰富的发展潜力的一类人。“发展”又究竟意味着什么呢?怎样的变化可称之为发展呢?这有一个“发展观”的问题。首先是我们将学生发展的关注点放在哪里? 我们又如何来检测学生的发展?在我看来,学生理想的发展应该是“自主的发展,和谐的发展,有特色的发展和可持续的发展”。从“认识、情感、态度(价值观)、技能”这四个维度来关注和检测学生的发展是实现学生理想发展的概念框架和实践策略。这个概念框架较之于“德智体美”或“德智体美劳”要合理得多。

生命教育　生命教育是当今国际教育界的一面旗帜, 原因就在于:只有能够关注生命、促进生命成长并进而成全生命的教育,才是真正具有“善的目的”的教育。对于当今中国来说,教育领域的小敲小打、缝缝补补的改革虽然对教育的发展能够有所助益,但是也必须认识到这样一个事实——教育原有的根本性东西并没有真正被触及,具体个人的生命状况仍然并不乐观。我们的教育无助于学生生命尊严的提升,而有愧于学生生命尊严的失落。

我理解的生命教育有三个层次:生命教育作为教育的价值追求——我们的教育——真正人道的教育,不仅要对学生的升学考试负责,更要对学生一生的生命质量负责,要为学生的幸福人生奠基。这是生命教育的第一个层次。

生命教育的第二个层次是作为教育的存在形态——它关注学生当下的生命状态,努力创造生命化的校园,生命化的课堂。让课堂充满关注生命的气息,让生命的活力充分地涌流,让智慧之花尽情绽放,是生命教育视域中教学的自觉追求。

生命教育是一个有着明确的价值追求而又涵括着多重主题的教育实践领域，因而是地方课程与学校校本课程开发与建设的重要主题和领域。这些领域和主题包括：安全教育，信仰教育，感恩教育，死亡教育，人权教育，和平教育。这是生命教育的第三个层次。

公民教育　教育、个人、社会，这三者的繁复关系是我们理解教育的最基本结构。教育要服务于个人，因而我们强调生命教育，强调教育要为学生的幸福人生奠基；教育也需要服务于社会，所以我们强调公民教育，强调教育要为自由社会培养合格的公民。

用英国经济学家马歇尔（T.H.Marshall）的话说，公民身份（citizenship）是指个人作为一个主权国家或民族国家普通的成员，享有与他人同等权利和待遇的资格。他还认为，公民权利至少包含三类权利：民权，包括与个人自由相关的一些基本权利；政治权，具体说就是选举权和被选举权；社会权利，即公民享有国家提供的经济保障、教育、基本的生活和文明条件等的权利。这些权利在某种程度上呈层层递进的关系，民权的实现有利于促进选举权，选举权的完善有利于促进各项社会权利。

一个真正的公民，他既不是唯命是从、逆来顺受的草民，也不是明火执仗、以暴制暴的暴民。公民对于自己的权利和义务，不仅具有认同意识，而且还有自觉意识。一个真正的公民，应该将自由、平等、博爱、和谐、幸福、人权、民主、宪政、法治、和平这些人类共同创造的普世性价值看做是自己的个人目标并正确理解之。

中国过去的政治挂帅、空话连篇的说教，其实是一种精神奴役。在公民社会远远没有充分发育的环境里，我们需要真正的公民教育，通过“立人”而“立国”。人类的文明史充分证明：所有已经实现了现代化的国家，莫不以保护人民的自由与公民权利为第一任务。历史也已经证明：只有人民最自由的国家才能成为最稳定、最繁荣、最和谐、最强盛的国家。

经验课程　“理想的课程，文本的课程，感悟的课程，运作的课程，经验的课程”是美国课程专家古德莱德（J.I.Goodlad）提出的一个概念框架。它要描述和解释的无非是：假如存在于我们头脑中的“理想的课程”，它的确是代表着人性、正义的课程，那怎么样变成学生“经验的课程”，落实在学生真切的发展上呢?这首先取决于课程标准、教材是否编得好;其次取决于教师的素质是否足够的高,能否很好地领悟文本;再次取决于学校教学的条件以及教师的"怎么教";最后还取决于学生的素质,而学生的素质又取决于社会文明的发展程度,取决于家庭及所在社区的文化水准。只有当我们所有的教育追求和努力真正变成学生的生命经历和体验时,我们良好的教育理想才不是"画饼",因为从学生的需要出发,从学生已有的知识背景和经验背景出发,我们的追求才有了一个正确的起点。

有效教学 "有效教学"这一概念首先意味着并不是所有的教学都是有意义和有价值的,它可能是低效的、无效的,甚至可能是负效的。何种教学就可称为"有效教学",也就是说,满足何种条件或具备哪些特征就可算作"有效教学"?基于自主学习的观念,有效教学应具备以下几方面的特征:学生非常明确学习的意义;有明确的学习主题和任务;对于教学过程学生有实质性的参与;新知识的学习是基于学生已有的经验背景;将认知策略和学习策略作为学生发展的一个重要的关注点。

美国密苏里州的教育目标:知识+表现=成功。这个公式对于我们理解什么是"有效教学"是有帮助的——"通过在实践中整合和运用基础知识和技能,以及使用各种办法通过所有的训练,学生将会对经验学习更有兴趣和动力。这种学习在考试过后仍长久地留在学生的脑海中,作为超越课堂直至成功的一块跳板。""表现性目标"就是提出需要学生从事的活动,它描述的是学生的心理感受、体验和明确安排学生表现的机会。

"有效教学",对教师来说,意味着精神享受,意味着尊严的获得与提升,意味着生命价值的实现。而对学生来说,意味着智力的愉悦、情感的陶冶、心灵的净化和道德的升华。

课堂互动 今天我们课堂在很大程度上仍是教师的"讲堂"。造成这一现象的原因很多,其中"传统习惯"所塑造的我们的性格是重要原因。我们的个性普遍缺乏表现力,我们大多过于内敛,过于拘谨,而缺乏奔放的、洋溢的生命活力。这也是为什么我要将"课堂互动"特别强调的一个原因。学生的课堂生活影响着学生性格的形成。如果学生没有足够的参与课堂和表现自我的机会，那么，久而久之就会形成过于内向、拘谨的不良性格。

乐于表达内心真实的想法，乐于心平气和、客观理性地一起辩论，是民主社会的建设者的重要品质，我们要特别注重培养我们未来社会的建设者通过商谈来解决冲突、分歧而达成共识的思想意识和行为习惯，这是我特别强调“课堂互动”的第二个原因。

“课堂互动”也是实现学生知识建构的重要形式和过程——这是一个产生想法和发展想法的过程：你的思想会点燃我的思想，而我的思想又可能丰富、深化或修正你的思想。当我们对一个问题理解和意见一致时，我们就有可能实现由“知”到“信”的转变；当我们理解和意见不一致时，则有可能开阔我们的思路，实现对问题的多元理解。

知识建构　20世纪的美国诗人佛罗斯特(Robert Frost)有一名言：“双目合，视乃得。”(My two eyes make one in sight.)这句诗包含着建构主义的一个重要思想：学习者是在自己已有知识与经验的基础上来建构对世界的认识的。孟子讲“万物皆备于我矣。反身而诚，乐莫大焉”(《孟子·尽心上》)，陆九渊提出“吾心即是宇宙，宇宙即是吾心”，王守仁讲的“心即理”、“心外无理；心外无物”，其实都是强调我们“看”(认识、理解)世界，主要不是凭肉眼，更多的是凭“心眼”，即我们头脑中的认识结构、我们的信念、价值观、兴趣与需要以及已有的知识和经验。

知识建构也意味着教学不是一个“客观知识”的“授—受”的过程，学生的头脑也不是一个容器，知识只能由学生自主建构。教师是学生知识建构的促进者。教师如何促进学生知识的建构呢?通过创设真实的学习情境，通过提供必要的学习资源，通过必要的强化和反馈来实现。

教师成长　凭经验我们就可以认同：在学校教育情境中，影响学生发展水平的最重要因素是教师。实践证明，通过校本培训来促进教师成长，是一条有效的途径。校本教研的真正目的是将先进的教育理念转变为教师的教育素养，所以是校本培训的一种实践策略。

今天，学者们概括出的“专家引领，自我反思，同伴互助”的教师成长模式，其可取之处就在于：在社会分工越来越专业化的现时代，教育专家作为“术业有专攻”的人，他们是能够给广大教师以专业引领的。这可以通过专家深入学校的合作研究，专家的学术报告和教师仔细阅读专家著作来实现。对自我经验的反思，是教师提升教育智慧的不二法门，但自我反思有个前提就是理论的学习。英国学者波斯纳（G.J.Posner，1989）提出的“经验 + 反思 = 成长”的公式，应该修正为“理论学习 + 对经验的反思 = 成长”。没有理论武装的反思必定是缺乏深度的、低效的，甚至可能是“瞎琢磨”。“同伴互助”创造着一种学习与探索的精神氛围，一个“心理场”。同伴之间的相互切磋、相互砥砺、相互提醒和相互借鉴，能够有效地整体提高一个团队的教育素养。

学校文化 学校是一种社会机构，任何机构都有其文化。作为学校文化，有三个基本元素：使命（mission）、愿景（vision）和核心价值（core value）。所谓“使命”就是学校要为一个什么样的社会培养什么样的人，这背后就蕴涵着社会理想，特别是政治信念。“愿景”就是一个团队的成员共同认可的，并愿意为之付出努力的富有感召力的前景和目标。学校的明天是一幅怎样的图景？我们在向着一个怎样的目标努力？为了培育学校的“愿景”，就需要系统地规划学校，尤其是要给学校一个合理的定位。而“核心价值”就是全校师生需要共同守护的原则、规范和价值观。核心价值可以体现在学校的校训中，更体现在学校全体师生的思想和行为之中，体现在教风和学风之中。人是文化的产物，也是文化的创造者，同时还是文化的载体。在学校中，每一个人都是学校文化的体现者、创造者和传承者。

教育的存在形态

关于教育我们可以作若干个命题，因为教育是一个十分复杂的社会文化现象（事件）。作为“文化—心理”过程，作为个体心理遭遇人类文化的过程，教育是一个“价值引导与自主建构相统一”的过程。教育究竟有哪些最基本的存在形态呢？对这个问题的讨论，将有助于我们获得对教育的更为完整的理解和更为自觉的筹划。

教育的第一种重要的存在形态是熏陶。在一定的情境和氛围中，通过富于感召力、感染力的，充满真诚的叙说、展示或待人接物中自然流露出的态度与情怀，给予学生潜移默化的影响，起到春风化雨、润物无声的效果。隐蔽课程（hidden curriculum）的存在就是熏陶作为教育的一种存在形态的证明。熏陶更多地作用于情感，作用于气质和性格。一所学校的校风、学风之所以重要，就在于它无时不在地熏陶着所有“在场”的人。作为发展中的人，面对教师，一定会期盼“让岑寂的心灵，邂逅你的笑靥”，在你真诚的微笑里，蓄满教育的阳光。

有明确规划的学习领域和学习主题，并以这些学习主题为切入点，系统地了解、理解、熟识和掌握人类文明在这些主题上已有的认识成果，这是教育的另一种重要的存在形态，我们可以将其称之为“主题学习”。将人类认识成果转化为个体的认识，将公共知识转化为个体的知识，帮助学生高效地分享人类文明的最主要的成就，是教育最经常、最基本的任务。究竟要学习哪些主题？如何来学习这些主题？这是另一个问题。这取决于我们的理想信念、知识观和学习观。

教育的第三种存在形态是训练。受过教育的人，一定是在某些方面训练有素的人。比如，学术训练。人类学家，受过人类学的专业训练，他一定会做田野研究；还有体育运动的技能训练；音乐教育中乐器弹奏的技能训练；美术教育中绘画技能的训练；道德推理技能的训练。训练是心智技能形成和熟练所必须的。训练中就包含示范（演示）、模仿、强化（反馈）、调节（矫正）等等。“操千曲而后晓声，观千剑而后识器。”语言学习中就有朗读训练、速记训练和写作训练。学习总是由浅入深，由不系统不全面到系统全面；训练总是由少到多，由易到难，由简单到复杂，由模仿到创造，由粗疏到工巧等，都是沿着由低到高、由生到熟、由粗到精的序列前进的。我们的教育中有意义的、有价值的训练其实不是太多，而是太少。

“规范化训练”是我们的社会中广泛存在的一个现象、领域、技术和制度。对于规范化（normalization）的强调，我们是需要保持警惕的。我们不仅要反对那种盲目的、机械的、带有变相体罚意味的训练，我们也需要自觉地审视对于“规范化训练”之强调的更大的社会和文化背景。

教育的第四种存在形态是自由探索。发展学生自由探索的内在需要，是教育的重要目标，让学生有自由探索的时间、空间、素材和心境，自由探索才有可能。引领学生观察自然与社会、叩问历史和省察自我，以便发现问题和提出问题，以便形成自由探索的主题。鼓励自由探索，掌握探索的方法，丰富和提升探索的内在动机，形成探索的智慧，在今天变得越来越重要。当学生有探索的需要时，学习会变得更为自觉和更为高效。

人们的内心都有漂泊的冲动和流浪的向往，渴望新鲜的感受和生命的奇遇，这是自由探索的力量源泉。自由探索也是解除和消蚀心智禁锢的有效方法。

教育的第五种存在形态是评价。评价有过程性评价和终结性评价之分，也有发展性评价与甄别性评价之别。评价有导向、激励、调节(反馈)、检查、甄别筛选等功能。与评价相关联的学习成绩的考查和评定、品行的评定，以及奖励与惩罚都是教育的构成要素。评价之所以是教育的存在形态，就因为在师生交往中，评价中渗透着价值的引导，评价帮助学生形成自我认识和立身行事的是非标准。

教育的这五种存在形态并不是彼此孤立存在的，经常地你中有我，我中有你。在主题学习中，会带给学生无言的感动和艺术的陶冶，也可能在主题学习中生发出探索的主题，因而在主题学习中发展学生质疑的能力、作出猜测和解释的能力就非常必要。单纯的训练并不就是教育，教育一定有对人的心灵的关照，对人性的陶融，但训练却可以是教育存在的一种形态。

教育的意向性

教育之于人，既完全可能，又非常必要，而人——作为教育者是教育实践活动的主体，作为受教育者是教育活动的对象。人们怎样看待教育？通过教育要达到何种目的？这便是教育的意向性问题。换言之，教育的意向性，即人们对教育过程及其结果所抱的态度和期望。教育的意向性既有社会的，也有教育者的和受教育者的。

社会的教育意向性，按其形态又可分为意识形态型的教育意向性和社会心理型的教育意向性。

意识形态型的教育意向性，以教育方针和教育目的、人才培养的规格明确地表现出来，它是一定社会或阶级系统地、自觉地、直接地反映社会经济形态和政治制度的教育思想，它集中体现一定阶级的利益和要求。“任何一个时代的统治思想始终都不过是统治阶级的思想。”(《马克思恩格斯选集》第1卷，人民出版社，1995年，第270页)意识形态型的教育意向性在阶级社会中总是强势地表现着统治阶级的教育意向性。

社会心理型的教育意向性是一定阶级、民族、社会集团或其他特定环境中的人群，在其日常生活中和相互交往中自发形成的、不定型的有关教育目的、教育功能、教育价值等方面的社会意识，它表现在人们的感情、情绪、风俗、习惯、传统和社会风气中。如中国传统社会中的“书中自有黄金屋，书中自有颜如玉”的社会心理，轻视女子教育的传统和习俗；又如“文革”中“读书无用”论的情绪和社会风气等。

教育者的教育意向性可分为学生家长的和教师的。教育者的教育意向性表现为教育者对受教育者群体或个体的可教育性和对教育的需要性的认识以及对受教育者所抱的期望。如有的家长认为自己的子女“天生很笨”，“不可教也”；或是因为染有某种不良习惯，又因教育不得法，一时难以克服，就认为“朽木不可雕也”等；在对教育的需要性上，如有的家长认为自己的子女读了书能种好田，不读书或少读点书也照样能种好田，故而读不读书无关紧要；在对子女的期望上，不同的家长因自身眼界、见识、所受教育的不同，对其子女的期望也就千差万别。家长的教育意向性影响着子女的教育意向性。

教师的教育意向性，即对一定的学生群体与学生个体可教育性和对教育的需要性以及对学生所抱的期望。教师的教育意向性在教育工作中具有十分重要的意义。首先因为，一定社会或阶级的教育意向性必须通过教师来体现和贯彻。正如列宁所指出的：“学校的真正性质和方向并不是由地方组织和良好愿望决定，不由学生委员会的决议决定，也不由‘教育大纲’决定，而是由教学人员决定的。”（《列宁全集》第15卷，人民出版社，1988年，第441页）人类学家乔治·史宾德勒就曾经注意到美国教育中有这样一种现象：在美国，大多数的教师都出身于中等阶级，于是他们就用中等阶级的是非好坏标准作为教育上的奖惩依据，合乎他们要求的就受到鼓励嘉奖，否则就遭到处罚。（宋光宇编译《人类学导论》，台北桂冠图书有限公司，1979年，第441～442页）

其次因为，教师对学生抱有良好的期望，可以产生积极的效应，心理学研究和教育实践都已证明了这一点。如著名的“罗森塔尔效应”。R.罗森塔尔等人对小学各年级学生进行了“预测未来发展的测验”，然后将平日受教师歧视的贫穷家庭的儿童挑选出来，告诉教师这些儿童未来大有提高的可能性。实际上，这些儿童的挑选并非根据智能测验，而是随机抽取的。可是，一个学期之后再次进行的测验表明，“他们的智能成绩真的提高了”。罗森塔尔认为这个结果是从任课教师的期望中产生的，即由于教师对儿童的期望不同，导致对儿童施加影响的态度和方法的不同，因而教学效果也就大不一样。许多优秀教师也发现：学生受到有威信的教师的关怀，就会更尊敬教师，努力学习教师传授的知识，仿效教师的优良品德和模范行为，从而更健康、更快地成长。

教师对学生抱有较高的期望，对学生具有激励、鞭策的作用；而教师对学生抱有较高的期望，需要教师对人类潜能有一种科学认识和对教育的信心。人本主义心理学家亚伯拉罕·马斯洛就经常鼓励他的研究生们把目标定得高点。他会问他们准备写出什么样的伟大著作，或完成什么样的伟大任务。他对学生们说：“假如你不渴望写出伟大的新的第一流作品来，那么谁来写呢？假如你故意想偷懒，少花点力气，那么，我警告你，你今后的一生都会不幸。你将总是避开力所能及的事，避开自己有可能做到的事。”［（美）弗兰克·戈布尔著，吕明、陈红雯译《第三思潮：马斯洛心理学》，上海译文出版社，2006年，第60页］

教师对学生的期望反映着教师作为教育者的眼界和追求。爱因斯坦指出：“用专业知识教育人是不够的，通过专业教育，他可以成为一种有用的机器，但是不能成为一个和谐发展的人。要使学生对价值有所理解并且产生热烈的感情，那是最基本的。他必须获得对美和道德上的善有鲜明的辨别力。否则，他——连同他的专业知识——就更像一只受过很好训练的狗，而不像一个和谐发展的人。"(《爱因斯坦文集(3)》，商务印书馆，1979 年，第 310 页)"这种人，在我看来，正像一个极端近视而又不屑戴眼镜的人。他完全依从他那个时代的偏见和风尚，因为他从来看不见也听不到别的任何东西。一个人要是单凭自己来进行思考，而得不到别人的思想和经验的激发，那么即使在最好的情况下，他所想的也不会有什么价值，定是单调无味的。"[(美)爱因斯坦《论古典文学》，《大学活页文库》合订本，华东师范大学出版社，1999 年，第 15 页]

我们的教育究竟要带给学生什么，让学生获得怎样的发展决定着教育的方向和品质。

学生的教育意向性既是教育及其环境影响的结果，又是进一步教育所应认真考虑的。学生的教育意向性也包括对教育的功能、教育的价值和对自我的期望。学生良好的教育意向性是学生接受教育和进行自我教育的必要前提。正如爱因斯坦所指出的："即使是一头健康的猛兽，当它不饿的时候，如果有可能用鞭子强迫它不断地吞食，特别是当人们强迫喂给它吃的食物是经过适当选择的时候，也会使它丧失贪吃的习性的。"[(美)爱因斯坦著，许良英译《爱因斯坦文集(1)》，商务印书馆，1976 年，第 8 页]

不论是社会的教育意向性，还是教育者和受教育者的教育意向性，都会影响到受教育者的成长和进步。如，人们一般认为女孩学习数学的能力不如男孩。然而，一些研究证实：在学习数学的能力上并不存在性别差异的倾向。某些统计数字所表明的男孩在数学方面要胜女孩，只是因为在女孩的早期生活中人们便让她们相信自己不适宜学数学，因此到了青春期女孩往往回避选修数学课。[(加)江绍伦《教与育的心理学》，江西教育出版社，1985 年，第 293 ~ 294 页]

人是需要受教育的，也是可以受教育的，人们的教育意向性影响着教育过程和教育效果，而人的可教育性、人对教育的需要性其本身就是教育意向性得以形成和确立的最重要的观念。这虽不是一个全新的观念，但随着科学的发展，人们对它的认识一定会愈益全面、深刻、丰富，从而我们更加真切地认识人的潜能、人的本质、教育的职能与价值。

教育是一种文化行为

"文化"是一个内涵十分丰富的概念，你难以尽数什么是文化，却很容易指称"非文化"的对象。不同的学者在不同的层次和侧面使用这个词，在"文化"概念谱系的最大一极，即是与"自然"相对。

德国著名文化人类学家恩斯特·卡西尔(Ernst Cassirer 1874—1945)在《人论》中指出："人不再生活在一个单纯的物理宇宙之中，而是生活在一个符号宇宙之中。语言、神话、艺术和宗教则是这个符号宇宙的各部分。"[(德)恩斯特·卡西尔著，甘阳译《人论》，上海译文出版社，1985 年，第 33 页]人是文化的动物，"文化"是人的世界的基本特征。文化因人而存在，人是文化的目的和依据，文化的本质是它的人性内涵。

文化是一个生态系统，是一个活的有机体，作为人类活动的产物，伴随着活动过程本身，世世代代生长着。文化是人类活动的结果，它与人类如影相随，是漫长的生活经验的积累和行为的总结。"文化其实体现在一个人如何对待他人、对待自己，如何对待自己所处的自然环境。在一个文化厚实深沉的社会里，人懂得尊重自己——他不苟且，因为不苟且所以有品位；人懂得尊重别人——他不霸道，因为不霸道所以有道德；人懂得尊重自然——他不掠夺，因为不掠夺所以有永续的智能。品位、道德、智能，是文化积累的总和。文化不过是代代累积沉淀的习惯和信念，渗透在生活的实践中。"(龙应台《文化是什么?》，《中国青年报》，2005 年 10 月 19 日)任何一种文化都既是人类实践的成果，同时也是人类实践的过程。文化在形塑一个社会的政治和经济行为上，是一个关键元素。文化是蕴涵在社会背后的起综合和体系化作用的价值体系。

教育过程是个体心理遭遇人类文化的历程，是在人类文化的背景中展开个体心理活动的过程。价值取向、思维方式、审美趣味，三者构成一个民族文化心理结构的主要因素。这既是教育要着力去引导的，也是教育过程必然会影响产生的。

社会文化作为个体精神生活与心理活动的重要的环境因素和背景，是影响学生个性成长的十分重要的因素。比如，在中国文化中，人们更易形成谦卑、内敛、不直率等个性品质。还比如，语义的变化、词汇的增加、人们交流方式的变化影响着我们的感知方式、思维方式和行为方式。

文化更深层的东西是看不见、摸不着的，但却对人有强大的影响力。我们可以从下述事实中发现这一点：每一个人都有口音，口音究竟是怎么形成的呢？我们很难清晰地解释，但我们可以肯定的是文化塑造了我们。教育要使人在自我创造、自我实现过程中实现个性的全面、自由与和谐发展，教育要提升人的主体价值与意义、发展人的自主品质与精神、培养人的创造性思维与能力，而这取决于我们对浸染于其中的文化的理解。

然而，一个生命意义上的人，就必须要把文化纳入自己的发展系统，因为他本质上是社会属性的，是在民族文化中生存的。“人在某种传统中作出尽善尽美的努力时，确实，在他对传统的忠贞里有一种高雅的情操，但另一方面，我们愈是更多地了解并理解我们自身、我们自身的传统以及他人的传统，我们就愈能获得自由。我们关于文化过程的理解愈深，我们发现真善美的概率就愈高，人的自由，是包含了信仰在内的。”

文化作为我们行为的规定性因素，制约和影响着我们的行为——我们如何对待儿童？我们如何对待我们内心的冲动？我们如何解读一个历史文本？这在很大程度上都取决于我们获得的“文化修养”（Acculturation）。

意识到教育是一种文化行为，重要的意义就在于教育中的一切都会给予学生潜移默化的影响，而要使这种影响有助于我们教育理想的实现，我们就需要审慎地规划我们的行为。约翰·埃格尔斯顿（John Egglesten）认为：“每个教师总是把自己的价值观念带到课堂中去，他用这种价值观念来阐述所发生的每一种活动，每一个活动。没有一整套发展起来的价值观念便称不上是位教师。”[《八十年代的教育目标》,《世界教育展望》(Ⅱ),第157页]而价值观是一个民族文化的核心要素。对于个人而言,价值系统的形成也就是内在的自我的建构。

教育的意蕴

人们谈论的“教育”,实际上可区别为这样两个层面:一是作为社会事业、社会过程、社会系统、社会部门的教育;二是作为文化—心理过程的教育。如果说,第一层次的教育还是可以指认的对象的话,那么,第二层次的教育就基本上只是一种价值活动。(当然,这种区分只是相对的:不仅要放在具体的语境中才能较清晰地作出区分,而且两者也不能截然分开。)

所谓“文化—心理过程”意指:1.文化,作为社会历史遗存,它有先于个体存在、超个体的一面。2.作为社会历史遗存的文化不是一种静态的凝聚物,而是一个动态的过程,是一个活的有机体。3.个体现实的心理活动不仅浸淫着文化,而且受着生存于其间的文化的制导,解释学所谓的“前见”就是最好的例证。4.作为人类世代交替中的个体甚至其心理活动的机能都是人类文化进化的产物,正如马克思所指出的:“五官感觉的形成是以往全部世界历史的产物。”

将关注个体生成与发展的教育用“文化—心理”这一术语来指称就是力图表明教育是社会的价值引导与个体的自主建构相统一的过程。或者说,当我们把“关注个体生成与发展”的教育用“文化—心理过程”来意指时,就已经内在地包含了它的两个基本点,就标志着教育必然是牵涉于社会文化(传统)与个体精神生活、内心世界之间的一种活动。

“教育”一词,在英语中有“抚育、自身生成”的意思,在德语中则有“引导、唤醒”的意味,在古代汉语中是“上施下效”的含义;教育是一种武装人们的方式,它对人负有一种无可逃避的责任,它需使人能够适应生存的时代,而不致将他排除在人生的最终伟大目标之外;它将开启世界的钥匙——独立和仁爱授之于人，赋予他作为一个自由人只身跋涉而步履轻捷的力量(何塞·马蒂)。这都是在作为文化—心理过程的教育这一层面上对“教育”含义的赋予。

教育作为文化—心理过程，所关注的是理想个体的生成与发展，它有这样两个相互制约、相互联结、相互规定、对立统一的基本点，那就是：价值引导和自主建构。

所谓“引导”就意味着：

1.教育是有方向和目标的。教育的方向和目标是教育活动的核心，一切教育活动，都是直接或者间接地为了达到一定的教育目的而展开的；一切教育目的又都是为解决一定社会历史时期个人的发展与社会发展的矛盾而设定的。教育的方向和目标凝聚着一定社会人们对理想社会和理想人生的追求。

2.教师对学生的成长负有道义上的责任。学生是具有极大可塑性的个体，他们最需要受教育也最好受教育；教师相对于学生而言是闻道在先，教师在学校里肩负着帮助学生增加他们的自我价值感和追求成功的责任。

3.受教育者是有自由意志和人格尊严的、具体的、现实的个体，“引导”区别于“宰制”、“驱使”、“奴役”和“愚弄”。尊重学生的自由意志和独立人格不仅是真正教育的条件，而且是教育本身的内在规定性。

而说教育是一种价值引导，即是指教育是投射着、蕴含着教育者的主观意趣的引导活动；这种主观意趣内含着教育者的价值选择和价值预设——诸如：什么是理想的社会？什么是美好的人生？什么是幸福的生活？什么是理想人格？什么生命境界值得追求？什么知识最有价值？等等。

价值引导体现着社会的意志，在阶级社会中，体现着统治阶级的意志，体现着教育的性质，体现着教育者的人生追求和教育意向。

价值引导只有建立在对人类历史发展轨迹深切的了悟上，对人类社会发展趋势的高屋建瓴的洞察上，对“一般的人性”和“变化了的人性”精致细密的体认上，对学生成长的潜能和对他们充满期待的内心世界的关注和激赏上，才能真正引导人生走向光明与真实的境界。

而所谓“自主建构”即指受教育者的精神世界是自主地、能动地生成、建构的，而不是外部力量模塑而成的，因为任何学习都是一个积极主动的建构过程，学习者不是被动地接受外在信息，而是主动地根据先前认知结构注意和有选择性地知觉外在信息，建构当前事物的意义。通过活动和自主建构，个体的创造力、潜能、天赋、审美鉴赏力、个性等得以表征、凝固在活动过程中和活动结果上；另一方面，通过活动，又丰富着、发展着个体的个性潜能、资质和素养。

强调“受教育者的自主建构”旨在突出，教育要关注学生的生活世界并切入学生的经验系统，在教育内容和方法上是基于学生智慧发展水平的；教育要着眼于学生成长的内在动机的唤醒，使学习活动是自觉自愿的；教育要将学生带入精神充实、富于理智挑战的境界。

否认“价值引导”就是否认教育，就是消解教师的作用，就是放弃教师的责任，就是自然主义的教育观、“内发论”的教育观；没有价值引导的自主建构，就不成其为教育过程，就必然缺乏超越性向度和足够的发展性；而不承认矛盾的另一面，即学生的“自主建构”，价值引导就有可能蜕化为强制、外铄、粗暴灌输，就是“外铄论”的教育观，就是把学生当成没有生命的物体，而不是有自由意志、有丰富明敏的内心世界、有独特判断需要与能力的活生生的人。

建基于价值引导与自主建构相统一的教育，从学生的成长过程来说，是精神的唤醒、潜能的显发、内心的敞亮、主体性的弘扬与独特性的彰显；从师生共同活动的角度来说，是经验的共享、视界的融合与灵魂的感召。

教育的隐喻

教育是面向心灵成长的活动，是师生精神生活的过程。精神的神秘性和不可言说性，使得对于作为精神成长的教育过程的言说，只能是“言近而旨远”，言有尽而意无穷。因此，关于教育的表达，基本上只能是隐喻性的。所谓隐喻，作为比喻的一种，不用“如”“像”“似”“好像”等比喻词，而用“是”“成”“就是”“成为”“变为”等词，把某事物比喻成和它有相似关系的另一类事物，如“少年儿童是祖国的花朵”。隐喻不仅是思想表达的一种修辞手法，而且是我们的思想接近我们眼中“真实”的一种途径。

教育作为一个“价值生成”的过程，我们很难用量化的语言来确解。凡是能够用精确的数据所描述的教育事象，基本上都只是教育的外在形貌，如校园面积、班级规模、在校人数、考试分数、升学率等。而作为“文化—心理”过程的教育，是一种精神交往的艺术，而艺术就只能用象征的手法来表达，通过营造意象来表达渴望和向往，表达人类内心深处永恒的冲动。

隐喻的表达，更多地基于一种个人感悟和平等的分享。教育是基于信念的行为，而信念是不能被强加的。经验培植信念，分享生成信念。个体的经验是有限的，但它使人在有限的感觉中向无限开放着，向未曾体验的人生经验伸展开去。经验确定了任何对人生的疑问，都没有最后的答案，它使得历史的人无法占有“永恒”的真理，真正的经验是对人自身的历史性的体验，没有一代人和一种学说能够永远地结束真理。关于教育的隐喻，给了我们一个结合自己的生命感悟而自由阐释的广阔的思考空间，有助于解除由于那些充满意识形态霸权的说辞强加于人的思想禁锢，有助于我们生成教育的信念和智慧，让我们感受到思想解放所带来的创造激情的充分涌流。

既然关于教育的表述基本上只能是隐喻性的，那么，对于教育过程的理解就只能是见仁见智，没有唯一正确的解释，也没有唯一有效的措施。教育的品质如何，一切都取决于我们对于充满变数的复杂微妙过程把握的艺术水准。

关于教育的隐喻，比较经典的有叶圣陶先生所说的“教育是农业而不是工业”。这一隐喻至少可以作这样几层阐释：其一，教育是一个生命过程，是一个生长的过程，而不是加工、制造的过程；其二，作为生长过程，生长的品质，取决于精神生态的品质，而不是某一孤立的要素；其三，这个过程很难作具体的专业分工，它必须具有整体性；其四，它不可能按照事先确立的标准批量生产。

关于教育的隐喻，比较经典的还有怀特海的“教育是既见树木又见森林的过程”。这告诉我们，作为精神生活和建构知识的过程，既不能是笼统的、抽象的概括，也不能是零星的、散乱的信息和知识，而应该将学习的内容升华到更大的思考主题，并形成理解框架和概念网络。所以，在学习过程中，既需要深入细节、解剖麻雀，又需要“会当凌绝顶，一览众山小”。我们既可以把森林理解为上位概念，把树木理解为下位概念，也可以把“见森林”理解为智力生活的背景和整体把握，把“见树木”理解为细处摄神和结合个体经验的理解。

教育的隐喻，使得教育具有了一种开放性、向生命过程的敞开性和解放的旨趣。对于教育的理解，我曾经有过这样的表述：“建基于价值引导与自主建构相统一的教育，从学生成长的过程来说，是精神的唤醒、潜能的显发、内心的敞亮、主体性的弘扬与独特性的彰显；从师生共同活动的角度来说，是经验的共享、视界的融合与灵魂的感召。”（《教育的意蕴》）在这一言说中，唤醒、显发、敞亮、弘扬、彰显、共享、融合、感召，这些词的使用的背后是对于作为万物之灵的人的潜能的高度尊重和珍视，对人的尊重和信任，倡导一种主体的、人本的、有尊严的、充满对人的信任和乐观的期待的教育品质，坚决反对教育中的灌输、欺骗、蒙蔽、操纵、控制、奴役、规训、模塑、愚弄、歧视等。只有当我们将学生视为潜能丰富的独特的人，我们才可能真正发自内心地去信任作为个体的学生，并且尊重每个个体存在的价值与尊严，我们才可能想方设法去激励和充分发挥每个学生的主动性、自主性、创造性和独特性，使完整的个性得到全面涵蕴与自主生成，在教育中努力彰显一种民主、平等的教育精神，使教育活动充盈着积极、乐观、明朗向上的精神气质。而如果我们认为儿童的内心是一块“白板”，其结果必然强调灌输和外塑。

还比如，当我们说“教学过程就是传授知识的过程”时，潜意识中我们就有把“知识”客体化、实体化的嫌疑；而当我们说“教学过程是促进学生建构知识的过程”时，则体现了对于学生学习过程中的自主性和主动性的珍视。

意识到我们表达背后的更为深层的观念和意识，有助于我们思想的严密，有助于深邃的自我反思，有助于观念的真正转变，有助于教育信念的确立和教育智慧的创生。

教育是对人的成全

人是万物之灵，人不仅具有可教育性，而且有对教育的需要性。教育是对人的成全。捷克著名教育家夸美纽斯就曾指出："有人说，人是一个'可教的动物'，这是一个不坏的定义，实际上，只有受过一种合适的教育之后，人才能成为一个人。"不论是整个人类，还是人类中的个体，都有对教育的需要性。我国古代教育著作《学记》一开篇就强调人对教育的需要性："君子如欲化民成俗，其必由学乎！""玉不琢，不成器；人不学，不知道，是故古之王者建国君民，教学为先。"

作为人类中的个体，之所以有对教育的需要性，就因为人是"合群的动物"，作为个体的人只有在社会中才能生存。由于人类在婴儿期生存本能的匮乏，使得他具有无助性，要得以生存和发展，就必须依赖教育。教育就是帮助儿童获得生存和发展的本领的事业。人是"未完成"的动物，也就是说，个体的儿童期是未成熟的时期，教育能帮助儿童达到成熟，完成社会化的过程。

人是不断生成的，而非预成的。在影响人的发展因素上，遗传只是人发展的生物前提，它只是一个必要的条件，而不是决定的条件，起决定作用的是环境与教育，而二者相比，教育又是起主导作用的。因为教育是一个有目的、有计划、有系统地全面地促进人的发展的过程。众所周知，一个言语器官生来很健全的儿童，如果出生以后，不与人类社会接触，没有成人的影响和教育，就不可能学会说话，甚至不可能形成人的心理。大家知道的"狼孩"，就是一个有说服力的例子。

个体获得生存能力需要教育，要成为一个社会所认可的人，就更需要教育。"人若受过真正的教育，他就是最温良、最神圣的生物；但是他若没受教育，或者是受了错误的教育，他就是一个世间最难驾驭的东西。”（郑晓沧译《柏拉图论教育》，《法律篇》，第1卷第6章，人民教育出版社，1958年）“教育确乎是人人所必需的……愚蠢的人需得受教导，好使他们去掉他们的本性中的愚蠢，这是无可怀疑的。其实聪明人更加需要教育……一个活泼的心理如果没有正经的事情可做，它便会被无益的、稀奇的和有害的思想所困扰，会成为自己毁灭的原因。”（夸美纽斯著，傅任敢译《大教学论》，人民教育出版社，1957年，第39页）我国伟大的教育家孔子亦曾有言：“好仁不好学，其蔽也愚；好知不好学，其蔽也荡；好信不好学，其蔽也贼；好直不好学，其蔽也绞；好勇不好学，其蔽也乱；好刚不好学，其蔽也狂。”（《论语·阳货篇》）教育使一个生而软弱无助的个体逐渐成长为自立、自强、自尊、自重、自信、自助的个体，因此，教育为任何社会中健全的个体所必需。

人具有十分丰富的潜能，开发人的潜能也离不开教育。现代脑生理学的研究表明，任何一个神经细胞都有一个生长、发展过程，而促进其生长、发展的动力是外部刺激，主要是系统的学习和训练。实验证明，通过系统学习和训练，动物的神经细胞会发生一系列变化。最初非常简单的细胞，随着学习、训练的进展，一根神经纤维上会分出许多侧枝，长出复杂的树突，于是其结构愈来愈复杂，功能也愈来愈丰富和完善。

实践表明，通过科学的教育与训练能大大地发掘人的智慧潜力。如临床心理学家们通过训练之后，往往能够理解人们种种非言语的暗示。一个人走进办公室，在椅子上坐定，虽然他未讲一句话，一个训练有素的心理学家就已经对他有很多了解。在西方国家许多新成立的成长研究中心里，都设有这种感觉能力训练。这种训练能重新唤醒人们的这种感觉能力。而这种能力使人能够采用与现在不同的方式和周围的人与事接触。全球范围内，通过一定的教育和训练，开掘出人巨大的潜能的事例不胜枚举，这从一个角度也证明人对教育的需要性。

不仅人类个体需要教育，人类社会亦需要教育，以维系它的延续与发展。人类社会区别于动物界的根本之处就在于人类拥有文化。人类并非动物中的佼佼者。论善跑，从羚羊到骏马，胜人者颇多；论自卫，人不及犀牛;讲飞升,更愧于鸟类;至于海豚特有的声呐系统,人更是望尘莫及。人类"力不如牛,走不如马,而牛马为人所用者,何也"?答案只有一个,那就是人类拥有文化。文化是人类本质力量的确证与表征,是人类心身能力的延伸。然而,使得文化的保存、延续、发展和丰富成为可能的却正是教育。

在地球上,人类世代交替,生生不息。每当人类一个新的生命诞生后,都要把他加入到社会文化共同体中去过一定的"文化生活",使他从一个毫无文化内容的自然人,成为一个具有摄取、分享、鉴赏和创造文化财富能力的文化人,显然,这就不能没有教育。而任何人都终不免一死,为使人类能够存续与发展,必须将已有文化传承下去,亦不能没有教育。动物也世代更替,可是因为没有文化——当然也就没有、也不需要有教育,因而各代之间并无差别,进展甚微。

人类因为有文化,有教育,新生一代通过各种形式的教育,十分经济、迅捷、有效地掌握前人所创造的文化财富,并在此基础上进行创造,因而使得人类得以存续和发展。倘若没有教育,每一代都从钻木取火开始,那么人类就永远只能停留在茹毛饮血的蒙昧时代,且不说发展,就连存续都成问题,很可能像那些灭绝了的物种一样永远从地球上消失了。从某种意义上说,人是文化的动物。尽管"我们同我们的肉、血和头脑都是属于自然界,存在于自然界的",是自然的一部分,但人却是彻头彻尾地"文化化"了。在人类的生活中,与人的生死相关的生物过程,几乎都具有文化的重要意义。

人类机体由于新陈代谢和内分泌变化会因饥饿感而需要食物,因性欲而要求性交。这本来是对整个生命世界具有普遍意义的生理现象,现在却变成了由文化规则调节的习惯。文化决定着人吃什么样的食物(如由于宗教信仰导致的饮食禁忌),以及进食时有什么样的文化形式;性欲是生物性的,但选择什么样的对象,在什么场合以及用什么方式满足性欲,得相当依赖文化性的学习。自愿的斋戒和独身,是和人的生理需要、自然本能相反的,却是遵从着一定文化规则的结果。

可见,作为文化中的人或者说经过了"文化化"的人,其生理现象不仅为生物功能服务,还为文化的功能服务。任何人类社会,都有一定的文化规则,如信仰、禁忌、价值观、道德规范、语言规则、政治制度、经济制度、法律制度、风俗习惯等等,它是维系社会稳定、存续与发展所必需的,它需要为全体成员所共享、所认同;而对社会成员而言,这些文化规则是不可能通过生物性遗传而获得的,必须通过后天的教育获得。因而,教育便是人类社会系统中一个不可或缺的要素,它与人类共始终。

随着人类社会向更高形态的发展,社会生产和社会生活的日益复杂化和科学化,社会对教育的需要性也就日益迫切。教育的终身化、教育的多样化、教育的社会化和教育的民主化趋势便是现代社会对教育要求日益迫切的必然结果。

作为人文学的教育学

教育学是什么?这恐怕是每一个与教育学打交道的人,不论是初学者,还是业内人士,都必须首先要搞清楚的问题。近年来,中国教育学界对教育理论研究中的"唯科学主义"的倾向有了相当的警觉,有的学者还进行了较为系统与有力的批判。学者们认识到,教育理论研究中的"唯科学主义",其褊狭与危害就在于:它局限了人们的理论视野,窄化了人们的思想空间和问题域;黯淡了教育的理想之光,浅化了教育活动的人文内涵;有着把人"物化"和兽化、把教育活动程式化和模式化的嫌疑。

值得高兴的是,彰显和倡扬作为人文学的教育学,提升作为人文学的教育学在教育学学术领域中的地位,旗帜鲜明地标志研究者的立场与所持有的价值观,凸现对人生意义的眷注,着眼于对社会批判、文化批判意义上的价值澄清等问题的探讨,日渐成为学者们的共识和研究旨趣。

20世纪初,德国著名社会理论家马克斯·韦伯曾经把西方近代思想的发展轨迹概括地总结为"世界的解魅"(Disenchantment of the world)。这一概念代表着对不受意识形态限制也不受启示性的或公认的智慧限制的"客观知识"的追求。

几个世纪以来,科学一直是人们驱除蒙昧和野蛮、迈向自由与解放、创造各种人间奇迹的有力武器,因而科学也就成了现代人的骄傲;科学为人类生活提供了极大的便利,但伴随它的应用,它的世界观基础也在世界上广泛传播,成为近代主流意识形态,这就给人类生存带来最严重的危机:由于功利主义对待人类事务采取急功近利、浅薄短视的态度,人类赖以生存的自然生态环境遭到全面破坏,而功利主义标榜的不择手段攫取权力和财富的意识形态,更使人类精神价值全面荒芜。

科学在反抗神学和迷信的霸权、带领人们走出愚昧山谷的过程中,却建立了自身的霸权,即"科学"的霸权。这在一个缺乏深厚的理性精神的民族是极易走向它的反面的,那就是现代迷信和披着"科学"外衣的新的野蛮和愚昧——"科学"成了"客观"、"真理"、"有效"、"可信"和"可靠"的代名词。即使那些江湖郎中也会将其"祖传秘方"贴上"科学"的标签,经"科学工艺精制而成"是食品、保健品、药品广告的常用语。

在这个时代,我们只有几乎唯一的一种声音,一种价值尺度,一种评价方式,那就是"效率"。我们的知识界,从社会科学家到人文学者,口里高喊的都是同一个词——"效率"。我们所有的"知识"和"科学"都在召唤我们进入一个"效率的时代"。似乎人们唯一合法的言辞是效率;人们不愿意谈论人的权利、人的尊严,不愿谈论理想与信念,觉得这些东西太虚。技术时代将一切都定量化了,这样做的目的是为了快捷地判别一种事物的意义,使其高度专业化、职业化,以图对市场份额进行有效的瓜分和占有。人们热衷于"看得见,摸得着,想得通"的事物。当我们片面地为"效率"高唱赞歌的时候,正义和良知就成为我们这个时代的奢侈品。

其实,这里有一个问题就是关于学术研究的客观性。受自然科学,尤其是物理学取得巨大成功的影响,人们把真理性认识等同于纯自然科学意义上的认识,等同于对纯粹的物理实在的客观把握,把认识系统中的客体等同于纯粹的、现实的物理实在,忽视了心理客体、观念客体的实在性,忽视了可能世界意义上的客体与理论实在的对应性。

所以,对于"客观性"这个问题,其实是无法给出确凿的答案的。研究者自以为的“客观”并不可靠。因为研究者的知识背景，期待视野，对历史和现实提问的方式，还有研究思路和理论框架，已经内在地决定了研究不可能“完全客观”。在人文社会科学中，不存在“价值无涉”(Value-freedom)的所谓客观事实。正如历史学家卡尔所形象地指出的：“事实的确不像鱼贩子案板上摆着的鱼。事实是像游泳在广阔的、有时是深不可及的海洋里的鱼。历史学家能钓到什么，这一部分靠机会，而主要的靠他到海洋的哪一部分地区去钓，他用的钓具是什么——这两个因素当然是由他要钓哪种鱼而决定的。”行为目标有导向和暗示的作用，而目标的确立依据就是我们的价值观。

就因为受自然科学取得巨大成功的影响，教育学界力图以经典的自然科学为效法的榜样，用“科学”来标志、来框定、来模塑教育学，认定教育研究的价值就在于对教育事实和“规律”进行精确、客观的描述，以教育学能跻身于科学之林为最高目标并为之自豪；于是乎，在教育研究上，以实证、定量、可控、统计、测量等自然科学的研究方法为最佳的研究范式，数据与模型俨然成了衡量学术水准的标尺，学者们以“价值中立”相标榜旨在显示自己学术品格的纯正。

正如鲁洁先生所指出的：“长期以来我们习惯于将人、将教育对象作为一种实体，把一系列已经表现为事实的属性视作为他们的本性而没有将那种‘可能性筹划’(海德格尔)置于我们对他们把握的视野之中，也即看不到作为人的存在‘从不满足周围现实，始终渴望打破他之此时——此地——如此存在的界限，不断追求超越环绕他的现实——其中包括他自己的当下的现实’的那种应然性的向度。”(《实然与应然两重性：教育学的一种人性假设》)其结果是导致了本该生动、鲜活、充满生机和意蕴丰赡的教育学，本该富有感召力和雄浑浩博的哲学气质的教育学变得琐屑、平庸、贫乏和沉闷。

其实，人们不难发现，作为学术活动的主体，研究者不可能没有自己的立场与趣味。人们标榜的“价值中立”，很可能只是对自家立场缺乏自觉的反省而已；即使是最一般的观察，也会因为观察者的视野远近、见识高下，理性视网的疏密，内心情感的状况，价值判断的倾向，导致观察者从“事实”中得出不同的结论。可见，所谓的“客观性”原来只不过是我们根据“成见”有所选择的结果。这种客观性就当然不可能是纯粹的了。

更何况复杂性和非线性是物质、生命和人类社会进化中的显著特征，我们现在生活于其中的就是一个“复杂”世界。并且，探索和理解复杂性，成为走向未来的主旋律。

美国历史学家费正清就认为，历史的撰写者并不是旁观者，他们本身就是这种活动的一部分。他们在创造本行业神话的同时，也在书写着历史。不只是历史学者如此，所有人文学者都是这样。因为在人文世界里，我们看见什么取决于如何去看，我们征求的答案其实早就包含在问题之中。我们试图要探索、解决的问题本身是只有在我们的理论视域中才能得以凸现和明晰的。我们对教育实际中自变量与因变量之间关系的知觉(感知)是有其理论背景的，正如知觉是具有选择性和理解性的一样。其实，科学史家库恩早就指出：理论始于观察，而观察中渗透着理论。

大概是为了尽显作者“价值中立”的学术立场，在我们的教育学著作和论文中，作者的个性被淹没、被消隐了，读者感受不到作者的灵性与才情，感受不到作者的爱与恨，感受不到作者对自己所持的价值观和立场的自觉意识，感受不到作者对时代脉搏跳动的体认，感受不到留存于字里行间的冲撞力，于是一切的言说都变得可有可无，既没有思想的升华，也没有学术的积累，教育学的贫困与苍白也就在所难免了。

之所以要倡扬作为人文学的教育学，提升作为人文学的教育学在教育学学术领域中的地位，是因为教育所依存、所凭藉、所出没于其中的世界是生活世界，是活的世界，是人的世界，是一个人文的世界，是人实实在在地存在着、经验着的世界，而不是一个“死”的、可以计量的、以实证的方法进行对象化研究的世界。在这个世界中，每个人、每个事物都是完整的，现实的，具体的，不可重复和不可替代的。

也因为人不是机器，人的精神世界具有神秘性和不可言说性。“‘人’既不是一个‘实物’，也不是一个‘概念’”，对人在生活中这种完整性和具体性，“既不能‘证实’也不能‘证明’，而只能‘解释’”(叶秀山)。而“解释”取决于解释者的立场、趣味和他所依恃的解释框架，因而它是非常个人化和个性化的。著名课程专家丹尼斯·劳顿(D.Lawdon)曾经提醒教育研究者,人不同于大白菜,人在控制条件下发生的变化,与自然状态下的差异,这比人们想象的多得多,大得多。

人具有的主体性,特别是能动性和超越性,使人成为自由的存在。对此,吉登斯的看法颇有启示:"如果人类行为为不可转移的客观规律所支配,那么我们就几乎不可能通过积极主动的参与而改变自己的历史……它忽略了哈贝马斯所说的人类主体的'自我反思'或'反思'。这就是说,它将无法适当说明人类之所以成为人的、不可或缺的基本特征之一。这是因为,我们作为个人以及更大范围内社会的成员,具有反省自身历史的能力,并能通过这种反省来改变未来历史的进程。所有试图以自然科学为模式的哲学与社会科学理论——通常称之为'实证主义'——都无一例外丧失了这一洞察。"

更因为"科学即使可能为我们提供教育目的和手段所依据的许多事实细节,但它还是不能替我们作出决定。这些判断必须在我们亲自所接受的那种哲学的框架中作出","教育问题归根结底是哲学本身的问题"(乔治·F.奈勒)。而哲学问题既不单纯是逻辑实证的问题,也不单纯是语义分析的问题,而首先是历史观、价值观的问题,是社会批判、文化批判所依恃、所坚守的理想与信念的问题。

人类有着亘古不变的追求与向往,有着超越国界、种族和历史的核心价值。正义与良知是人类最崇高、最宝贵的精神财富,守护正义和良知才是人文学的使命。人文学的任务应该是唤醒和守护人的尊严,关注并提升人的价值和意义,维护人的权利,表达人的心声。人文学者的任务就是要去关注、批判、纠正一切不公正、不合理、不人性、不人道的思想、制度、规则和习惯,去建立一个公正、合理、阳光明媚的社会。

缘此,作为人文学的教育学必须深切地关注人的现实,关注人的命运与未来,关注儿童的心灵世界,关注教育者的欢乐与痛苦。教育学也必须对破译"人"这个千古之谜贡献自己的智慧,要为理解我们自身及我们生活于其中的世界贡献智慧,必须追求一些貌似"无用"却极其崇高与神圣的思想主题,如教育中的人道主义、教育的民主化。关注人的自由全面发展的教育学，就应该倡扬一种社会的理想、人生的理想、教育的理想，应该始终飘扬着一面大写着“人”字的旗帜。

教育与启蒙

“启蒙”是个有着多种含义的词，狭义的启蒙通常是指从17世纪洛克开始，在18世纪康德、黑格尔达到顶峰的“启蒙运动”。而近代启蒙运动的核心则是弘扬理性、提倡科学、反对迷信与蒙昧、强调“人”的崇高地位。在这一时期，一批知识界精英表现出对理性力量的最大信任，力图对欧洲的制度和信仰作出理性的分析。伊曼努尔·康德（1724—1804）称启蒙运动为“让光明照亮人类思想的黑暗角落”、驱除无知和迷信的运动。在这里，康德道出了启蒙运动的一个核心方面，即强调个人应该独立地进行理性思维，而不依附于任何学派、教会和学院权威。

启蒙哲学家们表达了对科学和理性的信仰，他们拥护人道主义，为宗教自由、思想自由和人身自由而斗争。他们强调个人的潜在价值，坚信个人能够通过理性之光完善自身和社会。启蒙哲学家将这些价值观念同非宗教倾向和对人类进步的信仰结合起来，为现代观念的形成奠定了基础。可以肯定地说，“启蒙运动是任何一个摆脱封建生活方式的国家在其文化发展中所必经的一个阶段”。

从最广博的意义上讲，启蒙的历程即是人从动物界不断提升的过程，是文明战胜野蛮的思想历程。因此，“启蒙”是一个随着“历史的视界”的拓展而需要不断解读的主题。所以，在后现代思想家看来，自近代以来，人失却单一的原始含义，不再是人类知识提出的最古老的问题，人分裂为语言、经济、生物的存在，成为科学知识的对象，成为理性的奴隶和近代文明的异化物。譬如法国思想家福柯一生所作的努力实际上是在向西方理性与科学的不可一世的统治宣战。

如果说，在近代，启蒙是社会精英分子对广大民众的教化，而在今天，启蒙就有了自我唤醒、凸现个人独特性的新的内涵。启蒙的意义就在于重新审视和反思那些被压抑、被隐没的问题，去除权威话语和谎言对于人的蒙蔽和欺骗。不断地去蔽，不断地求得内心的敞亮与澄明，这正是从个人的意义上说的启蒙之含义。

启蒙所照亮的教育当是对各种形式的霸权的消解——对理性霸权、科学霸权、知识霸权、话语霸权的消解。知识不再是对个体经验的强暴性的压抑的力量，而成为一种解放人的力量。

当教育不再是简单地传授知识，而是批判性地审视我们与真理的关系、叩问我们现实存在的境况，并审慎地规划我们行动的方向时，教育便获得了启蒙的意义，并真正有助于具有完整人性的人的生成。

当我们的教育中不再有占统治地位的哲学，我们的教育不再为流行的时尚所污染，不再有强求一律的评价标准，教育具有自己独特的品格和不断更新的内源性动力时，教育与启蒙才有可能真正联手去创造理想的人生与理想的社会。

教育即解放

明确提出“教育即解放”的口号是在联合国教科文组织于 1972 年发表的《学会生存》这篇著名的报告之中。它同时提出并确定了一个指导教育发展方向的基本思想：“人类发展的目的在于使人日臻完善；使他的人格丰富多彩，表达方式复杂多样；使他作为一个人，作为一个家庭和社会的成员，作为一个公民和生产者、技术发明者和有创造性的理想家，来承担各种不同的责任。”今天，重温这段文字，仍然是颇有教益的。

《学会生存》提出的“教育即解放”的口号在《教育——财富蕴藏其中》这篇报告之中又有了新的发挥：“教育的基本作用，似乎比任何时候都更在于保证人人享有他们为充分发挥自己的才能和尽可能牢牢掌握自己的命运而需要的思想、判断、感情和想象方面的自由。”

与“解放”相对的是压抑、禁锢、灌输、奴役、摧残、践踏、束缚、钳制……这是两种向度的力量。教育即解放，意味着教育是探索，是启蒙，而不是宣传和灌输；是平等对话和自由交流，而不是指示和命令；是丰富认识，而不是统一思想；是尊重和信任，而不是消极防范。

真正的教育一定坚持价值引导而同时拒斥灌输，拒斥任何未经严格论证的宣称。这除了在教育过程之中始终坚持尊重学生的内在需要和自主建构外，就是要求我们的教育对诸如终极价值、绝对真理之类的东西保持审慎的态度，留下一个开放的价值空间。在教育过程中，向学生提供多种多样的、可供选择的价值系统和信仰体系，并让他们明了这些价值系统和信仰体系在他们生活中的价值与意义，培养他们对多样化的尊重和开放与宽容的心态，培养他们自主判断与自主选择的能力。

灌输的核心是强制和服从而不是创造和自主，是一种无视学生的主体性、无视人的自由与尊严的教育。一个开放的社会，一个尊重多元化的社会，在教育中必然是拒斥灌输的，因为灌输试图封闭人们的思想，将一元化的东西定于一尊。灌输事实上反映着社会本位和教师中心，表现为对独特性和差异性的漠视。任何意义上的灌输都有漠视学生需要和尊严的共同特点。

把人从相互敌视、相互防范中解放出来，从心灵之间永无宁日的战争中解放出来，从狭隘的功利和世俗的羁绊中解放出来，把人从依附、盲从和定势中解放出来，把人从习俗、传统、群体压力以及本能欲望的束缚中解放出来，这就是教育的使命。任何教育无论它处于什么层次，以哪一方面为侧重点，致力于人自由而全面的发展都应是其安身立命之所，都是其根系所在，人的解放、自由、超越、完善都应是其根本性内涵。舍此，教育就不成其为教育。

教育固然不是万能的，但谁又能否认良好的教育不是一种解放的力量?!每一个教育者都应该站在改造国民性、重塑民魂的高度，审慎地规划我们的教育行为，解放被禁锢的心智，舒展被束缚的个性，使僵化的头脑能够异想天开，使萎缩的人格大放异彩。让人们的笑脸生动起来，让我们的社会丰富起来。

教育学的尊严

中国的教育学可以借用一句话来扼要地描述，“有着久远的过去，却只有着短暂的历史”。众所周知，中国是一个文明古国，教育在中国文化的创生、传播与承继中扮演着重要的角色。先秦思想界对于教育就有着许多精深的思考，在“四书”、“五经”中，对于教育的论述比比皆是；《学记》就更是先秦教育思想的集大成者，它提出的许多命题，至今仍有着强大的生命力。先秦以降，历代思想家、教育家对增进人们对教育的认识也都贡献多多。然而，同许多学科一样，教育学成为今天意义上的一门学科，却是“西学东渐”的产物。从一个学科的发展历程，大致可以折射出一个社会的变迁，从中感受到文明战胜野蛮的曲折与艰难。

“教育学不是科学”，曾是人们普遍焦虑的问题，成了人们质疑教育学存在合法性的几乎是唯一的理由与根据。尽管今天人们对“唯科学主义”有了相当的警觉，在这一观念上有了很大的改变，但教育学的学术品质因而关涉到教育学的尊严的问题，仍是业内人士萦绕于心的主题。

教育学的尊严受到挑战这恐怕是一个国际性的问题。国外同行也认为，“教育学家们往往喜欢将非常表面的事情，都当做理所当然的真理。教育学界没有多少个响当当的名字可以装模作样，难怪总得背着自卑的情结”；“‘教育学’不是一门学科。今天，即使是把教育视为一门学科的想法，也会使人感到不安和难堪。‘教育学’是一种次等学科(subdiscipline)，把其他‘真正’的学科共冶一炉，所以在其他严谨的学术同侪眼中，根本不屑一顾。在讨论学科问题的真正学术著作当中，你不会找到‘教育学’这一项目”。多年以来，普通人(尤其是政客和商人)都可以成为自己的教育专家。对于许多教育问题，教育学专家的意见和普通人的意见难以有所区别，这使得教育学在人们心目中的地位大打折扣。专家的意见总该多少有些学术的底蕴，而学术底蕴就来源于独特的方法论。

最近，笔者也注意到：由中国社会科学出版社首次引进的英文版

100 种图书中，有哲学、伦理学、宗教学、政治学、经济学、社会学、人类学、心理学、法学、历史学，唯独没有教育学，这多少也能说明教育学的尴尬处境。“尊严来自实力”，这句话对于一个民族、一个国家是真理，对于一个学科，以至于我们每一个人来说也都是真理。

教育学要赢得学术尊严，就必须建立自己的学术规范，形成自己独立的学术品格，实现从思想向学术的提升。特别是在中国学术文化的境遇中，由于缺乏经典的近代自然科学的思想洗礼，人们的思想容易停留在“整体直观与经验直觉”的水平，在实用理性的致思取向中，理论似乎总是与“应该怎么做”和“不应该怎么做”的实际操作联系在一起的。其实，理论的描述、解释和预言只是为了扩大和丰富我们的视界，使那些被我们视而不见的问题，那些被视为理所当然的事情，那些天经地义的事情，那些隐而不彰的事物，能够在我们的头脑中、观念中、视野中得以凸现、得以彰显。尽管任何新的理解都会直接或间接改变我们的行为，但不会像“实用理性”所指望的那样一一对应、立竿见影。

当前，要求得教育学的健康发展有待克服以下两个较为普遍存在的问题：

一是从其他学科领域或其他理论来关照教育者，多是其他学科已有成果的铺衬，而真正对教育的理解很少，往往是头重脚轻，虎头蛇尾。这在最初借鉴其他学科来丰富和发展教育学的初期，也许是难以避免的，但如果总是停留在这个水平，教育学仍旧只能是形式上、表面上的繁荣。用一句比较尖刻的话来说，不能将教育学变成其他学科残羹剩饭的垃圾桶，教育学也不能只是拾人牙慧的鼓噪者。

其实，借鉴其他学科和某一理论来审思、检讨教育学，应当像一座冰山，对其他学科的理解和把握是沉潜在水面下的部分，而水面上都是真真切切的对教育学的理解，或者正如人们经常所说的，“吃进去的是草，挤出来的是奶”，我们不能把“草”充当“奶”来呈现给读者，而需要真正的消化和吸收。

二是教育学领域内学科壁垒森严。在教育学这个大的学科群内，分化出、生长出一些分支学科是教育学发展的标志和必由之路。但过强的学科意识，就将导致视野狭窄，导致对教育学支离破碎的，从而是狭窄、肤浅的理解。我们经常听到，治“教育哲学”者、治“教育原理”者，可以理直气壮地宣称自己不懂“教学（理论）”；而治“教学论”者，亦可心安理得地坦言自己“缺乏教育哲学的修养”。这也许都是自谦之辞，不必认真细究，但对教育缺乏多学科、多角度、整体性地把握的“专家”的确是大有人在的。

教育学要赢得尊严，就必须真切地关注真实的问题。愈来愈多的学者意识到，任何“营造体系”的企图都是一种理智的虚妄，教育学的思想空间必须依托于千百万人最真切的教育实践，必须从最鲜活的、由实践提出的问题出发，进行理论的探索，必须摒弃“营造体系”的癖好而回到真实的教育之境来。由学者之间最朴素、最真诚的对话求得对一些重大主题的澄明、彰显与共识。

教育的社会责任

“社会”这一概念在内涵上则具有多义性。社会是个总体性概念，一般是指称人类所有关系的总和。它还有其他含义，并与许多概念构成对立范畴：1.最常用的关系是自然与社会，此社会是指人类社会；2.社会也作为与政治对立的范畴，如国家与社会、政府与社会；3.社会也指一个特定关系以外的所有关系，例如学校、家庭与社会；4.社会也指一个特定阶层，例如上流社会；5.社会也指利益关系紧密的一个团体，例如华人社会等。它的具体内涵需要在一定的语境中来确定。

在现代社会中，教育日益成为一个先导性、全局性和基础性的实践领域。教育的先导性意味着教育日益成为引领社会前进的力量，全局性意味着教育与社会的各个系统和部门之间甚至与千家万户有着千丝万缕的密切的关联，而基础性意味着教育是社会各项事业存续和发展的前提与必要条件。无论是从教育与社会关系的意义上，还是从个人与社会的意义上，强调教育的社会责任都是良好教育的应有之义。

从理论上讲，教育具有维护社会稳定，并进而减少愚昧、迷信、贫困、暴力、犯罪、歧视、压迫、不平等、不公正等现象，从而促进社会的繁荣和发展的功能。如果没有基本的读写能力，社会下层民众表达自身需要和参与政治的能力将受到严重的局限，这将直接给他们带来不安全，因为不能充分有效地表达自我的利益诉求，在政治上声音的丧失，将严重地削减他们的影响力和获得公正待遇的可能性。

联合国环境与发展大会最后文件《21 世纪议程》指出："教育对于促进可持续发展和提高人们解决环境和发展问题能力极其重要。" 早在1896 年，梁启超先生（1873—1929）就指出："亡而存之，废而举之，愚而智之，弱而强之，条理万端，皆本于学校。"（梁启超《学校总论》）大量的研究已经证实，教育是改变生育观念、降低人口出生率、提高全民生活质量、促进社会平等的重要基础，教育也是解决环境问题的根本性的手段之一。

教育不仅仅与人权、人力资源和经济增长有关，更与人类安全密切相关。英国学者维尔斯在他的《世界史纲》中毫不夸张地写下了这样一句话："人类的历史越来越成为一场教育与灾难的较量。" 如果我们继续让世界上的大量人口游离于学校教育之外，我们不仅在使这个世界愈加不公平，我们还在使这个世界愈加不安全。

但教育功能发挥得如何，取决于我们对教育所肩负的社会责任的自觉意识的程度，取决于我们的主观努力的程度。如果教育本身是有问题的，不仅积极的社会功能不能充分发挥，而且还可能对社会的发展有负面的影响。比如，中国过去科举制度下的教育就曾成为禁锢思想、阻碍社会进步的力量，德国希特勒时期的法西斯教育、罪恶的日本军国主义教育就曾成为制造战争机器和杀人恶魔的工具。

学校是培养人的场所，它作为社会机构，同时也肩负着一定的社会责任，比如控制人口、实行计划生育。当然，学校的社会职责的实现也是通过影响学生的生活态度和生活品质来实现的。

而我们当下的"应试教育"淡化甚至漠视教育的社会责任。一切为了考试、一切为了升学的结果是培养出来的人社会责任意识淡薄、唯利是图、见利忘义、心胸狭隘、缺乏公德意识。一些学校为了自身的利益，人为地加重学生的课业负担，为升学的恶性竞争推波助澜。更有甚者，为扩大学校的知名度，搞形式主义，制造所谓的轰动效应，攀附权贵，严重违背诚信与公平的原则。比如一些高校，争先恐后地聘请一些政要担任学校的领导职务，肆意破坏公平竞争的社会环境，加剧了“能者多捞”恶性蔓延。也有一些高校，为了学生的就业率，不惜降低对学生的要求，造成优秀率奇高的不正常现象。

学校，特别是大学，服务社会是其重要的职责。而服务社会不仅是给社会其他部门提供智力支持，更重要的是大学要率先垂范，成为理性与公正的制度建设的典范，成为先进文化的体现者、创造者和传播者。

从教育与社会的关系上看，教育作为现代社会的一个基础性、全局性和先导性的行业和部门，理当成为社会进步的推动力量、思想先导和制度建设的楷模。从个人与社会的关系上看，个人的社会意识、社会责任感是个人自由、和谐发展的一个重要方面。没有一个好的社会，一个公正、和谐、文明的社会，个人的幸福就缺乏最根本的保障，公民的幸福只有在整个社会的大发展中才能更有保障。而一个好社会不会从天上掉下来，它取决于我们中的每一个人的责任承担的意识和能力。公共精神的滋长与公民意识的增强也将有助于解决我们面临的社会难题。

在当前，强调教育的社会责任意识，首先要强调的是通过分享基本的价值观念，实现社会整合，增强一个日益多样化的社会的凝聚力。我们的教育不仅要对学生的升学考试负责，要对学生的终身发展和幸福人生负责，教育也需要为建设一个自由、民主、多元、开放、充满法治和人权精神的社会负责，这就需要我们牢固确立“为自由社会培养人”的教育宗旨。杜威曾经说：“教育是民主的‘接生婆’，它使民主在每一个世代得到更新的社会力量。”但这离不开民主的教育内容和民主的教育过程。教育还要为基本国策的落实——实行计划生育和保护环境贡献力量，要让人口意识和环境意识深入到每一个未来社会的建设者心中。

教育的社会责任其次体现在将追求卓越与维护平等有机结合起来，用知识、智慧和技能武装所有公民以确保国家繁荣昌盛。教育是人的第二张出生证,教育要有助于社会的升迁性流动,为缩小城乡差别,为缩小由于无法选择的出身而导致的起点的不平等作出努力。《达喀尔全民教育行动方案》郑重指出:“教育是人类一项基本的权利。它是国家和国家之间实现可持续发展、和平与稳定的关键。在全球化进程日益冲击各国经济与社会的21世纪,教育更是有效参与社会活动和经济活动的不可或缺的手段。实现全民教育目标时不我待。满足所有人的基本学习要求,作为一项迫切的任务,能够而且必须予以实现。”这就需要教育自身的公平。为此,拥有优质教育资源的学校有责任支持和帮助那些薄弱的学校。当然,这只是实现教育公正的一种努力,更重要的是有关部门要加大对薄弱学校,特别是广大农村地区学校的财政支持力度。教育公平的问题事关社会的公正与和谐,事关社会的可持续发展,事关将公平与正义、人权与博爱的精神的种子播撒到每一个人的心中。

教育给了我们什么

什么是教育?西方有位才子作了意味深长的诠释:“把所学的东西都忘了,剩下的就是教育。”

剩下的是什么呢?我想不外是积淀于我们的气质、性格、处世方式与行为习惯中的那些东西:主动还是被动?独立还是依赖?快乐还是忧郁?开朗还是内敛?开拓进取、锐意创新还是墨守成规、因循守旧?兴趣广泛还是麻木不仁?积极乐观还是消极厌世?精神充实还是内心空虚?在一定意义上说,这些都不是我们可以主动选择的,而是生活与教育赋予我们的。在以往的不知不觉的生活境遇中我们成为了今天这个样子。

在大学的课堂上,我曾以“教育给了我们什么”为题,要求同学们反思总结自己对于基础教育的体认。给我印象深刻的有两位同学的发言:一位同学说,当她拿到大学录取通知书时,她猛然觉得12年的寒窗苦读换来的除了一张通知书,似乎什么都没有——没有朋友,没有刻骨铭心的体验,没有美好的回忆,没有对于生活的热情,没有稳定而深刻的兴趣与爱好。另一位同学寒假回到中学时的母校，看到学弟学妹们仍在紧张备考，她非但没有荣归故里的自豪，反倒有种莫名的恐惧。

大家都不难认识到，制约基础教育改革的瓶颈在考试评价制度，特别是高考制度。应该说，分数面前人人平等的高校招生制度，相对来说是最为公平的。可是，我们为了公平所付出的代价也是非常巨大的，那就是牺牲了整整一代人的自由和谐的发展。为了在高考中尽可能地得高分，不得不压抑自己的兴趣和爱好，花成倍的时间和精力去钻研自己不喜欢、不擅长的学科。结果是“全面的丰收”，导致全面的平庸。更有甚者，学习成了苦不堪言的差事；大考小考的排队分等，使学校成为造就失败者的场所，进而导致厌学和恐学，导致内心的畸变和人格的扭曲。

设计出有助于学生自由和谐发展的高校招生制度是并不难的。其实，发达国家就有非常成熟的制度可资借鉴。譬如美国的一些高校，在新生录取时，纸笔相加的考试只占28%，72%是要参考平时的表现，包括研究性学习的成果、社区服务等等。如果我们也这样，那情况就不难想象。余文森教授在一次学术演讲时说到一个令人只能苦笑的例子：某高校一位经推荐进入大学的学生有小偷小摸的毛病，可校方在其中学的推荐信中发现写有“该生手脚勤快”的评语。在一个信用机制尚未建立起来的社会，许多事情都不好办，社会不得不为此耗费高昂的成本。

教育给了我们什么？我相信不同的人会有不同的回答。如果把一个社会中的群体视为由两个极端（如主动与被动、开朗与内敛等等）构成的连续体，我想，我们的国民性格的高峰分布恐怕是集中于被动、内敛、依赖、忧郁等这一极的。这是一个文化问题，一个国民性的问题，当然也是一个教育问题。总之，这是一个值得我们警觉和深入反思的问题。

什么是良好的教育

我所能想到的最重要、最有价值的事情，莫过于受到良好的教育。因为只有良好的教育才能使我们秉有渊深的学识、清明的才智、通达的情性、宽广的胸怀和高贵的教养。

理想总是高于且先于现实而存在的。没有对于什么是良好教育的理想，没有某种关于受过教育的人的理想，我们就无法从事教育。教育正是牵涉于理想与现实之间的、具有鲜明的价值指向的潜能的唤醒，浸淫于"文化—心理"之间的精神创生。真正的教育使得一个人易于领导与合作，而难以奴役和盘剥。

那么，什么是良好的教育呢？也许我们很难给予它一个周全的描述，但我们可以肯定地说：如果一个人从来没有感受过人性光辉的沐浴，从来没有走进过一个丰富而美好的精神世界；如果从来没有读到过一本令他（她）激动不已、百读不厌的读物，从来没有苦苦地思索过某一个问题；如果从来没有一个令他（她）乐此不疲、废寝忘食的活动领域，从来没有过一次刻骨铭心的经历和体验；如果从来没有对自然界的多样与和谐产生过深深的敬畏，从来没有对人类创造的灿烂文化发出过由衷的赞叹……那么，他（她）就没有受到过真正的、良好的教育。

对于所有头脑和心地都很正直的人们，大概都不难达成这样的共识：不论是家人之间的纯美的至爱亲情，还是亲朋故交之间诚挚的友谊，也不论是师生之间的倾情给予，还是陌生人之间默默无言的相互关爱，都能给我们的心灵以温暖的慰藉，给平淡的日子以清新明丽的感动。在教育中，如果我们能用心去营造一种充满真情与关爱的氛围，良好的教育就有了最切实的保障。

而"凡是教师缺乏爱的地方，无论品格还是智慧，都不能充分地或自由地发展"。没有任何真正的教育是可以建立在轻蔑与敌视之上的，也没有任何一种真正的教育可以依靠惩罚与制裁来实现。真正的教育只能建立在尊重与信任的基础上，建立在宽容与乐观的期待上。真正的教育存在于人与人心灵距离最短的时刻，存在于无言的感动之中。让年轻一代在人性的光辉里，拥有一个关怀的人生，这应是良好教育努力达成的一个目的。

书籍是人类文明不灭的火种，人类走向光明与真实境界的灯烛。"没有一艘船像一本书 / 也没有一匹骏马 / 能像一页跳跃的诗行 / 把人带向远方。”（狄金森）正如苏霍姆林斯基所告诫我们的：“启发智慧和鼓舞人心的书往往决定一个人的前途。学校首先是书籍。”在书籍中，智慧老人展示给我们的是历史的镜鉴、生命的律则和文明战胜野蛮的曲折。人是理性的动物。“未经审察的人生是没有价值的”（苏格拉底），你真正的生命是你的思想。对某一问题不倦的探究，是个体成长所必经的心路历程，也只有在理性的基础上才能确立自主的尊严。

如果成长中的青少年没有对某一项活动较为持久的投入和倾注，如果对一切都只是浅表性的接触，那么，心灵的疆域就不能得以拓展，也不能生发出良好的责任意识和责任能力。中国古训中有所谓“纸上得来终觉浅，绝知此事要躬行”，“纸上得来终觉浅，心中悟出始知深”，前者强调的是活动、实践、躬行对于知识的领会与掌握的意义；后者强调的是“悟”，即个体经验的激活在理解、吸收、建构和掌握知识过程中的意义。没有比较丰富、深刻的体验来积淀形成一定的经验背景，悟就不易甚至不能产生。因为理解活动并非某种纯粹的智力活动，而是人的整个生存活动的一部分。

大自然的奇妙景观，不仅给人们以美的陶冶，也给予人们以智慧的启迪。“千江有水千江月，万里无云万里天。”即使是普普通通的一片树叶，平平淡淡的一方晴空，一场罕见的瑞雪，一次壮观的海潮，都能给予我们以绵密的哲学理趣、迷人的艺术灵光。让孩子们领略到大自然的无限风光，领略到自然界的多样与和谐，并由此产生惊异感，从而增进人与自然之间的亲和与交融，这是完美教育的不可或缺的要素。

教育是文化传递与文化传播的过程。文化是人类本质力量的确证与表征。在宇宙学的参考日历上，人类出现至今的这段时间还不到一天的1/1440。然而，就在这段似乎微不足道的时间内，人类创造了繁荣、灿烂、富丽的物质文化，纵横交织、井然有序的制度文化，千姿百态、深邃精湛、幽邈纤细、意蕴丰赡的精神文化。作为人类的一员，是值得我们每一个人为之自豪的。这种自豪感是参与分享人类所创造的精神财富和进行新的探索的强大动力。

真正幸福的人，是过着值得尊敬和真正的人的生活的人，是精神上和物质上都很富有的人，“富有的人同时就是需要有完整的人的生命表现的人”（马克思）。学会过美好的生活，使每一个学生都能成为能够创造幸福生活的人，这是完美教育的鹄的。因为，个人的自由，群体的和谐，社会的公正，人类的福祉与尊严，全系于良好的教育。

教育的灵魂

“教育是一个评述用词。说某人是受过教育的人，就是在称赞他，说他具有某些可贵的品质。一个教育过程一定要成为使人产生这些可贵品质的过程。”教育意味着价值引导，它以培养“可贵品质”为职责。然而，道德教育实效的低下却是不争的事实。这与当今人类普遍重视道德与道德教育在社会文明进步和人的自由与解放中的重要作用的趋势是很不协调的。就中国的现实而言，市场经济体制的逐步建立和完善，政治民主化程度的提高，为每个人提供了大量的进行判断、选择和行动的机会，大大地拓宽了人们道德实践的范围和领域，为提高全民族的道德素质创造了体制性的前提，也对学校的道德教育提出了新的要求。

而我们的教育，特别是道德教育，是一种无视主体性的教育。这种无视主体性的道德教育培养出来的人大多数表现为缺乏独立性、主动性和创造性，缺乏自主自律能力，缺乏进取精神，表现出盲目从众和循规蹈矩，表现为逆来顺受和忍气吞声。个体的、具有主体性的人的道德水准是决定整个民族的道德素质的关键，社会生活和现代教育的发展都呼唤着“主体性道德人格教育”。

每一个时代都有自己的理想人格。它体现着一个时代的人生追求和价值取向，体现着做人的方向和人格标准。笔者认为，主体性道德人格应该是现时代的理想人格，主体性道德人格教育应该是当今中国教育的灵魂。

主体性道德人格，即独立、理性、自为、自由的道德人格，用描述性话语来说，就是处变不惊、清醒从容、有所执着、敢于担待的道德人格。如果说理想人格是时代精神在个体人格上的凝聚与表征，那么，主体性道德人格则是现时代理想人格更为内在或更为本质的方面。主体性道德人格作为个体生命最为独立、理性、自觉、自为、自由的存在方式，使个体的道德行为植根于明敏的心灵、无畏的勇气、坚强的毅力和热诚的信念成为可能。

主体性道德人格之所以有高扬的必要，是基于这样一个事实：在我们的生活中，特别是道德生活中，自由意志和个人责任是相互联系的两个方面，只有当一个人能够如他所期望的那样从一开始就自由地行动时，我们才能对实际上发生的事情追究责任。也就是说，自由意味着责任，责任必然要以自由为前提。自由意志并不神秘，“自由不在于幻想中摆脱自然规律而独立，而在于认识这些规律，从而能够有计划地使自然规律为一定的目的服务”。道德选择中的“意志自由只是借助于对事物的认识来作出决定的那种能力”。经验表明，随着道德选择的自由度的提高，道德责任感也越强。主体性道德人格教育力图标志着这样一个方向，即个体人格尊严的确立和对个人自主选择的尊重既是道德教育的目标，也是道德教育得以有效进行的前提。

主体性道德人格教育力图扬弃和超越道德教育中两种貌似对立的倾向：一是从脱离社会生活实际，特别是脱离学生的道德生活实际的高远的道德理想出发，将道德教育变为空洞的说教和粗暴的灌输。二是无视人的价值内涵和精神品性，把道德教育变为琐屑的行为训练和消极防范。之所以说二者是“貌似对立”的，是因为它们共同地漠视了发展中的个体作为潜在的或显在的道德活动的主体所应有的人格尊严。实际上，它们由于过分执着于“社会人”的教化，而忽视了(漠视了)“个体人”的道德尊严、人格尊严的确立，因而使得道德教育缺乏内在的动力和深沉的感召力。

主体性道德人格教育，表达的是一种价值理想和在应然的意义上对道德教育所作的价值追求。主体性道德人格教育对民主制度的发展与完善，对社会的安定与和谐，对社会公正的确立与维护具有重要的价值。因为具有自主的理性、自律的道德判断和道德实践的个体是民主的、和谐的、公正的社会建立的基础。非主体性的道德教育也许能造就良民、顺民，但它只能成为专制和特权社会的基础。

在世界范围内，不少教育家开始认识到，以往的教育研究停留在应用“释义学”与“经验”的研究手段上，只注重教育事实的描述、解释、预测与检验，而忽略了对教育事实及其社会条件的批判。由此产生的后果是，教育研究忽略了主体的把握，不把教育看成是一种价值的赋予、形成和创造的过程。这样，教育研究长期以来仅仅把教育看成是一种技术性活动，只关心如何才能达到教育目的，而并不对目的本身是否具有合理性进行必要的批判。因此教育研究仅仅发展了“教育术”而没有促进“教育学”的真正发展。任何教育研究，如果脱离了对教育所置身其间的社会背景的分析与批判，对教育问题的理解和把握就会是肤浅的、缺乏整体性和方向感的。缺乏合理的价值预设和目标的设定，任何具体的操作规程的探索，轻则遁入盲人摸象的困境，重则将实践导入歧途。

我们标举主体性道德人格教育，其目的就在于通过对以往教育（特别是道德教育）的理论与实践的反思与批判，实现向主体性道德人格教育的转向，使道德教育，进而使整个教育获得与时代发展的主旋律相一致的品性与意蕴。

教育的力量

关于教育对于一个国家、一个社会的重要性，加尔布雷思在他所著《好社会》一书中说得再好不过了：“在当今世界上，没有任何一国受过良好教育的人民是贫穷的，也没有任何一国愚昧无知的人民是不贫穷的。在民智开启的地方，经济发展自然水到渠成。”“一个国家的前途，不取决于它的国库之殷实，不取决于它的城堡之坚固，也不取决于它的公共设施之华丽，而在于它的公民的文明素养，即在于人们所受的教育、人们的学识、开明和品格的高下。这才是利害攸关的力量所在。”（马丁·路德）。

有识之士都认识到，教育孩子是我们所有事业中最重要的事业，比任何所谓的防卫措施都更加紧迫和重要，它是我们唯一的真正的防卫。

美国的开国元勋杰弗逊(Jefferson)、麦迪逊(Madison)和阿德姆斯(Adams)都认为,一部结构良好的宪法并不能充分地维持美国的民主,一个自由的社会最终要依赖于它的公民以及这些公民所拥有的知识、技能、道德和公民美德。

国际21世纪教育委员会在向联合国教科文组织提交的报告中指出:“教育是社会的核心”,“教育在社会发展和个人发展中起基础性作用”,“教育是更深刻、更和谐的人的发展并从而减少贫困、愚昧、(不平等的)排斥、压迫和战争的一种主要手段”。难怪德国工商大会主席布劳恩会敏锐地指出:德国经济未来取得发展的“最重要的资源就是我们的教育,我们的学校”。

有学者深刻地洞见到,教育是国民经济新的增长点。教育是应用知识、传播知识、创新知识并需要大批工作者的服务行业,可以为社会提供占从业人员总量4%的就业机会,对GNP增长的直接贡献也不会少于4%(发达国家可达6%~7%);同时,还可以带动建筑、仪器设备、办公家具、通讯、交通、报刊出版等一系列行业的发展,因而成为国民经济新的增长点。教育也已成为新的消费热点。随着劳动力市场的价格分化,知识越来越“值钱”,教育成了居民投资的新热点。特别是高质量的中小学教育和高等教育,成了最热门的卖方市场。我想,这不仅仅是专家的结论,在日常生活中,我们也是可以感受得到的。

尽管我们的政府明确提出了“科教兴国”的战略,可是我们的一些行政官员,对于教育仍旧是“说起来重要,干起来次要,忙起来不要”,这只能说明他们眼光短浅,急功近利。当然,这也还有其他更深层次的原因,譬如我们几千年专制主义文化的消极影响和长期以来整个社会在制度建设上的缺陷。

至于教育对于个人的价值,以下这一段话也十分精彩:“假使我们过着多彩多姿的生活,那必定是教育使我们意识到生活的意义;假使我们过着合群的生活,那是教育使我们在早年认识这一需要,且在我们的心田种植了种子;假如我们很安详地生活着,那是教育使我们认识到精神上的和谐是人生最重要的。但假使我们内心不安宁,那是教育中忽略了感情的生长及适应新环境的能力；假如我们对多彩多姿的生活世界感到乏味，那是教育没能在我们的内心开拓理智的以及精神的反应，而这些反应是欣赏万变的生活所必需的；假如我们过着自私的生活，那亦是教育忽略教授合群生活中最基本的要素——即了解别人的需要；假如我们不认为在一个民主的社会中，个人是最珍贵的，而不论其种族、肤色和血统，那么，教育最基本的一点便已失败了。”

在我看来，良好的教育一定致力于引领学生用自己的眼睛去观察，用自己的心灵去感悟，用自己的头脑去判别，用自己的语言去表达。良好的教育使得一个人成为真正的人，成为他自己，成为一个不可替代的、立于天地之间的大写的“人”。

因此，我敢肯定地说，良好的教育一定能够给无助的心灵带来希望，给稚嫩的双手带来力量，给迷蒙的双眼带来澄明，给孱弱的身躯带来强健，给弯曲的脊梁带来挺拔，给卑琐的人们带来自信。而一个拥有希望、力量和自信的人，最有可能成为幸福生活的创造者和美好社会的建设者。

教育的精神元素

教育是一个激荡心智、沐浴灵府、树立人格、彰显个性的活动。这个活动不同于任何制造业的活动，也不是一个操作流程。过去，人们探讨教育的要素，更多地是从可观测的角度来揭示教育的构成，大多会提及诸如教育场所、教师、学生、教育内容（体现为教材）、教学媒介等。这固然是一种角度，但教育是一种关照精神（心灵）成长的活动，而精神是无形的，但比有形的东西更不可缺少。在我们这个世界上，其实是无形的东西决定着有形的东西，我们看得见水，却看不见氢（H_2）和氧（O_2）。假如没有爱，再漂亮的居所也不能称之为家。

在我看来，关注学生精神成长的教育一定包含着爱、感恩、忏悔、希望、信仰、探索、合作、自由与自主，这也正是教育的精神元素。而精神，正如陶行知所说，“如山间明月、江上清风一样，是取之无尽，用之不竭的”。

真正的教育区别于一切在形式上貌似教育的劣质的假教育。

爱，就是在别人需要时，看到自己的责任；爱，就是恒久的忍耐，且有恩慈。而爱本身又包含着了解、尊重、责任、关怀和给予。缺乏了解，爱就是盲目的，当然也会是肤浅的；没有尊重，就没有信任，就没有乐观的期待，爱就会演化为支配和控制；没有责任、关怀和给予，爱就是苍白的、轻薄的，甚至可能是虚情假意的；给予，就包括给予学生需要的额外的帮助。文学家夏丏尊先生这样说过："教育没有感情，没有爱，如同池塘没有水一样。没有水，就不能成为池塘。没有感情，没有爱，也就没有教育。"

与爱相伴而生的当是感恩。我们的教育不仅要让学生理解爱，并且要让他们学会爱，那就是感恩。感恩于我们拥有的一切，感恩于生活中拥有的阳光、微笑、歌声与鲜花，感恩于"黑夜给了我黑色的眼睛"(顾城)，感恩于人类文化养育出我们追求美好的永恒冲动。

忏悔，是心灵的反思，是宗教的情怀。反省是一种智慧。一个具有反省能力的人，一定是严格的自我要求的人，善于从别人的批评中意识到自己的不完美，意识到自己存在的局限，从而多一点以"责人之心责己，恕己之心恕人"，多一点扪心自问和叩问心灵，多一点灵魂的拷问，少一点怨天尤人和愤世嫉俗。

希望，是鼓舞人生之帆驶向彼岸的强劲力量之源泉。教育力量的体现其中一定包括精神感召：让学生学会憧憬未来，对未来有一种热切的向往，从而在学生的心中发掘出向上生长的力量。优秀的教师一定善于把人生美好的前景，把我们生活于其中的社会美好的明天展现在学生的面前。

信仰，我们心灵信赖并仰望的人生终极的关怀，我们之所以活着的全部意义生发之源。教育要有精神支柱，教育者要有精神支柱，并自觉地引领学生用心去培植他们的精神支柱。人是万物之灵，每一个人与生俱来都有一颗信仰的种子，我们要做的是创造一种情境和氛围，让这颗种子发芽、生根并茁壮成长。而假冒伪劣的教育使这颗种子早早地死去，变成干瘪的空壳。

探索，就意味着不固步自封，不因循守旧，不墨守成规；意味着不得过且过，不敷衍糊弄；意味着总是试图去改变，意味着追求卓越。在教育中，探索可以表现为带给学生理智的挑战，表现为“以问题引导教学过程”；也可以表现为发现学习和探究学习，当然也可以表现为长周期的主题探究的学习，即研究性学习。在教育中，探索的底蕴就在于学生对于知识的自主建构，这就意味着亲历过程、总结方法，实现经验的概念化。

自主与自由，意味着学生有权对自己的事情作出决定，意味着我们把培养学生“自主判断、自主选择和自主承担”的能力作为目标追求，意味着我们重视自由—责任精神的养成，意味着我们对于奴性人格的彻底否弃，对专制性格的全面颠覆。

合作是自主、自由的个体之间健康的关系。合作就意味着能设身处地地为别人着想，学会了对别人移情性的理解，学会平等充分的沟通；合作就意味着我们建立起了一种“你—我”关系。

合作之所以是真正教育的精神元素之一，就因为合作的品质是个体的社会性发展的重要内质，是融洽、温暖、和谐的良好的精神生态的不可或缺的品质。体现人与人之间合作的精神，倡导合作学习，培养合作的品质，是真正教育的当然要求。乐于与他人打交道，乐于一起自由地辩论，乐于表达内心真实的想法，这些都与合作精神相关联，也是自由社会建设者的重要品质。

教育与时代精神

人类世代交替，生生不息。每一个时代都有其面临的挑战和特别需要解决的问题，因而每一代人都有其独特的使命和特别需要的气质与品格。这种独特的气质和品格，就是所谓的时代精神。

今天我们这一代人所肩负的历史使命是发展市场经济，完善民主政治，促进个人的自由充分的发展。人类历史业已证明，市场经济是最有效的社会资源的配置方式，它也是民主政治的基石。而民主政治也是最人道、最合理、最合乎人性、最能充分发挥每一个人的政治智慧的制度，因而民主也是一种生产力。寻求自由与解放，这是人类永恒的内在的冲动。

如何使人类这种永恒的内在的冲动转化为文明进步的动力，这就是制度文明先进与否的标志。换言之，衡量一个社会的文明程度的标尺就在于看它在多大程度上、多大的范围内为个人自由充分发展提供了可能性。

而今天这种努力就表现在为现实的、具体的个人自由充分的发展创造条件，解除一切形式的束缚人、禁锢人、贬抑人、奴役人的制度、思想、观念和措施，最大限度地尊重人们的自由和权利。

“自主、合作、创新”，就是对我们今天所处这个时代的精神最凝练的概括。所谓自主，即自主判断、自主选择、自主承担，这也是市场经济的基本原则和精神。在市场经济时代，我们每一个人作为经营者或消费者，生产什么，如何生产，生产多少，消费什么，消费多少，怎么消费，没有人来为你指点江山，没有人可以包打天下，而是要靠作为具体的、现实的经营者和消费者的我们来自主判断、自主选择和自主承担。选择既以多样性为前提，也以独立性为条件；而选择的后果是一方面促进社会更为优化的多样性，另一方面造就具有责任承担能力的、具有“自由之意志、独立之人格”的个体。

只有自主、独立的个体，才有可能建设民主的社会，才可能具有民主参与、民主决策的能力。一个依附的个体、盲从的个体，一个仰人鼻息、唯命是从的个体，只能是专制统治的走卒和工具。

也只有自主、独立的个体，才最有可能充分地自我实现。其实，自主性、独立性，是一个人自由充分发展最核心的内质，也是个体获得更好发展的主体条件。自主性、独立性所标识的是个体与外部世界，特别是与社会、与他人关系的性质，自主性、独立性是一个人有尊严性存在的条件。

那么，自主的个体之间是一种什么样的关系呢？那就是合作。合作就意味着乐于与他人打交道，具有开放的心态、进取的意识和成长的渴望。一个自我封闭的人，一个自满自大的人，一个得过且过、不思进取的人，是不会有与他人合作的需要的。

合作也意味着能够尊重不同和差异，尊重多样性和每一个人的独特性。因为不同和差异，是合作之所以必要，也是合作之所以可能的重要条件——如果你生产粮食，我也生产粮食，我们就没有合作的必要；如果你生产粮食,我生产布匹,我们才有互通有无、优势互补这样一个需要。过去,人们说"道不同,不相为谋",今天,我们却可以说"道不同,正相为谋";在法律的框架内,在不违反道义和良知的范围内,最大程度地尊重不同和差异,更多地宽容。

合作也意味着个体社会性的发展,意味着学会了放弃、退让、隐忍、妥协,学会了推己及人,学会了设身处地地为别人着想,学会了对他人移情性的理解。孔子说:"君子和而不同,小人同而不和",意思就是说发展很充分的人,都是独特的,但他能和其他有个性的人和谐相处;而发展程度很低的个体,没有个性,他们不过是一丘之貉,却整天窝里斗,不能友好地相处。所以,一个社会,一个群体,人际关系的性质,既是个人发展的条件,又是每一个人发展程度的标志。

时代精神的第三个方面是创新。创新就意味着不因循守旧,不固步自封,不得过且过,不浑浑噩噩;意味着有一颗开放而敏感的心,不断进取,不懈追求,不断地开拓生活和自由。

从个人来说,创新、探究、发现,都是健康人格、自我实现的人格的重要组成部分,是高品质的生命质素的重要内涵。创新也是社会进步的力量源泉,生命的美好和智慧之花在创新中绽放。创新拒斥保守、僵化,创新生发着社会的活力,激发着个体生命中持续的对生命的眷注与热爱。

如果所谓的时代精神,不为广大的社会成员所认可,并变为他们自觉的追求和个性品质,那么它就只是一种虚幻的、虚假的少数人甚至是个别人的意趣。

用时代精神烛照教育, 赋予教育与时代精神相一致的品格与内涵,造就具有时代精神的人,这是我们培养幸福生活的创造者与民主社会的建设者的着力点。因此,我们需要重新定位教育的价值追求,重建学校文化,从课程设置到课程内容(比如需要强调公民教育),从教育方式到学生的学习策略,从日常评价到考试选拔,从师生关系到同伴关系,都需要体现时代精神,都需要有助于具有"自主、合作、创新"精神与品格的人的成全。

从科举到学堂

从鸦片战争爆发以来，东方古国的雍容华贵，慢慢地零落以尽。中国传统教育的空疏无用、腐朽没落的本质日趋显露，传统教育已到了山穷水尽、行将就木的时候。可以说，中国教育近代化这个历史命题，从某种角度上是侵略者的坚船利炮所推出的。

清代的教育制度基本上是因袭明代旧制：学校与科举相辅而行，且偏重于科举。科举取士是封建统治阶级以功名利禄笼络知识分子的手段，各级儒学和书院不过是科举乡试的入门阶梯，学校名存实亡。科举知识分子为获取功名利禄以读“四书五经”和参加科举考试为手段。“万般皆下品，唯有读书高”的功名意识，“代圣人立言”、“经术既明，取青紫如拾芥”的经学意识，“忠孝节义”的纲常意识，便是科举知识分子的价值取向、知识结构和伦理观念。清人李惺在《老学究语》中指出科举的危害：“读书专习文字，文字专求科第，一心指望做官，误了许多子弟。”这样的知识分子在风云骤变、民族危亡之际，一筹莫展、束手无策，只能是“无事袖手谈心性，临危一死报君恩”。

危机孕育着新生。改革传统教育必须从废除科举制度开始。科举制度不适应中国近代化的历史要求，主要表现在两个方面：其一，科举名额限制造成了知识分子出路狭窄；其二，考试内容不可能为中国社会提供资本主义工业化所需要的新型知识和人才。科举制度只是把社会各阶层的人才吸收进专制政权，造成人才流向的单一化，读书人除了彻底依附这个政权别无他途。因而它是中国知识分子接受西方近代自然科学近代思想文化意识的严重障碍。所以，当时的有识之士认识到："科举一日不停，士人皆有得第之心……学堂绝无大兴之望。""科举不停，学校不广，士心既莫能坚定，民智复无由大开，求其进化日新也难矣。"因此，他们要求："欲补救时艰，必自推广学校始，而欲推广学校，必自先停科举始。"

但由于科举制度是中国封建专制统治者赖以抵制西方资本主义工业文明在中国的传播与影响以维护封建纲常伦理、恪守祖制的重要手段，所以，科举制度的改革和废除从一开始就受到了封建顽固派的极力阻挠。又由于科举取士制度是中国封建传统读书人赖以晋升的唯一途径，所以封建顽固派对科举制度改革与废除的阻挠有着广泛的社会基础。因此，虽在第一次鸦片战争前后，龚自珍、林则徐、魏源等一代开明之士就已提出了废除科举制度的主张，但直到 1905 年，科举制度才得以真正废除。其过程之艰难，可见一斑。

清末科举制度从改革到废除，大约经过三个阶段：第一阶段，改革科举考试内容。1887 年始将算学列为科举考试的科目，这是实行科举以来第一次将西学列入科举考试科目。第二阶段，递减科举取士名额。改科举、兴学校，是清末"新政"在教育方面的重要改革措施。一些政府官员和封疆大吏，为表达他们对"新政"在教育方面的重要改革措施的拥护和支持，他们不满足废止八股，改试策论，而纷纷奏请递减科举取士名额。第三阶段，废止科举取士制度。科举虽经改革，但仍与学堂并存。科名出身仍对学生有强烈的诱惑力，所以学生不愿入学堂，影响当时急需的大量新式人才的培养。清廷迫于形势，于 1905 年 9 月 2 日明令废止科举。至此，始于隋炀帝大业三年(公元 607 年)，完备于唐，盛行于明、清的科举制度，经历了 1 300 年之久，终于完全废止了。这是中国教育近代化历程中重要的里程碑。

而兴办新式教育，确立教育宗旨，建立近代学制，是与科举制度的废除互为条件的。洋务派在同西方列强的交往中，逐渐认识到必须向西方资本主义国家学科学技术，才能使国家走上富强之路。在教育上，主张学西学，兴办新式学堂，实施具有近代科学技术内容的新教育。自 1862 年设立京师同文馆，新式学堂如雨后春笋，发展迅速。京师同文馆的设立，开创了兴办外国语学堂的先河，继设该馆之后，为了适应培养西文和西艺的各种人才的需要，洋务派还兴办了各类新式学堂：一类为外国语学堂，如上海广方言馆、广州同文馆、湖北自强学堂；二类为军事技术和其他技术学堂，如福建船政学堂、广东实学馆、上海江南制造局附设工艺学堂、天津电报学堂、天津医学堂；三类为军事学堂，如天津水师学堂、湖北武备学堂。洋务派创办新式教育，开设了英、法、德、俄、日等外国语课和天文、算学等自然科学课程，还效法西方采取班级授课制，这是对中国传统教育以儒学为内容和个别施教方法的一次大革新、大突破，因而是中国教育近代化的重要步骤。

此外从洋务运动到五四运动，提出的教育宗旨，“中学为体，西学为用”都是其核心精神。清末正式颁布的教育宗旨，是在 1906 年 3 月由学部奉上谕公布的五端标准，即“忠君、尊孔、尚公、尚武、尚实”。“五端十字”的教育宗旨，仍是“中体西用”精神的体现。这一教育宗旨虽然仍在强调“忠君”、“尊孔”，其“体”未变，但增添了“尚公”、“尚武”、“尚实”，在“用”上有了近代的新内容。所以，这一教育宗旨的性质，已不再是封建专制主义。1912 年，资产阶级革命派成立的南京临时政府教育部召开全国临时教育会议，讨论并通过了新的教育宗旨：“注重道德教育，以实利教育、军国民教育辅之，更以美感教育完成其道德。”新的教育宗旨的制定，是对清末提出的教育宗旨的革命性变革，是中国教育近代化的重要成就。

新学制的建立，亦是中国教育近代化的重要步骤和事件。1902 年中国近代教育史上首次建立的学校教育系统——壬寅学制是模仿日本的教育制度而制定的。壬寅学制并未施行，不久重订，以癸卯学制（1903 年）取代。癸卯学制是中国近代第一个最为完备的学制，以教育法令公布，并在全国施行。它规定了各级各类学堂在学校体系中的地位和作用，使全国散在的学堂统一成为一个整体，并以法律形式规定了普及义务教育的年限，引进了西方近代科学知识内容，促进了普通教育数量上的发展和质量上的提高。尤其是为了适应工商实业的发展和满足师资的需求，将实业教育和师范教育组成了两个与普通教育并行的体系，使教育为社会生产服务，使教师职业专门化，具有教育革新的重大历史意义。

兴办留学事业也是中国教育近代化的当然要求和重要事件。出国留学始于19世纪40年代。第一代留学生容闳等人从美国学成归来后，即以宣传留学为己任，企图通过这一办法，“以西方之学术，灌输于中国，使中国日趋于文明富强之境”。

维新运动中出国留学亦被作为一项国策提出来。一方面为了改革科举，一方面为了学习日本，维新派极力主张留日。1896年5月，清政府新任驻日钦差大臣裕庚带领13名学生抵日，这是中国近代第一批公派留日学生。此后，在国内形成了留日高潮，仅1906年一年留日的学生多达13 000多人。民国初年，除了继续向日本派遣留学生外，又兴起了留学美国和欧洲国家的高潮。留美发展较快的一个因素是美国政府将退还的部分庚子赔款用于资助中国留学生。1911年清政府建立了留美预备学校——清华学校。

除了留学美国以外，“五四”后掀起了赴法勤工俭学运动，在近两年的时间里，约有1 600多名青年学生赴法留学。留学运动造就了庞大的留学生群，大大增加了新型知识分子在知识界的成分，有力地推动了近代文化的转型。留学生们在推动中国民主政治的发展、新闻事业的发展、语言文学的改良尤其是教育的变革中，作出了非常积极的贡献，涌现出了一批杰出的资产阶级知识分子。留学生在近代高等教育的师资中占有一定比例，这就为教育内容的更新与完善提供了保证，它反过来又为“五四”时期的又一代知识分子提供了新的文化环境。

值得一提的是，在中国教育近代化的过程和事件中教会教育的发展。尽管传教士们在华创办教会教育目的是为了培养能够效忠于教会的中国领袖人物，实现他们“以华治华”的侵略目的，但客观上，对于促进我国普及教育的发展、高等教育的发展、女子教育的发展，对于传播西学和西艺，对于刺激中国学校教育质量的提高，都曾起过积极作用。

中国教育，从空疏无用、腐朽没落的封建传统教育，经过废除科举制度，兴办新式教育，确立新的教育宗旨，建立近代学制，兴办留学事业，而逐步具备了近代教育的结构与功能,即能够培养具有近代思想意识和知识结构的经世致用的新型人才。在中国教育近代化的过程中,每一个事件和步骤都体现着进化意识、比较意识、世界意识和开放意识。也正因为如此,它们才有力地促进了中国教育的近代化。

今日中国教育之情状

当今我国教育的整体情状如何?这恐怕只能有一个盲人摸象的答案,因为我们没有一个中立的、权威的调查统计机构来勾画出一个较为客观的情状。自 1998 年以来,我不倦地游走于中国大地,到过的地级市超过 80%,因此对中国教育有一些直观的印象。

许多人有一个错误的认识:中国的高等教育不如美国,但基础教育优于美国。中国的高等教育不如美国,这是不容置疑的,有十分充分的证据证明这一点。中国高等教育落后,主要的原因是大学精神的缺失。就是享有优质资源、集万千宠爱于一身的北京大学,今天也没有什么大学精神可言。他们同样热衷于向权力献媚,同样缺乏对于公平与正义的普世价值的自觉守护。前些年邱成桐先生披露的北大为获得政府资助,虚拟海外聘请人员更是让人侧目。就在前几年,北大一位主要负责人居然还在公开场所宣称"教师在课堂上发表错误言论将被追究"更让人失望与寒心。1949 年以来,北大独立精神的丧失,是中国高等教育最为令人痛心和不齿的倒退。

中国的一些三四流的地方大学,其教师素质之差,官场习气之重,实在不配称之为大学。"大学"一词,无论是中文,还是英文的"university",都有"兼容并包、博大宽广"之意。说得极端一点,当今中国内地,无有真正意义上之大学,只有党校。在内地大学,校长不是最高领导人,而是"党委书记",这大概是要令文明世界的人们和我们的后人耻笑的。在中国内地人文社会学术领域,没有一位可以称之为大师的人物,有的只是"伪大师",这也与缺乏学术自由、言论自由的社会氛围不无关系。因为缺乏言论自由必然导致思想资源、学术资源的稀缺与匮乏。人文社会学术领域，各个领域的头面人物，差不多都是些不学无术的人，他们是“学官”，而不是学者，他们是课题掮客，而不是真正的探索者。这种现象的存在，与我们整个制度设计的根本缺陷有关。

至于中国的基础教育是不是比美国的好，我的结论是同样不如美国。问题的关键是评价标准：如果在有限的教育群体里，如少数大中城市的学生的学业成绩，中国基础教育的学生在教科书的内容的掌握的巩固性上，会优于美国整体的学生对教科书内容的掌握的情况。注意，这是局部与整体的比较的结果。就是在这一点上，如果整体与整体相比，中国还是会不如美国。

其次，中国学生更多的是“小面积的高产”，而美国学生却是“大面积的丰收”。据有人观察，中国学生用于教科书的学习时间是美国学生的五倍，这一结论的可信度有多大，当然有待证实。但当中国学生一遍一遍做习题，一遍一遍背诵教科书的时候，美国学生会有更多的自由探索、广泛交往、自主阅读，却是不争的事实。再次，美国学生在独立性、自信心、社会经验以及探索精神和对探索方法的掌握上，整体上也优于中国学生。

“中国的高等教育不如美国，但基础教育优于美国”这在逻辑上也是说不通的：为什么中国好的基础教育导致了一个不好的高等教育，而美国不好的基础教育却导致了一个好的高等教育？中国基础教育的落后于美国，不过是中国在政治、经济、文化落后于美国的一个必然结果。在一个文明落后的国度，要想教育一枝独秀是不可能的。

由于中国的人口基数很大，差不多是美国总人口的五倍，而具有高智商、卓越天赋的人，在任何一个自然人群中都是一个小概率的分布，大约占总人口的0.35%。因而在超过14亿的人口总数中具有高智商的人群总数的绝对数还是很大的，只是由于不良的环境和劣质的教育使得这部分人中的绝大多数人的卓越智商被废置而沦为平庸的人。但仍有少数的人还是会幸运地脱颖而出，使他们出众的天赋绽放异彩。但又由于整体教育的不良，从内容到方法，仍无法造就世界一流的头脑。在内容上，由于极权政治的意识形态必然渗透到教育领域，就像有剧毒的微量元素如果污染到饮用水源中，而使人慢慢中毒一样，那种极权主义的思想必然荼毒学生的心灵而使思想飞翔的翅膀羽毛脱落，从而丧失自由翱翔的能力。

在当今中国内地各省、市、自治区的教育中，是存在一定的差距的。按照当今教育发展的整体水准，大体上有这样的几类地区：北京、上海、天津、江苏、湖北、湖南、浙江、福建、山东属一类地区；四川、河南、重庆、辽宁、吉林、黑龙江、河北、安徽、江西属二类地区；广东、广西、陕西、山西、甘肃、海南属三类地区；云南、贵州、内蒙古、宁夏、新疆、青海、西藏属四类地区。

北京和上海，基础教育相对好，主要是由于社区环境、生源素质和办学条件的相对优质，而对整体的教师素质而言，其实是不如武汉、南京、长沙、济南这些省会城市的。这主要是由于北京和上海就业机会很多，有吸引力的岗位很多，中小学教师这个职业在这样的大城市，远远不是受人羡慕的职业，因而在这一领域中很难留下有卓越天赋的人。尽管北京有像华应龙、刘可钦、窦桂梅这样一些优秀的教师，但他们都是北京凭借自己的地缘优势从外省市“挖”来的。北京和上海，相对于山东、江苏、湖北这些省市而言，是不太重视教师培训的，尽管他们占尽近水楼台的优势。我在许多场合都表达过对京沪教育行政主管部门不重视教师的培训而靠着自己优越的地缘优势实行对外省市优质教育资源的掠夺的批评，因为这种做法是十分不道义的。我希望国家能够制定人才流动的合理机制，杜绝这种不义行为。人才可以也应该流动，但要对流出地进行必要的补偿。否则，两级分化会越来越严重，更重要的是不能纵容不劳而获的不义行为。

湖北的整体经济发展水平不如浙江，但湖北教师的整体素质却高于浙江。我感觉浙江人患上了“富裕病”，突出表现是“精神厌食症”。江苏经济也不错，但江苏教师的精神状况远好于浙江。我不知道浙江的问题出在哪里，也许这是个人偏见吧。其实，浙江有那么深厚的人文底蕴，出现过许多优秀人物，现在也有像王淞舟、阎学、王蕾英、费蔚、周步新这样一批优秀教师，整体的教师素质应该更好。

福建的教师整体上是比较有追求和有教育理想的，这与黄克剑、张文质、余文森、林少敏等先生的努力与影响有关。正如江苏有南师大诸位同仁的影响、湖北有华中师大诸位同仁的影响一样，对于教师的精神引领是不可或缺的，尽管这效果并不会立竿见影，但时间一久，潜移默化的影响的效果就会彰显出来。

产生过陈独秀、胡适、朱光潜的安徽，今天成为中国内地省市中最为封闭、保守、贫穷和落后的省份之一，层出不穷的是贪官和对法治践踏的丑闻，其中的原因值得深究。它的难兄难弟河南，在开放程度上要远优于安徽。河南是民营教育培训机构最为发达的一个省份，背后的原因恐怕是教育行政主管部门的懒政与贪腐。和安徽一样，河南在法治水平上也是较低的一个省。加强法治建设，需要多方面的努力。我们的教育是完全可以有所作为的。我特别强调我们的教师要有现代民主政治的意识。我认为一个学生能够遇到具有民主、自由精神的老师，那是一种幸运，因为只有自由、民主的精神能够让一个人真正从精神上站立起来。

台、港、澳是民主社会的型态，社会发展程度远高于中国内地。因而，教育的品质也远高于内地。民主政治不仅表现为对民意的尊重，民意有充分的表达途径，也更能开启民智。所以可以说，民主是教育的助推器，而专制则必然导致对人的尊严的漠视和头脑的封闭与禁锢，是教育的天敌。

警惕人类学上的退化

自 20 世纪 50 年代以来，已有六位华裔科学家获得了自然科学方面的诺贝尔奖（他们是杨振宁、李政道、丁肇中、李远哲、朱棣文、崔琦），但他们都与 1949 年以来中国内地的教育没有关系。杨振宁、李政道是 1949 年以前在中国内地受的教育。丁肇中、李远哲、朱棣文是在中国台湾和美国受的教育，崔琦是在中国香港和美国受的教育。这是一个事实。这个事实能够说明什么呢?我想，能够说明两个问题：一是说明我们中国人的智力天赋是世界一流的，这不是虚假的民族自信心，这个结论在上世纪90年代以来的跨文化的比较研究中，在人类学上得到了证实；二是说明我们1949年以来中国内地（大陆）的教育存在着非常严重的问题。

还有一个事实就是，70年代末以来，陆续已有40多万留学生在发达国家学习和工作，但是至今仍鲜有人取得令人瞩目的成就。这在某种意义上说明我们1949年以来的教育是失败的，失败的最大原因恐怕是我们不鼓励人们的自由思考、独立探索，忽视了理性精神，特别是批判精神和怀疑精神的培养，忽视了对于学生独特性、自主性和自信心的培养，忽视了对受教育者哲学气质的熏陶。

所谓哲学，就是对所有的问题、所有的命题和陈述，作彻底的逻辑追问，对所作出的判断所依凭的前提作必要的审察，正如麦金泰尔所说的那样，在一件事物上面贴上"正义""合理性"的标签或以"公正""合法"为标榜是不够的，还必须问：谁之正义？何种合理性？这样，我们就能将那些假借"自由""民主""科学""人道"之名，而行独裁、专制、愚昧和野蛮之实的种种妖术和伎俩最大限度地防范。哲学的真义、哲学的灵魂，一言以蔽之，就是理性精神：探索的精神、怀疑的精神、批判的精神，不唯书、不唯上、不轻信、不盲从的实事求是的科学态度。

如果我们不通过教育来提高整个民族的哲学素养，来发展全体国民的批判性的思考力，那么，我们不仅不太可能造就出世界一流的思想家、科学家和艺术家，我们也不能彻底地驱除蒙昧与褊狭，也不能彻底铲除诸如"法轮功"这类巫术与邪教赖以滋生和蔓延的社会土壤。

如果我们培养出来的人，缺乏雄浑浩博的哲学气质，最多只是能够修修补补的匠人，而不是可以在某一学术领域引起结构性变革的大师，如果一个民族在相当长的时间内都培养不出这样的人才，那么，其教育一定存在某些严重问题，长此以往就有可能导致这个民族在人类学上的退化，这绝非危言耸听。

进化或者退化原本都是生物学概念。当"进化"一词借用到人类学上就意味着它是一个关系与意义的范畴，它包容了人类遗传素质的改良以及与之相匹配的人类生存发展的文化条件和社会条件的合主体性变化。

一个民族在人类学上的进化不仅取决于物质生活条件的改善,更取决于这个社会给予人们自由思考的空间以及对个性与多样化的重视和珍视的程度。

没有异端的社会是一团漆黑一潭死水的社会。异端的存在状态,是衡量社会文明程度的标尺之一。异端对权威的任何质疑和挑战都将影响现有的秩序和权威的地位。江山代有异端出,才使人类思想的天空群星闪耀。仅有"异端"的自觉自愿自我受难还远远不够,我们必须要有保护异端的社会土壤。首先是每个人都有自由表达的权利,其次这种自由表达还必须有"免于正确的权利",即谁也不能保证自己的观点就一定是完全正确的。即使有些观点将来可能证明是错的,也要让他讲个够、讲个透,且不会被任何非学术的因素追究。这些自由权利,都应该是制度保障的结果,而不是哪个人、哪个组织或团体的恩赐。当只有一只夜莺在歌唱,别的夜莺都被割掉舌尖的时候,这只夜莺的歌喉再美妙也是令人毛骨悚然的;当只有一个诗人在写诗,别的诗人都被捆住双手的时候,这个诗人的诗再出色也只能是撒旦的诗篇。当然,言论自由是有其底线的,那就是不出卖国家利益,不泄露国家机密,不危害公共安全,不侮辱他人。

蒙昧主义的宿敌罗素先生说得再明白不过了:显出科学家本色的,并不在他所信的事,而在于他抱什么态度信它、有什么理由信他;科学家的信念不是武断信念,而是尝试性的信念;它不依据权威,不依据直观,而是建立在证据的基础上。科学精神在一个社会取得主导地位有两个条件:一是得有说真话不怕死的家伙;二是社会保证这些家伙死不了,一辈子喋喋不休,对所有的问题"说三道四"。

中国曾是一个封建专制制度长期盛行的国家。"专制制度的唯一原则就是轻视人类,使人不成其为人。"专制制度推行的政治奴役、思想钳制、精神禁锢、个性贬抑,即使在我们今天的社会生活中仍有着广泛的表现。在我们的教育中,教师中心、教师主宰、对学生理智能力的蔑视,其实都是专制主义的表现。

警惕我们民族在人类学上的退化,就要反对客观主义,反对思想禁锢。按照乔纳森(Jonassen,1992)的诠释:客观主义的根本假定是,世界是实在的和有结构的，因此存在关于客体的可靠知识，这种知识不会因人而异；教师的责任是向学生传递这种知识，学生的责任是接受这种知识。之所以要反对客观主义，就因为它否认了人们的自主性，封闭了人们的头脑，禁锢了人们的想象力。

人的全部尊严就在于思想。既然丧失思想能力之后就会随之丧失常识和丧失尊严，那我们生活在世界上就应该相信科学，崇尚智慧，勤于思考，从而尽可能地赢得做人的尊严和保持为人的理智，努力使自己成为有益于社会的一个大写的“人”。可我们的教育教给学生确定性的结论性的所谓“知识”太多，而那些需要展开想象，需要作出尝试性的解答的知识太少；这反映在教育学中便是过分强调“教学的科学性原则”“教学的系统性原则”。

各种考试中的标准答案其实和要求与形形色色的权威“保持一致”在逻辑上是一致的。在一些“德育”鼓噪者的眼中，人成了苍白、虚矫情感的载体，或各种主义的张贴的标牌，唯独没有人作为个体的尊严与自由存在的价值。人们发出了“撼山易，撼应试教育难”的慨叹，“应试教育”之所以有如此强大的“生命力”，其中非常重要的原因是它所代表的是一种文化专制主义的思维方式和心理结构。

我们的教育没有给予学生以足够的思想空间和尝试错误的机会，没有培植学生探索的精神、怀疑的精神和批判的精神，没有让他们获得足够的成功的体验，没有很好地培养他们的自信心，没有培养他们自我评价的尺度。当标新立异被斥责，开拓创新的路口就被阻塞了；当所有的“答案”被标准化制作，探索和发现的头颅就被切断了；当每一个单个的喉咙都不发出声音，“声音”就被消灭了；而当所有的喉咙都只发出一种声音，那情境便几乎是灾难！长年累月发生在中国人身上的这种周而复始的挫折感，无形中传达着一个可怕的信息：要想“成功”，就必须循规蹈矩，必须放弃自己的表达方式。而一个缺乏独立性和自主性的人，当然是不可能有创造性的。长此以往，就将导致整个民族在人类学上的退化。警惕这种退化，是全社会的责任，自然更是我们教育的使命。

教育乱象琐谈

市、县(区)两级教育局的教育局长或副局长兼任某一学校的校长(或党委书记),这在全国各地都不难发现。我也还没发现有人对其合理性提出过质疑。这在我看来,是不合理的。

之所以不合理,原因就在于:在今天,即使公立学校之间实际上也是存在着竞争的。既然存在着竞争,作为政府官员的局长们,既当运动员又当裁判员,就有可能破坏公平竞争的环境——在资源的分配上,在对学校的评价上,都有可能出现不同程度的倾斜。同理,一些高官政要在大学担任职务,即使只是作为“普通”的教授,都不利于大学之间公平竞争的氛围的营造。这在文明社会中不过是常识,到了我们这里,社会精英们对这一基本常识也都表现出极度的“无知”,不知是有意还是无意。

在全国的大中小学的校园,“八荣八耻” 的宣传张贴画是随处可见。我们已经形成了一种传统:为了表示对某一事情的重视,掌管宣传的有关机构就会指示要在中小学“进课堂”。“八荣八耻”自然要进课堂,我担心随之相应的针对中小学生的各种“宣传读本”就会粉墨登场。最终究竟谁是“进课堂”的受益者就只有天知地知你知我知了。

人之所以不同于禽兽,就在于人有羞耻之心,这大概古今中外头脑清明、心地正直的人都能认可。何谓“荣”,何谓“耻”,也不难达成共识。只是小小孩童,要能真正理解何谓“骄奢淫逸”恐怕有些困难。

在今天的中国,除非一些无良商人、暴发户,钱来得容易,花得也痛快,有可能骄奢淫逸,还有就是掌握实权的科级以上的政府官员,也有可能骄奢淫逸。普通工薪阶层即使想“骄奢淫逸”,怕也是“心有余而力不足”,更不用说广大中小学生了。我认为“以艰苦奋斗为荣,以骄奢淫逸为耻”重点要进大学课堂,尤其是党校课堂。

中小学教育是基础教育,教育内容应该是具有相当的稳定性的人类的基本经验和核心价值,而不是赶潮流似的“见风就是雨”。这并不是说在教育内容上不要与时俱进,而是要保持教育的相对独立性,只有那些经受了历史检验的东西才能成为教育的内容。应时的代价就是过时,趋炎附势的后果就是价值的虚无,这是一再为历史所证明的。

至于一些学校在中小学开展"廉政教育"就更是荒唐和滑稽。试问:那些贪官们受的"廉政教育"还少吗?他们难道不清楚为官应该清廉吗?本来是制度设计要解决的问题非要教育来承担,不仅会是低效和无效,甚至可能负效。

看2006年硕士生考试的政治理论的复习资料,我几乎要拍案而起。这是些什么东西呀!现在都21世纪了,怎么还有人在向年轻学子们不负责任地推销这样一些陈芝麻烂谷子的东西?那些政治理论考纲的设计者们,那些复习资料的编纂者们,你们的良知哪里去了?这种种的说法你们自己相信吗?你们觉得符合常识吗?你们不觉得在自欺欺人吗?你们知道这样做的后果吗?如果我们不能区别西方原始积累时期的资本主义与当代发达的资本主义,而是不加分析、不加区分地说资本主义如何地充满罪恶和血腥,只能说我们是睁眼说瞎话。

我并不反对在硕士研究生入学统一考试中包括政治理论考试,因为这对于引导青年学子关注国际国内大事,关注国计民生,确立思想方法论的意识,系统全面思考社会、历史、人生的一些重大问题,是有积极意义的。但问题是,我们要给予他们以怎样的价值观的引导。如果政治理论的考试所要求掌握的内容是无助于年轻学子头脑的开放、实事求是地看待人类社会历史发展的过程和未来趋势,而是牵强附会、强词夺理,仍然深陷在思想僵化的泥潭里自欺欺人,那么,其后果就只能是思想上的误导,最终造成思想上的叛逆,无端浪费社会资源,浪费年轻学子的时间与精力。

正视"超强社会化"

当人生正值童年和少年时,应该展示出生命的灿烂、跃动、纯真与生机勃勃，然而，我们从孩子身上看到了过多的沉重、愁苦或老于世故。他们过早地学会了“三思而后行”，学会了“王顾左右而言他”，学会了察言观色、见风使舵；即使是幼儿园的孩子，无论在日常生活中，还是在银幕、荧屏和舞台上，也很难让人感到出自本色的活泼与纯真，一言一行，一颦一笑，都不过是大人的做作和矫情在孩子身上的缩影，让人感受不到他们“初生牛犊不怕虎”的冲撞力，感受不到童言无忌的单纯与可爱。这都是“超强社会化”使然。

在我们每个人的成长历程中，对于合理的社会规范、习俗和纪律的认同和遵从无疑是十分必要的，学校因而成为人社会化的重要场所。但任何事物都有一个度，超过了这个度，事情就完全可能走向反面。

我们的教育过早、过多地给予孩子们社会的规范、纪律的约束和强求一律的认同。“你为什么总和别人不一样”？稍有棱角的孩子，大概都受到过这种责难。一味地从成人的需要出发，“不该问”的不能问，“不该知道”的不能知道，“不该做”的不能做。当孩子们面对一个问题时，他最先考虑的不是自己内心真实的想法，而是按照成人世界的标准来回答。一个从小就不会用自己的头脑去判别，不会用自己的语言去表达的人，我们的确是很难指望他去开拓、去创新的。

“超强社会化”用弗洛伊德的“人格三元结构理论”来解释，即过于强大的“超我”对于“本我”的过度压抑，使得“自我”变得怯懦与委琐。

概括地说，“超强社会化”的消极后果有二：一是消解独特性，压抑创造性，进而泯灭个性，使人变得平庸、卑琐、谨小慎微和盲目从众，缺乏冒险、开拓、创新的意识和能力，缺乏承担责任的能力；二是造成人格的分裂：“超强社会化”使人具有过强的“社会适应力”，这种“适应力”是以掩饰真实的自我为条件和代价的，其结果是造成“见人说人话，见鬼说鬼话”，言不由衷、表里不一。

多数人都倾向于认同这样的“社会偏见”：小时候，不顽皮、不淘气的孩子长大后会大有出息。其实，历史与现实早就向我们昭示：那些从小就是“乖孩子”的学生长大成人后大多业绩平平、庸碌一生，甚至只会唯命是从、仰人鼻息，成为“隐入群众之中寻求庇护的人”，他们只能成为专制社会的基础,而不能成为民主社会的建设者。

孩子们顽劣成性、桀骜不驯固不足取,但我们培养出来的学生,无论像作家刘心武在其成名作《班主任》中刻画的“谢慧敏”式的,还是遇事(哪怕是辱没个人尊严的事)只会逆来顺受、忍气吞声,甚至奴颜婢膝、苟且偷生,都是我们教育的悲哀。不知道“少年老成”与“未老先衰”是否有某种必然联系,但有一点似乎可以肯定:性格的早熟,必然无益于个性的厚重和人格的强健,正如生长期短的水稻其米质必定不佳一样。

在我们的教育中,形成“超强社会化”的原因恐怕就在于我们成人世界中文化专制主义的恶性蔓延。“文化专制主义”的实质就是对人的独特性、自主性与理智判断力的蔑视,对于人的极端的不尊重和不信任。过度地防范、个性的贬抑、思想的禁锢、强制纪律、无情责罚、粗暴灌输、苛严的规训等等都是文化专制主义在教育中的表现,也是“超强社会化”借以实现的形式。据报载,某位教育家极为尖刻地疾呼:“教育不把人训练成废物就绝不收场!”问题是,无论从动机,还是从效果来说,“把人训练成废物”那还是教育吗?!

如何使我们的国民既秉有良好的教养——内心纯正、举止文明、注重细节,又葆有生命的灵动与自由的天性——不畏首畏尾、患得患失,也不过多地讲究城府,深藏不露,这恐怕是值得我们教育工作者认真思考的。

对“未成年人权益的保护”是否也应该包括防范“超强社会化”对他们的侵害,使他们有足够的舒展生命、自主发展的空间?过多地限制与防范,这也“不该”,那也“不能”,等于剥夺了孩子们独立思考、自主行事的权利,等于剥夺了他们从失败中、挫折中、错误中获取知识和智慧的机会。只有充分地给予他们思想和行动上的自由,并不因为他们不成熟或可能会出现错误而大加打压与责罚,他们才有可能成为个性丰富、人格强健、才智清明、情性通达的社会一分子。

一个成熟的民族必然会对人与人之间的差异和社会的多样化怀抱宽容以至赞许的态度。因为我们相信,对文化的多元化、文明的多样性进行持久的表达和不遗余力的维护,对于人类具有毋庸置疑的意义。正视、警惕和消解“超强社会化”对于我们营造美好的人生和美好的社会，也许是非常必要的。

班额大的危害

在当下中国，学校教育中班级规模过大已经成为制约教育质量进一步提高的重要因素。在小学课堂超过50人，中学课堂超过60人，非常普遍，一间教室内学生人数超过80人也不罕见。

班级规模过大的危害是多方面的。首先，因为教师在课堂上给予学生的关注是一个常量，如果学生过多，平均到每个学生身上的就会很少，而且，一些学生就会遭到忽视，以及学生实质性参与教学过程的机会也会被有意无意地剥夺。“当班级的人数达到25至30人时，最好的情况也只不过是每个学生受到间歇性的和简单的关注。‘班级或学校越大，教师就会面临越糟糕的问题。’”(Skinner, 1989)[(美)Margaret E. Gredler著，张奇等译《学习与教学(第五版)》，中国轻工业出版社，2007年，第116页]其次，班级规模太大，教师的注意力就主要会放在对班级的控制上。教育家鲍伊尔的研究发现：当每班学生数超过了30人时，教师就从对个体的关注转为对班级的控制。再次，班级规模太大会使得学生遭受过大的群体压力，从而使学生的主体性(主动性、独立性和超越性)受到压抑。

另外，教室中人数越多，二氧化碳含量超标现象就会越严重。北京海淀区中关村中学的师生经过专门实验测量得出了如下数据：他们将有46人的教室封闭40分钟后，测量出每升空气中二氧化碳的含量为0.0033g，封闭90分钟后每升空气中二氧化碳的含量增长了一倍以上，上升到了0.007g；将封闭了40分钟的教室开窗20分钟后，每升空气中的二氧化碳含量就会降到0.0024g，而将封闭90分钟的教室开窗20分钟，每升空气中的二氧化碳含量仍达0.0033g。他们还对20人的教室进行封闭实验，测量出教室中每升空气中二氧化碳的含量略有下降，为0.0027g。通过这组数据可以看出，房间封闭时间越长，二氧化碳的含量就越高，单位面积内人数越多，二氧化碳的含量也越多。高浓度的二氧化碳会使人头昏脑涨，疲乏无力，这对正在生长发育阶段的学生身体健康不利（为此，李慈君等 23 名代表提出建议：学校延长课间休息时间，为每间教室安装通风设备；教室多种一些绿色植物，通过光合作用来减少空气中二氧化碳含量。他们还建议减少每个班级的人数，以 30 人为佳）。可见，控制班级规模有助于为学生创造一个空气清洁的学习环境。

人类文明发展到今天，已经不再是受教育的机会问题了，而是使更多的人受到适合自己的教育。因此，学校教育的最大课题，是彻底地进行个别化学习。为此，要谋求“学力水准，速度，深度上的个别化”。这样，就可以使得每个学生的能力，能够得到尽可能充分地发挥。这种个别化教学同纯粹的出于歧视和偏见的能力分组不同。在瑞典，学校教育不仅在学校中进行，而且同社区社会结成一体，推进相互合作的“协同学习”。这也是不可忽略的一个革新方向。其他发达国家也是这样，一方面重视“个别化”，一方面重视“协同化”。例如在韩国，从 1972 年开始在全国范围内推行“自由学习日”。就是规定每周有一天为“不背书包日”，各校根据各自的独创性，不用教科书，让学生进行自由的学习活动。这个“自由学习日”的效果，可举如下数点：1.减轻儿童的精神负担，儿童可以悠然地上学，度过明朗快活的学校生活；2.通过多样的学习活动，可以培养出智、德、体全面发展的人；3.集体活动的机会增多，可使师生之间、儿童伙伴之间的人际关系圆满；4.劳作学习的机会增多，有助于创造性的发挥和特殊技能的开发。（参见钟启泉编著《现代课程论》，上海教育出版社，1998 年，第 38 页）

实行小班化教学就需要增加教育投入，增加教师编制，但是否愿意在此投入取决于政府的眼光和追求。我希望有更多的人认识到班额过大的危害，不断地呼吁和敦促政府增加教育投入。

大学与中小学

对于大学，尤其是比较好一点的大学，日子是很好过的。因为在我们国家对于高等教育的需求过剩，是地道的卖方市场，既没有升学的压力，又没有就业的压力——皇帝的女儿不愁嫁。大学的经费来源渠道也逐渐多了起来，不仅有政府的巨额拨款，还有民间捐赠，更有学生不菲的学费；大学还可以以种种的名义创收，包括“卖文凭”。过去曾风行一时的举办研究生课程，在我看来不过是大学以其身份优势和话语霸权对人们(特别是中小学教师)的敛财行为。

在国内比较好的大学，至少有20%的人年收入在15万元以上；大学中也不乏千万富翁，至于百万富翁就太多了。这当然是好事情。这也是改革开放我们国家取得的巨大成就的一部分。让有智慧、有头脑、受过良好教育的人们富裕起来，这是与先进文明发展的方向相一致的。大学教师不仅可以挣工资，还可以申请课题，申请专利，发表文章，出版著作，为社会提供有偿服务，在社会上兼职，甚至开办公司、企业，路子宽广得很。对于一个有真才实学的人，合法地、体面地追求财富，在我们今天的社会已是一件不困难的事情，这也是社会进步的表现。

而中小学，尤其是中西部地区农村的中小学情况就完全不一样了。政府拨款严重不足，又没有任何其他的经费筹措的途径，有的学校穷得连粉笔都买不起。教师待遇极低——据我估算，年收入不足10 000元的中小学教师恐怕要占一半；年收入不足6 000元的，也至少有1/6。中小学教师的待遇如此之低，我们又如何理直气壮地对他们要求专业成长呢？

有些人总认为要办世界一流的大学，就要拼命给钱；当然，办学经费的充足无疑是必要的，我们的大学与世界一流大学相比，在办学经费上也还有相当大的差距，这也都是事实。可问题是，协调发展当是科学发展观的应有之义。没有高质量的基础教育，何来高质量的高等教育？相当多的中小学连起码的办学条件都不具备，我们怎么要求他们的教育质量？

统筹规划、协调发展，是政策制定的一个基本原则，要贯彻好这个原则，对大学和中小学的实际作一个全面的了解，当是十分必要的。另外，什么都用金钱来刺激，就会唤起人们的贪欲，使人们变得浮躁，反倒适得其反，无益于学术的进步和精神的培育。再者，从投入与收益的关系上看，报酬递减的边际效应也当在考虑之列。

在我看来，世界一流大学主要是大学精神的问题，即"学术自由、兼容并包"的问题，是人文精神和科学精神的培育问题，是大学办学自主权、教授治校、独立于利益集团的问题。大学不是官场的婢女。可我们的大学向官员、商人颁发了多少个硕士、博士学位证书和名誉教授称号?正如有识之士指出的:南京师范大学"领导来了停课陪舞"曾经引起广泛关注，可这只是"大学成为官场婢女"的符号性事件，类似现象早就十分普遍了，公众对"大学俯首于世俗权力"应该是心知肚明的。也难怪，不看领导脸色行事，不当婢女，某些人的"官帽"就可能保不住，哪儿有"拒绝提供女生陪舞"的底气?根本的问题恐怕还是制度建设的问题。

我们的大学要成为世界一流大学主要不是经费的问题，而中小学却主要是办学条件的问题，这是稍微有点头脑的人都不难达成的共识。政府如何确保中小学必要的办学经费，大学如何营造学校文化——一个有利于学术创新的学校文化，这是我们今天实现强国梦的当务之急。

质疑"三好学生"的评选

在我们学校中的"三好学生"的评选、"优秀学生干部"的评选等评优活动，所起到的作用，无非是"扶持一小撮，打击一大片"，人为地制造同学之间、师生之间的矛盾，使孩子们从小就学会趋炎附势、笼络人心，变得庸俗和势利。在我们的成人世界中，由于资源的匮乏，种种"评优""奖励"统统"名额有限"。这"有限"的名额，就可能成为培植亲信的最好诱饵，人们为了利益，不顾个人尊严，无视公平与正义，一切都可以成为交易;那些受到不公正对待的人，同样是为了个人利益，最明智的做法便是忍气吞声、逆来顺受，因为任何抗争都将被视为“个别”的、“争名夺利的不光彩行为”而无益于在以后的机会中获利。

每一个学生都是值得无比珍视的，都应该受到同等的关注和尊重。从整体上讲，他们只存在类型的差异，而不存在优劣之分。个体身心发展的不平衡性以及个体之间发展的差异可能表现在同一年龄阶段，有的学生可能更多地表现出智力发展上的优势，有的学生则可能表现出动作或处理人际关系方面的特长；即使在智力发展方面，思维品质的灵活性、新颖性、敏捷性和深刻性也往往难以兼备，有的学生可能以思维的敏捷见长，有的学生则可能以思维的深刻见长，而思维的深刻性是创新能力的最重要品质，具有深刻性的学生往往显得有些迟钝而不是机敏。

只要给予他们恰切的教育，他们都能成为独特的自我，成为能够创造幸福生活的人，成为有益于社群的人。因为，在我们这个社会文化生态中，独特性、多样性本身就有自足的价值：正如我们应该珍视生物多样性一样，人的个性的多样性，是人类文明进步的最重要的资源。

每个孩子都是独一无二的。真正民主的教育就是能够让不同的个性、不同的价值追求的人都有发展的空间。因此教育评价标准首先要尊重人的独特性，也就是这个标准不能过于窄化。而这种所谓的“三好学生”是窄化了的一个标准。比如“学习好”，一个学生可能学校教授的课程很一般，但是他可能具有某一方面的天赋。智慧是多元的，我们所谓的学习好，就是课本内容考试好，或者是书本知识掌握得好，并不能够包括智慧发展的全部内涵。有很多大科学家，像爱迪生，他们小的时候并不是课业成绩很优秀的学生。

作为学校，一个非常重要的工作就是价值的导向，这主要可以通过一种甄别和选拔来实现。这也是学校重要的一个职能。问题就是我们要破除这种被窄化了的，被赋予成人色彩的，甚至是有些意识形态化的标准，代之以多元的标准。曾有人提出，每个学生都可以是第一。但问题是这个标准要多元。唯有如此，才能使每个学生都能够体验到成功的快乐，能够更多地发挥他的潜能。

我们今天的教育更重要的是要关注学生未来发展的潜力。“三好学生”的评选，这种被窄化的标准可能会使一些学生去迎合这个标准，因而牺牲自己的一些兴趣、爱好和棱角，成为扼杀学生天赋的罪魁祸首。有时候，所谓的全面，可能会导致学生的一种平庸，反倒会不利于学生成为独特的自我。其实学生在中小学阶段应该有自己的学科优势，有自己特别擅长的领域，有特别专注和投入的一些活动领域。这样的学生才会有发展的潜力。

我们的教育过早、过多地给予孩子们社会的规范、纪律的约束和强求一律的认同，过早过多地干预了儿童自然的成长过程，结果导致他们的发展没有自己的个性。如果在取消“三好学生”的评选之前，我们不能一步到位的话，我觉得可以有一个过渡措施。如果要改进，一是要淡化它的功利色彩，比如说不与升学挂钩。如果一个学生真优秀，即使不要这个标准，他也应该是个优胜者。有的家长为了孩子评上“三好学生”，甚至去贿赂老师。如果带有功利色彩，就很难避免这种腐败，这会造成一种不公平的竞争。另一个办法就是扩大“三好学生”的评选名额，使更多的孩子有机会。学生本身是处在发展中的，价值性评价是对过程的评价，是对学生某一个具体行为的评价，这个评价是为了更好地建设性地使他成为一个更好的自我，而不是终结性的、定性的评价：你是一个什么样的学生。

教育的目的之一是培养学生的爱心和责任感，它也是造就公民社会的最基本手段，因而学校教育不能一开始就存在歧视、制造差别。我们是否应该确立这样一个理念：任何以抛弃人、排斥人为手段的教育方法，不管它的理由多么堂皇，其手段本身，都是对社会的残忍和对教育的亵渎？

负担过重何以会导致肤浅

2001年《教育参考》第5期本刊评论员的《卷首寄语》，以“负担过重必然导致肤浅”为题，剖析了负担过重的危害，也提出了一个值得我们反复琢磨，甚至是有必要深入研究的问题，那就是：负担过重何以会导致肤浅。

在这里，负担无疑是指课业负担以及由课业负担引发的身心负担。课业过多以至于成为一种负担，这在我们今天的社会中是不容置疑的，人们或者习以为常，或者徒唤奈何。青少年学生的课业负担太重，原因固然是多方面的，其实也反映了我们成人社会中潜意识里“人不是目的，而是工具”的价值取向：子女是我们未了心愿的实现者，子女有出息能使我们有一个体面的晚年，子女能出人头地可以省却我们许多的操心与烦恼，子女是光宗耀祖的工具……而所有这些都是以“为子女着想”为理由的。

负担过重之所以会导致肤浅，我想，原因恐怕就在于负担过重使得一个人忙忙碌碌，疲于应付，没有足够的时间去消化、深化、细化所获得的知识，去发现知识的个人意义，去建构属于自己心灵财富的知识。久而久之，学生变得内心麻木，机械呆板，未老先衰，暮气沉沉。

负担过重也不利于儿童的情感发展。研究认为，情绪和智力之间一直都有着相互作用、相互影响的关系；对儿童施加压力，可以使他的思维水平下降到前一阶段。也可以这么认为，情感困难可能会妨碍儿童具备更高一级的逻辑思维能力，在某一发育阶段没有解决的情感冲突将阻碍儿童下一阶段的思维发展。

游戏是儿童与世界打交道的最佳方式，而负担过重有可能淡化、扭曲，甚至剥夺少年儿童以游戏的精神理解和把握世界。

游戏的心态就是超功利的心态，就是只重过程而不问结果的生活态度。负担过重有可能使得学生从小就养成急功近利、眼光短浅的毛病，而不利于学生理智的好奇心、强烈的求知欲、不倦的探究精神的培养，不利于学生批判的精神、怀疑的精神的培养，不利于不唯书、不唯上、不轻信、不盲从的独立人格的形成。人是一个整体，学生没有自主性、独立性的发展，就不可能有内心的丰富和心灵的深邃，就不可能有独特而鲜明的个性，也不可能有强健的人格。

闲暇是一个人自由发展的空间。没有闲暇，就没有自由发展；没有自由发展，就没有对世界深刻、独到的感悟、体认、理解与把握。兴之所至的自由阅读，超功利的精神漫游，没有外在压力的沉思冥想，最有可能创生独到的思想。思想的自由翱翔，需要广阔的心理空间，而负担过重只能使人的内心世界变得逼仄。

我在小品文《闲适》中写道:“理性的顿悟,灵性的生发,需要闲适;心灵的舒展,视界的敞亮,也需要闲适;创意,往往在闲适轻松时翩然而至;情趣,也每每在闲适从容中一展风采。”课业负担过重是不可能带给学生一种闲适的心境的,倒极有可能使学生整日处在心事重重、焦虑不安的煎熬之中。

负担过重,还有可能导致学生智慧潜能的过早、过度的开发,使智慧潜能得不到应有的滋养、生发,而导致平庸和肤浅以及缺乏可持续发展的能力。在我们的学校中之所以有“前十名”或“前十五名”现象,这恐怕也是原因之一。

深刻的心灵,属于这样的人:他不满足于已有结论,不相信唯一正确的解释,不迷信权威的仲裁,不屈服于任何外在的压力而放弃自己的主张。而一个处于疲于应付、自顾不暇境地的人,哪里还有心思去批判、去怀疑,通常的情况是只能照猫画虎,生吞活剥,不求甚解。没有足够的时间和空间去参与自主探究,去获得深层次的体验,用被动接受、机械重复的方式使学生的头脑中充塞着一些僵死的、惰性的、呆滞的知识,当然也就只能导致内心的贫乏、苍白和肤浅。

负担过重会导致肤浅,负担过轻也不利于学生的发展。如果缺乏足够的智力负荷,缺乏理智的挑战和认知上的冲突,学生的精神世界也不会变得丰富和深刻。问题是我们学校中的负担过重主要是由于课程门类太多、太杂,教学方式过于陈旧与单调——机械训练、简单重复、题海战术、打疲劳战所导致的,这样的负担过重,使人疲惫,使人厌倦,使学校丧失对学生的吸引力,不能使学生获得深层次的、积极的情感体验,不能唤起学生学习的兴趣,激发学生成长的渴望,形成学生发展的内在动力。

学习是为了更好地生活,而不是相反,正如吃饭是为了更好地活着,而不是活着为了吃饭。既然当下的、现在的生活,也是生活,有什么理由为了明天的生活而牺牲现在,使现在的生活变得索然无味,苦不堪言?这也就是杜威提出“教育即生活”的理由。这个理由应该说从今天看来,仍是有说服力的。

大学教育质量何以低劣

在一个现代国家中，大学是一个国家的思想库，是新思想的策源地。办好大学的重要性几乎是无须赘言的。在知识经济时代，没有一流的大学，断不能建设一流的国家。我想，我们大家不难达成这样一个共识：只有把我们的大学建设好，才有可能把我们的国家建设好。

我们的大学办不好，不仅不能提高全民族自主创新的能力，从而影响核心竞争力和综合国力的提高，还会导致大量的人才外流和资金外流。现在越来越多的富裕家庭将孩子送到发达国家的大学去读书，其中一个原因就是国内的大学教育质量不理想。

中国高等教育质量不高，这是不争的事实。衡量一所大学教育质量的高低无非是在知识创新和人才培养上所取得的成就。而我们的大学在这两方面都是极其不理想的。

许多高校的教育质量何以低劣？原因无疑是多方面的。这既有外在的原因，也有内在的原因。外在的原因包括我们的文化传统和社会制度安排。中国文化传统中缺乏终极关怀，一切都浸淫着世俗的功利的考量，所以才会有“官本位”、权力崇拜。而这背后其实也就是对现实利益的崇拜。无论是对于一个人，还是对于一个民族，没有精神的超越性，没有灵魂的高度，就没有思想的深度和意境的高远，这样的文化必定陶养不出伟大的、深邃的、丰富的心灵。自然，在我们的国度没有卓越的知识创新也就没什么可奇怪的了。

我们的某些制度安排其实也表征着甚至强化着这样的文化传统。对权力缺乏有效监督，官官相护，权势者结成利益共同体，一切以强权者的利益为导向，这是我们大学中一些制度安排的本质特征。在这样的文化境域中，大学中的人主要关心的就是利益。大学里充斥着衙门作风，盛行着“有权力就有一切”、“汝果欲成名，功夫在学外”的潜规则，弥漫着投机钻营的市侩气息。在这样的氛围中，又如何能陶养出纯净、坦荡、真诚、深邃、博大的心灵呢？

我常看到某些所谓“学术权威”飞扬跋扈、颐指气使的骄横，也常看到一些资历尚浅又一心想向上爬的人在有可能影响他们前程的“老资格”面前低三下四、奴颜婢膝的窘态。在这样的人身上，我们又岂敢奢望他们去创造、体现和传承真正的大学精神？

说得极端一点，中国内地的许多高校基本上是只有权术，而没有学术。什么能利益最大化就做什么，怎么做能利益最大化就怎么做，所以，大学里巴结官员，大学里“近亲繁殖”，重大课题被少数“课题掮客”垄断，大学里对有“独立之人格，自由之思想”者的边缘化，甚至是无情打压就不难理解了。

在这里，我们不妨以“近亲繁殖”为例来透视一下中国内地的高校的运行机制。“近亲繁殖”的危害，大家都很清楚。因为，遗传学早就揭示自然界的一切动物和植物，都有一个共同的遗传特点，即近亲繁殖会导致物种退化，而远缘杂交将培育出新的品种。自然界基因的多样性保证了“物竞天择”，使物种不断进化。在人类的精神领域，思想和方法的多样性同样保证了学术的不断创新。可高校何以会“近亲繁殖”呢？原因当然也很多，但最主要的是大学里那些拥有权力的人为了形成自己的小宗派，刻意留自己“信得过”、“用得上”的人，当然这样的人以自己的学生最可靠。可见，是权势者的个人利益主导着大学的运行机制。这样的运行机制怎么能够造就公平、公正、富有效率、生机勃勃的大学呢？

学风与制度建设

学风问题不单纯是一个个人品德的问题，也是一个制度建设的问题。人们一般对于不良学风予以道义的谴责，在我看来，不仅有几分浅薄，而且也是“泛道德主义”遗风的一种表现。

我们的某些政策或做法简直就是鼓励“能者多捞”，甚至是逼良为娼。譬如某高校，为了鼓励全校教师多争取课题经费，对经费获得者给予重金奖励。大家知道，在我们社会中能否获得高额经费资助，依据的主要不是申请者的学术能力，而是他（她）的职位。这就不难理解为什么有那么多人不惜削尖了脑袋要捞到一官半职。

制度是人类追求秩序化的一种方式。道格拉斯·诺斯指出："制度是一个社会中的一些游戏规则；或者更正式地说，制度是人类设计出来调节人类相互关系的一些约束条件。"他曾提出一个重要的论点，即经济的增长的关键在于制度因素，一种提供适当的个人刺激的有效制度是促进经济增长的决定性因素，并认为，如果一个社会没有实现经济增长，那就是没有从制度方面去保证创新活动的行为主体应得到最低限度的报偿或好处。

其实，不仅仅是经济增长取决于好的制度，知识的创新和文化的进步，均有赖于好的制度建设。西方学术的发达就得益于"学术自由"与"知识产权"的制度：前者从积极的方面鼓励大胆质疑、自由研究，保证真正的"学术无禁区"；后者从消极的方面有效防止重复研究、剽窃与抄袭。

制度比人品更要紧的一个重要理由是：我们能设计一个制度约束人的行为，但是我们不能搞清所有人的品质——个人的品质不单纯是一个外显行为的问题，它还涉及个人的内在动机，有效的制度可以大大地降低社会的管理成本。如果我们以"好人"作前提来创新制度，这个制度可能是无效的甚至是一个"坏"制度，但如果我们以"坏人"作前提来创新制度，这个制度可能是高效的甚至是一个"好"制度。制度实质上是一种契约，是所有个人与整个社会签订的一种契约。这个契约是保证社会高效、有序、公正运行的必要保障。这些年来我们越来越意识到制度创新的重要性，也在制度创新方面做了不少工作，但是我们一些明明存在许多漏洞的制度也仓促地出台，导致了制度上的腐败。

学风问题不单纯是一个个人品德的问题，这不是要推卸个人的道德责任。其实，我们倒是值得注意制度设计者们的用心良苦，如果缺乏必要的监督，他们总是不可避免地朝着有利于自己利益的方向进行制度的建设，而且往往会假以冠冕堂皇的理由，这就有点厚颜无耻了。所以，更进一步的问题是，不单单要强调制度建设，而且要通过民主的程序，集思广益，建设一个公正的制度。

大学的真相与真义

在当今的大学，是典型的“学而优，则仕”。部分的原因是“学而优者”比较有头脑、有才能，在群体中比较有声望，比较容易服众，所以“仕”。部分的原因是只有“仕”，才能获得更多的资源，比如巨额的课题经费、丰厚的奖励和炙手可热的学术权利，才不会受到歧视性的对待和被人欺侮，所以有人使出浑身解数一定要“仕”。“仕”那么几年，将四梁八柱给夯实停当，然后功成身退，接下来便是要风得风，要雨得雨，一切都在股掌之中。

公正地说，大学中有的领导是有境界和人格魅力的。王英杰先生曾经是北京师范大学的副校长，当然他也是一位优秀的学者。有一天因为工作关系，我和他通了一个电话，他言语间表现出的理性、公正、良好的判断力、敢于担待的品质、平和与责任感，令我对我们的社会有了更多的信心，令我真切地感到鲁迅先生讲的“民族的脊梁”确实存在。

可有些人的“仕”是动机不纯的，比如学问做不下去了，“仕”一下捞点实际的好处，还标榜自己是奉献，真有些得了便宜还卖乖的味道。其实所有人的选择都是利害权衡的结果，只要不违法乱纪，也都无可厚非。可问题是那些学术创造力萎缩的人，会对那些有学术创造力的人怀有一种忌恨的心理，会利用一切可能的机会打压，甚至迫害后者。这既非杞人忧天，也并非无中生有。

大学也是人的地方。有人的地方就会有恩恩怨怨、是是非非，就会有正义与邪恶的较量，光明与黑暗的比拼。大学作为一种社会组织和社会机构，总得有人来做领导和从事管理的工作。不过，大家削尖了脑袋要去“仕”，肯定不是一种健康的现象。从理论上来说，应该有一个好的机制把那些有领导和管理才能而又公正无私的人遴选出来，把他们推上领导岗位。

大学中处境最不利的是那些有文化创造力、有“自由之意志、独立之人格”的人。他们不善于钻营，不“傍大款”，不搞人身依附，他们不属于“谁谁谁的人”，他们还时常有点惊世骇俗的个人看法，惹得某些人不快，他们率性而为，他们书生气十足，他们没有靠山，没有背景，这样的人当然是极个别的，他们是最受排挤、最受打压、最被边缘化的人物。其实，他们也是最有潜质成为某一领域的大师的人。可他们在缺乏必要的资源和机会的情况下，特别是在一个不宽容的环境中，一个经常受到不公正的对待的处境中，他们的潜力也就不能充分地发挥，最终也就不过是以一个永远的“另类”、一个永远的“异端”、一个郁郁寡欢的独行侠而终其一生。而那些“仕者”，脑满肠肥、八面玲珑、无比滋润地活着。我们的大学也就只能远远地落在世界一流大学的后面而望洋兴叹。可有谁对大学负责呢？

大学的真义就是无限的广大、无限的包容。英文中的“university”（大学）的词根“universe”的含义就是“宇宙的”“普遍的”“至大无垠的”。大学应该是思想最活跃、最富有创造力的学术殿堂，是新思想、新知识和新文化的策源地。它作为一种与社会的政治、经济机构鼎足而立的功能独特的文化机构，承担着重大的社会责任，应当具有一种超凡脱俗的独立品格和价值追求。蔡元培先生倡导的“学术自由、兼容并包”，在今天仍是必不可少的。如果说官场是个认权的地方，商场是个认钱的地方，那么学校呢，我们的大学呢，应该是一个认什么的地方？当然应该是学问，是知识创新，是道义和真理。如果是这些，那就不应该是权力话语说了算，而应该是科学、民主和自由，因为只有科学、民主和自由，才能给真理提供真正能够发展的精神生态环境。大学是高级知识分子聚集的地方，因而大学应该是理性、秩序和民主的地方，是自由社会的雏形。可现实并非如此。如果大学中人总是小肚鸡肠，总是睚眦必报，大学恐怕就没有品位，没有魅力可言了。这还是不能寄托在个人的道德修养之上，民主的制度才是大学具有恢弘气度的保障。

为“考研热”叫好

近几年，研究生报考人数连续创下了考研史上的最高纪录。我们可以从以下一组研究生报考人数统计数据得到证实：1997 年全国报考研究生的人数为 24.3 万；1998 年为 27.4 万；1999 年为 31 万；2000 年为 39.2 万；2001 年为 46 万；2002 年为 62 万；2003 年为 79 万；据有关部门预测，2004 年将突破 100 万。这是中国高等教育大众化时代到来的必然结果。至于为什么有那么多人热衷于考研，据新浪网对 30 066 人的调查，认为“目前就业形势严峻”的占 58.03%，认为“需要充电，提高能力”的占 10.67%，认为“学位证书越高越好”的占 11.42%，“盲从者”占 18.51%。

对于一个人来说，多受一点教育，总是好事。正是教育，从人的生命的根基上，确立起人的尊严。大体来说，如果只受过小学教育，那么这一辈子，就很可能与书籍绝缘了；如果是初中毕业，还有可能看一些通俗报刊；如果高中毕业，有可能读一些实用技术之类的书籍，当然包括流行读物；如果受过大学教育，就有可能读一些理论书籍，关注诸如社会的核心价值等问题；如果受过研究生教育，就有可能对专业领域有持久而深刻的兴趣，并具有终极关怀。所以，对于大学的扩大招生，无论在本科层次，还是研究生层次，我都是赞同的。

一个人来到这个世界上，不管他受教育多少，都有一个就业的问题。受过高等教育的人找不到工作，对于整个社会来说，要比没有受过多少教育的人找不到工作更安全，因为一个人的法制意识与他受教育的程度是成正相关的。更何况受过更多教育的人，更有可能去创业，使他成为不只是寻找就业机会的人，也有可能成为一个创造就业机会的人。针对高学历失业现象，有关专家呼吁要一分为二地看问题，并从社会学角度得出这样的结论：“高学历失业”是社会文明的重要标志。况且，教育对于就业来说，具有“蓄水池”的功能，能在一定程度上缓解就业的压力。

在我看来，如果没有受过相当的学术训练，没有掌握研究问题的方法，没有思考问题的方法论意识，就很难摆脱狭隘和肤浅，那当然就更不用说要赋予他们自主意识、责任意识和创新(业)意识了。

人活着，远远不只是为了生存，而应该有更高的追求。如果一个社会中，有更多的人有更高的追求，就能不断地提升这个社会的文明水准。从概率统计的优势来看，一个人的文明水准、道德素质、爱心和奉献精神、创新能力等，都是与他的受教育程度成正相关的。我们国家受过高等教育的人，在总人口中的比例还是非常之低的。美国同年人中能够上大学的人大概是 83%，而我们即使扩大招生以后也只有 13%，可见还有相当大的差距。随着社会的发展，大学本科教育越来越成为基础教育。研究生教育将赋予学子们问题意识、方法论意识、自我反思意识。正是基于以上认识，早在十多年前，我就总是鼓励年轻的大学生攻读硕士学位，因为这会带给其更强的角色意识，对自我有更高的期许，使其有可能归属更富书卷气的、更富道义与良知的群体。

大学教授

在任何一个文明国家中，大学教授都是社会中的精英和骨干、社会进步的中坚力量。德国政治家就曾自豪地说："德国对大学教授的尊重远远超过对商业巨子、银行家和官员的尊重，这就是我们的希望所在。"

70 年前，著名科学家竺可桢在受任浙江大学校长的第一天，在与全校师生见面发表题为《大学教育之重要方针》就职演讲时说："教授是大学的灵魂，一个大学学风的优劣，全视教授人选为转移。假使大学里有许多教授，以研究学问为毕生事业，以教育后进为无上职责，自然会养成良好的学风，不断地培植出博学敦行的学者。"这段话是就"教授"对于大学的意义的很好的表达。

大学教授之所以应该得到全社会的普遍尊重，原因就在于，大学教授不仅是知识精英，是学术研究、知识生产的主力军，也应该是人格典范；他们拥有学术的真诚与学术节操，能"立言"，亦能"立德"。正如费希特所言："所有的人都有真理感，当然，仅仅有真理感还不够，它还必须予以阐明、检验和澄清，而这正是学者的任务。"（费希特《论学者的使命，人的使命》，商务印书馆，1997 年，第 43 页）大学教授作为知识分子的价值与尊严，正蕴涵于对学问不懈地追求之中。

当然，大学要真正成为思想的策源地，成为产生思想家的地方，首要的条件就是思想自由，能够真正做到蔡元培先生所倡导的"大学教员所发表之思想，不但不受任何宗教或政党之拘束，亦不受任何著名学者之牵制"。（《大学教育》，《蔡元培全集（第五卷）》，中华书局，1988年，第507～508 页）民国时期的一些著名教授曾经是大学校园里一道最亮丽的风景，他们的背影和传说永远地留在了人们的记忆和怀念里。今天我们的大学里还能否出现特立独行、学问与情趣兼备的大师既取决于整个的社会人文环境，也取决于个人的志趣与追求。

可我们今天正如余杰所指出的："上千所大学，数十万教员，能够让学生及社会尊重的教授，能够勇敢地批评时弊、为弱势群体说话的教授，却仅有屈指可数的极少数。"大学教授要赢得社会的普遍尊敬，一是要破除官本位思想意识和制度安排，二是大学教授自身的学问修养和人格操守要过得硬。作为大学教授，应该是心态平和、客观理性却不乏睿智与犀利。他能够创造一些经典表达在世间流传，这其实就是"立言"。作为大学教授，你总需要在某一专题上有精深的思考和丰富的积累，总需要有可以娓娓道来，如数家珍的话题；能够作出哪怕一两个有意味的命题，有一两篇（本）代表你学术贡献的著述。梅贻琦在《教授的责任》一文中指出："现在吾还是这样想，因为吾认为教授的责任不尽在指导学生如何读书，如何研究学问，凡能领学生做学问的教授，必能指导学生如何做人，因为求学与做人是两相关联的。凡能真诚努力做学问的，他们做人亦必不巧取、不偷懒、不作伪，故其学问事业终有成就。"（刘述礼、黄延复《梅贻琦教育论著选》，人民出版社，1993 年，第 24～25 页）

今天，可真有不少大学教授这几条一条也不靠谱。学问不行，人品也不行的教授，也是不乏其人的。我们个人要对此负责，我们的社会也需要对此负责。我身边就有这样的教授：招收硕士或博士生，优秀的应届毕业生不要，而偏爱那些工作过的，特别是有一官半职的考生。原因就是这类考生经济基础比较好，请得起客，送得起礼。作为导师，看重的不是学生的学术资质和发展潜力，而是经济实力。热衷于和学生一起吃吃喝喝，在意的是蝇头小利。在同行晋升、学生论文答辩通过等事情上，一点点利益就能将其收买。虽然本人不才，可也耻于与这等人为伍。

孔子说，“古之学者为己，今之学者为人”（《论语·宪问》），意思是说，古代的学者是为了自己修身养性、提升生命境界而读书，为了更好地完成自己的人格塑造而研究学问，可现在的学者呢，是为了别人而读书，为了外在的功利目的而“研究学问”。在人们愈来愈放弃了对于精神的崇尚和追求的今天，大学里更多的是两类人：一类人是“捞”，一类人是“混”。只有少数的“另类”还有点向学之心。

中国社会在漫长的贫困之后，物质的陡然繁荣使得许多人如同飞蛾扑火般地追逐财富，许多专业领域的头面人物（当然是大学教授）不仅为自己捞，也把手伸得长长的，为其徒子徒孙们捞，捞啊捞……捞不着的人，就一声叹息后，混啊混，撑不死也饿不死地活着，混到退休了此残生。

公正地说，今天的中国大学里，还是有一批真正的教授的。就我有限的交往所接触到的如语言学家王宁先生、伍铁平先生，哲学家黄克剑先生、周桂钿先生，文艺理论家孙绍振先生、钱理群先生……他们不仅学识渊博、见识过人，而且为人正直、品行高洁，富于人格魅力和个性魅力。他们是我敬重的学者（由于可以理解的原因，我不便提及我敬重的教育学者）。我的导师孙喜亭教授和成有信教授，他们仗义执言，不曲学阿世的品格给了我精神的滋养。

我忝为大学教授，常常感到愧怍。好在多少还有点自知之明，相信勤能补拙，不敢丝毫懈怠。但愿在我后半生，能够有那么一点有价值的东西留存于人类文化的积累之中。

名与实

名与实，是一对古老的范畴。从一个人，到一个地方，一件物品，一个事件，都有“名”与“实”的两面。名，即名称、名声、名望、名誉、名头、名分、名义。实，则为实际、实质、实在、实有、实力。名与实，既可以是统一的，也可以是分离的。前者如名至实归，名副其实，名不虚传；后者如名不副实，徒有虚名，名过其实，名存实亡。

“名”对于人和事来说，都是重要的。我们的前人早就意识到：“名不正则言不顺。”（《论语·子路》）做任何事都必须师出有名，才能赢得人们的同情和支持，如美国出兵伊拉克，布什政府要找尽各种理由，尽管后来人们发现那些理由都不太能站得住脚。在今天这样一个高度信息化的时代，“名”变得越来越重要，所谓“名人效应”的存在，人们更信任“名牌产品”，莘莘学子都更希冀上名牌大学等就是明证。

其实，“实”才更重要。譬如，我可以给一本书取一个动听的、诗意的、新奇独特的“名”，但内容可能是粗制滥造、缺乏灵魂，甚至是不知所云。一个商家可以给其产品不惜血本大肆做广告宣传，使得该产品妇孺皆知，可能产品的质量本身并不过硬。

如果用“名”来给芸芸众生分类，大致可以分为三类：声名卓著并可以名垂千古的；默默无闻的无名小卒；声名狼藉并遗臭万年的。只是每一类中又可分出若干等级。

在当下中国，名实不符是个普遍现象。这很值得分析。这大概与我们的体制有一定的关系。对一个人而言，所谓“有名”，就是指有影响力。但影响力有两种，一种是角色的影响力，一种是思想（精神）的影响力，前者是外在的，后者是内在的，正如香港演艺界，有偶像派明星和实力派明星之分。

一个人角色的影响力是因为他在那样一个位置上，出镜的机会多，慢慢地就有了名，但他有没有自己的灵魂与思想，有没有节操和学养，那就很难说了。而思想的影响力是源于文化的底蕴，眼光的独到和头脑的睿智。

角色的影响力是暂时的，思想的影响力是永恒的。在我们的社会中，有一些人他们要什么有什么：名誉、头衔、地位、资历、金钱、处世的伎俩、如鱼得水的人际关系……他们什么都不缺，唯独缺的就是文化创造力。他们却影响甚至支配着社会的运转，这也是我们落后和不发达的重要原因。

我们的教育愈来愈失落了对自我的灵魂拷问，疏离了“反躬自省”之学。人们愈来愈依赖于外在的名分对自我的定义，而缺乏自知之明。除了一大堆的社会角色、各种头衔，人们便无法确证自我。人成为盛装各种面具、道具的容器。不是有学问就能成为“博导”，也不是一定要有学问才能成为“博导”，但“博导”似乎是有学问的代名词。我经常会想到这样一个问题：对于假冒伪劣产品我们都深恶痛绝，那么，对于一个徒有其表、浪得虚名的人，我们又将如何看待呢？

至少有四家报刊的编辑对我说过：某位先生的文章就像白开水一样，淡而无味，可他们却对他的文章照发不误，就因为这位先生很有名望。我们能够从中解读出的意含是很多的。其实，一些人的文章，我是不会去读的，因为我知道他们说不出什么有意思的东西。我和一些学界的朋友聊天，他们也说是这样。这正应了“人心不可欺”这句古话。如果你说的都是别人说过的，你关注的问题都是别人关注过的，你没有自己独到的思想，不能给人以启迪，不管你是谁，都不能赢得读者。所谓的“名”就如同没有生命力、没有香味的塑料花。

一本让我感到羞愧的书

宁夏小女孩马燕，因《马燕日记》轰动了全欧洲。她在日记本上写道：“今年我上不起学了，我回来种田，供养弟弟上学，我一想起校园的欢笑声，就像在学校读书一样。我多么想读书啊！可是我家没钱。”如今马燕及当地的一些女孩子因得到捐助而上学。马燕的日记被法国《解放报》记者发现,并连载发表,反响强烈,日记已被译成法、英、德、意多种文字,当然最后也“出口转内销”。贫困并不就是耻辱,但缺乏公正、弱肉强食则是一个民族的耻辱和悲哀。我们的孩子,却需要别的国家的人来提供受教育的经费,这使我感到不安和羞愧。

面对《马燕日记》,我有几点困惑:一是我们真的那么穷,穷得连提供给孩子读书的钱都没有吗?义务教育究竟是谁的义务?《义务教育法》颁布了这么多年,为什么不能够兑现?既然不能兑现,为什么要颁布?颁布了却不能兑现,法律的尊严在哪里?我们整天倡导诚信,政府就当率先垂范。如果地方政府无能为力,中央政府就责无旁贷。真不知道那些一言九鼎的人们是否真正感到这是一个严重和严肃的问题。受教育权是未成年人的一项基本权利,这项权利该由谁来保障呢?这是不是一个人权问题?

二是马燕这类孩子的父母为什么就不能少生些孩子?自然,生育的权利是平等的,而不论其贫富。但我想,人之为人,就在于能够对于自己的行为后果作出预期,该对自己的行为有一点责任感——当你决定把一个生命带到这个世界时,你就当考量一下你有没有能力为这个孩子的健康成长提供必要的物质和精神条件?如果连对自己的骨肉都缺乏责任感,我看与禽兽无异。我在这里指责他们其实也是于心不忍的,我真的非常同情那些生存环境恶劣、贫穷而又见识短浅的我们的同胞,改变他们的命运是一个系统工程,有待时日。在今天,我们的教育一定要在所有学生心中播下一颗精神的种子:当他们成为父亲或母亲的时候,能够切实地对自己的孩子的成长承担起责任来。

我总感觉,我们民族非常缺乏社会公正的观念,讲亲情而不太讲博爱。一些人,特别是一些掌握权力的人,一些身处高位的人,只要自己过得好,极少关注弱势群体。而一个民族的文明程度和良知所在,就系于她是如何对待那些处境不利的人们的。海明威在《丧钟为谁而鸣》中写道:所有的人其实是一个整体,别人的不幸就是你的不幸,不要以为丧钟是为谁而鸣,它就是为你而鸣。英文中也有一句名言:One man's tragedy is all man's tragedy. 意思是说,一个人的不幸就是所有人的不幸。

我国人口占世界总人口的22%,可是我国知识资源只占世界知识资源的1%。从英文、法文、德文中翻译为中文的书籍与从中文翻译为英文、法文、德文的书籍的悬殊人们是难以想象的。一个民族要赢得世界人民的尊重，要靠她对于人类的贡献——在思想上、制度建设上、技术发明上以及对世界和平的保障上的贡献。我真诚地希望外国人读到的中国人写的书是充满智慧、充满阳光、充满博爱的文字，能够代表一个古老民族文明的厚重、灿烂与辉煌的文字，而不是像《马燕日记》表现出的生活的艰难与不幸的文字，不再是表现我们中国人贫穷与无奈的文字。治贫必先治愚，这已成为人们的共识，为什么我们的行动总是如此滞后？我们要建立的责任政府什么时候能够真正肩负起它的责任来？我衷心地期待这一天能够早一点，再早一点到来。

马加爵，我可怜的兄弟

你离开这个世界几年了，我才看到你的绝笔，才从你滴着血与泪的文字中了解了你，走近了你。尽管你的脸上还有血污，可你不是恶魔，不是冷面杀手。我不同意你解决问题的方式，但我从内心深处同情并原谅你，我把你视为我的兄弟，我用我的方式祭奠你。

你，我可怜的兄弟，一个在缺乏温暖的环境中深感屈辱的人，一个因为贫困而备受歧视的人，因为屈辱，因为歧视，因为冷漠，扭曲你的内心。你内心郁积的愤懑终于在那个不幸的夜晚毁灭了他人也毁灭了你自己。我不知道这究竟是谁的错？！但我知道贫穷不是你的错，你一直在努力地抗争，你吃了许多你的同龄人不曾吃过的苦。

我们要惩罚罪恶，却需要同情罪人。你杀害了四名同学，你必须为此付出生命的代价，这是法律的尊严所要求的。可是谁扼杀了你对美好生活的向往？我不停地问，不停地想。

你家依靠给人熨衣服过活，熨一件衣服仅仅五毛钱。那次你的母亲丢了100元（熨200件衣服的钱），为了不让母亲伤心，你故意把自己挣来的100元丢在过道里让母亲捡到！从你的身上应验了“家贫出孝子”这句老话。读着你从前的家书，我更感动于你的孝心：“爸妈，在校门前的天桥上，偷偷落泪望着你们离去……亲情总是很感人，让人心酸。你们千万要保重啊！我什么时候才能报答你们？”不知道你穷苦的父母生活今天是否有所改观？

你在监狱中穿上了你这一生中穿过的最好的衣服——囚服。“这是我穿过的最好的衣服。”你注意到了吗，你说的这句话让在场看押你的警察都落了泪；你知道吗，有四位律师主动地免费为你做无罪辩护，被你杀害的同样出身贫寒的同学家属放弃了赔偿的要求……我从他们的身上看到了人性的光辉。你应该向四位被你杀害的同学及他们的亲人郑重地道歉和深深地忏悔，他们同样是不幸的。

不知道那个将你的情书当着许多人的面撕个粉碎的女孩是否得到了真爱？不知道听闻你被执行死刑的消息后异常高兴相约晚上喝酒不醉不归的人们是否有过深度的反省？[注：新华网云南频道 2004 年 6 月 18 日电（记者××、××）云南高校师生 6 月 17 日听闻马加爵被执行死刑的消息后，大多异常高兴，有的鼓掌，有的唱歌，还有人相约晚上喝酒不醉不归。大家认为，终于还受难者一个公道了，终于可以从马加爵案件阴影中摆脱出来了。]

我可怜的兄弟，你的不幸同样是我们的不幸，是我们这个缺乏博爱、平等精神的人群的不幸。千百年来，在这块土地上，从来就是权势者的天堂，穷苦人的地狱。我们的社会中有相当多的人，只要自己过得好就不管别人的死活，但愿你的死能够给他们一些警醒。如果我们不能消除贫穷以及由于贫穷而带来的对生命的轻贱，我不知道那愤怒的铁锤下一次会落到谁的头上！有谁知道究竟有多少人高举着愤怒的铁锤只是还没有落下？建立在他人不幸基础上的幸福犹如在火药库上烤火，终究会引火烧身。不懂得爱别人的人是不幸的，缺乏对苦难的同情的人是不幸的，因为他们的心中没有光。

是你的遭遇促使我努力地让生命教育的旗帜在更多学校的上空高高飘扬，是你的遭遇让我一遍遍地呼唤生命的情怀回归人们的心灵世界——为了我们这个世界不再有歧视，不再有冷漠，不再有权势者的专横和跋扈，不再有残酷的压榨与血腥的杀戮，为了我们每个人都学会善待他人，每个人都能够用爱心来对待我们身边所有的人。

公正地对待教师

从媒体获悉，2010年5月11日福建省委教育工委、省教育厅出台《关于进一步加强和改进福建省高等学校教师职业道德建设的意见》，首次明确规定师德"一票否决"的十项具体内容，强化对高校教师的师德考核管理。其中第二条是"在教育教学工作中散布违反党的路线方针政策、党的基本理论、国家法律法规等错误言论，对学生确立正确理想信念和政治信仰造成不良影响的"。我对其他九条基本上是认可的，但对于第二条却十分不以为然，甚至颇为反感。

还好，《意见》措词是"错误言论"，而不是"反动言论"，这多少也透露出一点进步，但问题仍然很大。首先是，谁来界定某一言论是对还是错呢？大学教师们是不是讲课之前，找权威机关审定一番以绝后顾之忧？这无疑会使得大学教师们思想的自我钳制，严重的还会人人自危。况且，错误言论往往能够导致正确言论。无论是一个政党的路线方针政策乃至基本理论，还是国家的法律法规，都需要接受人们批判性的审视。也正是这种批判性的审视一个政党的路线方针政策才能与时俱进，国家的法律法规也才能不断完善，我们的社会也才能更快地进步。

还有，何谓"散布"？对一些大政方针发表个人评论算不算散布？大学教师至少应该是一个思想者吧。真正思想者是不相信宣传的，他一定习惯于用自己的眼睛去观察，用自己的心灵去感悟，用自己的头脑去判别，用自己的语言去表达。倘若一个大学教师，更不要说大学教授了，如果连思想者都算不上，那他一定是极其不称职的。他的教学如果不是照本宣科、鹦鹉学舌，就是言不由衷、平庸弱智。如果我们的大学都是些没有批判性的思考力的人，那我们还要大学干什么？！倘若大学没有了思想自由和言论自由，大学就真的成了养殖场了。只有十分龌龊的人才会希望我们的大学成为养殖场。任何有良知，有民族责任感，有现代文明修养的人，都会希望我们的大学成为思想的发动机，成为创新的助推器，成为引领风骚的弄潮儿。

言论自由是宪法赋予公民的神圣权利，言论自由与师德无关。如果一定要说师德，“自由之意志，独立之人格”乃大学教师最高之师德。因为，只有这样的人才能坚持真理，保持节操，不顺风使舵，不趋炎附势，这也是一个学者人格魅力的基石。也只有这样的人才更有可能去建设一个创新型国家，才能让世界听到我们的声音。

福建省委教育工委、省教育厅这样的规定要是在皇权至上的专制时代，或者是在人妖颠倒的“十年浩劫”，倒也没有什么稀奇的。在 21 世纪的今天，福建作为一个沿海开放省份，居然还有此等充满极左阴魂的规定，真是让人大跌眼镜，甚至是匪夷所思。此等规定，往轻了说是贻笑大方，说得严重一点是倒行逆施。我真的怀疑制定这等规定的一干人还有没有一点点现代政治文明的修养。

我爱我的国家的每一寸土地，我爱生活在每一寸土地的人们。如果福建省委教育工委、省教育厅不能修正这一错误规定，那我只好奉劝那些有批判精神和批判性的思考力的人，别去福建做教师，因为我爱他们，我敬重他们，我怕他们会受到不公正的对待。

关注师生的校园生活质量

校园是我们现代人熟知的生活场景。校园生活是我们每一个人青少年时期最重要的生活内容，对每一个教师而言，校园生活则伴随着他们的职业生涯。

师生校园生活质量主要可以从如下三个维度来衡量：身心愉悦的程度、内心充实的程度和成就感。身心愉悦意味着心灵的舒展，没有疲惫感，也没有压抑感，以及身体上的放松和舒适；内心充实意味着有丰富的精神生活，没有空虚感和无聊感，有日渐明确的生活目标，对自我和生活于其中的世界有了更为丰富、系统和深刻的认识;成就感意味着能够体验到成功的喜悦,感受到成长的快慰,强化了积极的自我评价。

学生校园生活的核心内容是他们的精神生活,因而影响学生校园生活的质量的因素主要有:师生关系、课业负担、成就感、自由度、受到关注与重视的程度、教育性活动的吸引力、近景和远景生活目标的清晰度与感召力。

在当下许多学校普遍存在学生校园生活机械、单调、平庸和乏味,甚至充满压抑和恐惧,个性和独特性受到忽视,甚至不应有的歧视和蔑视。在这样的氛围中,厌学、逃学、辍学时有发生,就不足为怪了。致力于提高学生的校园生活质量,就应该废止过于苛严的纪律和规训,切实提高教育性活动和课堂教学的质量。

从某种角度来看,提高学生的校园生活质量又主要是通过提高课堂生活质量来实现。认知、交往和审美,三者都是人类的天性。人生来就有真善美的需要,用师生共同创造的生活情境,用充实丰富的精神生活,弘扬和提升这些需要,这是教育过程中最深奥、最奇妙的领域之一。

叶澜先生的"让课堂焕发出生命的活力",成为了中国教育界最具感召力的声音。究其原因,就在于它是对"教学特殊认识论"的超越,对人的生命价值的尊重,对师生共在的课堂生命质量的关注。在理论上我们谁都不否认对人的尊重的必要性和重要性,但到具体的实际行动中,人们就有意无意地淡忘了这一点。离开了对于现实的、具体的、个体的人的尊重,对人的尊重就成了一句空话,因为现实的、具体的、个体的人不可能按照一个尺度来衡量都是理想的存在。对人的尊重就意味着对人的独特性的尊重。

关注学生的校园生活质量,致力于提高学生的校园生活,特别是课堂生活质量,这是良好教育的应有之义。但是,没有教师高质量的课堂生活就难以有学生高质量的课堂生活。

教师的地位和作用是辩证地联系在一起的。近年来,我国教师的社会地位有了显著的提高,但与教师肩负的责任相对而言,还有一定的距离。从与责权利相统一的原则来看,只有把教师的社会地位提高到应有的高度，对教师的要求——敬业精神的要求、专业水平和教育能力的要求——才能理直气壮，才可以毫不含糊。任何侵害教师的合法权益和贬低教师在教育过程中重要作用的言论与行为，都将直接或间接威胁教师的校园生活质量。

当然，影响教师课堂生活质量的因素，不只是社会地位，教师个人的志趣和素养亦是重要因素。乐于与人打交道，热爱儿童，擅长表达自我的资质，都是影响教师校园生活质量的重要因素。只有丰厚的学识和彻底的理性才能赋予人一种大气。这种大气，作为教师是非常需要的，因为只有大气，才能真诚地鼓励学生放飞想象的翅膀，去拓展已经变得十分逼仄的心灵空间和精神世界。

教师从学生那里感受到的是渴望求知的热忱，还是索然无味的无奈；学生对教师是充满信赖与尊敬，还是疏离与不屑，教师的内心感受一定是迥然异趣的。当教师更多地感受到的是学生的昏昏欲睡、冷漠与迟钝，久而久之，教师的内心也就会变得麻木和苍白；教学就将成为教师无聊的劳役、机械的应付，教师和学生之间就很可能是相互敷衍。

“人必须成为自己的解放者，并在伦理意义上成为自己的创造者。”教育就是要营造一汪沐浴灵府的深潭，让人沉醉于其中，使人神清气爽，让人们有可能去经营生活、咀嚼生活、品味生活，成为一个情性通达、才智清明的人。为此，我们任重而道远。

更多地关注农村教育

众所周知，中国是一个农业大国、人口大国，当然也是一个教育大国。但无论是教育研究者，还是教育政策的制定者，都似乎有意无意地忽视了农村教育中存在的诸多问题，如师资流失、教师素质低下、教师的工作环境不理想、学生辍学厌学、教育经费严重短缺、教学设备陈旧等等。这些问题的解决无疑需要一个过程，但如果我们视而不见，任其自然，那恐怕永远都不可能得到解决。现在，是我们更多地关注农村教育的时候了。

一

1999年12月30日《科学时报》的《成才导刊》，刊载了焦国标博士《乡村教育之凋敝令人心酸》一文。文章写道：

> 我是七八十年代之交的中学生。当时一个大队有一间小学和一间初中，一个乡就有一间高中。我的同龄人人人都是初中毕业，上高中的也占十之七八。现在，一个乡才有一间初中，十几个乡才有一所高中，我们百万人的大县普通高中只有两所，我们村子里已经好几年没有高中生了，今年只有3个初中毕业生。这种稀缺程度跟50年代我父母辈的中学时代差不多，完全是一种倒退。小平说过这些年最大的失误是教育，我看近20年教育的最大失误是乡村教育规模的大萎缩。我们老家初中、高中的大砍并发生在1980年，1982年又砍并了一次，当时形成的格局(密度)一直持续到现在。为什么要砍并?莫名其妙!

2000年3月31日《南方周末》的《周末话题》栏目披露了“农村孩子辍学严重”的事实，并配发了“编者按”：“‘科教兴国’喊得正响的时候，很多农村的孩子却过早地离开了校园，甚至连九年义务教育都没有完成。对此，仅拿《义务教育法》找那些父母兴师问罪不但不公平，而且于事无补，因为他们也是被逼无奈。

“贫困与教育收费的突出矛盾，就业竞争中的户籍歧视，这些问题若不尽可能加以解决，任其愈演愈烈，农村孩子辍学就会越来越多。而由此造成的损失不仅对于那些孩子来说，而且对于全民族的发展，都是难以弥补的。”

焦国标博士进一步呼吁：乡村教育现状，用“凋敝”这个词一点都不夸张，一点都不耸人听闻。所以要问我对21世纪教育的希望是什么，不说那么远，就说目前，国家应快快下大力气扭转近20年农村教育一直恶性下滑不止的局面！快快增加乡村孩子接受完全教育的比例！快快整顿农村小学师资队伍！

中国农村的教育问题其实远不止这些，如拖欠教师的工资，教师（特别是优秀教师）的流失，基本的办学条件得不到保障。要彻底消除“泥孩子、土台子、破房子”，真正做到“一无两有”：无危房，班班有教师，个个有课桌，在不少地区恐怕并不是一件容易的事情。农村教师的基本权益甚至人身安全不能得到保障也时有所闻，江苏赣榆县徐山乡樊葛村一位乡村教师因村干部催收钱款被刺死就是一例。

走马观花、形式主义严重的检查，弄虚作假、欺上瞒下的统计数据，使得广泛存在于农村教育中的问题被有意无意地忽略了、淡化了。《义务教育法》颁布已经十多年了，但在广大的农村地区，特别是在比较落后的地区，仍然是一纸空文。在城市，我们会经常见到沿街乞讨的年幼的孩子。究竟谁应该对此承担责任呢？

让我们听一听福建永春县下洋镇大荣小学陈祖强这位农村教师的呼吁吧：

> 在全面推行素质教育、大力培养高素质人才的今天，我们农村教育却让人担忧：几年来，我们农村教育处于彷徨、焦虑状态之中；提倡科学整体育人观念，又没有合理科学的模式；提倡课堂教学改革，师资、设备跟不上；提倡“减负”，只靠“高压”，家长、教师不知所以然。走过场集体办公，没有统一规范的自测自考，变相成绩评比，主观考评考核，办学没一点自主权……一条条枷锁锁住了每个农村教师，一张张无形的网罩套着农村教育。我们农村教师如何贯彻方针、落实政策、领会精神，找到人生价值，谁能切切实实而不是说归说做归做地真正给我们指点迷津？

二

我们教育理论界在讨论教育问题时，主要的着眼点是城市，而广大的农村的教育境况遭到了有意或无意的忽视。其实，众所周知，城市在整个中国仅仅只是一座座孤岛，农村人口占总人口78%左右，而在城市和农村之间有一条不可逾越的鸿沟，农村总容易使人联想到贫穷、愚昧和落后，一个农民为了捍卫自己的基本权利需要付出很大的代价，这是不争的事实。这种不成文的等级观存在于许多人的脑海中。要清除这个对于推行民主法治的最大障碍，还需要我们艰苦的努力。这是我们了解、谈论中国的基本国情所无法回避的事实。

我国的《户口登记条例》是1958年公布并使用的。当年的1月9日，全国人大常委会通过了《中华人民共和国户口登记条例》，这是新中国成立以来我国第一部关于户口制度的法律文件。此后，“城乡二元”是中国社会的基本结构。农民在中国及国际社会总是与贫穷、落后、愚昧联系在一起的，农民在受教育、就业、社会福利保障等方面都没有公正公平的待遇，占78%的农民是中国最大的弱势群体，这是中国最大的人权问题。它影响了中国的国际形象，进而对中国的发展产生不利的影响。

另外，在自然群体（如一个县、乡、国家等的人群）中很多东西都是呈正态分布的，人的天赋就是如此：智力潜能极其高的人是少数，极其低的人也是少数，大多数人居中。占中国人口78%的农村人口之中，有极高天赋的人其绝对数应是很大的，但由于没有受到好的教育，其潜能不能很好地发挥，这对于整个国家而言是一个严重的智力资源的浪费，不利于民族的进步。而且从公正来说，也是一个很严重的问题。有一个很大的群体没有受到公正对待，对此中国的很多学者予以关注，但广大的民众和一些机构对此重视不够。如果我们以牺牲这么多人的利益来维护社会的稳定，这样的城乡二元社会结构的存在是值得怀疑的，必须加速其解体。我们应该也一定能够采取更好的措施来保障和维护社会的稳定。

城乡二元社会结构的解体有助于社会流动的加速。社会流动包括横向的流动和纵向的流动。横向的流动指的是地域流动；纵向的流动指的是社会升迁性流动，比如人们地位的变化：从社会底层走向中高层，或反之。这表明人们的社会地位不是世袭的，可以通过自己的天赋、努力来改变。人们之间是有差别的，其差别应由天赋、努力来决定，而不是其他。社会流动是有价值的，一方面，流动带来了地域文化间的多样，从而不同的文化相互碰撞，使社会文化变得多元化，使社会更具有活力。而《中华人民共和国户口登记条例》“最大的问题是，人为地造成城乡和地域间人们身份、地位和待遇的不平等，影响人们的公平竞争和人的全面发展，也影响了劳动力资源的优化配置”。可见，城乡二元社会结构也是与市场经济的基本精神相悖的。

比如说，中国城乡二元的社会结构就极大地制约了民办、私立高等教育的发展。我国学者雷颐先生就指出：实现高等教育大众化的一个重要途径是大力发展民办、私立大学。然而，除去政治的、观念的原因（如所有制、计划体制、教育是“意识形态的重要阵地”等）外，发展民办、私立大学一个难以突破的瓶颈是中国社会城乡二元结构的严重限制。考入公立大学是农村青年“农转非”，可以当“干部”的重要途径，而民办大学则无此功能（权利），农村学生考上民办大学虽然能获得国家承认的学历，但仍然无法改变其“农民”身份，更难成为干部、公务员、官员，而私立大学的学历目前仍未得到国家承认，其他更不必说。

只有在两种条件下，民办、私立大学才能获得质、量的大发展：或是它们获得与国立大学同等的权利、权力；或是中国社会的重大变革，从根本上废除农业人口、非农业人口的“身份制”。否则，民办、私立大学的发展空间极其有限，高教大众化也难以实现，应试教育也不可能根本改变。在现实中，只有考试、分数才为占社会绝大多数之权钱皆无的“寒门庶族”享受优质教育提供了最大的可能。在这个意义上说，考试、分数是现实条件下相对而言最为公平、合理、有效的选择。

另外，在公立高等学校招生名额的分配上，大城市也占有着很大的优势，湖南、湖北等省份比北京的高考录取线就要平均高出 100 多分，这既导致了地域之间的不平等竞争，也是人才资源的极大浪费。

三

在我们更多地关注农村教育的时候，有一些问题是需要认真思考的：

第一，给予农村的学生平等竞争的机会重要还是为发展本地区经济、做到“离土不离乡”（这有利于保持社会稳定）获得一技之长重要？在教学内容和课程设置上的因地制宜有没有地区（域）歧视的嫌疑？有人对现在的农家子弟因接受普通教育而不具有一技之长讥讽为“种地不如老子，养鸡不如嫂子”，难道他们就注定只能“种地”和“养鸡”吗？

第二，在目前的情况下，通过高考而实现升迁性的社会流动（对农村孩子来说，就是跳出农门，变换身份）对农村学生来说几乎是唯一的途径，如果这条途径也被“善意”的、在正确目标（比如说推行“素质教育”、杜绝应试教育）的导向下被禁绝了，那么他们就永远只能是农民，这是不是公正？究竟是否有利于中国的发展？

第三，农村教育问题的根源究竟在哪里？如果不努力消除城乡差别，给予全体国民以平等竞争的机会，恐怕只能治标，而不能治本。近些年来，社会治安的恶化，刑事犯罪案件呈上升趋势，已成为不争的事实。而违法犯罪大多为农村涌入城市的流动人口所为。作为法制社会，尽管我们不能因为他们不利的社会处境是诱使他们违法犯罪的重要原因而减轻对他们的处罚，但他们作为“被损害、被歧视”的社会成员，我们的社会对于他们的违法犯罪也是负有责任的。社会的不公正很容易导致弱势群体成员内心的畸变，而最终成为违法犯罪的心理原因。

只有解放农村、解放广大的农民，使全体中国国民在同一起跑线上竞争，城市才能最终得到真正意义上的解放。尽管消除城乡差别需要一个过程，尽管推动这一过程可能在当下要以牺牲一点发展速度为代价，特别可能“牺牲”一部分人的利益，但从整个民族的发展来看，从长远的利益来看，是值得的、必要的。

任何不幸都是具体的，也同样是令人同情的。但很多带有人为因素的不幸的发生，假如追溯到最终，或许都会发现我们这些自视为无辜者的一份责任。在一篇文章中读到这样一则故事：有个德国人这样描述他在纳粹时期的悲剧过程，开始他们抓犹太人，我没说话，因为我不是犹太人；后来他们抓波兰人，我没说话，因为我不是波兰人；再后来他们抓浸礼教成员，我没说话，因为我不是浸礼教成员；最后他们抓我，已经没人为我说话了。这说明人类社会是个多米诺骨牌阵，最弱势群体是第一张牌。巨大的悲剧总是从迫害最弱势群体开始的，他们成为一张不能超越的牌，但第一张牌的倒塌总是要递延到我们身上，无处可逃。

“美好的梦想必须从属于援助在苦难中和受到不公正待遇的人这个必要性，从属于这些目的而设立各种机构的必要性。”我想再一次强调：农民，是中国社会中最大的文化处境不利的群体，他们在升学、就业、社会福利保障等方面远远没有受到平等对待。在同一片蓝天下，在同一片国土上，当还有一些人，不能享有我们同样的权力，不能在同一起跑线上展开竞争时，一切正直的人们，一切心存正义与良知的人们，都不能无视占中国人口 78%的广大农民的利益，都不能为了自己的既得利益而对诸多的不平等现象保持缄默。中国有数量极其庞大的贫困人口，还有许多人在为生计而奔波，这就是我们的国情，这是我们思考任何问题都不能无视和回避的残酷现实。一切具有人文精神的思想家、真正的人道主义者都会将目光投向边缘群体、弱势群体。因为边缘群体、弱势群体的他们不只是他们，他们都是我们人类中的一员，对我们而言，他们是一个个的“他我”，正如约翰·罗尔斯指出，评价一个社会要看它如何看待它的境况最差的成员。

罗尔斯在《正义论》中指出：正义是社会制度的首要价值，真理是思想体系的首要价值。如果一种制度是不正义的，不管它多么有秩序和多么有效率，那也必须加以改造和否弃；如果一个理论是不真实的，不管它多么精致和简洁，那也必须加以修正或拒斥。作为社会制度，正义是最高的价值，这表明了一种价值选择；公平与效益的问题，在罗尔斯看来，正义公平是最高的价值，因为它关系到人的尊严问题。

对于一个社会来说，制度建设也许是比道德教化更要紧的事情，假如一个制度是不公正的，是存在着等级和对一部分人歧视的，那么又何以可能要求人们拥有“平等”的观念？人与人之间的尊重又如何做到真诚？“一种文化用划分边界谴责处于边界之外的某种东西”，这其中渗透各种形式的自我中心，更值得警觉的是将这种边界划分视为理所当然及其对非法性的缄默。

制度决定了很多，制度建设最需要智慧，从洛克、培根以来，非常注重制度建设，而我们相对太贫乏，制度在很大程度上保证社会的公平、合理、有效，保证每个人最大限度发挥潜能。

美国学者加尔布雷思认为，好社会的基本内涵是：所有的公民必须享有个人自由、基本的生活水准、种族和民族平等以及过有价值生活的机会。“好社会”奉行的主要原则是：社会向人们提供公平的机会，在机会面前，谁也不得排斥在外而沦入丧失收入、无家可归和有病无处医的地步。

他还认为，凡是国内安定、政府还能行使其职能的国家均应把教育置于首位。必须为教育——学校经费、教学设备、教师工资、特别是教师的培训——提供充足的资金。有形投资需要的资本可以很容易地从一国流向另一国。而发展教育所需要的教师则相对固定。建立一支国际教师培训队伍——教师的教师——是经济发展的主要条件之一。一切政策必须以教育为中心。这里要再次强调其他地方讲述过的一点：在当今世界上，没有任何一国受过良好教育的人民是贫穷的，也没有任何一国愚昧无知的人民是不贫穷的。在民智开启的地方，经济发展自然水到渠成。只有这时，向这些国家提供发展援助才会真正奏效。

“好的社会，并不在彼岸，而就在当下，在人们对现实的认真选择和积极努力之中。”

假如我们也能这样看待理想，多多地实事求是地检讨自己的现实，指摘它的缺陷弊端，设计改进的方案，搞清楚要抛弃什么、保存什么和创造什么，那么，好社会一类话题于我们，同样不会是一种想象性的对象，反之，会成为实实在在的未来。（加尔布雷思《好社会：人道的记事本》）

笔者呼吁一切正直和有远见的人们，更多地关注农村教育，因为这是建立一个更加美好的社会不可或缺的方面和努力。

我们为何如此平庸

承认自己平庸，是一件痛苦的事情，但却是我们不得不面对的现实。我们需要不断地扪心自问：是谁扼杀了我们的想象力？是什么窒息了我们的创造力？是什么使得我们的生活如此苍白、琐屑和贫乏？是什么使得我们的精神世界如此平庸、昏暗和无趣？

我们很少能听到令人耳目一新、振聋发聩的对问题的揭示，我们很少读到入木三分、精辟深刻的对某一现象的解释，我们少有令人爱不释手的读物，我们鲜有翘首企盼的精神盛宴……我们更多地生活在忙忙碌碌、斤斤计较，或者是浑浑噩噩、麻木不仁甚至是心如死灰的状态中。

即使在学术单位，同事之间也鲜有真正的思想与学术上的分享和交流。其原因固然是多方面的，其中一个重要原因是用不交流来掩饰自己的贫乏和平庸。另外，相互防范，彼此猜忌，也是缺乏真正交流与分享的重要原因。没有思想的自由充分的表达，没有同行之间的诘难问疑，没有浓厚的学术氛围来陶养心灵，没有对学问的虔敬而是向权力献媚，就没有学术的繁荣，更不会有思想的博大与精深。

心灵的深刻与生活的幸福虽然没有直接的关系，但他们之间有间接的影响。智慧的享受是精神充实的重要方面，是任何感官享受所比拟不了的。更重要的是，如果不能在精神享受与感官享受之间取得平衡，如果沉溺于声色犬马、灯红酒绿，人就会堕落成行尸走肉，甚至是衣冠禽兽。

我们之所以如此平庸，最根本的原因恐怕是由于我们缺乏信仰，缺乏勇于承担的宗教情怀，缺乏终极的关怀，缺乏超越性的意向。对不少人来说，只要能获得现实利益，一切质疑和追问都可以放弃，一切公正和原则都可以用来交易，一切的举动都可以是做秀，一切的言说都只是应景。长此以往，精神的全面荒芜导致的必然是思想的平庸与浅薄。

老子说过："多忌讳而民弥贫。"这里的"贫"，恐怕不只是物质上的匮乏和贫困，也包括着精神上的贫乏和平庸。由于缺乏对于多样性和独特性的珍视，由于缺乏精神上丰富的刺激，人们就极易成为"沙发上的土豆"；由于学习内容的平庸肤浅，学习的内在乐趣就难以得到维持和提升。

创造一个物质上和精神上都很丰富的社会，是我们孜孜以求的目标。这首先需要我们与平庸作斗争，与庸俗的物质主义和享乐主义作斗争，与狭隘和不宽容作斗争，并努力创造一个自由表达和自由交流的氛围，让我们的内心变得丰富和深邃，变得鲜活和细腻。不是依赖于外在的束缚与强制，而是基于内在的自由与自律，进而使得真诚、道义、良知、敬畏、感恩、忏悔、救赎等等，成为我们内心深处的渴求。如此，丰富的精神、深刻的洞见、无悔的执著和伟岸的人格才有望养成。

受过教育的人

什么样的人是受过教育的人？这是教育中最核心的问题，因为我们的教育要培养什么样的人，决定着我们用什么（课程内容）去培养和怎么（教育的途径和方法）去培养。倘若我们对于这个问题缺乏精深的思考，我们的努力将是盲目和低效的，有时甚至可能是负效的。因为教育是一个价值引导的过程，一个引领学生成为我们所希望成为的人的过程。只有当我们的心中有一个血肉丰满的、鲜活的、蕴涵着时代精神的理想的人的形象时，我们的教育才能在学生的精神世界中真正地培植起信念、理想、爱心与希望，我们所做的一切才能真正成为完整的人的意义深远的工作。

在我看来，一个受过教育的人，或许他（她）没有英俊的外表或姣美的容颜，但是他（她）自然朴实，乐观自信，不卑不亢，能够平等地与所有人交往；或许他（她）并不高大，却有人格的挺拔与伟岸，有坚定的意志、强烈的责任感和不屈不挠的品格；或许他（她）没有机会去干大事，他（她）却能够以饱满的热情和全心的投入去做小事；或许他（她）既没有显赫的身世，也没有超人的天才，他（她）并不耀眼，并不引人注目，但他（她）悦纳自我、友爱他人，易于领导与合作，而难以奴役和盘剥……

受过教育的人，是这样一个人：他（她）严正而又宽容，深邃而又单纯，执著而又潇洒，真诚而又练达；他（她）勤勉而又从容，刚毅而又柔情，豪放而又儒雅，平实而又不断地追求人生更高的生命境界。

一个受过教育的人，是具有某种品质的人，而不是指"上过学"的人，不是指获得了某种学位、具有某种学历和文凭的人。

可是，我们的生活中并不缺少没有受过教育的政坛名流、商界大亨——他们欲壑难填，为富不仁，就因为他们没有强烈而深刻的精神需要；更不缺少没有受过教育的大腕明星，他们的自我膨胀往往会污损别人的尊严，他们的粗俗源于缺乏健康的趣味和心性的修养；我们的生活中甚至也不缺少没有受过教育的专家、教授——他们知道做一些事情，却不知道为何做这些事情，就因为他们缺乏深厚的理性精神，缺乏坚定的信仰，缺乏道义的承担。

而更为令人心忧的是，我们的生活中更多的是没有受过教育的生活在社会底层的人——他们没有足够的谋生的技能，没有发育健全的心智能力，没有收集与处理信息的能力，没有体面和充分地表达内心真实愿望的能力（更不用说平等和充分地参与公共事务的决策和管理的能力了），他们甚至没有现代社会公民必备的权利意识和公共意识，甚至没有过健康生活的基本知识和技能……他们缺少的太多太多！然而，没有人有权利去责备他们，他们是我们心中深深的痛。我无数次想起那句话："没有任何一国受过良好教育的人民是贫穷的，也没有任何一国没有受过良好教育的人民是不贫穷的，在民智力开启的地方，经济发展自然水到渠成……"

对于人生来说，有什么比受过良好的教育更重要呢？它会写在你的脸上——“桃李不言，下自成蹊”——坚定而深邃的目光，宁静而舒展的表情；它会使你成为受人尊敬和受人欢迎的人，它赋予你一双发现美的眼睛——这并不是说受过教育的人就看不见丑恶，而因为它同时会赋予你一颗悲天悯人而又温暖宽容的心。

受过教育的人，并不就是一个完人，一个“高大全”的人，但是他（她）一定善于学习，勤于自我反思，不断地追求生命更高的境界；他（她）也许会有这样那样的不足或弱点，有这样那样的软肋和局限，但是他（她）能正视自我，不文过饰非；他（她）能够从善如流，并不断地开拓生活和自由。

教育的过程就是一个不完美的人引领着另一个（或另一群）不完美的人追求完美的过程。也许我们始终只能在现实与理想之间徘徊，然而，我们眺望着理想的高地，我们不屈服于现实；我们也会有暂时的休憩和沮丧，但我们永远怀着寻找精神家园的冲动，且吟且行。

让更多的人成为受过教育的人，应该成为我们全社会努力追求的一个目标。“知识改变命运，教育成就未来。”命运的改变就不仅仅是那些作为弱势群体的人们个人的事情，改变的将是整个国家的命运、民族的命运，改变的将是我们所有人的生活品质。我们更有理由相信，用良好教育成就的未来一定是光明的、温暖的，我们梦寐以求的阳光普照开满鲜花的未来。

建基于信仰的教育

作为工作多年的大学教师，从世俗的眼光来看，我不仅衣食无忧，甚至可以说生活几近完美。但内心深处总有一种惶惑，一种挥之不去的怅惘，随着年岁的增长，这种感受日益强烈。每当夜深人静，流放于尘世之间的自我回到家中的时刻，就会有一个问题悄悄地爬上心头：人为什么活着？我相信，那些摆脱了生存危机而又关注自我内心生活的人都会有同样的困惑，会遭遇同样的考问。

可在今天这样一个真诚逃亡和良知隐逸的时代，一个由效益(率)、功能、技术、模式、经济原则所支配的社会，以从容的心态谈谈无限与永恒、信仰与孤独、神秘与本体、灵魂安顿与终极关怀，这些看起来不染器尘的形而上概念，对大多数人来说，已是难以追怀的往事与神话了。生命最本真的问题被膨胀的物欲所遮蔽。

因而在今天，我们思考教育问题，如果没有一种使命感，一种深沉的痛楚和战栗的恐惧，如果不能渲染一种民间思想和自由知识分子的操守，我们的思想就必定是苍白和无力的，就不可能有感召力和感染力。这种痛楚和恐惧，就源于我们对于日渐消逝的人的焦虑，源于对物欲与技术统治下人的呻吟的谛听与同情，源于我们对于灵魂安顿与终极关怀的诉求；而这种操守是只能建立在我们的信仰之上的。

在一定的意义上说，我们都是莫名其妙地生与无可奈何地死。我们每一个人都不是自己主动要求出生的，但既然我们来到了这个世界上，我们就必须严肃地面对这样一个问题：我们究竟为什么活着?这是一个灵魂的问题，它不可能依靠理性和逻辑来求得确解，而只能诉诸信仰。

教育的最高境界当是灵魂的感召。从某种意义上说，教育与信仰有着内在的关联，甚至可以说，信仰是真正教育的天然要素。因为真正的教育不仅有着现实的关怀，还会有着终极的关怀。而终极关怀只能用信仰来承载。因为人之为人就在于人是一种精神的存在，生命的存在唯有灵魂，作为精神存在的最核心的要素就在于对生命的价值与意义的领悟。领悟来源于启示，来源于仰望。

没有信仰就没有灵魂，而没有灵魂，一切都将成为没有结局的开始，成为权宜之计，成为得过且过、苟且偷生；没有灵魂，所谓的道德就会沦落为一种伎俩：一种逃避责罚和获取奖赏的伎俩。在我们的生活中，随处都可见到那些在貌似道德的行为背后隐藏着一个不道德的动机、将道德作为敲门砖以最大可能地捞取好处的伪君子，这就是因为缺乏信仰所致。

在中国文化的设计中，人们关注的中心问题是“人应该怎样活着”——如何在一个由君臣、父子、夫妇、兄弟、朋友这五伦对等关系(而不是平等关系)所构成的社会中尽自己的本分:怎样做到君敬臣忠、父慈子孝、夫和妇顺、兄友弟恭、朋谊友信。而对于比"人应该怎样活着"更高的一个问题:"人为什么活着",缺乏丰富的、富于深度的思考,因而中国的伦理道德都带有功利的色彩,并不可避免地沦落为一种处世伎俩。

教育的问题归根到底是一个信仰与哲学的问题。信仰问题首先是一个文化问题,其次才是一个人生的问题。对世界和人生的某种最高真理的寻求乃是灵魂的需要。

如果一种文化中缺乏对于灵魂安顿的设计,存在于这种文化中的个体,要么麻木不仁、浑浑噩噩,要么唯利是图、巧取豪夺,要么苦苦探寻、无所适从。在我们的文化建设中,着眼于信仰,是何等必要。文化、信仰、教育三位一体,才能构成一个完整人的成全的精神生态。所谓信仰就是我们的生命的支点、生命之根赖以驻扎的土壤,没有信仰生命就会遭遇难以承受之轻,就只能有类似于动物本能的生存,而不会有真正人的生活,更不会有生命价值的弘扬与实现。

建基于信仰的教育必定有着这样四个不可或缺的要素:必须守护的核心价值、使命感、终极关怀和仪式境界。而反思一下我们今天的教育,充其量只能算是宣传加规训,它的确可以塑造某一种满足一定需要的"建设者和接班人",但难以成全立于天地之间大写的"人"。

建基于信仰的教育是一种源于内心的召唤,这种召唤带给人们的是一种温柔的冲撞;它使得内在于教育情境的每一个人都会无比真诚地谛听来自生命最本真的悸动和低语,教育过程真正成为一个没有耳提面命的疲惫、温暖而百感交集的精神之旅,在日渐清晰的人生目的的探寻中,心灵变得纯净、充实、澄明和温润。

作为思想者的追求

作为人类世代交替中的一员,思考着人类的过去、现在和将来,思考着复杂的人性和纷繁的社会生活,我感到无穷的乐趣与巨大的满足。

“人类的一切，我都不陌生”，“人类的一切，都与我息息相关”，“无尽的远方，无数的人们，都与我有关”，从蒙田到马克思再到鲁迅，伟大的心灵都是如此的广阔，这令我无比地景仰和向往。通过阅读和观察，从自我的内心中感悟宇宙的幽邈和深邃，我源源不断地获取思想的资源。

我首先是一个战士，其次是一个读书人，最后才是一个学者。一切的不公正，一切的狭隘和不宽容，一切的以权谋私，一切的妖言惑众都是我抨击、鞭挞、诟病的对象；社会的阴暗面，体制中的缺陷，国民性格中的劣根性都在我批判的视野中。一个战士，只有同时是一个思想者，他才是富有力量的，否则，他就只是一个莽汉。

我知道我不过是一个平民，我自觉地坚守民间的立场。尽管我知道我个人的声音是微弱的，但我坚定地摒弃贱民意识、小民意识、草民意识。我以公民的名义，为制度变得更完善，为社会变得更美好，为阳光更加明媚和灿烂，以我的方式做出我的努力。这就是我的生活信念，这也是我的生活乐趣和我所体认的生命的意义。我绝不以真理与正义的代言人自居，我只能以我个人有限的智识追求光明与自由。

《在马克思墓前的讲话》中，恩格斯这样评价马克思：“我敢大胆地说，他可能有过许多的敌人，但未必有一个私敌。”这是一种崇高的生命境界。作为人类文明的探索者，我不崇尚斗争哲学。在任何问题上，我不针对任何具体的个人，我不与任何的个人为敌。我为我们社会点点的进步而欢欣鼓舞，我为中国的日益强大而倍感自豪与骄傲。但我不会为任何政要歌功颂德，我呼唤忧患意识，提醒人们不要陶醉于今天所取得的经济成就，要意识到我们为取得的经济成就所付出的高的环境代价，提醒人们要对我们的子孙后代负责。

历史上，中国的读书人，是一种特殊的人物。《幼学诗》说：“万般皆下品，唯有读书高。”一个人，只有“饱读诗书”、“满腹经纶”，才会被承认为“读书人”。事实上，中国传统读书人通过“入仕”而“入世”，“学成文武艺，货与帝王家”(元·高明《琵琶记》)，其遭遇往往是“拳拳报国心，招来杀身祸”。但愿这永远成为历史的陈迹。尽管捍卫言论自由仍然需要我们付出努力，好在读书人除了一个现实生活的世界，还有一个文字的世界。即使在现实生活的世界中，你只能是一个谨小慎微的人，但在文字的世界里你尽可以大气磅礴、放荡不羁、汪洋恣肆。

学术是在不断地对话和修正中取得进步的。对于学术发展的敏感性，即对于新的材料、事实，新的理论和方法的敏感性是学术精神的重要元素，这种敏感性意味着学者的开放的态度和理智的诚实。为学术而学术，为思想而思想，已经内化为我的学术良知，外化为我的生活形式——诚实的、恬淡的、宁静的、诗意的生活。任何学术，不管多么艰深和高妙，都要落实到对于具体、纷繁复杂的现象的捕捉和解释。作为一门学问，教育学当然不能只是停留在对各种现象表面和浅层的描述与罗列，而必须上升到理论层次，上升到概括与抽象的层次，但它同时也必须能够解释日常教育生活中的各种具体、感性的现象。真正的教育学者必定会真切地关注现实，关注人间疾苦，关注鲜活的教育实践，关注千千万万教师的所思所想、冷暖甘苦，关注数以亿计的儿童的成长与未来。

我们生活在喧嚣的世界里，受着现实生活的各种牵制，生活中充满了各种各样的诱惑。如果一味地为生计而奔波忙碌，过着一种异化的生活，难免会生出人生如梦，到头来一切都归于虚无之感。于是，人生便需要明确的精神指引，需要一个理想的境界安顿心灵，以防止自我的迷失甚至走上歧路。唯有超越于现实之上的眼光才能洞彻人生的得失成败，不为眼前的利害所左右。也唯有智慧的心灵才能在纷繁杂乱的现实中始终保持澄明，达到更高的人生境界。我时常想起歌词作家乔羽先生用以自勉的三句话："不为时尚所惑，不为积习所蔽，不为浮名所累。"

为了更为纯净的人生和更为隽永的文字，我将坚持做到：1. 不请官员为我的著作题词、作序。2. 不为东拼西凑、言不由衷、没有灵魂与节操的"著作"写书评。3. 在行文中，不引用政治人物的言论作为立论依据。4. 在我所有的言说中不贴意识形态的标签和不使用意识形态的话语。5. 不写用于宣传目的的应景文章。6. 尊重所有人的思想成果、表达风格和研究个性。这也是我的治学为文的原则。一个人当然也需要处世艺术和随机应变的能力，但最不能缺少的是原则和信念。否则，处世艺术也就成了圆滑、世故、狡黠的同义语了。

美国人类学家玛格丽特·米德曾经说过:“不要对少数有思想、有责任感的公民能够改变世界抱有怀疑。事实上,这是唯一曾发生的事情。”我希望我能够成为这少数人中的一员。一个人的高度,取决于他从自我中超越出来的程度。马克思、爱因斯坦、居里夫人、鲁迅是我无比景仰的伟大灵魂。一个人要能够在人文学术领域作出贡献,需要“澄怀观道”的灵性和修养,需要干净的内心和坚定的精神。努力用这样的修养和精神去影响别人,使人们拥有更宁静的心绪和更充实的感觉,这是我所能想到的人生最重要的价值。

教育与信念

相信信念的力量,是人文精神的应有之义,也是心灵力量和教育力量的重要的源泉。按哲学家贺麟的话说:“唯有抽象的观念,乃作为理性动物的人所独具,而为禽兽所无有,故抽象观念实为人之所以异于禽兽最可宝贵的精神力量。”在贺麟看来,承认观念的力量是提倡学术文化的基本信念。否认观念的力量,只承认物质的力量、金钱的力量和武力的力量,是文化的堕落,也是社会趋于无理性的野化、俗化的主要表现。

教育不是简单的操作性行为,而是基于信念的事业。因为真正的教育是精神创生和灵魂的感召。如果教育只是一种简单的操作性行为,那么,我们完全可以用现代化的教学媒体取代教师。正因为人只能由人来建树,心灵只能由心灵来感召,所以,教师将是一个永恒的职业。没有教育信念的教师决不可能成为好的教育者。教育是一种基于信念的行为。这意味着只有基于信念的行为,才具有感染力和感召力,才是真正的教育力量,才能推动人和鼓舞人,才能唤起别人对于未来热烈的憧憬与向往,才能在别人的心中催生信念。因为只有基于信念,我们的言行才会有一种自然与真诚,才会有一种执著和投入,而不会是做作与矫饰、应付与敷衍。

正如马克思所指出的:“我们现在假定人就是人,而人同世界的关系是一种人的关系，那么你就只能用爱来交换爱，只能用信任来交换信任，等等。如果你想得到艺术的享受，那你就必须是一个有艺术修养的人。如果你想感化别人，那你就必须是一个实际上能鼓舞和推动别人前进的人。你同人和自然界的一切关系，都必须是你的现实的个人生活的、与你的意志的对象相符合的特定表现。”而任何刻意的表现、生硬的说教、煞有介事的宣称、虚情假意的关爱，都将无济于事，都是自欺欺人。那更不用说，狐假虎威、道貌岸然、敷衍塞责的影响之恶劣了。而基于信念的自然的、日常的、细微的、不经意的动作、表情、话语更有可能带给人真实、亲切的感受。

德国思想家雅斯贝尔斯一再强调：“教育须有信仰，没有信仰就不成其为教育，而只是教学的技术而已。教育的目的在于让自己清楚当下的教育本质和自己的意志，除此之外，是找不到教育的宗旨的。因此我们常听到的一些教育口号并没能把握到教育的真正本质，诸如学习一技之长、增强能力、塑造个性、创造一个共同的文化意识，等等。”“教育是极其严肃的伟大事业，通过培养，不断地将新的一代带入人类优秀文化精神之中，让我们在完整的精神中生活、工作和交往。在这种教育中，教师个人的成就几乎没有人会注意到，教师不是抱着投机的态度敷衍了事，而是全身心的投入其中，为人的生成——一个稳定而且持续不断的工作而服务。”“教育，不能没有虔敬之心，否则最多只是一种劝学的态度，对终极价值和绝对真理的虔敬是一切教育的本质。缺少对‘绝对’的热情，人就不能生存，或者人就活得不像一个人，一切就变得没有意义。”

教育信念的生成与确立，源自个人全部的生活经验。当然，如果我们能够从学理上作一番考量，在理性认识上具有一定程度的彻底性，当然会有助于我们更为牢固地确立某种信念。这是因为，从学理上讲，所有的教育问题归根到底都是社会问题，即使看上去只是一个操作性的问题，如果你不断地追问，最后都将成为一个哲学问题。比如，采用一种教学法，为什么要采用这种教学法？答案有多种，但不管回答的原因是什么都可继续追问。如回答，采用这种教学法能更好地提高课堂教学的效率，接下来要问的是：“课堂教学的效率”意味着什么？回答很可能是“意味着能使学生获得更大程度的发展”;而继续要追问的是:发展又意味着什么?怎样的变化就叫发展?发展是为了什么?如果继续追问下去,最终的问题必然涉及“人为什么活着”“什么是有价值的人生”“什么是美好的社会”等这样带有终极关怀意味的哲学问题。

从社会批判、文化批判的角度来讲,所有教育问题都是一个社会和文化问题,譬如,师生关系不和谐,原因可能很多,但这些原因最终都牵扯到社会问题。原因可能是教师的教育观念有问题,不够尊重学生。那么,教师为什么不尊重学生呢?教师自己在他成长的历程中受到足够的尊重了吗?现在在这个职位,他们受到足够尊重了吗?这无疑是社会问题。原因也可能是教师素质不高,不善于处理与学生的关系。教师素质不高的原因何在?在教师教育和教师的成长方面,我们是否给予了足够的重视?我们是否有足够的投入?我们对待教师是否公平?是否做到了“责权利”的统一?我们是不是片面地强调了教师的责任,而没有足够关注教师的利益?我们的社会中是不是存在着欺软怕硬的文化病毒?

所有教育问题最终都是一个社会问题和文化问题,原因就在于,教育是社会的教育,教育是一种文化行为;教育中的人,都是社会中的人,都是文化的承继者、文化的遭遇者和文化的创造者。所以任何用缺乏社会批判和文化批判的眼光来谈教育问题,都不可避免地要么别有用意,要么显得肤浅。自然也就会缺乏信念赖以生成与确立的土壤。因而教育信念确立的基石就是对于理想社会和理想人生的祈望。

教育作为一项实践活动,从教育目标、课程内容,到教育的途径、手段和方法及教育的评价体系,无不受制于社会的发展水平和需要,受制于个人身心发展的规律。教育是最深刻地牵涉于社会与个人之间的一项活动。对于理想社会的构想和预设,是形成和确定教育理想的前提和基础。任何社会都是由现实的、具体的个人组成的,而任何个人都必定生活于一定的社会之中。社会无非是人与人之间的相互作用。

对于理想社会的理想,自古及今都不曾缺少过。在我看来,理想社会并不是在天空之下,没有暗箭、没有子弹、没有偷窃、没有陷害、没有仇恨、没有恶疾、没有身不由己的说辞和悲伤的眼泪,有的只是阳光、水果和爱情，永远面对大海，永远春暖花开。理想社会中必须具有哪些要素，这是一个值得认真研究的课题。在我看来，理想社会包括这样四个层面：

个人自由——个人行为广泛的可选择性和自主性，个人享有广泛的人权，并获得自由充分的发展。个人自由是衡量社会文明程度的最为重要的尺度。

社会公正——公正意味着为了少数人、个别人的利益而牺牲多数人的利益是不公正的；为了多数人的利益牺牲少数人，甚至是个别人的利益同样是不公正的。每一个具体的个人都能受到公正的对待。

政治民主——社会中每一个有责任能力的个体都能自主地、平等地、充分地参与公共事务的决策与管理，公民享有广泛的知情权，有健全的对于公权的监督机制。

经济繁荣——科学技术的进步与生产力的提高，使得社会的物质财富不断丰富，从而使每一个人都能享有免于物质匮乏的自由。

而中国传统的社会理想中缺失的恰恰是人权，是民主，是个人自由，缺少对人的自由权利的尊重与信任，近乎严密的宗法等级伦理规范体系与专制制度根本没有体现对个体的人的尊重和信任，个体的人只是作为伦常序列实现的符号、载体、工具。有的只是平均而不是公正的观念，只有民本而没有民主。专制时代的所谓"太平盛世"也不过是"做稳了奴隶的时代"，作为个体的人淹没在"民"之中，盛行的是特权和人身依附，个人成为实现某种意志的工具，专制统治者以虚幻的共同体的名义发号施令，以售其奸。

没有理想的社会就没有理想的人生。且不说"宁做太平犬，不做乱世人"是一种凄切的境遇，就是"达则兼济天下，穷则独善其身"也是一种无奈的选择。理想的人生一定应该有主体性的张扬，有对"自由意志、独立人格" 的守护和基于平等的人与人之间关系的诚信与互惠的普遍践履。早在 100 多年前，章行严先生就指出："中国人之思想，动欲为圣贤，为王者，为天吏，作君，作师，不肯自降其身，仅求为社会之一分子，尽我一分子之义务，与其余分子同心戮力，共齐其家，共治其国，共平天下。"即使是人们津津乐道的《岳阳楼记》中的"先天下之忧而忧，后天下之乐而乐”，其中缺乏的仍然是平等的意识，总是将自己放在普通的民众之外，而不是民众之中。这种心理上的“特权”是与政治上、经济上的特权有着千丝万缕的联系的。

教育信念确立的基石就是对于社会的理想和人生的理想。无论是对于社会的理想，还是对于人生的理想，如果缺乏现代文化精神的价值指向，缺乏自由、民主、平等、人权这些核心的价值，这个“理想”就值得怀疑。这意味着教师应该成为具有丰厚的文化底蕴、谙熟人类文明历程、确立现代社会的核心价值的人，成为有思想、有灵魂的人。

教育是一种基于信念的行为，也就意味着教师的行为更多的应该是自发的、真诚的、内源性的，而不是出于外在强制和纯粹基于个人私利的；是高度自觉的，而不是盲目的；是基于生命的灵动与热力，而不是机械、麻木与冷漠。它还意味着教师需要不断地进行自我反思，不断地扪心自问，不断地眷注心灵，不断地投入生活和不断地成长。“在教育中，教学和教育的精神是至关重要的，我们应关注这些关键问题，而少管一些细微末节之事。”如此，我们的教育信念才有可能是最具人文的阳光、最具时代的精神，代表着人类文明前进方向的信念。

教育情境的特质

业内人士对教育(教学)环境多有论及，但对教育情境尚缺乏充分的探讨。在笔者看来，“教育环境”更多地指涉活动主体置身于其间的物质的、外在的、客体的存在对象，而“教育情境”更多地关涉活动主体所拥有的“文化的、精神的、心理的、内在的、主体的”体验、氛围和人际互动。

尽管教育环境和教育情境都可以自觉地去创设，但教育环境更多地受制于客观条件，也就是说，教育情境的创设有着更多的主体能动性发挥的空间，更能尽显创设者的眼界、见识、胸臆和襟怀。另外，教育情境较之于教育环境，有着更多的价值旨趣和精微义理，因而更直接、更深厚地蕴涵着教育的真义。

或许,我们可以这样提问:什么样的情境,我们便可称之为“教育情境”?更明确地说,我们根据什么将“教育”与“摧残”、“愚弄”、“欺骗”、“蒙蔽”、“操纵”、“控制”、“宰制”、“禁锢”、“束缚”、“奴役”、“洗脑”、“灌输”、“宣传”、“戕害”、“蛊惑”和“教唆”等区分开来?而所有这些都可以以“教育”的名义和“教育”的形式出现。

对于理想教育的追求存在于人们细微的、日常的行为之中。教育情境是由我们的信念、态度、期望和行为投射而成的,它必然蕴涵着教师的价值追求、意愿、旨趣和个体所特有的方式。既然只能用理想去点燃理想,既然学校是心灵的接触最微妙的地方,既然人只能由人来建树,那么,创设、营造真正的教育情境就是良好教育的应有之义。

教育情境作为影响学生的一种现实力量,虽然我们不可能作具体、精确的描述,它却是实实在在地存在的。当一种情境能够称之为“教育情境”时,它一定应该在相当的程度上具有这样一些特质:

在这里充满着对人的价值与意义的理解和尊崇,能够使置身于其间的每一个人感受到充满内心的庄严感、崇高感和被净化了的自我超越感。在这里所感受到的一切能够把人带回到自我生成的、感性的、具体的、现实的、流动的、创造性的、具有鲜明个性特征的生活中,能够唤醒人们对于过去的美好时光的追忆和缅怀、对于未来幸福生活的向往和憧憬,使人们被崇高的信念所感召、所引领,有准备去承受那些在社会共同生活所必然带来的沮丧。

用心呵护和极力弘扬批判性的思考力是教育情境中的灵魂。在这一情境中充盈着一种有尊严的多样性:既有着对人类的核心价值虔诚的尊奉,也有着对于道义与良心的不懈地吁求,又保持着对任何教义和宣称的诘难和质疑;教师是“自由之精神,独立之人格”的守护者;经由宁静地沉思、潜心地创造、执著地追问、从容地表达,创获一种触及心灵的影响,使认知、交往和审美真正地培育人的精神,培植直面心灵与真实的勇气,生成洞幽察微的睿智和深刻。

在这里,没有强求一律和苛严的规训,建设性、创造性的冲突得到认可与欣赏。教师倡扬用自我反思的方法引导学生从各种束缚、禁锢、定势和依附中超越出来，“解放的旨趣”得到最佳的凸现和弘扬。当下的每一个场景都能成为积极的生命流程中的驿站。在这个时间的“流”中，能够清晰地觉知到历史老人由远及近的脚步。师生关怀问辩，亲密无间，循循善诱，相互熏陶，教学相长；使师生浸淫于一种丰富、和谐、光明、温暖、纯洁、疏朗、博大的氛围之中。在这里，充分展开思与思的碰撞、心与心的彼此接纳与宽容，自由交流成为常态。在晶莹明澈、静谧安详的氛围中，开启幽闭的思绪，放飞囚禁的情愫。

在这一情境中，每一个人都能感受到自主的尊严，感受到独特存在的价值，感受到心灵成长的愉悦。师生都不知不觉地发生着一种变化：它永远地改变一个人与自然、社会、生活、环境、学习以及自我的关系；在这里，创生着一种新的表达方式和新的分享方式，创生着一种朝着进一步向未知之境开掘迈进的阔大和豪放。

只有在良好的教育情境中，健康的成长、和谐的发展才有可能；而唯有良好的教育，能够为每一位公民铺设一条由狭隘走向广阔的大道，引领他获致足够的鉴赏力，去享受整个人类千百年来所创造出来的那些最富有价值的精神财富和文化精品，使他有机会去创造属于他自己的美好人生。

神秘光辉的照耀、英雄品质的渴求、理想境界的眺望，应成为教育赖以栖居的背景。德国诗人荷尔德林有一句名诗：“人，诗意地栖居在大地上。”诗意的生存，就是那种在生活里到处都能感觉到趣味和美的存在的生存。内在于教育情境的教师和学生都应是诗意的存在者。他们之间的诘难问疑，他们之间的对话与交流，唤醒着彼此心中的眷念与期待，带着理想，带着憧憬，带着对于生活的热爱与柔情，走出课堂，走出校门，走向更为宽广、丰富和多样的生活世界。

学问的价值

万事万物的产生和发展自有其道理，探寻这些道理，既是人类为了更好地生存和发展的实际需要，也是人类为了满足其与生俱来的理智好奇心的需要。所以，学问就具有了这样两层价值，功利的价值和智慧的价值。关于这一点，英国教育家斯宾塞早就注意到了，他指出："获得任何一种东西有两项价值，作为知识的价值和作为训练的价值。获得每一种事实的知识，除了用以指导行动外，也可以用来练习心智；应该从这两方面来考虑它在为完满生活作准备时的效果。"[（英）斯宾塞《教育论》，人民教育出版社，1979 年，第 10 页]

今天人类衣食住行的文明和便捷，均得益于学问的进步。人类掌握了动物皮毛的加工制作，使自己能享有华美的服饰；人类摸索出植物的生长规律，成倍地提高了其产量，使得自己的膳食品种丰富多样；人类发明并制作了新的建筑材料，从而建造出高档舒适的居所；人类探索发现机械运动的原理，发明出汽车、飞机和轮船，极大地便利了人们的出行，使人们的生活舞台变得十分宽广。

美国科学家研究发现，受教育程度高的人更健康和长寿。这当然只是一种概率统计优势。我想，可能的解释有如下几点：首先是受教育程度高的人更有可能跻身于上流社会，因而其社会地位和经济地位比较高，个人成就感和幸福感比较强，生活条件，包括衣食住行的条件会比较优裕，特别是医疗卫生、保健条件会比较好，因而更加健康和长寿；其次是受教育程度高的人智力活动会更多，所进行的智力体操就更多，而智力活动有利于健康和长寿；第三是受教育程度高的人有更强的获取资讯的能力，有更合理的生活方式，有更丰富、更科学合理的养生保健知识和措施，从而更加健康和长寿；第四是受教育程度高的人有对自我更负责任的态度，会更加珍爱自我、善待自我，他们会更少地放纵自我，透支生命，因而更健康、更长寿。当然，受教育程度高的人从事高危职业的可能性比较小，受到意外伤亡的可能性就比较小，这也是原因之一。通过上述分析，学问也是具有社会功利价值的。

"学问"二字，须作两个层次的理解：学，即获取更多的资讯。你需要懂得更多，需要去了解事情的缘由，去分享和掌握人类世世代代所积累的经验和知识。而所谓"问"，就是不要轻信，不要把一切视为理所当然，凡事需要去问一个“为什么”。为什么我们通过电话能听到遥远的另一个人的声音?为什么飞机如此庞然大物能够承载着几百人升上天空并准确着陆?电视上清晰的图像是如何生成的?我们为什么需要政府?怎样的政府就是一个合法的、好的政府?等等,社会生活方方面面,需要去思考、探索的问题更是无穷无尽。

尽管我们不可能什么问题都去关注,或者有兴趣去关注,但探索的兴趣和思考的习惯却是非常宝贵并因而应该养成的。杰出的科学家进行科学探索最大的推动力来源于内在的兴趣,即理智的好奇心。如果教育不能够引发学生对于学问的兴趣,不能让学生掌握思考策略和探究方法,不能让学生感受到思考与探索的乐趣,那么这种教育就是劣质的教育。

其实,发展人们理智的好奇心也有其社会的功利价值。比如,一个热爱思考,能从思考中享受到生活乐趣的人,会更多地关注内心,而不会热衷于虚假的客套和无聊的应酬,他也不大可能热衷于“讲排场,摆阔气”;他可以在月光下静坐沉思,也可以一卷在手让思想尽情驰骋。他更倾向于去过简朴的生活,这样的人能减少社会资源消耗和浪费,有利于人类社会可持续地协调发展。

世界教育思想史上,曾有“实质课程”和“形式课程”这样一对范畴。前者指陈的是学习内容的实用价值,后者指陈的是学习内容的心智训练的价值。其实,绝大多数学习内容这两方面的价值都会有,只是谁的比重更大一点。但在课程设计中的确有我们更强调、更看中哪一种价值的问题。比如,一般来说,职业教育可能会更强调课程的实用价值,而在普通教育中,就更应该强调课程的智慧价值。

在我们当今的教育中,对于强调智慧训练和思考习惯的养成是存在着明显的不足的。这当然与我们的文化传统及教育传统有关系。要改变我们教育落后的面貌,甚至要改变我们民族和国家的落后,我们教材编排与呈现风格、教师教学策略、考试评价的题型等都需要改变。在教育的所有方面都应该朝着进一步彰显学问的智慧价值方向作出更多的探索。

“真实”遮蔽的真实

在绝大多数中国人眼中，印度是一个多灾多难的国度。因为，我们经常在电视新闻中看到可怜的印度洪水肆虐、种族仇杀、火车出轨等天灾人祸频频发生。电视新闻中的镜头也的确是真实的，但如果认为印度人民生活在水深火热之中，那就大谬不然了。又如我们经常看到媒体报道美国的枪支泛滥，枪击事件时有发生，这也都是真实的，但如果认为美国的社会治安很糟糕，那也就大错而特错了。这都是人们在认识上因为“真实”遮蔽真实而导致的显例。

所谓的“真实”其实是有条件和范围的，客观也罢，“真实”也罢，都只是一个潜意识形态的神话。“真实”背后充斥着价值和立场，是一定的立场上的真实。每一个人都有自己眼中的真实，这是由你的立场、趣味、处境和知识背景决定的。所有宣称为客观真实的东西都是可以质疑的，真实不是谁可以宣判的，也不是谁可以保证的。真实是由人建立起来的，就像生活和世界的意义是由人建立起来的一样。所以考察真实，应该把对言说者自身的反省作为考量的重要元素，因为它其实一直是包含在“真实”的建构中的。电影、电视、摄影前所未有地逼真，这种“真”的效果对于观众的感官形成了猛烈的冲击。电影、电视、摄影所造成的震撼顷刻解除了观众心理上的防范性，观众还未从中清醒过来，他们不可能保持书写文化之中的从容、平等和警觉。相反，异常地逼真引致的敬畏迫使他们不由分说地接受了摄像机镜头的种种特殊处理，人们对于眼前的一切信以为真。所以真实都是人为的真实。我们生活在一个人文的世界里，真实与动机（动机背后当然是利益）相关，启蒙还是欺骗，取决于动机。

攻其一点不及其余，就是导致“真实”遮蔽真实的一个原因。这个原因背后，当然有更深刻的原因。杜工部有诗云：“感时花溅泪，恨别鸟惊心。”花之所以落泪，鸟鸣也不是天籁之音，就由于处境而导致的心境，使得满世界都充满了凄风苦雨。每一个人眼中的世界都是不同的，我们可以有视界的融合，而不能垄断真实。真实是不应该被垄断的，每个人都有权利得出自己的结论，它邀请受众的视角和自主判断的加入，而它的意义的实现正在于这种多重视角和视野的相互碰撞、渗透与融合，因为不同角度的折射才能造就霞光的绚烂，让你驻足流连。

真实本身是什么并不可知，可知和可为的只是它是怎么样被建立起来的。它告诉受众：我是如此来考量并得出我的结论，你是否愿意接受，请你自己决定，它把信任交给受众。如此，对真实的态度才是开明和民主的。祛除权力对真相的遮蔽、对苦难的掩饰、对不公的涂抹，应当是所有人文知识分子最起码的伦理底线。

“双目自将秋水洗，一生不受古人欺”，这秋水乃学养酿造的智慧之水。真实的永远只有自己的眼睛，擦亮你的双眼，用自己的眼睛去观察，这不是说要刚愎自用、闭目塞听，而是对人对事均需心明眼亮。所以说，民主社会的建立有赖于每一个公民的心智的成熟。

信以立身　道以成信

2003 年 8 月，北京市委市政府决定由北京机械工业学院和原北京信息工程学院合并组建北京信息科技大学；2004 年 5 月，教育部正式批准筹建北京信息科技大学。新创办的北京信息科技大学正朝着建设在电子信息、现代制造与光机电一体化、知识管理与技术经济等领域特色鲜明，立足北京、面向全国，培养应用型人才为主，教学科研协调发展的高水平多科型大学而努力。

郑君礼先生原是我校的副校长，2006 年初调任北京信息科技大学党委书记。我和郑先生没有实质性打过交道，偶尔在校园里碰面也只是礼貌性问候一声。大学应该有自己的校训。北京信息科技大学向全校师生征集校训，结果不甚理想，郑先生想到了我，吩咐学校办公室的工作人员找我帮助起草学校的校训。

校训应简洁凝练、典雅庄重、寓意深刻，富有时代感，能融合文化传统和时代精神，能体现一所学校的办学理念和办学特色，蕴含全校师生的社会理想、人生理想、学术追求和历史责任。根据北京信息科技大学的办学追求，我提出将“信以立身，道以成信”八个字作为该校的校训。本校训采用“头韵”“内韵”的修辞手法。本校训所蕴含的精神和表达形式受到我国著名的语言学家伍铁平教授和中国哲学史家周桂钿教授的高度好评，其表达结构与“静以修身，俭以养德”类同。

“信以立身”的“信”，有四个层面的含义：第一层面的含义是信息。当今时代是信息时代，信息越来越成为人类社会生活中最重要的资源。在今天这样一个信息化时代，无论是一个人，还是一所大学，乃至一个国家和民族，如果闭目塞听，闭关自守，没有开放的胸襟，没有信息的生发和交流，那是难以立足的。作为高水平的信息科技大学，理应是信息时代的引领者、弄潮者。

第二层面的含义是信念、信仰。对一个人来说，没有信念、信仰就没有灵魂，就没有自觉的高远的追求；对于一个国家来说，信念是立国之基，信念就是旗帜，就是方向；对一个人来说信念是立身之本。

第三层面的含义是“信心”。信心是我们做好任何事情的心理基础和个性品质。因信心的获得而表现出自信，因自信而彰显出个性魅力。

第四层面的含义是诚信。诚实守信也是一个人立身的重要品质。古人云：“言必信，行必果”，“言而无信，不知其可矣”（《论语》）。在虚假信息充斥着我们生活的今天，诚信的品质更显得必要。

“信”，对于我们个人来说，是立身行事的根本，舍此便难以立足，更不用说事业上的成功和人生的美满。“信”，对于一所大学来说同样是立校之基。

信息科学日益成为一种显学，对于信息科技大学的学生来说，掌握好信息科学这门专业知识，也是安身立命的根本之一。

“信”无论在哪个层面的意义上，其内在的精神底蕴都应该是“道”。“道”即万事万物之理，即人间正道——既包括信息科技发展之“道”，也包括人类的核心价值和崇高的道德。

“道以成信”，就意味着不论是信息的生发，还是信念、信仰的生成，也不论是信心的确立，还是诚信品质的养成，都应该建立在自觉守护和践履人类的高尚道德的基础之上。

“忍”的背后

对于汉语中的“忍”字，人们有一个形象的释义，即为“架在心上的一把刀”。逆来顺受、忍气吞声的“忍”，实质上就是精神自虐，也是对社会的不负责任。

中国传统中，一方面有许多劝导人们要“忍”的训诫，古训中就有“忍得一时之气，免得百日之忧”的说法。另一方面，又总是希冀“青天大老爷”的出现，来为自己伸冤。在很多时候，忍实质上是对不公正、不道德的姑息、纵容，对于自我权利的放弃，对于自我诉求的放弃。李洪志的妖言惑众，打出“真善忍”的旗号，正是利用了人们的这一性格弱点。

忍，可以息事宁人，大事化小，小事化了；可以“吃小亏，占大便宜”。可见，忍不是一种道德境界，而是一种处世伎俩。“忍”常常发生在这样一些情况下：当受到不公正对待，而对方的势力过于强大时，“胳膊拧不过大腿”，于是“忍”；当自己受到非法侵犯时，自己暂时处于劣势，便只好企望“君子报仇，十年不晚”；当侵犯自身利益的对方惯常采用卑劣手段时，便采用“不与小人为仇，小人自有仇人”的自我安慰。我们不难从这几种情形中窥见到，“忍”作为一种伎俩，常常与欺软怕硬的处世态度相联系，而欺软怕硬就很接近于流氓作风了。

忍，实质上是缺乏公正的观念的表现，其目的是希冀以自己当下的忍来换取来日的好处。忍的结果是长久的自我压抑，并导致人格的扭曲，导致“外饰虚情，内恒愤忌；以君子始，以小人终”（陈独秀）的普遍的社会虚伪。当“多年的媳妇熬成了婆”后，就更加尖酸刻薄地对待比自己资历、地位低的人。“忍”导致的，一方面是对于强权、暴行的屈服，另一方面是对于弱势群体的漠视。当强权、暴政发展到忍无可忍时，便采取一种极端的、破坏性极强的方式来发泄。中国历史上“一治一乱”的循环，与无原则的“忍”是有很大的关系的。“忍”与民主的精神、服膺真理的态度相去甚远,甚至是大相径庭。“忍”也无助于社会的和谐与安宁,更无助于社会的长治久安与可持续的发展。

记得台湾作家龙应台写过一篇文章,标题是《中国人,你为什么不生气》,鲁迅先生对于旧时代的国民也有“哀其不幸,怒其不争”的感叹。一个“忍”字当头的人,慢慢地怕也就变得麻木了,对不公正、不合理的事情见怪不怪了,你还能指望他嫉恶如仇?更不可能指望他具有拍案而起、仗义执言、铁肩担道义的铮铮铁骨了。

几千年的专制统治,对思想的钳制、对个性的压抑、对道义的践踏,使得人们人格萎缩了,主体性丧失了。今天,我们要建立一个民主与法治的国家,就必须大力倡导社会公正的观念,公正地对待所有的人,一切都应纳入法治的轨道,给人们更多的申诉冤屈、宣泄愤懑的合法渠道。

在这里剖析和昭示“忍”的背后究竟隐藏着什么,其目的在于唤起人们对于“公正”作为一个社会的核心价值的重要性和人们去自觉维护的必要性的意识,以便使我们的社会多一些公正,少一些冤屈;多一些清明,少一些阴暗;使神州大地成为朗朗乾坤,巍然屹立在世界的东方。

当然,“忍”有时是一种处世智慧、一种涵养。所谓忍辱负重就是一种富于远见和胸怀的表现。笔者在这里,对“忍”提出质疑,当然不是要人们斤斤计较、睚眦必报,而是要让公正的观念深入人心,并学会自由交流、平等对话、有效沟通,学会珍视建设性、创造性的冲突,要建立一套人们可自由表达意志的民主程序,建立起公正、合理的社会规范。

让公正的观念深入人心

记得早些年看过一部美国电影,其故事情节基本都忘了,甚至电影的名字也记不起来了。但其间的一个细节却经常想起:一位成年男子下班回到家,对自己六岁的女儿说:“爸爸和你玩一会儿,好吗?”没想到小女儿却说:“爸爸,你忙的时候就把我忘了,你没事了就来找我玩,这公平吗?”真是语出惊人。人家这么小的孩子就有如此强烈的公平观念,国民素质之高可见一斑。

西方学者罗尔斯在《正义论》中的观点非常值得我们重视:正义是社会制度的首要价值。真理是思想体系的首要价值,如果一种制度是不正义的,不管它多么有秩序和多么有效率,那也必须加以改造和否弃;如果一个理论是不真实的,不管它多么精致和简洁,那也必须加以修正或拒斥(罗尔斯谈到了制度、思想,我觉得还应该加上情感:真诚是爱情的首要价值。一种爱情如果是不真诚的,不管它多么狂热和浪漫,那也是不值得羡慕和称誉的)。

按照罗尔斯的理解,所谓“公正”,就是为了少数人的利益而牺牲多数人的利益是不公正的;为了多数人的利益,牺牲少数人,甚至个别人的正当权益,也是不公正的。制度决定了很多,制度建设也最需要智慧。在西方从洛克、培根以来,非常注重制度建设,而我们相对来说,就显得太贫乏。制度是人们制定出来的,它可以被批判,也可以被重建。

民主的制度在很大程度上保证社会的公平、合理、有效,保证每个人最大限度发挥自己的潜能。一切活动的目的无非是要创造更多的财富,包括物质财富和精神财富。公民若是没有从事经济活动和支配自己财产的广泛自由,也就没有创造财富的自由,因而也就创造不出大量的财富。财富的增值在于人的创造力的自由发挥。对于精神财富的创造就更是如此。创造力的自由发挥以人的各种基本自由得到充分的尊重和保障为前提,以人作为人本身享有尊严和价值为前提。而要满足这两方面的前提,就必须建立相应的政治制度、经济制度和相关的法律制度。

作为社会制度,正义是最高的价值,这表明了一种在公平与效益之间的价值选择。在罗尔斯看来,正义公平是最高的价值,因为它关系到人的尊严问题。人的尊严是不可让渡的。因此,必须把公正放在首位。最能解放人类创造力的制度肯定是最合乎人性的制度,因而也是道德的制度。因而可以说,民主也是一种生产力。

过去,即使在公共领域中,国人也习惯于按个人的好恶来处理问题,而不是按规则来办事,特别是不能做到在规则面前人人平等。这样一来,那些擅长于溜须拍马的人，那些擅长于收买人心的人，总是能够如鱼得水，甚至平步青云。而那些有傲骨且有几分傲气的“怪才”们就会经常地不得志，经常地遭遇挫折。这又进一步强化了他们对于社会、人性中阴暗面的认识，甚至进一步导致了他们内心的畸变和个性的扭曲。绝大多数有可能成为一流头脑的人才就这样被扼杀了。

只有民主的制度才是真正人道的制度。因为公正的制度和按照这种制度来平等地对待所有人，就是对个性、对个人的独特性最广泛和最有力的保护。有些人总是要阻挠民主制度的建立，原因就在于：只有在不透明、不公开、不民主的制度中，在由少数人一手遮天的暗箱操作中，他们才能捞到更多的好处，才能最大程度地满足自己日益膨胀的、龌龊的私欲。不是有人说“再大的大款，也大不过公款”吗？由于缺乏监督，挥霍公款，甚至贪污受贿，就成了人们屡见不鲜的社会景观。

一些既得利益者，当然也是当下的强势群体的成员，之所以公然宣称或极力维护“赢家通吃”、“马太效应”的合理性和合法性，就因为这可为“能者多捞”提供一种理论的或传统力量的支持，从而多一份心安理得的自我解脱。这样一来，他们就似乎可以全然不把公正、公平放在眼里，他们可以忘了“头顶三尺有神明”的古训，他们不相信“任何罪恶都将被清算”的自然法则，他们沉浸在“捞到了喜出望外的好处”的亢奋之中，他们全然感觉不到“清算者”在向他们挺进。

其实，我们也不难发现，民主的社会，公正的社会，是最安全、最和谐、最有前途和最有活力的社会。这是我们努力要去建设的社会。从哪里开始？可以从教育开始——让公正的观念深入人心。

捍卫言论自由

在缺乏充分的民主自由思想启蒙的群体中，“自由”是一个最容易遭到误读的词：在统治者（权势者、既得利益者）那里，自由是洪水猛兽，国民的自由意识有可能构成对他们享有的特权的冒犯和威胁；在被统治者那里,“自由”是为所欲为,是他们被长久压抑的本能的尽情的非理性的宣泄。

只有言论自由才能确保思想自由。不能自由言论的思想对于社会是没有多少意义的;况且,只有言论自由,我们的思想才拥有必要的资源和动力。在缺乏言论自由的社会中,也必然会有低水平重复、剽窃、抄袭等现象的蔓延。因为重复别人说过的话,说大家都说的话,是最为安全的。所以,限制言论自由必然限制思想的自由。无论是个人,还是一个国家,没有思想自由,创造力必然枯竭。在知识经济时代,一个国家创造力的枯竭,意味着对国外专制技术的依赖,意味着一个国家在世界上的失声。

捍卫言论自由,就是捍卫基本人权,就是捍卫宪法的尊严。我非常认同这样一种说法:“拥有言论自由不见得拥有一切,而没有言论自由却没有一切。”而这一观点是依存于这样一种生活信念:如果你失去了钱财,其实你并没有失去什么;如果你失去了健康,你就失去了部分;如果你失去了独立人格,那么你就失去了所有。无疑,享有充分的言论自由,是保有独立人格的必要条件。对于学者而言,享有言论自由更有着特别的意义。他们更需要有自由言说的平台和空间,因为这是他们存在的意义赖以确证的条件。自由言论丝毫不意味着可以不负责任地信口雌黄。况且,一个思维混乱、信口雌黄的人根本就不能称之为学者。

只有允许人们讲错话,我们才有理由要求人们在道德的意义上讲真话。人们讲假话,是在思想专制的文化生态中趋利避害的本能反应,讲假话是为了逃避惩罚和获取奖赏,是不宽容的专制作风逼良为娼的必然后果。泰戈尔(Rabindranath Tagore,1861—1941)哲理诗中有句名言:“当你把所有的错误都关在门外,真理也就被拒绝了。”这话意味深长且发人深省,向世人揭示出讨厌的错误也有不菲的价值。

在任何一个国家,“因言获罪”(自然是不包括违法言论)的存在都只能表明政治的不义,是当今世界中最严重的“恶”。因为这比恐怖主义更能在人们心中造成恐慌,造成更大的社会危害。这也是极权主义的重要特征,那就是用无形的恐怖在人们心中制造恐惧,从而消蚀异己的力量。

“极权主义属于一种恰恰与我们文明同样古老或同样年轻的传统。”

极权主义所构建的“封闭社会”乃是“开放社会”的死敌，是人道和理性、平等和自由的覆灭力量。在文化多元的社会，试图以一元挟持并控制多元是不现实的，尤其是在以市场经济为先导的社会转型期，社会利益和价值观念多元化的趋势不可逆转。可见，捍卫言论自由是我们时代的要求。

捍卫言论自由需要从两个方面来努力：一是给合法言论以自由充分表达的空间，与此相关的是出版自由和新闻自由；二是严格追究非法言论，净化自由言论的空间。对煽动危害公共安全的言论，对侵害公民人格尊严的言论，对泄露国家机密的言论，都应该严格追究。在网络日益成为我们表达言论的重要平台和空间的今天，对侵害公民人格尊严的言论的严格追究尤其显得必要。假如一个社会，可以肆意侮辱、诬陷、诽谤、恶语中伤他人，那同样会人人自危，令人窒息。

“反动言论”是一个人治传统下的意识形态化的说法，在法治社会中只有违法言论和自由言论之分，而无“反动言论”一说。自由言论就包括正确的言论和错误的言论。什么是违法言论，什么是合法言论，有明确的界线；而什么是正确的言论，什么是错误的言论却有着很大的相对性。因为不同的人分属于不同的利益群体，在我看来是正确的言论，可能在你看来是错误的言论，而我们各自的看法都有其合理性，因为利益决定立场，立场决定观点。在观点不一致的时候，如果必要的话，我们之间只能通过平等充分的沟通和协商来达到某种程度的共识。和谐社会只能是“一个世界，多种声音”的社会。

在对待西方资本主义国家的政治制度合理性上，在对待中国历史上农民起义的负面作用上，在对待国民党领导的军队抗战中所作出的努力和贡献上，在对待“文革”的成因和灾难性的后果上，等等，我们都可以而且应该自由言说，当然最好是持之有故，言之成理。如果证据不是那么充分，推理不是那么严谨，那也但说无妨。我们有充分的理由相信：公道自在人心，清者自清，浊者自浊。即使是被社会历史实践证明错误的言论也没有我们想象的那么可怕。而且，一个国家的国民的理智判断力的发达也需要有充分的言论自由作为前提和条件。

一些人在言论自由、出版自由上的自我设界、作茧自缚、画地为牢，实际上是权利的自我放逐，是客观上的助纣为虐。在建设一个民主与法治社会的今天，我们需要警惕杯弓蛇影的自我恐吓，尽管形成这种心理是有历史原因的。我们需要自觉地从梦魇中走出来，首先不要用我们自己制造的烟幕去暗淡光明。

我们社会中个别手中掌握了权力的人，对于不同意见，特别是尖锐的批评意见，还是习惯于用压制、打击、封杀的办法，这于一时也许有效，但从长远来讲，是无效甚至负效的。社会的长治久安要建立在人们理性的发展和内心的平和上，而这一点又只能建立在社会的公正与公平上。打压和禁堵，只能在人们的内心郁积起更多的愤懑和敌意。那些用简单粗暴打压、钳制不同声音，不仅是心胸狭窄、弱智和低能的表现，也是对我们的民族和国家极不负责任的。

历史和现实一再向我们昭示：对信息的垄断和封锁，自由交流的人为阻隔，公民知情权的被剥夺，都是一个国家落后和不发达的重要原因。在推行思想专制和愚民政策的地方，要么停滞不前，要么畸形发展；而在可以自由思想、自由言论的国度，社会充满了生机和活力，幸福像花儿开放。言论自由是宪法赋予我们的神圣权利。请问：我们有什么理由不用心来捍卫自由？！

我期待有更多的人能够做到如范仲淹（989—1052）所说的“宁鸣而死，不默而生”（《灵乌赋》），让我们共同热烈地期待：在我们的国度里所有的人都能够酣畅淋漓地言说，自由而舒展地为文。

真诚的言说

在国内诸多的教育刊物中，思想最新锐、可读性最强的刊物，当首推《教育参考》与《素质教育博览》。

我一向认为，秉笔直抒、直面心灵、“铁肩担道义”的文字，表达浪漫情怀、呼唤真诚、讴歌善良的文字，永远有着不可漠视的无穷魅力。而在

《教育参考》上，在《素质教育博览》上，就能经常读到这样的文字。

在这充满喧嚣与躁动的世界上，谁还能给我们一句冷静的忠告，让我们明了影响我们成功与失败的因素？谁还能给我们一双利眼，让我们透视幸福与不幸背后的真实面目？《教育参考》的《新视点》、《素质教育博览》的《名著重读》。

您不妨在忙碌了一天以后，在沉沉的夜色下，在漫漫的长夜里，挑一盏孤灯，或伴一杯香茗，仔细阅读《教育参考》或是《素质教育博览》，相信它会给我们带来意外的收获。让长久躁动的心暂时安静下来，聆听那些历尽世间风雨的智慧老人娓娓道来、如数家珍的言说。恰似夜半江上传来的杳杳钟声，清悠绵长，给世人焦灼的心田以清凉的抚慰，让孤独的旅者警醒，在静夜中仔细思考教育以至人生的哲学问题。

中国几千年的封建专制统治所推行的愚民政策和小农经济的狭隘性，使得我们缺乏深厚的理性精神的教养。在笔者看来，理性精神包括这样两个方面的含义：一是理智的好奇心，强烈的求知欲，寻根究底的探索精神；二是批判精神，怀疑精神，不轻信、不盲从、不唯书、不唯上的实事求是的科学态度。俗话说得好，谣言止于智者。谣言之所以能够止于智者，是因为智者不会轻信，总是习惯于用自己的头脑去分析、去判别。

具有理性精神的人，一定是拒斥独断论的人，一定是学会尊重少数、个别、弱势群体，学会尊重不同的意见，学会尊重人们捍卫自身权益的权利，学会尊重异端的权利，学会宽容，学会对于自我的立场、观点和趣味保持审慎的边界意识，学会对自我的行为、观点所依持的立场进行反思和检视，以防止过分的自我中心和自我膨胀。在笔者看来，中国思想界、知识界，甚至包括整个社会，都非常需要后现代思潮的启蒙和洗礼；我们大多不习惯于对事物本身进行描述，当我们对问题本身还缺乏足够的理解和把握时，我们往往就妄下断言；独断论的背后是个人中心和文化专制主义。

拥有知识并不见得就拥有教养。只有当知识转化为个性特征和人格特征时，只有当知识转化为行为习惯并体现在日常生活的细节之中，知识才成为了个人的教养。

多少年来,学生一直有意无意地被看做是需要说教和灌输、缺乏选择能力和选择余地的人的集合。难道独立的、自由的思想真是危险的吗?难道我们真要培养一些放弃理性判断、放弃“独立”与“自由”、放弃自主思考与选择的权利、奴性十足的“驯服工具”吗?要知道,这是与民主、自由的价值观毫不相容的,是与先进的文明背道而驰的。

我们有必要重温罗斯福总统为了切实保障美国人民的人权而提出的“四大自由”:“思想自由、信仰自由、免于恐惧的自由和免于匮乏的自由”; 我们也有必要重温启蒙思想家伏尔泰的那句名言:“我坚决不同意你的意见,但我誓死捍卫你发表意见的权利。”我们还有必要重温卢森堡的名言:“自由从来就是持不同政见者的自由。” 我们的社会中总是有一些人老是担心民众企图“犯上作乱”,于是,就像缺乏自信而又多疑的男人怀疑其妻子红杏出墙而倍加防范,甚至不惜用盯梢的办法来监视其一举一动。当一个社会过分强调“与权力的拥有者保持一致”时,就少不了“揭发、告密和陷害”。只有当一个社会的共识、轨范是建立在尊重人权前提下的法制基础上时,它才是真正安全和健康的。

其实,蔡元培先生早就告诫我们:“教育是帮助被教育的人,给他能发展自己的能力,完成他的人格,于人类文化上能尽一分子的责任;不是把被教育的人,造成一种特别器具,给抱有他种目的的人去应用的。”(蔡元培:《教育独立议》) 有人往往以为自己真理在握,或干脆是真理的代表,以权威自居,不许反对意见有反对的余地,其结果是无形地限制了自由思想的空间,给专制主义预备了必要的精神土壤。其实,只有在开放的环境中,只有在充满挑战与思想碰撞的氛围中,新的思想的生发,新的理论的创获,才是可能的。而且,对真理的执著追问以及对于生命意义的强烈诉求,即思想自由和信仰自由在个体精神世界中的确立,是教育的重要鹄的。

“权力即真理”导致的只能是人身依附、奴性人格:不是对真理的敬服,而是对权力的惧怕。在这样的文化氛围中造就的只能是苟合取容的势利小人,而不是敢于担待、仗义执言的大丈夫。如果一个社会缺乏自由思想的空间,缺乏深入思考的思想资源,充斥着假话、空话、套话、官话、原则话，没有个性、没有灵性、没有棱角、没有灵魂的话，要指望人们能够说出有感染力和冲击力的话，作出有诗意、有深度的命题，人文学科能有吸引力，的确是不容易的。

而《教育参考》、《素质教育博览》所力行的自由言说的办刊宗旨，带给我们的是平等的对话，思想空间的广袤和智慧的开启。要知道，身心的安顿始于智慧的开启，中间经过烦恼、恐惧、反思和彻悟，然后越过生死的大河流，有了一个清静不动的境界(涅槃)。一切的究竟源于智慧的开启，智慧促使众生认识到人生的无常、体验到人生的难得、相信因果的真实、看清生命的痛苦，于是才会渴望拥有一颗幸福、从容和梦想的心。当我们产生平等心，用完全开放的心胸和更广大的包容心看待事物时，也就拥有了慈悲的胸怀。

我也十分高兴地看到，许多中小学教师的文章写得非常之好，他们感受细腻、新颖，思想独到、深刻，表达流畅、舒展。我坚持认为，听课是学习，读书是学习，写作也是学习，而且是更有效的学习，因为写作使得阅读不能满足于泛泛浏览，而必须是一种研读；养成写作的良好习惯，也会使我们更用心地品味生活，洞明世事，从更广阔的生活世界中捕获到益人心智、怡人情性、滋养人生的知识与信息。

知情权:民主参与的起点

知情权是指公民接受、寻求和获取官方所掌握的情报信息的自由和权利。“从理论上讲，公民有权获知跟自己有关的，不涉及国家机密、商业秘密和他人隐私的一切信息，政府有义务向公民通报与其人身、财产安全等相关的信息。”知情权是公民的一项不言自明的权利，政府是否采取有效措施保障公民的知情权已被视为评价一个国家民主化程度的重要标准之一。

我国《宪法》第 2 条明确规定：“中华人民共和国的一切权力属于人民”，“人民依照法律规定，通过各种途径和形式管理国家事务”。因此信息公开是政府应承担的法定责任与义务,它是一种承认公民对国家拥有的信息有公开请求权，国家对这种信息公开的请求有回答义务的制度。广义上的信息公开,包含了国家行政机关向公民能动地提供信息和接受公民请求被动地提供信息两方面。"没有它,社会成员就不能签订并执行协议，就不能从事制度化的合作，而这种合作正是社会生活的要素之一。"(米尔恩《人的权利与人的多样性》,中国大百科全书出版社,1996年,第 8 页)公民是否占有以及占有信息的多少直接影响其参与管理国家和实现自身利益的程度。保障知情权与参与权的获得将让人们产生主人翁意识,而公民精神、公民意识的提升,必然会提高国家的软实力,让社会变得更加和谐、更有活力。

我们社会中充斥着各种传言、谣言,一些道听途说,小道消息,这都与公众知情权不被尊重很有关系。其结果是有价值的思想资源的严重匮乏,在关注任何一个问题首先要做的事情就是甄别信息的真实性,无形中加大了社会生活的成本,导致包括智力资源在内的各种社会资源的无端消耗。

阳光是最好的消毒剂。腐败的结构性根源是什么?经济学家胡鞍钢指出这集中体现为两个不对称性:一是权力不对称性,指的是公共权力和制约、监督公共权力的力量的不对称性;二是信息不对称性,指的是由于腐败隐秘、敏感特性而造成的腐败者和反腐败机构所掌握的信息的不对称性。权力不对称、信息不对称最大化的结果必然是导致腐败。

中国的文艺复兴正逢其时,而其中最重要的一点就是要消除对权威的偶像崇拜,致力于建设一个冷静从容的意见广场,让人们"各是其是,各非其非,各美其美"。在这样一个非垄断的、竞争性的舆论空间中,充沛的信息量会让人们形成恰当的思想力和行动力。当面对任何无关人类生死存亡的事件时,人们拂袖而去还是击掌迎合纯粹是个人自由而非强迫的选择。推行愚民政策是专制统治者的惯用手段,对民众实行瞒与骗,实在瞒不过也骗不过就摆出一副流氓无赖的嘴脸。在任何时候,不尊重公民知情权,既表现出当政者的不自信,也表现出当政者对民众的理智判断力的不信任。

今年(2007)是南京大屠杀惨案发生70周年。在南京,30万手无寸铁的中国军民惨遭杀害,其惨烈世所罕见。牢记历史、珍惜和平的话说了许多,这些话也都在理,但我想说的是:为什么近代中国我们总难摆脱挨打(外族入侵)、挨饿(贫穷落后)的命运?归根到底就是专制统治对国人的奴役——尊严的践踏、理智的禁锢所导致的积贫积弱。专制统治的手段就是一个"欺"字:欺侮和欺骗。用强权和恐吓对人民进行压榨和蹂躏,剥夺人民的知情权,剥夺人民自由表达自己愿望的意识和能力,"防民之口甚于防川",推行愚民政策。要彻底摆脱挨打、挨饿的悲惨境遇,首先要彻底杜绝挨欺。尊重并切实保障公民的知情权,这也是公民民主参与的起点。

独立、自由与责任

独立,意味着摆脱了依附状况,可以自主、自治、自立;可以自由地作出选择。与独立相对的是依附、盲目从众、随波逐流,独立是对自我的完整接纳,是自我同一性的表征。只有具有统一的生活哲学的人,才可能是真正独立的人。

"自由"的三个基本要素是:1.自主,个人不是他人意志的工具和对象。2.私人领域的权利和尊严。3.自我发展,即个人潜能的最佳状态,个体独特品质淋漓尽致的发挥。自由是对人的自主判断、自主选择和自主承担能力的信任与尊重。自由是独立完整的自我形成的一个条件。只有在自由的环境中,人的独立性才能得到真正的彰显。对自由的渴望,即是对被禁锢、被钳制、被支配和控制的反动,即对独特生命的自我本真表达的渴望。对于我们的生命来说,自由是意义的唯一捐赠人,它是价值的唯一源泉。

英国学者阿尔顿认为:"自由是人类文明的最高价值。"[(英)阿尔顿《自由的历史》,贵州人民出版社,2001年]罗斯福总统在1942年3月14日的演说中,再一次强调了维护人类四大自由——"言论自由、宗教自由、免于匮乏的自由、免于恐惧的自由"的必要,他说:"信仰人类共有之四大自由，乃吾人与敌人之主要分野。”又说：“人类共有之四大自由，乃人类所需要之要素，正如空气、日光、面包与食盐之不可须臾或离，剥夺人类所有此等自由，则彼等必将无法生存，剥夺其一部分自由，则其另一部分必将枯萎。”

63年后美国总统乔治·布什在2005年的就职演讲中27次使用了“自由”一词，并不断引用《圣经》。他说：“那些生活在暴政和绝望中的人，美国不会忽视你们遭受的压迫或者宽恕那些压迫者，当你争取自由时，美国与你同在。”“自由是火，将温暖那些感到它力量的人”，“不可抑制的自由之火将传遍世界的每个角落”。

从一个角度说，一个人除非是独立的人，否则不可能是自由的。而从另一个角度看，一个人最终的独立，包括人格的坚挺，一个重要的条件是充分的自由。自由使自主的选择成为可能，自由使我们能够服从于内心的召唤而不是屈从于外部的压力。

内心的召唤中一定包括作为一个社会历史进程中的人的责任。伦理学中有一个重要的命题：只有当一个人拥有自由时，我们才能追究他行为的责任。一个人的行为能力一定包括他自主判断和自主选择的能力。

多样性、自由、独立、个性、责任，这五者之间构成一个互为因果的网络系统。没有多样性，自由就无从体现；没有自由，个人就不能独立，也无法承担责任；没有个人的独立，个性就无法形成；没有个性的发展，就没有多样性。一个良好的社会就是一个尊重多样性、开放的、多元的、自由的社会。

教育就是帮助儿童获得独立和自由的能力，学会独立思考，独立地作出判断，独立面对世界。让儿童参与分享并进而掌握人类千百年来所创造的精神财富是必要的，但它的目的仍然是为了使他成为独立、自由与具有责任意识和责任能力的个体。在一个人的成长历程中，要让他学会自由、独立地飞翔，就需要赋予他两翼：自由与规则。约翰·密尔在《论自由》中说：“天才永远是一个社会的少数，但天才需要自由的土壤。”因为规则，自由区别于放任；因为责任，规则区别于支配和控制。这也是对基于人的生命特征理解基础上的生命教育的诠释。

主体性教育的旨趣

“主体性教育”曾经一度成为人们津津乐道的话题。它的旨趣究竟何在?这其实是值得作一番考量的。所谓主体性，就是人作为主体的规定性。主体是一个关系的范畴，只有发生了主客体关系的地方，才有主体。人之所以能够成为主体，是在他同自然、社会以及他自身发生的主客体的关系中确立的。

我们谈人的主体性，其用意就在于“把世界还给人，把人还给他自己”。通俗地说，就是以人性的方式和人道的方式认识人、对待人。人是社会关系的产物，但并不就是社会关系的奴隶；人是环境的产物，但人不仅能够改造环境，也能不断赋予环境新的意义。

我们可以从主体存在的方式这一角度把“主体性”区分为整体主体性(整体主体性又可以分为类主体性与群体主体性)和个体主体性。区分出整体主体性和个体主体性有其重要理论意义与现实意义:主体性作为只有在关系中才具有意义的属性概念，不同的主体所具有主体性的内涵和特征是不同的——整体主体性是类或群体主要在与自然的关系中，表现出理性的、社会的、一体化的特征；而个体主体性是个体主要在与社会的关系中，表现出感性的、具体的、多元的特征。

越是在人类的早期便越是强调整体主体性，强调社会的统一、有序、等级、规范、个体服从群体，这是因为“自然界起初是作为一种完全异己的、有无限威力的和不可制服的力量与人们对立的，人们同它的关系完全像动物同它的关系一样，人们就像牲畜一样服从它的权力”。“交换手段拥有的社会力量越小……把个人互相联结起来的共同体的力量就必定越大——家长制的关系，古代共同体，封建制度和行会制度。”(马克思)在这些社会制度下，个体主体性的实现不能不受到极大的限制。

而越是到近现代便越是强调个体主体性，强调社会的多元、感性、自由、平等、个体的独立性、个体的自主与需要。“人的解放”越来越表现为对于个体的解放。个体主体在历史发展中,从完全依附于群体主体,受群体主体支配逐渐地演化到自主地进行活动。可以说,人类的进步,就是一个个体主体迈向自由主体,个体主体性不断得到高扬的过程。

正如有的学者所指出的:“对个体主体性的重视,是现代哲学中最有力和最持久的一股潮流。若从主体性哲学发展的大线索上考察,它也是使主体性研究从抽象的理论走向人们的现实生活具体的一条十分重要的路径。” 整体主体性只有转变为每个人的个体主体性才能产生无穷无尽的创造力,世界才能充满勃勃的生机。

主体性既是属性概念,更是关系概念,是只有在关系中才具有意义的属性概念。在人与人的关系中,是一种“互主体”的关系,而不是一种占有与奴役的关系。占有“意味着,我想为自己获得一切;意味着,不是分享而是占有给我带来乐趣;意味着,我必须越来越贪婪,因为我若以占有为目的,则我占有得越多,我就愈是了不起;它还意味着,他人就是敌人……我永远无餍足。因为我的欲望是个无底之窟”。[(美)弗洛姆《占有或存在》]

主体性不是动物性本能,而是一种“获得性本能”,是人类通过自我创造而形成的本能(马斯洛称之为“似本能”),具有很大的可塑性、弹性和开放性。这些本能不像动物性本能一样坚固和不可灭绝,它们可以被窒息而又不危及生命,但是另一方面,它们又具有无限发展的可能性。

主体性需要比自然需要更难以得到满足,因为自然需要的满足是吸纳对象于人自身,而人自身的容量是有限的,因此相对来说自然需要较易满足。主体性的发展即主体性需要的满足却是把自身潜能投入到对象中去,表现为对外部世界的驾驭与超越。而对象世界是无限的,因而主体性需要难以得到满足,相反,越是与对象发生深广的关系,主体性需要就越强烈。这也说明,一个人主体性发展的程度决定于和表现为个体与世界关系的丰富与深刻的程度。

个体与世界的关系的维度主要分为:个体与社会和他人;个体与物质世界,特别是自然界;个体与自我。个体主体性主要是个人与社会的关系所要求的和所凸现的,因而,个体主体性的内在规定性为自主性和独立性。主体在与他人、与社会的关系之中表现出自主性；主体在对象性活动中，即与客观物质世界的关系中表现出能动性；主体在与自我关系中表现出超越性。

主体性教育的旨趣就在于使每一个学生——未来的生活者和建设者——能够独立地面对世界，学会自主判断、自主选择、自主承担。

教育与个人的自由发展

所谓个人的自由发展，是指每一个真实具体的个人，基于人格的独立和平等，在遵守社会理性规范(包括道德规范)的前提下，依照自己自觉自主的意志而充分展开自己的生命活动，积极能动地发挥自己无穷的创造才能。在这里，每个人人格的独立、自主和平等是自由的基础，个人对社会关系的高度驾驭、个人社会关系的充分实现、个人激情活动的能动展开是自由的基本内涵。外部世界不再是压迫、束缚人的力量，劳动真正成为人的自主性创造活动的源泉。这时，人与人之间的交往关系才会发生根本性变化，即由对抗的、压迫的关系变成自由、平等的关系；社会不再是一种束缚人的盲目力量，而成为一种与人的个性相吻合的自觉力量。每个个人只有在社会中通过主体间的平等交往，才能获得满足自己物质和精神需求的条件，获得个性全面发展的条件。

只有以“现实的个人”“有生命的个人”为前提和出发点来关注人的发展，才具有现实意义，也才具有理论的魅力、理想的光辉和崇高的本性——着眼于“类”考察人的发展，至多能得到一种抽象的“进步”或“进化”的观念；着眼于个人考察人的发展，人的发展的曲折和坎坷、丰富性和复杂性，才能真正进入考察者的视野。

社会的发展与进步为个人自由全面发展既提出了需要，也提供了可能。“文化上的每一个进步，都是迈向自由的一步”，人能够在创造历史的过程中把合规律性与合目的性统一在自己的物质实践中。马克思说：“一个种的全部特性、种的类特征就在于生命活动的性质，而人类特性恰恰就是自由自觉的活动。”“自由自觉的生命活动是人的本质特性。”对自由的追求是人的本性需要。因此，“进步这个概念决不能在通常的抽象意义上去理解”。社会进步只有以个人的自由全面发展为标尺和最终目的，才能将合规律性和合目的性统一起来，因为社会进步评价所依据的是价值关系，而人是价值的唯一主体。“社会进步”意味着：人的生存和发展条件的改善，从而使人获得较之以前更多的解放和自由；人们拥有的社会条件对个体生存、享受和发展具有实质性的意义。

个体主体性的凸现，是当今时代精神的重要体现，它昭示着人们去创造一个合情合理的人的世界。在现代社会中，“人民更多地参与创造其自身性格，这构成了个人自由进程的一个组成部分”。随着市场经济的发展和完善与政治民主化程度的提高，个人自由全面发展将日益成为现实；劳动真正成为人的自主性创造活动的源泉；人与人之间的交往关系发生着根本性的变化，“被迫交往转化为所有人作为真正个人参加的交往”，“个人向完整的个人的发展及一切自发性的消除”。

个人的自由全面的发展，这将是一个永恒开放的历史进程。这个问题不仅是永恒的，也是常新的，因为社会生活条件和人自身都是不断发展变化的。处于这一历史进程中的每一代人，都有着自己的时代主题。当今中国“处于一个伟大的变革时代，同历史上任何一次伟大的变革必然要突出人的问题一样，人的问题一直伴随着我们改革的进程……人和人的主体性问题再次成为当今时代精神的精华——真正的哲学主题”。所有个人的独特主体性的正常健康发展或自由发展，会给人类各种集体的发展与人类整体的发展，提供最丰富生动的动力和源泉，在每个人的这种发展的交互作用中，每个人的人生将会获得其应有的意义和价值。自由的权力只有是每个个体的实际权力（特别是思想的自由），自由才不会成为空洞的概念。一个社会只有以个人为本位、为目的，为每个个体的自由全面的发展尽可能地提供最佳条件，这个社会才能在整体上大踏步地前进。如果说，在当代西方社会，人的发展趋势主要是由独立的个人走向具有类意识的健全的个人，那么，在当代中国，人的发展趋势主要是由依附性的个人走向具有独立人格的个人。

历史上个人自由发展的要求，始终是推动教育（乃至整个人类文明）发展的强大动力。人的发展史，实质就是一部个性追求自我独立和发展的历史。在世界范围内，自工业革命以来，个人的自由全面的发展日益成为教育的基本主题，在不同的社会文化背景下、在不同的场合、以不同的方式不断地被突出和强调。主体性教育的深化和具体化，成为个人自由全面发展在当今中国文化境遇的重要主题。

个体与整体（群体、集体等）之间的矛盾和冲突是历来就有的，只是到了现当代，由于人与自然的矛盾逐渐退居于次要，也即为生存而斗争不再是人们的主要任务后，个体与整体（即个人与社会）的矛盾在这一背景上凸现为主要矛盾。教育作为最深切地牵涉于个人与社会两者关系的文化过程，在今天就愈益紧迫地肩负着缓和、化解个人与社会矛盾和冲突的使命，而完成这一使命的有效途径之一便是培养学生的主体性道德人格，以便他们在人们有了更多的需要也有了更多的满足需要手段的现时代，能更多地自主地选择自己的生活，赋予生命尊严、意义、价值与厚重感，从而提高生命境界和生命质量。

人类的文明越是进化，人的个体的主体性便越是得到充分的尊重。肇始于西方的文艺复兴，经过以卢梭为精神领袖的启蒙运动和以康德为代表的哲学革命，一直延续到西方的现当代，有一个重要的思想主题，那就是个人自由与独立意识的觉醒，其核心内容是强调个体与群体的区别，强调个人对社会的本位地位和个体的独立、自由：人类自觉地意识到了每个个体的人作为人类整体（类存在、社会）中的一个特殊的存在而有别于其他同类，每个人都是一个特殊的世界，人类要想充分地发展自身，必须首先发展每个个体的独特性，让个体在社会中保持其独立性，给个体以自由。

一个人的个体主体性高扬的社会必定是一个充满活力的社会。自由的程度就是人类发展的尺度，人的实现就是人的自由，因为自由是人的先天权利。马克思就曾指出："首先应当避免把'社会'当做抽象的东西同个人对立起来。"在《德意志意识形态》中，一再揭示了以往历史上的那些所谓国家、社会和"共同利益"的虚假性，称之为"虚幻的共同体的形式"。

加强人的个体主体性建设,“在最无愧于和适合于他们的人类本性的条件下”,追求个人自由全面发展,就成为人们向往的理想境界。

在未来的社会中,人们有可能真正作为个人而不是“作为阶级的成员,同新型生产劳动发生有意义的联系;人们得以利用自己在劳动中所创造的一切,形成自己丰富的个性。到那时,自主的劳动成为人的主体的内在冲动的现实化:人们在这种劳动中不会再感受到劳动的辛劳艰难,而是创造的乐趣。这种劳动将是对人的全面性,丰富性的卓越证实。它将使个性的这种自主劳动也不再表现为劳动,而表现为活动本身的充分发展”。与这一历史进程相一致的教育必然是人道的、人性的和多样的。

教育与人性

什么是人性?人性究竟怎样?对于这两个相互关联的问题的回答,决定着我们对教育与人性关系的理解。概念是人们建构出来的,它作为视镜,用来寻找它的建构者力图寻找的事物。

人们通常在褒扬的意义上使用“人性”一词,人性作为一个温暖的词,它成为一个制度、一个作为、一个举措是否合理的评判依据,即人们行为合法性的源泉。

什么是“人性”?人所固有的特性,即人性。换言之,人的类特性即人性。《中庸》有道:“天命之谓性。”这个天性我们人人都有,而且人人是都相同的,我们分享着共同的人性。正因为如此,才会有“人同此心,心同此理”。《孟子·告子上》说:“欲贵者,人之同心也。”通过推己及人,将心比心,人与人之间加深理解并由此增进和谐。

人类作为自然界最高的一个产物,它源于动物界,却又超越于动物界。文化人类学有一个重要命题即是“人是文化的动物”。这个命题包含了两层含义:人是动物,人具有动物性,人性中的以强凌弱、欺软怕硬、弱肉强食,均为人之动物性之表现。此为其一。其二,人即使是最原始的本能,也是经过了文化的改造的。比如,吃食物,是人为了抑制饥饿感的需要，但吃什么、什么时候吃、以什么方式吃，却受到文化的制约。动物饿了，它想吃就吃，人却需要等到开饭时才开始吃。又如性，性也是人的本能需要，但和谁、在什么场合会性交，却大有讲究。自愿的斋戒和独身，分别是在上述两方面的反生理行为，却是遵从一定的文化规则的结果。

人性，即人的需要，人的需要包括生理需要、社会性需要和精神需要。生理需要最典型的就是饮食男女。社会性需要包括被人接纳、被人认可、被人需要等。精神需要则表现为对于价值与意义的追寻以及纯粹理性的需要。作为一个人是一个整体，在现实的行为表现中这三重需要有可能掺和、交集在一起。据说男人最爱听到的来自女人的话语就是："饭在锅里，我在床上"，这其中就既有饮食男女之欲望，也有被人接纳、被人关爱的欣慰。

人性是怎么样的问题，并不是一个可以根据实证科学的理路来回答的问题，而是一种价值的预设。当我们说：合乎人性是好的，违背人性就是不好的，其实这背后就契合了我们对于人性的肯定。

自有人类以来，既有"一般的人性"，也有"变化了的人性"。但无论如何，人类渐渐地远离了野蛮，尽管在我们身上仍然残留着诸多动物性的东西。

人的意欲和需要是一片广阔浩瀚的海洋，要找到"人性本善"或"人性本恶"的证据都不难，问题是你要找到这些证据究竟是为了什么。倘若你要用周密的法律来防范人性恶的膨胀，那你可以去搜寻人性本恶的证据来支持你的主张；倘若你希望人们更有爱心、人与人之间有更多的信任与宽容，那你尽可以去举证人性中那些温暖而闪光的面向。教育的职责就是发掘人的善性，帮助人从动物性中净化和提升出来，我们更需要秉持"人性本善"的立场，对学生有更多的信任、宽容、鼓励和乐观的期待，而不是防范、责罚、钳制和打压。

教育正是基于我们对人性的价值预设所作的价值引导的工作。

由于人是自然界最高的一个成就，人具有理性，因而能够主动地、能动地认识和利用自然，以利于自己更好的生存、发展和享受。人作为社会的存在物，既有寻求归属感的需要，同时又有自主、独立的需要。没有一个人希望被别人支配和控制。人作为精神的存在，人有不断超越自我，成为一个更卓越的自我的需要。

“人的发展”意味着什么

我们通常可以在下列三个层面来理解“人”：人类、群体（如民族、社会、阶级、团体等等）和个人。因而，“人的发展”一语，正如国外学者所指出的，至少可以有两种释义方式。第一种，也是较不常用的一种，是把它与物种发展史联系起来，将它看成是人类在地球上出现的过程，用以与其他生物的产生过程相比较。较为通常的一种解释是把它和个体发展联系起来，从而看成是一个人从胚胎到身体死亡的过程。

由于“发展”是我们时代最重要的主题，在“社会发展”这一层面，关于“发展”的内涵和意旨有着相当充分的探讨。尽管国际人文—社会科学界对发展的目标、战略与模式存在着很大的分歧，但也逐渐取得了一些重要的共识。正如《联合国发展权利宣言》中指出的：“发展权利是每个人不可剥夺的人权，每个人及各国人民均有权参与、促进并享受经济、社会、文化和政治的发展，在这种发展中所有人权和基本自由都能获得充分实现。”“发展是人民与社会解放的进程，不能把发展降低为经济增长。”然而，在“个体”这一层面，“人的发展”的含义却缺乏充分、深入的探讨。

“教育与人的发展”无疑是教育学最重要的主题之一，因为教育的其他功能和价值都建基于“人的发展”。然而在教育学的视域中，“人的发展”意味着什么？几乎所有的教育学著作和教科书要么语焉不详，要么不得要领，要么是心理学关于“发展”概念的简单移植，具有教育学意蕴的“人的发展”的概念、命题或陈述显得那样的苍白和贫乏，这不能不说是教育学的一大缺憾。

教育要促进作为具体的、活生生的、个体的人的发展，这是教育最重要、最核心的职能。其他职能，如提升社会的文明水准、增强综合国力、增进社会的可持续发展等等，都不过是这一“最重要、最核心的职能”的派生物。除了那些逆历史潮流而动的、黑暗的、邪恶的势力有可能利用“教育”来压制、摧残、戕害、泯灭人的自主性和创造性外，一切进步的、正直的人们都希望教育成为人的解放的力量、推动人发展的力量。完全可以说，作为人道主义事业的教育天然地要求关注人的发展。

过去在我们的教育学中，对于“人的发展”的理解，仅仅停留在心理学的理解的水平上，即：“发展指的是成长和才能在时间上变化的过程，这是成熟和环境的相互作用这两者的函数。”心理学关于“人的发展”最大的局限就在于：它剥离了个体发展的人文内涵和价值指涉，漠视了人的自主性、能动性和超越性，有着简单地把人混同于“生物有机体”，甚至将人“兽化”的嫌疑。

就教育与个人的关系而言，发展意味着什么？在我们看来，个体的发展不单单是一种心理学的事实，不纯粹是可以由心理统计指标来标志的，而是有着文化—价值指向的、持续不断的、对个体生命构成意义的变化。诚如心理学所指出的，发展意味着变化，但这种变化不是以受控的累加性的方式逐步实现的，而是由个体自主建构的内部的质的变化，它永远地改变一个人与他人、社会、环境、自然、自我、生活与学习的关系，改变着他的生活和生活世界；发展意味着新质因素渗入精神结构内部，并引起结构性的变化；意味着由于新质因素的增加而导致的生命境界的提升；意味着视界的扩大；意味着能切实地感受到自我心灵力量的增长。

对“教学与发展”有着系统、深入研究的前苏联现代心理学家、教育家赞可夫指出，要弄清楚与教学和发展相互关系有关的一些问题应该区分发展的不同类型：有“一般发展”，也有“特殊发展”。学生的特殊发展是与某一门学科或某一组学科相联系的（例如，数学、语言学和音乐的发展）。与特殊发展不同，一般发展涉及的是那些对学生掌握学校中任何一门学科的教材或者毕业后从事任何一种实际活动都有意义的个性属性。

值得我们警觉的是，发展不只是有类型和程度的区别，更重要的是，教学不仅不能等同于发展，而且也可能妨碍和阻滞发展，成为摧残、贬抑、泯灭学生发展的力量。只有那些富有想象力的教学，只有那些能够唤起意外与惊讶的感觉的教学，那些在教学内容上能够切入并丰富学生经验系统的教学，也只有那些给学生足够自主的空间、足够活动的机会的教学，那些真正做到“以参与求体验，以创新求发展”的教学，才能有效地增进学生的发展。因为学生在课堂上发展的即时感受大多表现为“茅塞顿开”、“豁然开朗”、“悠然心会”、“深得吾心”，表现为“怦然心动”、“浮想联翩”、“百感交集”、“妙不可言”，表现为心灵的共鸣和思维的共振，表现为内心的澄明与视界的敞亮。

把个体从日常生活的琐屑与平庸中提升到精神的、超越的和形而上的层面，从而赋予生命因为遐思、冥想和憧憬而秉有的灵动、舒展和充盈，这就是教育可以为个体的发展铺就的现实之路。

“以人为本”的“人”是谁

“以人为本”今天成为一个时髦的口号（这多少也反映了我们社会的进步），人们耳熟能详。可若问“以人为本”的“人”是谁，恐怕很多人会一时语塞。这反映出我们许多的人对一些口号的理解是空洞的，漫不经心的。

2400 多年前的古希腊哲人普罗塔哥拉（约前 481—前 411）就指出：“人是万物的尺度，是存在者如何存在的尺度，也是非存在者如何不存在的尺度。”尽管他主要是从认识论的角度，而不是从价值论和伦理学的意义上作出这一命题的，但他指的“人”是作为“个体的人”。人是人世间一切事物存在的根据和理由，这是不言而喻的真理。可这个朴素的真理在我们的社会中一直被扭曲的意识形态扭曲着。所有的人仿佛只有为“真理”而“献身”，只有为高远的目标而“奋斗”，只有为宏伟的事业而“牺牲”，生命才有意义。作为劳苦大众的个体，他们的需要与期盼，他们的痛苦与酸楚一直被有意无意地忽略着。

作为一种价值的引导，“以人为本”的人，只有是现实的、具体的个人，特别是每一个现实的、具体的普普通通的劳苦大众，它才真正具有价值。高官们,以及其他社会精英们固然也会有自己的烦恼,也还会有感到生活不便的时候,但他们生活的舒适,特别是他们享有的社会资源的丰富和优质,是广大劳苦大众所无法比拟的。

“以人为本”不仅要落实在政策的制定上,而且要落实在我们每个人的日常行为之中。在任何时候都要做到“心中有他人”,做任何事情的时候都要考虑一下可能带给别人的影响。2006 年 11 月中旬，我在广州做讲座,住在越秀区白云路的如家快捷酒店。中午吃完饭回到房间休息,保洁员在楼道用吸尘器清理地毯,噪音极大。我提醒她在中午 12 点半到 2 点之间是顾客的午休时间,这个时间不要使用吸尘器工作。可过了一会,她在另一个楼层仍在制造噪音。这个保洁员在履行她的职责的时候,大概没有想到过会给别人带来消极影响。使用吸尘器工作完全可以在上午 8 点半至中午 12 点半和下午 2 点半到晚上 8 点半之间，为什么非要在客人午休的时间呢?类似这样的事每天都大量地发生在我们身边。

还比如,据我有限的个人经验,至少有 80%多的酒店的窗帘都关不严。要让窗帘关严,技术难度并不高,需要的只是一颗为客人着想的心。

“以人为本”应该体现在我们生活的每一个细节中,而正是这样一些细节体现着一个社会的文明程度。我们为权势者们的方方面面考虑得非常周到细致,以致他们都无法体验到普通民众生活的艰辛,可我们为普通民众却考虑得太少太少。将我们对于社会和人生的关注点拉回到普通人平凡的需要中,拉回到对平凡的劳动者所付出的劳动的体恤中,对于警惕“以人为本”成为一个空洞的高调,无疑是值得反复强调的。

信·望·爱

信必得救,因信称义(Justification by Faith)是新教(即我们中国人所称之为的基督教)的三大教义之一,谓人要想得到上帝的拯救,不在于遵守教会的律法和礼仪,而在于对上帝的信心。信,包括信仰、信念和信任。我相信每个人心中都有一颗信仰的种子。正如赫舍尔所指出的:“对有意义的存在的关切是做人所固有的——它是强大的、基本的、发人深思的，存在于每个人的内心。”（赫舍尔著，隗仁莲译《人是谁》，贵州人民出版社，1994年，第58页）

人是一种高贵的存在。人并不是一只硕大的“白鼠”，也不是有待涂鸦的“白板”，作为万物之灵，人类永远生活在自己的思想和信仰的世界中。“没有超越，不能超越个人，我们就会成为病态的、狂暴的和虚无的，要不然就会成为失望的和冷漠的。我们需要某种‘比我们更大的’东西作为我们敬畏和献身的对象，这是就一种新的、自然主义的、经验主义的、非宗教的观念说的，或许正如索罗和惠特曼、詹姆斯和杜威所说的那样。”[（美）马斯洛《存在心理学探析》，云南人民出版社，1987年，第6页]“如果没有内在的权威，我就只能屈从外在的权威，而这种外在的权威仅仅是一种强制力。”[（德）雅斯贝尔斯《什么是教育》，生活·读书·新知三联书店，1991年，第78页]信仰是个体道德赖以生发和存有的根据。

信念使人勇敢，专注，用力，竭尽所能。在我们竭尽所能的时候，灵魂会闪出最美的光彩。没有信仰，就没有信念；没有信念，就没有节操。鲁迅先生说过：“看看中国的一些人，至少是上等人，他们对于神、宗教、传统的权威是‘信’和‘从’呢，还是‘怕’和‘利用’？只要看他们的善于变化，毫无持操，是什么也不信的，但总要摆出和内心两样的架子来。”（《鲁迅全集》第3卷，人民文学出版社，1981年，第241页）

没有人会否认人与人之间信任的重要作用。信任在促进冒险精神、革新和实验、构成健康的合作的关系方面扮演着关键的角色。人与人之间信任建立在共同的信仰和信念的基础上，建立在伦理的基石之上，它们表现在个人参与权的扩大、公开对话、对多元思想的尊重、共同的价值观和团队的愿景上。

希望是萌发人间奇迹的无垠沃土，希望是点燃生命之火的灿烂阳光。人生如果没有了希望，也就没有了奋斗、坚持和拼搏。“你能看多远，你就能走多远。”希望是栖息于灵魂中的一种会飞翔的东西——它总是默默地歌唱——永不停歇。

“自我认识是自由的开端，唯有当我们认识自己，才能带来秩序与和平。”[(印度)克里希那穆提著,张南星译《一生的学习》,群言出版社,2004年,第59页]“上帝赐给人两样东西——希望和梦想——来减轻他的苦难遭遇。”(伏尔泰)如果没有定位,我们每天清晨起来将茫然四顾;如果没有目标,我们终日忙碌将毫无意义。

“未来不仅是一个映像,它成了一个‘理想’。”而“思考着未来,生活在未来,这乃是人的本性的一个必要部分”[(德)恩斯特·卡西尔著,甘阳译《人论》,上海译文出版社,1985年,第68~69页]。“今天如果不生活在未来,那么,明天你将生活在过去”,要想掌握未来,就必须了解未来,要想赢得未来,就必须把握未来。希望会帮助你正确地对待生活——即使坠入忧伤、迷茫、恐惧的黑夜也保持乐观的心态,仍能看到光明。生命中山穷水尽和柳暗花明的时刻通常难以区分。

希望之灯一旦熄灭,生活将变得一片黑暗。希望能让人生无比精彩和辉煌。特别是当人们遭遇境遇性危机(situational crisis)的时候(当出现罕见和超常事件:如交通意外、突发自然灾害、被绑架、被强奸、失业、突然的疾病和亲人亡故,且个人无法预测和控制时出现的危机),唯有信念与希望会使我们渡过难关。

“人从不满足于周围现实,始终渴望打破他的此时——此地——如此存在的界限,不断追求超越环绕他的现实——其中包括他自己的当下自我现实。”[(德)马克斯·舍勒《人在宇宙中的地位》,上海文化出版社,1989年,第43页]正是我们心中的希望引导我们走向生命的新的境地。因为,成功源自心中的希望与信念。关于自我激励,心理学家弗洛姆曾总结出这么一个公式:M=V·E。在这里,M指个体从事某项活动积极性的大小,称为激励水平;E指某一特别行为会导致一个预期结果的概率,称为期望值;V指人们在主观上认为奖酬的价值大小,称为效价。所以只有具有必胜的信念、强化成功对于人生的意义才能成功!

什么是爱?《圣经》是这样说的:“爱是恒久忍耐,又有恩慈;爱是不嫉妒,爱是不自夸,不张狂,不做害羞的事,不求自己的益处,不轻易发怒,不计算人的恶,不喜欢不义,只喜欢真理;凡事包容,凡事相信,凡事盼望,凡事忍耐;爱是永不止息。”(《新约·哥林多前书》第13章)爱,有种种表现，包括欣赏、尊重、鼓励、关怀、责任、给予等，也包括为你的任何错失，为你的任何疏忽，庄重严肃地向被伤害的人说声“对不起，我感到不安，我很抱歉和内疚”。正如蒂里希（P.Tillich）所言：“尽管爱这个词在文学和日常生活中遭到种种的滥用误用，但它并未丧失其情感上的力量。只要使用这个词，它所引起的都是温暖、热情、幸福、完满的感觉。它使人想起过去的，或现在的，或所期待的被爱的场合。”（何光沪选编《蒂里希选集》，生活·读书·新知三联书店，1999 年，第 292 ~ 293 页）

德兰修女常说：“我们常常无法做伟大的事，但我们可以用伟大的爱去做些小事。”（华资《德兰修女传——在爱中行走》，山东画报出版社，2005 年，第 12 页）北宋哲学家张载提出“民胞物与”的思想命题，意思是说人民都是自己的同胞，动物和植物都是自己的朋友或伴侣。一个缺乏爱的社会必定充满了冷漠和歧视。君不见，现实生活中的一些“得意笑他人，失意他人笑”，让人感到的是世态炎凉和丛林法则，而不能让人感到人与人之间的温暖和关爱。

爱是一种情愫，你可以感觉，却没法制造。只有当我们心中有爱，我们才能让人感觉到爱的光华。我们都是只有一个翅膀的天使，只有拥抱在一起才能起飞。而只有爱才能让我们拥抱。爱无法让人生之路变得平坦，但它能让人生之旅变得更有意义。让我们记住一生都在播撒爱的阳光的冰心老人的话吧：“人类啊！相爱吧，我们都是长行的旅客，向着同一的归宿。”

不管天有多黑，
星星仍在那里闪耀。
不管夜有多长，
黎明早已在那头盼望。
不管山有多高，
信心的歌，
把它踏在脚下。
不管路有多远，
心中有爱，

就能走到云端。

谁能跨过艰难，

谁能飞越沮丧，

谁能看到前面仍然有梦可想。

上帝的心看到希望！

你的心中要有眼光，

啊，你的心中要有眼光。

这首歌的名字叫《眼光》。我不知道这首歌词的作者是谁，但字里行间的宗教情怀是不难感受得到的。基督教的“信、望、爱”渗透在其中。她告诉我们要有信心，要始终抱有希望，要相互关爱，在这首歌中充盈着一种高贵、醇美的情操。

让教育充满生命情怀

记得我上学的时候，班上有一个姓陈的女同学，长得非常瘦小、单薄，很明显属于营养不良(这是我上了大学以后才意识到的，当时根本意识不到这点)。有一天，她的同桌说她身上有味，于是就有一些调皮的男同学羞辱她。后来，经常在老师不在场，诸如课间休息的时候，一些同学只要从她身边走过，就说她身上的味道难闻，于是就打她，其他同学也跟着起哄，拿她取乐，你一下我一下，好像根本没有人在意她的感受。她也不还手，任由同学欺侮，她一般都是趴在桌子上哭。这种情况从小学三年级，一直到我们小学毕业(当时学制是小学五年，初中两年，高中两年)，我不记得老师出面关注过这件事，也不记得有同学出来制止过这种胡闹，更不记得她的家长为此事来过学校。

我当时个子小小的，坐在前排，也是属于弱小的一类，可我也参与过对这位女同学的欺侮，当时一点也不觉得有什么不妥。现在想起来既羞愧又内疚。每次回老家只要见到小学时的同学，就会问起这位女同学的生活境况。可大家各奔东西，彼此知之甚少。不知道她今天是否过得还好，更不知道那段经历给她的人生带来怎样的影响。

我今天作为一个关注和思考教育的人，觉得我的那位同学是多么不幸，几年里都生活在同学肆意的欺凌之中，这样的生活是多么的灰暗。其实，不幸的又何止是她呢？我们这些欺侮她的同学，幼小的心灵中缺少爱与怜悯，缺乏温暖别人的需要和力量，将自己卑贱的快乐建立在别人的痛苦之上，不也是不幸的吗？在一个人的人格形成期（一般为 0～20 岁），如果有过严重的被人欺侮或欺侮别人的经历，那么就不太容易形成正直、光明和健康的人格。只有在充满温情与仁爱的氛围中，才能生长出和煦、细腻、体贴的心灵。

有一个问题一直萦绕在我心中：国人心中为什么有那么多仇恨？素不相识的人们往往因为一点点摩擦和冲突，而拳脚相向大打出手，甚至欲置对方于死地。依我个人的体验，我觉得是因为生活中的极不便利，在人们心中积累着点点滴滴消极情绪，一旦有机会发泄，就会像火山一样喷发。而生活极其的不便，又是因为大家眼中只有自己的利益，而很少为他人着想，严重缺失人文关怀。我们社会中，一些人只要自己过得好，别人怎么样是不在他的视野中的，包括许多身居要职的人，非常的狭隘和自私。

近些年来，我也常常发现小小年纪的孩子，因为内心缺乏对他人半点仁爱和宽恕，其行为充满了野蛮和残暴的事层出不穷。在重庆市郊，几个孩子将一名身体十分羸弱的流浪汉活活打死；十几个女中学生，对一个与她们志趣不同的女同学大打出手，致使其残疾。在湘潭，一个初中女生被歹徒强暴，先后转过三次学，仍不能摆脱其他同学背后的指指点点，甚至是嘲讥和羞辱。至于一些孩子追逐、戏弄、取乐因患精神病而流浪在外的病人的事就更是常有发生。

在一些农村学校和城市的薄弱学校，比较严重地存在着以强凌弱、以大欺小的校园暴力，至于取绰号、嘲笑、捉弄、孤立、歧视等校园软暴力就更为普遍地存在。前不久，我在报纸上看到，福建南安一位刚上初中的女孩子不幸死去了，经尸检发现，是长期的伤害导致她脑出血而死的。后来调查发现，伤害她的正是坐在她身后的男同学。她死前经常说她的头很痛。在长达四年多的时间里，她无数次地遭受到那位同学无故地朝向头部的打击，那是一种怎样惨烈的经历。这又一次使我想到我那位姓陈的女同学。

下面这两个真实的事例也许更能够促使我们深度反省：2005 年 5 月 21 日那天，桂林一名中年女子站在香江饭店第 11 层的窗台上欲跳楼，围观者挤在楼下看热闹。据当地媒体报道：围观者情绪高涨，像在看白戏，“有的人甚至说着风凉话，‘她肯定不会跳’，有人还拿着望远镜观察，更离谱的是一名中年妇女居然手提着几只望远镜向围观者叫卖”。这个兜售望远镜的女人应该是中国最具商业头脑而最缺乏人文情怀的人吧。

2005 年 6 月 3 日，上海，一名青年女子爬上一幢正建高楼的窗外平台，与往常一样，围观者总是比警察先到现场。据媒体报道，围观者有“数千名”，场面颇为壮观。到后来，“起哄的现象也越发严重”。“一群小伙子满脸嬉笑”，每当那个自杀者接近边缘，“他们就会发出一阵欢呼”。一群女学生唧唧喳喳地说笑着，不时喊上两句：“快跳啊！”那番激情似乎在欣赏一场明星演唱会。

为什么会是这样？我不断地问，我不断地想。我终于发现，我们的文化中缺乏博爱的精神元素。我想，人们不会忘记，在“文革”期间（1966—1976），生命情怀的缺失和对生命尊严的践踏简直到了无以复加的地步。在许多公开场合，为了“批倒批臭”刘少奇先生，把他画成“酒糟鼻”，极尽丑化之能事。一些公开出版物称蒋介石先生为“蒋该死”。连对两千多年前的孔子也不放过，十分轻慢地称他为“孔老二”。对于“地富反坏右”，要将他们打倒在地，再踏上一只脚，叫他们永世不得翻身，真够狠毒的！这种充满暴力的语言形成的心理基础是什么？它又将产生怎样的影响？我不知道是否有学者研究过，反正，当时只有十岁的我真恨不得将“一切反动派”不仅要斩尽杀绝，而且要铲草除根。这样想的时候，觉得理所当然，天经地义，内心充满了正义感。

我深切地感到中国人是比较讲亲情，而不太讲博爱。而缺乏以博爱为精神底色的亲情也就难免打上世俗与功利的印记，从而变得不那么纯粹、博大和厚重。自古以来，我们的社会中就弥漫着对强者的仇恨和对弱者的歧视，充满着对特权的追逐和眼热，而对于公平与正义的吁求和呼唤，是那样的稀缺和微弱，这恐怕是许许多多问题的症结所在。人类世界是由一个个生命组成的，因此，一个健康的社会，必然要将生命看得高过一切。有鉴于此，在我们的教育中，着力培植生命意识，高扬生命情怀，对于我们文化和国民性的改造，无疑是十分必要的。

教育与国民性的改造

作为世代交替中的每一代人，首先是作为文化的承继者而存在的，然后才有可能成为文化的创造者。教育作为文化系统中的一个能动要素，其功能便是使每一个个体从“自然人”逐渐成为“文化人”。一方面，它使得文化的延续和发展成为可能；另一方面，它使得个体的生存与实现自身的潜能成为具有某些共同的人格特征。这种共同的人格特征，有的学者称之为“基本人格类型”(Basic Personality Type) 或“众数人格”(Modal Personality)，也就是我们常说的“国民性”(National Character)。所谓“国民性”，即是一个民族在长期的历史发展过程中形成的表现于民族共同文化特点上的习惯、态度、情感等比较稳定持久的精神状态及心理特征。它为一民族所独有，对于同一民族而言为共相，对外民族而言，则为特质。

国民性是如何形成以及如何存在于一定的文化中的呢？拉尔夫·夫顿提出了三个原则：1.早期经验对人格有延续的影响。2.子女教养方式是由文化塑造而成的，因此同一民族文化中的孩子，其早期经验虽不尽相同，但至少是相似的。所有文化共同体在养育小孩方面都面临着类似的问题，然而解决问题的方式却随文化不同而异，但在同一文化层次中却是相当一致的。3.同一社会中儿童类似的早期经验，导致类似的人格形态的产生，而不同文化共同体中的儿童，由于不同的早期经验，则导致不同的人格形态。在每一个社会文化共同体中，都构成着这样一种循环——基本的风俗习惯导致制度化的子女训练方式，由此导致类似的人格形态；与此同时，人格形态又反过来影响制度化的风俗习惯、信仰和传统。因此，每一种文化中的人不仅在小时候受类似的教养方式的影响，而且长大以后仍然受到类似的风俗习惯和传统的影响。当这些人长大成为父母时，他们的习俗风尚和传统又影响他们自己教育子女的方式（普汶著，郑慧玲编译《人格心理学》，台湾桂冠心理学丛书，第 22 页）。

美国人类学家克莱德·克鲁克洪对何以能够形成一定的国民性亦作了自己的回答。他指出："为什么大多数人，在大多数时候，都遵从一定的文化模式？我们无法对这个问题作充分的讨论，但是有两个原因是很显然的。首先，由于习俗相袭，一个人对自己和群体的关系是抱着肯定态度的，这样他才能避免产生孤独之感。其次，因为社会生活有随之而来的分工，那么就很自然的形成了一定的文化模式。这可想象为人们生活在同一个家庭里，在不同的时间和不同的房间，做同样的烹饪，进同样的饮食。"[（美）克莱德·克鲁克洪等著《文化与个人》，浙江人民出版社，1986 年，第 8 页]

上述两位学者的观点，无疑是值得我们重视的，也是有说服力的。但在西方，也有一些人类文化学和社会学的研究者提出了所谓的"民族心理""集体表象"或"集体无意识"等，都把文化看做一种在个体出生之前业已存在、每个个体不能不按其行事的"列维坦"式的东西，这就不可避免地导致把"国民性"视为一个民族先天的生理遗传，而不是后天的文化及其教育的产物。笔者认为，从一个民族的国民性的形成来看，即是一个民族文化心理结构的历史积淀，也是一定社会文化共同体内的人类在漫长的集体实践基础上发生的。积淀本身包含着内化（心理）与外化（文化的历史遗存）两个方面，二者又共同以人类文化活动（自然包括教育）为中介相互转换生成。传统的文化及其内在的惯性——文化的传统，是人类文化心理结构的外在方面。与这个外在方面相对应，在共同的历史文化背景上，形成和发展了一定社会文化共同体中的人类共同的心理结构，形成和发展了某些内在的心理模式、构架和范式。

国民性是某一民族文化中，绝大多数的个体文化或多或少所具有的一些共同性特征。在这一民族文化中，还有一部分个体文化不具有这一共同性的特征，甚至可能是截然相反的。这仍然是文化及其教育所致。一般说来，在“民族文化——地域文化——社区文化——家庭文化——个体文化”这一文化序列中，处于较低层次的文化，在一定程度上都是由所有高于它的层次的文化决定的。同一民族文化中的个体文化，由于地域文化、社区文化和家庭文化的千差万别，更由于形成个体文化的自然基础——遗传素质及与个体直接和间接交往的人和事千差万别，就有可能奇迹般地组合成一种与众不同的个体文化。另外，国民性本身也不是凝固不变的，而是发展变化的。

“五四”启蒙运动开展了对国民性的批判，目的是由“立人”而“立国”。这既是对传统人格的颠覆，也是对现代人格的建构。林语堂先生认为中国传统文化精神有“太正经与太不正经”的两个极端，太正经滑向理性化的极端，最终演变为“吃人”；太不正经滑向感性化的极端，而趋向于“堕落”。他主张避免走这两个极端，而通过幽默达到中和，以培育一个“新人种”。这个新人种应当是“一个浸染着丰富的合理的精神，丰富的健全的知识，简朴的思想，宽和的性情，及有骄阳的人种”（林语堂《人生的归宿》，海南出版社，1993 年，第 525 页）。而蔡元培先生则强调：“要培养爱自由、好平等、尚博爱的人，在教育上不可不注重发展个性和涵养同情心两点。”（张汝伦编选《文化融合与道德教化——蔡元培文选》，上海远东出版社，1994 年，第 343 页）

国民性既是文化及其教育的产物和文化的负荷者，又反过来决定着文化及其教育的特性和发展方向。这里存在一种决定论的关系，但不是简单的因果决定性。也就是说不是线性的决定论，而是协同、相互作用、互为因果的有概率的测不准特性的决定论。

祖国在哪里

祖国，是一个无比神圣的字眼。有道是，人生有两个东西不能背叛，一个是祖国，一个是家庭。但祖国不单纯是我们的祖祖辈辈生活的地方，也不单纯是生我养我的地方，祖国，最重要的含义是给予自由与安全的地方。也许正是在这一意义上富兰克林才说:“哪里有自由,哪里便是我的祖国。”因此,祖国,不只是疆域,不只是版图。祖国,对于每一个国民来说是一种情怀,一种心灵的归依,对于国家来说,是一种道义和责任。一个人可能有多重国籍,却可能不曾有过祖国。

祖国应该是每一个国人慈爱的母亲,是我们每一个人最后的依靠和保护神,她不会歧视和冷落任何一个儿女,她用自己的乳汁哺育我们成长。在地缘政治还存在的今天,这也是我们之所以需要爱国主义的最有说服力的理由。热爱祖国,这是普世伦理。古往今来,任何一个国家都强调爱国主义,只是程度和出发点有所不同。尽管有人声称自己是世界公民,但其底线是不能出卖和背叛自己的祖国,否则这样的“世界公民”将四处碰壁,成为“丧家狗”,有时还可能成为“看家狗”、“宠物狗”。

祖国,你在哪里?我在心中无数次地问过而又回答过这个问题。当我听《歌唱祖国》、《祝福祖国》、《祖国让我亲亲你》、《美丽的祖国》等无比优美而深情的歌时,祖国就在美好的歌声中,在歌唱者的情怀里。当我走遍中国,饱览祖国的大好河山,我感到祖国在每一寸土地上,在我的每一个脚印中。对我个人来说,祖国在我为她的文明与进步作出的点点滴滴的努力之中。对所有的守法的公民来说,祖国在“免于恐惧与免于匮乏”的生活之中。

可当我看到精神病人流落荒郊野外,被人驱赶,被人欺凌的时候,我的心中也在问:祖国,你在哪里?当我看到许多的农民兄弟受到歧视、怯生生的表情和在城市里漂泊的艰辛时,我在心中问:祖国,你在哪里?当贫困家庭的孩子因交不起学费而受不到最基本的教育时,我在心中问:祖国,你在哪里?当我看到司法不公,一些身份卑微的人求告无门的时候,我在心中问:祖国,你在哪里?!

我相信,在每一个中华儿女的心中,都有一个深深的情结,那就是爱我中华。但我这里要强调的是,我们的政府官员,应该做爱国的典范,因为他们掌握着国家的资源,掌握着国家的命脉。他们是公众人物,有着巨大的影响力。你看,多少官员跑遍了世界?多少官员将子女送到国外?多少贪官携巨款外逃?多少官员与外商勾结出卖国家利益只为了一点回扣或回报？多少官员将钱存入国外的银行？究竟有多少，没有人告诉你，但直觉告诉我，因此而导致的国家财富的外流是巨大而惊人的。我敢断言，如果我们绝大多数的官员都自觉地爱国，那本身就是一种无声的宣传教育。在普通民众看来，这个国家值得去爱，比无论多少的说教和宣传都管用。这是一个极简单的道理，可有人就是“不懂”，不知用心何在？我们一直强调爱国主义教育，这并不是问题，问题是爱国主义教育的有效性需要怎样的条件。只有这个国家是真正地爱她的人民的，善待她的国民，国民享有“思想自由、信仰自由、免于恐惧的自由与免于匮乏的自由”时，这个国家才真正值得她的人民去爱，她的人民也才会发自内心地去爱她。

当然，我反对以国家、民族的名义要求年轻人作出承担，作出牺牲。《围城》里一位国民党的政府官员以“党国”的名义要方鸿渐服从命令，方鸿渐意味深长地回答道，“那是你的党国，不是我的党国”。只有一个国家真正是主权在民，这个国家才不会成为个人异己的力量，国民也才会从内心深处认同为祖国。因而，我们需要切实推进中国政治民主化的进程。为此，年轻人要有“大我”意识，这是健全的自我的脊柱，一个大写的“人”的生命气焰。倘若没有这点气焰，安于个人得失，沉溺于小我情调，生命就显得暗淡、苍白、轻薄。从生命需要本身去启迪心智、点醒觉悟，教育作为价值引导才能产生可靠而长久的实效。

怎样使我们的国家成为一个现代国家，怎样使所有的中国人都为自己是一个中国人而由衷地感到自豪与骄傲，怎样使她赢得每一个中国人发自内心的热爱并由衷地认同——这就是我的祖国，这样一个沉甸甸的问题，确实需要我们民族去朗声作答。

我这样看世界

我是如何来看世界的?如何使我对世事的观察结论饱含更多的真知灼见?我在谈论古往今来的一切事情究竟坚持了哪些基本的信条或准则?我常常会思考这样一些问题,这大概也就是思维自我监控的一种必然表现吧。

细细揣摩,我观察世界、解读信息大体上或者说力图坚守这样的准则:个人立场、人类意识、全球视野、民间情怀。

所谓“个人立场”,意味着从个人有限的经验和智慧出发,不屈从于群体压力,不盲目从众,不以任何利益群体的利益代言人自居,不削足适履地披挂某种主义,回到自己的内心,以自己的本心看待一切人和事。当然,任何人都不会有所谓纯而又纯的“个人立场”,所有的人都是社会的人,都会打下他所浸染于其中的那个文化的印记。譬如我现在的一切言论和作为都必然带有“二十一世纪初中国普通知识分子”的印记。在一定意义上说,自我是最真实的存在,尽管人们都不可能完全摆脱自欺、自蔽、自满和自大,但心智基本健全的人最清楚自己内心的欲求、梦想与渴望,最清楚任何一件你感知到的人或事带给你的感怀、你的内心真实的评判。

一个言说者,只有坚守个人立场,才能发出真实的声音,一种未经伪饰、一种没有太多利害的权衡、一种没被他者左右的声音。这样也才能给听众更多的直面人心的机会，使他人成为更具清晰度的观照自我的镜像。那种被包装、被操纵的“发言人”的声音愈少，我们接近真实的内心的机会就愈多，我们相互交谈达成共识的可能性就愈大，社会交易成本也就愈小，一个公正而有效率的社会就愈有可能形成。

着眼于人类利益，而不局限于地缘政治思考问题，自觉摒弃狭隘的民族主义，这就是我强调的人类意识。一个人愈具有人类意识，他就愈能成为一个纯粹的人，一个超越自我的人，其个人立场就愈有价值。

思想者的人类意识必然通过全球视野得以体现。所谓全球视野，也就是国际眼光或者国际视角，能够站在全球或更广阔的角度上观察和评论种种世相，促使我们国家卷入到世界主流文明中去，“同浴于世界文明之流”。

全球视野之所以值得推崇，还因为我们只有努力超越眼界的局限，我们对事情的判断进而作出的行动选择才会更加明智。一个不争的事实是：一个人一生的脚步，绝不可能超越其视野的极限，要走一条什么样的路，必须要通过自己的视野进行选择，因为“眼界决定境界”。

近二三十年来，一个越来越明显的趋势就是全球化。一个人能否具有全球视野，并非完全由是否具有海外留学或工作的经历决定。现在出国留学已是一件十分容易的事情，几乎只要付得起学费，申请就读国外的大学都完全可能。因此现在的“海归”，相当多的一部分是在国内上不了好大学，甚至是上不了大学然后转向国外上大学的。这部分人天资和知识基础都属于不够优秀的那一种，他们虽然可能具有国外大学的真正文凭，哪怕是什么硕士、博士之类的，却并没有真才实学（克莱登大学的文凭还不在此列），在国外也实在混不下去了，他们才都回到了国内。发达国家真正有价值的东西没有学到，表面的所谓时尚、奢华却学了不少，他们眼高手低，都成了些创造不了价值却自视甚高的一类人。

我的同事中就有不少海外归来的。我并没有发现他们在对种种问题的认识上比那些没有海外经历的人更具有见识，在学术成就上也丝毫没有更显卓著。海外经历、多元文化的学习和工作经历固然有助于全球化视野的形成，但也并非必要条件。重要的是要有全球视野的意识，并通过广泛阅读、系统研究，来建构起自己观察事物的视界，正如我们研究古代史并不需要（当然也不可能）在古代生活一样，今天资讯的发达，使得“秀才不出门，能知天下事”真正成为可能。

最后一点是民间情怀。所谓民间情怀，就是非官方色彩，非党派立场，以赤诚的心灵、质朴的语言，去亲历、见证、记录和披露世态人心，对权势和自己所处的时代说出真话，对来自权势和传统的谬误与欺骗坚定地说“不”。

基于上述我看世界的立场，我对于中国社会有两个基本的判断：其一，我们在政治、经济、文化、教育等方面仍是一个落后国家，我们的起点还很低，我们的基础还很薄弱，我们与世界发达国家还有很大的距离；其二，我们的社会在国际化的背景下也在点点滴滴进步，任何过分地逆历史潮流而动的思想与制度不再有广阔的市场。

第一个判断有助于使我们保持冷静，而自觉拒斥暴发户的心态。我们仍需卧薪尝胆、低调行事的作风，千万不要觉得我们是世界大国、世界强国了。我们 80%的国民，生活质量还很低，40%的人还生活在巨大的生存压力之下，60%的人还远没有真正享受过生活，更有 10%的人生活在悲惨的境遇之中，如中国农村的残障人士、孤寡老人、因病致贫的人们。一个社会的文明程度主要看社会最底层的人们所受到的关注程度和他们的生存境况。我们今天需要大力呼吁从制度设计到民间慈善，给予那些生活在社会底层的人们更多的关爱和扶助，让他们生活有最起码的人的尊严。

社会财富和机会过分集中在少数人身上，必然导致严重的边际效用和资源浪费，正如现在少数人整天山珍海味，营养过剩，而更多的人却营养不良。我发现许多县级高中的学生就营养不良。

第二个判断使我对这个社会还保持着一点信心，一点乐观的期待。

我个人这一辈子没什么后顾之忧了，该有的也都有了。可以更多地，甚至是全部心思关注社会。像我这样的人，相对数也许不多，但绝对数还是不少的，在我们国家至少有 200 万，因为县处以上的官员在我们国家就有 130 多万。尽可能地呼吁，尽可能地敦促政府成为一个有限政府、阳光政府、责任政府，尽可能地与一切不利于社会进步的言论和行动做不妥协的斗争，这是我们这些人完全可以坚持不懈地去做的事情。

我们的政府在进步，这是有目共睹的事实。尽管我们的政府仍存在着诸多的问题，仍算不得是一个好政府，但我并不主张推翻它。因为，历史一再地表明，推翻一个我们不满意的政府，并不能保证我们能建立一个更好的政府。而推翻一个不好的政府，社会要为此付出非常巨大的代价。我们比较明智的态度就是以建设性的姿态，与政府合作，帮助政府改进工作，包括涉及一些根本的制度建设。我们每一个人都有责任敦促政府朝着现代政府的方向进步，持续不断地朝着现代文明的方向改进、改革、改良，因为社会是我们的社会，国家是我们的国家。

从《儿童权利公约》说起

1989年11月20日，《儿童权利公约》由联合国大会通过。其中有这样一项内容："确保有主见能力的儿童有权对影响到其本人的一切事项发表自己的意见。对儿童的意见应按照其年龄和成熟程度给予适当的看待。"

联合国儿童权利委员会副主席汉姆柏格先生对体现《儿童权利公约》基本精神的四个原则做了说明：1.儿童最佳利益原则。任何事情凡是涉及儿童，必须以儿童利益为重。2.尊重儿童尊严的原则。这条原则与儿童的发展和生存权利有关，但其意义不仅仅局限于儿童"不被杀"，它指向于儿童生存与发展的质量问题。3.尊重儿童的观点和意见的原则。任何事情如果涉及儿童本人，必须认真听取儿童自己的观点和意见。4.无歧视原则。不管儿童的社会背景如何，儿童的出身、贫富状况怎样，不论男孩还是女孩、正常儿童还是残疾儿童，都应当得到平等对待，而不应当受到任何歧视或忽视。

而在我们的现实生活中，我们习惯于以成年人的是非标准衡量一切，以成年人心目中的理想的模式为孩子设计未来。这不仅剥夺了孩子自主解决问题、自主选择发展道路的权利，而且也极易养成孩子被动与依赖的性格，而不利于独立地、自信地面对世界。

我们有一句口头禅："好孩子一定要听大人的话。" 言下之意就是不听大人的话的孩子不是好孩子。有人把我们的教育称为"听话的教育"，联系一下我们的现实，这种说法不是没有根据的。别的不敢说，可以肯定的是，"听话的教育"肯定不利于富于个性的人和富于创新精神与创新能力的人的培养。

我们的家长，包括相当多的老师都是真心实意爱孩子的。但完整的爱、健康的爱，理当包括这样五个要素：了解、尊重、关怀、给予、责任。这五者是一个整体。倘若缺乏了解，爱就是盲目的；倘若缺乏足够的尊重，爱就会变为支配与控制；倘若缺乏关怀和给予，爱就是空洞和苍白的；倘若缺乏责任，爱就是轻薄的。这在任何的人与人的关系中，都是如此。

在学校教育中，我们非常严重不足的就是，我们的教师很少从学生的需要、兴趣组织学习内容，很少关注学生在学习过程中的感受，很少关注每一个学生的现实处境。对待学生的态度，在很大程度上，能够折射出教师的人格修养，正如一个社会怎样对待处境最为不利的群体，能够反映出一个社会的文明程度一样。

我们教师往往一味从自己的心思和愿望出发：我觉得重要，作为学生，你也就一定应该认识到它的重要性；既然我很用心地讲了，你就该很好地领会。这是我们老师非常普遍的心理。这种心理表面上看是成人中心，而成人中心，说到底也就是自我中心、个人中心，是一种专制性格，而不是民主的性格。其实，这又涉及国民性的问题。所以，教育问题归根到底是社会的问题和文化的问题。

专制性格也会表现为对人的不尊重，对于独特性和多样性的漠视，而缺乏设身处地为别人着想的意识和能力。所以，专制的性格还表现为心胸的褊狭和眼光的短浅。因此，在我们今天的文化境遇中，倡导宽容，珍视多元文化，推崇国际视野，鼓励超越地域、民族与意识形态等的局限性，都有着现实而紧迫的意义。

过高的要求，也许不切实际。在对待孩子的问题上，要求我们的家长和教师，努力做到“对儿童的意见按照其年龄和成熟程度给予适当的看待”，这个要求应该是不过分的。

两性差异与教育

男性和女性的区别在每一个社会文化共同体中都是文化分类的重要标准。但不同种系的文化及其不同的发展阶段，在男性与女性的地位确认及性别文化的内涵上却是很不相同的。

两性在生理与心理上的差异是客观存在的。“不同性别之间存在着肌体差别既是明显的又是普遍的，但是心理上的差别中，哪些是文化程度导致的，哪些是天生的，则是一个需要很长时间才能解决的有争议的问题。”[(美)理查德·D.范斯科德等著《美国教育基础——社会展望》，教育科学出版社，1984 年，第 252 ~ 253 页]譬如，一般认为，女孩学习数学的能力不如男孩。然而一些研究证实，在学习数学的能力上并不存在性别差异的倾向。某些统计数字所表明的男孩在数学方面要胜过女孩，只是因为在女孩的早期生活中人们便让她们相信自己不适宜学数学。因此到了青春期女孩往往回避选修数学课。[参见(加)江绍伦著《教与育的心理学》，江西教育出版社，1985 年，第 293 ~ 294 页]但我们可以肯定地说：生理的差异是自然存在的，它既是心理差异形成的一个生物前提，又在一定程度上受到文化及其教育的重塑；而心理差别，则是在生理差别的基础上，主要是由文化及其教育所导致的。

“关于环境具有超乎寻常的作用，不那么极端的例子就是通过性别归类——即按社会所要求的性别角色归类来进行教育——这项工作一般开始于出生之日。”婴儿一落地，人们首先必然要问这孩子是男是女，答案不同，父母的态度和期望从那时起就会有所不同：他们对待孩子或多或少就会不同，对孩子的举止的要求也会不同，衣服、玩具、游戏、搂抱、奖励、惩罚、说话的口气、父母的标准……这一切环绕孩子的世界，清清楚楚地划分开了对男孩和女孩一举一动的不同要求。

大约到了3岁时，儿童开始萌芽某些适当的性别心理特征。在儿童时代的所有社会关系、各种游戏和幻想中，儿童总是扮演这种“指定”的性别角色，并且通过外界的作用不断加以强化。最后，直到青春期的种种生理变化才完全确定了这种性别角色。

过去，人们认为不同性别的各种特征天生就是固定的、一成不变的，但是现在许多研究表明，心理和社会的因素在很大程度上决定着不同性别的各种特征。此外，在研究天生就有性发育缺陷的儿童时，有结果表明这些儿童既可以被当做是男孩来抚养，也可以被当做女孩来抚养。他们长大后的行为举止，完全符合人们当初给他指定的特别角色的要求，这几乎从未有过例外。（迈·凯梅·普林格尔著，禹春云等译《儿童的需要》，春秋出版社，1989年，第3～4页）

承认差别，甚至珍视差别不等于否认平等。心理科学研究表明：女人的心理感受性比男人高，但创造性思维能力稍差；男人的特长是思维具有广泛性、创造性，眼界较宽，概括问题能力强，看问题比较长远。也有科学家的研究表明：人脑两半球可独立工作，男人大脑以右半球为主导，女人大脑以左半球为主导，所以男人富于空间思维，而女人却擅长言语词汇。通过性差心理学家对男女数字辨别能力、命题理解能力、言语能力、定向认知能力、联想能力、解决迷津能力及识别图形问题能力的测定，发现男性在解决迷津、探索理论问题、机械发明和创造性的解决问题方面的能力比较高；而女性在词汇积累、记忆、识别图形与数字等方面比较好。（参见叶一舵编《男女生的学习心理差异》，福建教育出版社，1985年，第3、11、34页）性差别并不是缺陷。在任何社会文化共同体中，为了整个社会文化共同体的和谐健康发展以及每一个个体的自由、全面的发展，具有各种能力的人才都是必要的。而且，各种能力之间具有“不可通约性”，我们很难笼统地说哪种能力更为重要。另外，男人与女人是互相创造的。社会文化的进步，取决于能力更为广泛的心理因素。

我们反对性别歧视，强调男女平等，也不是抹煞差别，而是正视差别并珍视差别，寻求人格的平等。那些“性别歧视——认为女人是糖、是调味品、是嘲弄的对象”，“男人是女人的头，女人是男人的荣耀。并且男人不是为女人造的,女人乃是为男人造的”(《美国教育基础——社会展望》中译本,教育科学出版社,第232~233页)等观念,只是人类文化在一定历史时期异化的产物。只有在消除了文化异化的社会中,男女平等才能真正成为可能和现实。从个体来说,对待妇女持何种态度,这是衡量道德的一种尺度。马克思曾指出:“根据这种态度,可以判断一个人的一般文化水平。”

男女两性,无论各个年龄阶段的生理差异,还是心理差异,都是教育的依据——教育所应认真考虑的。在教育中,一方面,应正视差别、珍视差异,根据差异提供恰切的教育内容,以引导受教育者建构一种科学的角色认同的意向,并进行生活导向和职业导向;另一方面,又在尊重差异的前提下努力培养一种最优的智力—能力结构,并培养受教育者一种高尚、健康的对待男、女差异性的态度和感情。

人、环境与教育

人是环境的产物。在这一命题中,“人”既可指整个人类,或一个人群,也可以指“个人”。而环境,则包括自然生态环境和人文环境,即我们可以“遭遇”到的一切。因此,“环境”的最大项就是包括生产力发展水平在内的社会文明程度。正如马克思所指出的:“一个人的发展取决于和他直接或间接进行交往的其他一切人的发展,彼此发生关系的个人的世世代代是相互联系的,后代的肉体存在是由他们的前代决定的,后代继承着前代积累起来的生产力和交往形式,这就决定了他们这一代的相互关系。”(《马克思恩格斯全集》第40卷,人民出版社,1974年,第515页)

“人是环境的产物”,意味着在人的发展上,环境有着决定性的影响力。人种的进化就很好地说明了这一点。比如,寒冷地带的人鼻翼比较长,而热带地区的人鼻翼则比较短。这是因为,前者从体外吸入空气进入体内,需要通过比较长一点时间的温暖,而后者却不需要。还如,热带地区的人们嘴唇比较厚,而寒冷地带的人们嘴唇则比较薄。人们的嘴唇之所以是“红”的,是因为它布满了血管。嘴唇厚有助于从人体内散发出更多的热量,嘴唇薄则有利于保存人体内的热量。赤道地区人们自然鬈曲的短发则是为了形成一个空气层,更好地保持大脑免受过于强烈的阳光的暴晒。

俗话说:“十里不同风, 百里不同俗。” 康芒斯指出:“习俗不只是习惯。它是造成个人习惯的社会习惯。”(康芒斯著,于树生译《制度经济学》上册,商务印书馆,1962 年,第 58 页)“‘习俗’是一种外在方面没有保障的规则,行为者自愿地事实上遵守它,不管是干脆出于‘毫无思考’也好,或者出于‘方便’也好,或者不管出于什么原因,而且他可以期待这个范围内的其他成员由于这些原因也很可能会遵守它。”[(德)马克斯·韦伯著,林荣远译《经济与社会》上卷,商务印书馆,1997 年,第 60 页]风俗(习俗)是一定的人群适应生存的自然环境的产物。而一定的风俗一旦形成,它又构成人们生存环境的一部分,成为塑造人们性格的一种力量。

孔子说:“知者乐水,仁者乐山。知者动,仁者静;知者乐,仁者寿。”(《论语·雍也》)其意是说,智者像水一样机智敏捷,善于应对,随物附形;仁者像山一样厚重质朴,不管风吹雨打、电闪雷鸣,仍然岿然不动。智者乐水是因为水的澄澈、流动与深沉难以测量;仁爱之人像山一样平静,一样稳定,不为外在的事物所动摇。

“知者乐水,仁者乐山”,这一说法是有意味的,其实如果说“山更能成就仁者作风,水更能熏陶出智者气象”也是很有道理的。1996 年,我的导师孙喜亭教授到长沙参加学术会议, 在岳麓山下的枫林宾馆住了多日,特别是参观游览了依山傍水的岳麓书院,深有感触地对我说:“湘江之滨能产生出那么多的才俊,与这方山水的灵秀是密不可分的。”我从自己的成长经历中,感悟出“山水孕育灵性,朗诵涵养才情”。浙江嘉兴海盐县境内的南北湖风景秀美,集“山、海、湖”于一体,是难得的休闲度假的胜地,特别是它的“人生得意山水间”的广告词可谓深得吾心。

在“个体”的意义上,人同样是环境的产物。古人曰“蓬生麻中,不扶而直”,讲的就是环境对人具有潜移默化的陶冶作用。班杜拉的社会学习理论也告诉我们:人是在社会环境中进行学习,从而形成和发展个性特点的。

一个人生活的家庭文化环境对个人的成长有着更直接的影响。美国社会学家发现，在使用第一人称上，出身于社会上层阶级的人习惯于用第一人称的单数，如：I guess……，I believe……，I want……而出身于社会底层的人更倾向于用第一人称的复数：we、our、us。我想原因就在于：出身于社会上层的人获得过许多的成功的体验，他们往往更自信，更容易显示出个人的自主性和独立性，所以会更直截了当地表达个人的需要、愿望和感怀；而出身于社会下层的人往往自信心不足，比较怯懦和卑琐，常常不敢理直气壮地表达个人的意愿和观点，所以经常要“扯虎皮作大旗”，成为“隐入群众之中寻求庇护的人”。

人是环境的产物，但环境也是可以由人来改变的。当今中国正走在通向法治社会的路途之中。“人情社会”制约着中国的进一步发展，中国迫切需要建立法律至上的观念，“江湖中国”的土壤之上是建立不起法治大厦的。

为了国家和民族的进步，需要我们以积极的心态从点滴做起。即使一切都不改变，我们仍然有努力的空间。更何况当我们不能改变环境时，我们可以改变我们的心态，而心态改变了，环境就发生了变化。因为所有的现实都不过是我们眼中的现实。当社会文明程度得到提升时，教育的环境就会变得更好，我们教育的努力就会更有效率。

“教育是我们时代少有的伟大希望之一。在一个理性的世界中，教育取代了许多古老的神话和信仰。正是通过教育，现代人才相信美好的将来掌握在自己的手中。教育就是塑造未来。”（查尔斯·赫梅尔著，王静等译《今日的教育为了明日的世界》，对外翻译出版公司，1983年，第4页）而教育就是环境的创设，它体现着人的能动性和超越性。创设一个安全、快乐、奋发向上、互助友爱、诚信、和谐的生活环境，不仅有益于学生的成长，也有助于社会的进步。

由《聪明的麻烦》想到的

《聪明的麻烦》是2000年1月16日中央电视台的《实话实说》播出的节目。这个节目讲的是两位早慧的青年学子的成长经历：一个很早进了中国科技大学少年班，后因缺乏对于所学专业的兴趣，改行做了别的；一个也是很早进了一所名牌大学，学习期间由于缺乏自控能力，沉迷于游戏机而导致学业荒废，以至于被学校勒令退学。

为了国家和民族的振兴，人们一直期盼着早出人才，多出人才，出好人才。这种愿望无疑是十分美好的，但如何使这一美好的愿望变成现实呢？按照某种模式，寻求某种捷径，揠苗助长，急于求成，实践证明是徒劳的；而使每一个人都能得到充分的尊重，有足够的价值实现的空间，创造一个和谐发展的氛围，恐怕是一个重要的条件。

究其原因，就在于"人才"这个概念，其本身就是值得我们认真反省的。因为所谓"人才"是从社会需要的角度来对人的要求，是从人的"有用性"来定义的；它至少在视域上有这样一个盲点，那就是，无视每一个人都是独特的、值得无比珍视的，都是构成社会生态的不可或缺的一个"要件"和"环节"（这些词都有将人"物化"的嫌疑，但实在找不到合适的词）。个人的自由、全面、和谐的发展，才是良好教育应该追求的目标。"天生我材必有用"，让每一个人成为他自己，而不仅仅是所谓的"人才"，倡扬的就是教育的内在价值，而不是其工具性价值。

作为这次节目的特邀嘉宾的陈小姐提及了一个很有意思的现象：受到过多表扬的学生，会有一种"表扬依赖症"，会渐渐在表扬声中丧失自主的意识和能力，被表扬牵着鼻子走。每一个人都生活在有形和无形的控制中，对于表扬的依赖，实质上是生活在他人无形的控制中。

这大概就是人们常说的不仅有"棒杀"，而且也有"捧杀"：当一个人在成长的历程中，受到了过多的关注（这里所说的过多是与其周遭的孩子所受到的关注相比较而言的），不仅容易导致自我中心、自我膨胀、自我封闭和浅薄的优越性，而且也不利于培养具有“自由意志、独立人格”的个体，那些有“表扬依赖症”倾向的孩子甚至很容易成为某种强权意志“诱降”和“招安”的牺牲品，成为“谢惠敏”式的人物。由此看来，中小学中各种各样的、窄化价值评价标准的评优，如果从长远考虑，不论是对整个社会，还是个人，很可能弊大于利。

如何让学生对于所学的学科或专业获得深层次的、积极的情感体验，恐怕是十分重要的。一些即使在中学奥林匹克竞赛中获奖的学生，由于重复训练和缺乏学习过程中愉快的情感体验，最终放弃了对于“优势学科”的继续深造的计划，这正应和了“10 岁的神童，20 岁的秀才，30 岁的庸人，40 岁的白痴”的古语。这是很值得我们深思的。

要成为某一领域的杰出人物，天赋无疑是十分重要的，这其实就涉及教育学中经常讨论的“遗传、环境与教育”三者之间的关系。说得极端一点，杰出人才不是培养出来的，而是天造地设的，正如灌木，你给予它再好的生态条件——阳光、水分和养料，它也只能是灌木，而不可能长成参天大树，充其量不过长得茂盛、葱郁一点；而乔木，倘若缺乏良好的生态条件当然也很难，甚至不可能成为参天大树。但不同的人其天赋显露有早晚之别，也并非显露得愈早愈好。

任何一个领域杰出人物的成长都自有其规律。如果说，在政治领域、经济领域曾有过、现在也在批量地生产着“暴发户”，但在学术领域，尤其是在人文社会领域不太可能出现“暴发户”，因为它需要相当的积累，特别是个体经验的积淀。较之于“少年得志”，我更欣赏“大器晚成”，因为“少年得志”者大多有那么一点轻薄和张狂，一点人格上的苍白；而大器晚成者，那种历尽沧桑的凝重和深厚，那种厚积薄发的从容与放达，更有一种摄人心魄、令人景仰的个性魅力和人格魅力。

人的成长与发展是一个十分复杂的过程，尽管千百年来，人类第一流的头脑均在不断地探索“什么是良好的教育”这一主题，但仍有许许多多的理论盲区。尽管我们无法设计出普遍有效的人的培养模式，但有一点似乎可以肯定，尊重儿童的需要，崇尚自然，创设宽松自由的成长氛围，却是普遍有效的法则。

美国全球教育的启示

当今世界的一个主要趋势就是:人类文化的一体化和民族文化的多元化——这是同一过程的两个方面。全球意识与人类意识和开放意识有着密切的关系。全球意识的核心就是对于整个人类共同利益的关心和对人类赖以存续的唯一的地球的爱护与关心。因此,全球意识也是一种价值观念和道德规范,是现代公民素质的重要方面。全球教育不仅为各个国家、各个地区日益密切的相互依赖所必需,也是个人素质全面发展所必需的。

为了学生素质的全面发展,我们有必要促使个人与整个人类进行普遍的交往,以便使个人从人类的差异性和多样性中吸取营养;让年轻的一代通过感知、理解和鉴赏人类价值观和利益的共同性和差异性,学会透过自己民族文化的观点观照其他民族的文化,也能从其他民族文化的观点透视本民族的文化,从而使他们真正能“胸怀祖国、放眼世界”,能自觉地、富于鉴赏力地从世界其他民族文化中吸取有价值的东西,使我们民族文化更具世界意义,使中华民族为人类作出更大的贡献。

这就需要跨文化教育(intercultural education)。跨文化是“关于不同文化的知识和理解,以及在一国内部各种文化成分之间和世界各国不同文化之间建立积极的交流与相互充实的关系”。跨文化教育是对呈现某一文化的人类群体的受教育者进行相关于其他人类群体的文化教育活动。开展跨文化教育是要“促进对文化多样性的尊重、相互理解和丰富”,增进国际理解,并使同各种排斥现象作斗争成为可能。日本战后民主人士津田道夫在《南京大屠杀和日本人的精神构造》中一针见血地指出,“圣战的蛊惑结合日本国民中弥漫的他民族蔑视感,使得普通日本官兵对大屠杀没有丝毫抵触感和心里不安”。历史证明,从小被灌输只有日本好的日本民族是可怕的。

跨文化教育其目的应是引导这些受教育者获得丰富的跨文化知识,

养成尊重、宽容、平等、开放的跨文化心态和客观、无偏见的跨文化观念与世界意识，并形成有效的跨文化交往、理解、比较、参照、摄取、舍弃、合作、传播的能力，从而通过教育层面的努力，消解跨文化冲突，建构和谐的跨文化社会，促进整个人类社会的发展。

基于以上认识，我们向读者介绍美国教育界关于全球教育的理论和实践，以便我们更全面地实施素质教育。

随着世界社会经济结构的变化和美国社会的全球化，美国的教育结构也发生了相应的变化。在不断全球化的美国社会里，全球教育自然成为每个美国公民的理想的选择。美国人为自己跨世纪的一代青年起了个名字叫做“Global Generation”，意即“全球的一代”。未来的社会将更需要这样一类人才：他们能掌握多种语言，熟悉全球各地区主流的、非主流的文化，在不同的文化环境中有极强的适应力，乐于并善于同不同地区和民族的人们交往。在美国教育界看来，全球教育应该通过以下几个方面来进行：

首先，全球教育应给予学生充分的、多种多样的国际知识并展现出它们的历史性、文化多样性和其不同的意识形态。其次，全球教育的项目和课程应给参与者提供能够表达他们世界观的方法，并能使参与者了解个别社区所持的世界观的核心价值。再次，全球教育应给学生介绍广泛的分析和评估技术，为学生在未来生活和工作中分析、认识问题打下基础。最后，全球教育应为学生介绍一些实际工作中的策略，以便学生更好地理解和参与国家和国际事务。这样的全球教育可以使学生更好地了解社会、了解他人、了解国际形势的发展，站在不同的文化角度上分析其他文化，以增强学生对世界各民族的了解。

另外，全球教育也是学校变革的动因。通过对佛罗里达州戴德县(Dade County)263所学校中实施全球教育的164所公立学校调查，发现全球教育是学校变革的真正动因。主要表现在以下几个方面：

第一，全球意识的引入使教学内容更接近学生的生活实际。受过全球教育训练的教师将历史与现实巧妙地结合起来并科学地预测未来的发展趋势。现实的事件由于与历史巧妙地结合起来，于是反映出了它的现实意义。这些事件对其他国家和人民直接或间接的影响也从而得到了研究。在研究中，地理知识和分析技巧的应用使学生对各国的地理位置有了更好的了解。

第二，受过全球教育培训的教师热情高昂。他们的新教学方法确保了一些教学技巧在教学过程中能得以应用。这些教师有创新的自由。教学方法更注重以学生为中心。教师是学生的帮助者和引路人而不是“唯一的智者”和“注意的中心”。教师感到富有活力和责任感，师生配合更加密切。

第三，接受全球教育的学生热情高昂。和教师一样，学生对求知也充满热情。并且，当教师启发学生思考的时候，学习对学生来说似乎成了一种乐趣。学生在课堂中的积极程度和在考试中的成绩都比以前明显提高。

第四，学校管理人员、教职工及全体成员的合作关系有明显加强。共同的目标加固了彼此的关系。集体意识进一步确立，自豪感和主人翁的责任感油然而生。

第五，家长和社区成员以不同的方式参与到全球教育中。在一些地方，家长成了一些具体活动的组织者和领导人，如制作民族服装、烹饪民族食品等。

第六，全球教育加强了民族内部和民族之间的理解。使人们对不同民族的文化传统和贡献有更深刻的了解。全球研究和活动有助于减轻多种族、多文化、多语种的城市社区的紧张和冲突。

实施全球教育的途径和方法很多，但主要要从以下几个方面思考：

（一）全球教育中课程建设　美国人越来越意识到他们未来的生活和希望与整个世界的发展密切相关。这一观点得到了领导人、教育家和普通公民的一致赞同。美国一些州，如新泽西州、加利福尼亚州、佛罗里达州、明尼苏达州等都通过了一些决议，来发展全球教育。他们共同的口号是“通过学习人文学科，加强国际间、跨文化的知识与能力”。但是真正改革来自于学校这一层。如果教师希望把全球观念带入课堂，这已有现成的项目供他们使用；如果学校愿意增添新课程，也有新的科目供其所用。要真正做好课程改革工作，就应给教师充足的时间，让他们对课程进行反思，在教师间彼此合作，在学科间取得沟通。

（二）学校领导与全球教育 学校领导作为教育的决策者和决策的执行者，应对学校在变化的世界中的作用有清晰的认识，并应具备推广其见解和鼓励人们朝此奋斗的策略。要很好发挥学校领导在全球教育中的作用应从以下几方面入手：

1.校长必须把全球教育作为一种坚定的信念与教师沟通，并为教师提供设计、执行、评估课程、教学实践等方面与全球教育相关的材料，同时提高自身的知识水平和工作技巧。

2.学校文化常模必须起到支持变革、支持同行交往、尊重教师的作用。

3.教师骨干应把自己对全球教育的深刻认识在同行中进行推广，并能把同行的变革动力导向这一认识。同行们应认识到自己对学校、地区和社区所担负的责任。

4.支持全球教育的校外机构必须保证建立在学校领导阶层周围的对全球教育有清楚认识基础之上，以避免全球教育的盲目性。

对学校领导来说，全球教育不仅仅使孩子了解世界，同时能使个别学校达到自己的目的，并带来课程和指导方法上的巨大改观。

（三）教师的成长与全球教育 在美国，全球教育以一种激励人心的力量给教师带来了新的活力。在对参加全球意识教育实验的11所学校的调查表明，全球教育对师生的意义有三点：1.促进师生对跨文化知识的了解，加强对新知识和新观点的认识和掌握。2.将整体学习的方法引入教学中，这不仅增加了学生对跨学科知识的掌握，而且培养了学生的整体心理素质。3.加强了学校与社区的合作关系。

由于全球教育以上三方面的影响，教师在实施教学中的作用得以充分体现。教师对学生的学习材料有充分的选择自由。教师的想象力和创造力在课程设计中得以充分发挥。网络活动成为教师最喜欢的活动。通过这种活动，教师与同行交流思想，吸收同行的经验，解决自己面临的问题。全球教育给教师高度的信任感和选择权。教师在应用自己创造和设计的课程中感到新的活力。

（四）全球教育中的中小学与大学的伙伴关系 在全球教育中有效地建立持久的中小学与大学的伙伴关系的基本原则是：1.注重校园文化建设与领导的作用。2.全球教育应面向全体。3.伙伴关系必须使双方受益。4.对全球教育的概念应有统一的认识。

像其他任何一项有意义的工作一样，建立成熟的中小学与大学的伙伴关系也需要时间、耐心和毅力。彼此从中收到效益也并非一朝一夕之事，它需要双方的长期合作。其收益主要表现在两个方面：1.中小学和大学师生从全球的合作项目中获得新知识。2.这种伙伴关系为职前和在职教师间的沟通创造了机会。中小学为职前教师提供了指导教师和实习场所。指导教师每年至少可以有一天的时间去大学接受高级培训。

（五）全球教育与社区 深入到社区的全球教育无疑是最理想的全球教育。它不仅增加了给学生指导的机会，扩大学生学习机会，同时得到社区的支持。学生通过探究国际大事和其在本地区的反映和表现，增强了自身对全球事务的了解。遥远而复杂的全球问题因而变得具体和切近。同时这也使学生通过探究社区问题而联系到全球问题，激励人们用跨文化的方法来观察问题。

以社区为基础的全球教育的意义在于：1.有利于新课程的制定，使课程能及时反映时代的需求。2.促进并加强跨学科知识的实际应用，有助于实现教育目标。3.有助于收集教学材料。4.可以鼓励社区成员对全球教育的支持。

以上种种方法在使用时并非彼此孤立，而是相互联系的。只有全面系统地考虑和使用这些方法，才能使全球教育得以正确地实施和发展。

总之，美国的全球教育实施的指导方针有三点：1.尽可能清楚地解释什么是全球教育和其在当前社会中尤为重要的原因。2.为那些有志参与和发展全球教育的人提供方法性的指导。3.展示全球教育是如何作为一种途径给学校工作带来了帮助和活力。

联合国教科文组织教育发展委员会《学会生存——教育世界的今天和明天》一书在谈到未来教育的目的时，把“国际理解教育”视为重要内容，指出：“教育有一个使命，就是帮助人们不把外国人当做抽象的人，而把他们当做具体的人，他们有他们自己的理性，有他们自己的痛苦，也有他们自己的快乐，教育的使命在于帮助人们在各个不同的民族中找出共同的人性。”

美国全球教育的理论和实践，对于改革开放的中国，对于日益成为国际舞台上有着重要影响力的中国，无疑是具有重要的参考价值的。人类必须高扬正义的大旗，声讨一切的人间不平等，反抗新殖民主义和帝国主义欺压弱小民族的行径，歌唱人道主义，维护世界被压迫民族和人们的利益。我们仍然不能无视这一残酷的现实：今天世界许多地方的人民仍然遭受着种族、文化和阶级的压迫。

美国全球教育的理论和实践，尽管隐隐约约地使人感到有一种“美国中心主义”或“霸权主义”的幽灵，但在一个国际化的今天，在这个日益变小的地球上，除了加强全球教育，使我们的国家和公民个人在世界舞台上扮演更多、更重要的角色，我们别无选择。而且，这也是我们对各种形式的霸权主义的一种有效的遏制。

教师的解放

中小学教师负担过重、劳动强度过大已成为不争的事实。焦虑、过敏、抑郁、偏执等特征与倾向普遍存在于一些教师身上，说我国中小学教师是全世界最辛苦的教师恐怕也并不过分。我国中小学教师人均日劳动时间为 9.67 小时，比其他岗位的一般职工日平均劳动时间高出 1.67 个小时，其睡眠时间比一般职工平均少 1 小时，娱乐时间少 0.5 小时左右，积累起来，年超额劳动时间为 420 小时。难怪有人调侃道：教师是每天“两眼一睁，忙到熄灯”，到头来却是“两手空空，脑袋空空”。据《北京市卫生统计资料汇编》显示，2001 年北京市人口平均寿命 75.85 岁，但知识分子平均寿命要低于该数字，其中，教师的寿命尤其偏低。

中小学教师负担过重的原因究竟在哪里呢？据我个人有限的经验来判断，大概有这样几方面的原因：

首先是教师的编制过紧——编制过紧导致工作量过大，绝大多数中小学教师一周上课量均在 16 节以上，平均每天三节到四节课，再加上要备课、批改作业、管理学生、在职学习与培训，整天忙得焦头烂额。教师在校工作时间长，劳动强度大；学生多，批改作业多；工作空间小。当他们面对紧急、意外、难堪等情况时，情绪与行为便易失去控制，甚至表现出歇斯底里。我们很多党政机关人浮于事，可对中小学教师的编制如此之紧，是不是有点“欺软怕硬”？

其次是社会对教育的期望过高。社会和家长对教师的要求过高，学校的制度也越来越细，造成了对教师过重的心理压力和精神负担。在很多人看来，教师就该如何如何，这造成了对教师的精神禁锢。回顾历史，虽说也流传着“家有隔夜粮，不当小孩王”的古训，但曾几何时，在“天地君亲师”的条幅之下，教师毕竟还拥有着毋庸置疑的尊崇地位。如今过去的荣耀在逐渐消退，现实的压力却与日俱增。作为教师，每天必须面对的是学生，“为人师表”是这一职业的特殊性，这迫使教师常常不得不掩饰或压制自己的负面情绪。长此以往，日积月累，很容易让人背上沉重的心理包袱，甚至产生情绪障碍和疾患。

再次是一些职能部门经常对学校指手画脚、吆三喝四，各种接待、检查、考评应接不暇，简直是把学校当成了滥施淫威的场所。在这样一种缺乏亲和力与尊重的工作环境和氛围中，任谁恐怕都要产生压抑感和倦怠情绪。

第四是学校人际关系不够单纯，一些“扶持一小撮，打击一大片”的制度、措施，使得教师之间产生了恶性竞争，产生了不应有的内耗，耗费了教师的精气神，毒化了人际关系。

第五是教师教育观念陈旧落后，对学生要求过苛，管得太多，缺乏等待的心情。今天，我们的教育非常需要无为而治的心态，干吗对学生要有那么多的要求，为什么不能任其自然一点呢？

第六是学校生活缺乏挑战性和活力。其原因在于条条框框太多，自主发挥的空间太小，现行的教育教学体制管得太多，统得过死，只能使人变成死教书、教死书、教书死的教书匠。这就使得中小学教师的工作比较单调和枯燥，几乎是一年又一年地重复前人和自己。教师长期以一种相同的、没有活力、缺乏激情的姿态紧张工作，怎能不生厌倦？难怪有教师说："做教师能让你变得麻木。"

最后是教师的教育素养和能力不够理想，有待提高。同样的工作量，如果你具有过硬的本领，在他人看来很繁重的工作，你也能举重若轻、应对自如、胜任愉快。

负担过重、压力过大的危害是巨大的。那就是损害了教师的身体健康，危害了教师的精神健康，妨碍了教师的成长与发展。忙碌是一种病毒，它使得我们慵懒、麻木、平庸和琐屑——当教师每天拖着沉重的脚步，带着疲惫的心身回到家中时，就只能是"沙发上的土豆"，看书学习就成了心有余而力不足的事情。久而久之，连翻书的欲望都没有了，哪里还能指望教师探索和钻研？而没有知识与思想来滋养心灵与生命，哪来分享、交流的内在需要？甚至使得有的教师与学生的矛盾多了、摩擦多了、纠纷多了，教师自身的困扰多了、烦恼多了、问题多了。如此一来，教师就容易形成职业倦怠感，教学就可能成为敷衍和应付——敷衍和应付，何来教育的高质量？

我一贯反对对教师过高的和过多的要求。社会要求教师奉献就意味着社会对待教师不够公正。但教师自己乐于奉献那是另外一回事。作为一个人，一个生活者，自觉地追求人格的崇高境界，受益的首先是我们自己，你会发现你是一个受人尊敬和受人欢迎的人，你会发现人际关系的和谐与温暖；其次最大的受益者就是你的亲人，你的孩子——你是他们的骄傲与自豪；最后，才是你的学生，整个社会和国家。

全社会从各个层面上来形成合力解放教师已是刻不容缓的事情。如果不这样，首先我们愧对教师，另外，这也是关系到国家与民族未来的大事。当然教师自身也有调整心态、校正观念、提高素养、自我解放的必要。世界其实就是我们自己，当我们以光明、正直、昂扬、乐观的态度去看待生活，我们就会生活在光明、昂扬、乐观、向上的生活中，这就是所谓的"境由心生"。给自己更多的积极的心理暗示，相信信念的力量，这也是教师解放的应有之义。

作家与教授

著名作家贾平凹受聘为西北大学文学院现代文学史的硕士研究生导师，对此见仁见智是十分自然的事情。中央电视台《实话实说》将其做成节目，名为《大学来了个贾老师》。我有幸作为嘉宾发表自己的看法，事先节目的策划人杨东平先生和张虎迪先生嘱托我保持中立的立场，对不同的意见从教育学者的角度予以评论。

其实，这件事涉及两个层面的问题，一是作为一个个案，一是这个个案所代表的一种倾向。

作为一个个案，贾平凹先生作为西北大学的教授，我是持肯定态度的。理由就在于：首先，文学创作与学术研究之间并没有一条不可逾越的鸿沟。学术研究并不神秘，它不过是思想的澄清与理论的创制过程，而理论无非是对事物的描述、解释和预言。学术研究不只是概念的演绎，不只是思辨，它还需要明敏的感受力，甚至是想象力。缺乏明敏的感受力的学者，其作品充其量只是一些概念的演绎，一定缺乏打动人心的力量。一个优秀的人文学者一定做过文学梦、作家梦，甚至说得极端一点，从事人文学术的研究是文学梦破灭之后退而求其次的无奈的选择。作家与教授兼于一身，在旧时代是很多的，如鲁迅、老舍、朱自清、闻一多，他们是优秀的作家，同时也是著名的学者。

有人对贾平凹先生不能全副身心投入创作，而要分出一部分时间和精力来从事研究生的指导工作表示惋惜和不理解。其实，我们也完全可以从另外的角度来看待。我们都知道，生活是创作的源泉。和学生打交道，感受学生的成长，感受他们成长中的欢乐与痛苦，体察同事之间的人情世故，这难道不是生活吗？20 世纪 40 年代，钱钟书先生写出了《围城》，刻画了那个时代大学中人的众生相，谁又能肯定贾平凹先生不会给我们描写出今天大学中各色人物的苦与乐、希望与梦想、光明与阴暗？

在各个领域高度专门化的今天，任何人都不可能是全才。我想，贾先生也不例外。在大学，一个系一个专业的研究生导师应该是一个团队，在这个团队中各有专精的教授优势互补，共同担负着培养人才的任务。把研究生当成自己的私有财产，搞门户之见，是不利于事业发展的。

导师对于研究生，第一位的是作为其权益的监护人，其次才是人生与学问的引路人。并不是所有人都有机会成为研究生的，而是需要经过严格的选拔。对于一个人，攻读硕士或博士学位研究生，最重要的是赋予他角色意识，给予他一个自由探索的领域，其次是有导师的指导，有机会进入到一个学术群体之中，这也是教育对于人的甄别与选拔功能的一个体现。

如果一个人到了研究生阶段还对老师有一种依赖，而不会自己学习、自己探究，那他(她)一定不会有多大的出息，至少在学术研究方面前景不容乐观。过去我们说：授人以鱼不如授人以渔，今天我们说，授人以渔不如授人以渔场。也就是说，即使在基础教育阶段，我们也推崇学生的自主独立的探究学习，就更不用说研究生阶段的学习了。

一个好的社会就是一个能够给人们提供多种多样选择机会的社会。在这样的社会中，人们不必画地为牢、作茧自缚，而是尽可能在不同的舞台上来展示个人的才华，体现个人存在的价值。

作为这个个案所代表的一种倾向，我认为在高校扩招的今天，采取多种措施吸纳社会各界有志之士充实到大学教师队伍中来，对于密切大学与社会的联系，使大学在思想观念、研究方法、资源配置等方面更加多元化，无疑是有益的。另外，大学就该有一种大家之气，一种吸纳百川、兼容并包的宽广襟怀。

当然，文学创作与学术研究毕竟是有差别的，并不是所有作家都有学术的素养和学术兴趣，因此并不是所有作家包括优秀的作家都能成为研究生导师。本着对学生负责的态度，本着对学术尊严的维护，严格研究生导师的资格审定，健全相关的制度，无疑是必要的。否则，就有可能有人凭借权力，有人凭借金钱，有人凭借关系，甚至有人凭借姿色，在大学捞取一个教授的头衔，这恐怕也不能算是杞人忧天。那将不仅污损了大学的声誉，也将玷污学术的尊严，更有可能误人子弟，贻患无穷。

因此,谁有资格做研究生的导师,并不是一个简单的问题。这既涉及导师资格的审核、大学的制度建设、学术的尊严等问题,也涉及导师与研究生的关系、研究生的学习方式、攻读硕士或博士学位研究生的意义、学术研究与文学创作的关系等问题。这也就是这个个案所带给我们的值得思考的问题。

思想与学术

梁任公有言:"学术乃天下之公器。"这里的"学术"二字主要指学术成果,而我在这里讨论"学术与思想"的"学术"二字更多地指探究学问的精神、方法与规范。

关于"思想",英国现代哲学家维特根斯坦有个重要的命题:其一即"事实的逻辑形象就是思想";其二即"思想是有意义的命题"。

对于这两个命题,其实还有广阔的阐释空间。首先,所谓"事实",其实都只是每个人眼中的事实,是个人选择的结果——我们面对同一场景总会有意无意忽视什么,遗漏掉什么,也会渲染点什么,夸大点什么;其次,逻辑作为推理的有效的法则,其"有效性"对不同的人而言,其性质和程度也都是不同的,所以,强盗有强盗的逻辑,流氓有流氓的逻辑。由此看来,逻辑作为公理、法则,也是有域限的、有条件的。譬如说"大前提、小前提、结论"作为三段论推理形式,并不能保证结论是正确的,如果"大前提"是错误的话。台湾中原大学林治平教授反复指出:"错误的前提,加正确的推论,加狂热的执行,等于万劫不复的灾难。"诚哉斯言!

"思想是有意义的命题",这就需看"有意义"意味着什么,对谁来说是有意义的。从米歇尔·福柯的分析来看,任何话语的背后都隐藏着权力,人们对于任何的说辞和宣称,都得抱以审慎的态度。

要做到学术与思想的统一,首先要有问题意识,不是为研究而研究。你要探究和回答一个什么问题?问题是如何凸现和提出来的?问题的彰显和解决有什么意义?对此,要有清晰的认识。问题的发现和提出表现着言说者的立场、趣味、眼光和见识。其次，要有方法论的意识。问题的呈现及问题的分析与解决、方法决定着它的信度和效度。第三，要有历史（文献）意识。常言道，太阳底下没有新的问题。由于人类生活的历史共通性和普世性，任何问题既有特殊性的一面，也有普遍性的一面。任何所谓新的问题，都是人类生活中最根本问题在具体境域中的呈现，因而对于任何问题，前人和同时代的人一定有过直接和间接的论述。只有站在前人的肩膀上我们才能比前人看得更远。闭门造车不仅会造成重复劳动，也无益于学术与思想的薪火相传。

没有问题意识、方法论意识和历史意识的所有言说、宣称、命题，都算不上是思想，充其量只是个人意见，只是囿于个人需要、个人利益和个人十分有限的经验的“表态”。在我看来，没有经过学术训练的人是难以摆脱狭隘和肤浅的。有人说得头头是道，可仔细一推敲，就发现漏洞百出、似是而非。我也经常看到，有些人写的文章，在对事物的分类上，逻辑混乱，概念之间相互重叠、交叉，经常不在同一个层次和同一个维度。比如，有人讲校长的“五力”，能力、魄力、实力、学力、魅力。问题就在于：有魄力是不是有魅力的原因？有能力是不是有实力的体现？学力是不是一种能力？还比如，有人对校长进行分类，将其分为四种类型：经验型校长、专家型校长、成功的校长、优秀的校长，其逻辑的不自恰亦是显而易见的。

没有思想的学术，就如同没有生命和香味的塑料花；而没有学术的思想就像雨后的彩虹，甚至可以说，没有学术根基的“思想”其实就不配称为思想，充其量只是个人意见。学术是由个人意见向思想攀升的必由之路。如果一种思想算是伟大进展，那么它至少要在“问题体系”、“概念体系”，或“方法论和思维技术”中的某一个方面上有所突破。

因此，在学术中生成思想，借学术光大思想，并且用思想照亮学术——有思想的学术和有学术的思想，应该成为读书人追求的境界。在古代学者那里，学术与思想的统一，就是所谓的“识”。他们大多视文章为不朽之盛事、经国之大业，故十分重视“识”在文章中的重要性，提出“先器识而后文艺”。清初古文家魏禧（1624—1681）曾探讨了怎样培养见识的问题。他说："愚尝一为文之道，欲卓然自立于天下，在于积理而练识……所谓练识者，博学于文而知理之要，练于物务，识时之所宜。理得其要而言不烦，而躬行可践；识时宜则不为高论，见诸行事而有功……故练识如炼金，金百炼而杂气尽而精光发。"（《魏叔子文集》六《答施愈山侍读书》）叶燮（1627—1703）在《原诗》中强调诗人应具备"识、才、胆、力"，其中突出了"识"对其他三者的主导作用："无识而有胆，则为妄、为卤莽、为无知，其言背理叛道蔑如也。无识而有才，虽议论纵横，思致挥霍，而是非淆乱，黑白颠倒，才反为累矣。无识而有力，则坚僻妄诞之词，足以误人惑世，为害甚烈。"（《原诗·内篇下》四）

缘此，中国古代学人十分重视考据、义理、辞章三者的统一。考据是指现代"人文学"研究中的实证性研究方式，如校勘、考证、释义、定量分析与统计、中西比较等语言文献研究方法。实证性研究方法强调用证据和材料说话，有几分证据，就说几分话。若凭空蹈虚，断不能窥其门径，挈其要领，会其精神；反之，若不能出乎其中，也不能超乎其上。辞章则包括定位学术研究的视界，建构其逻辑框架，调试其逻辑理路，权衡斟酌其表述方式等，这属于学术研究表述形式层面；也就是说，辞章不是指文章辞藻，而是指更为本质意义上的逻辑论证框架的建构，研究对象范围的设定，论证思路和方法的选择，写作风格与研究对象的适配等。义理则主要是指学术层面上的文本内涵解读以及相应的人文批评与表达。三者之中，考据贡献材料，辞章设定方法，义理整理内容，三位一体，相辅相成。

任何思想的创新都需要一种探险精神。对于中国传统思想的"创造性转化"亦是如此。思想的创新如果没有探险的精神，恐怕就没有"新大陆"的发现。当然，这种"思想的探险"又不是徒步缚虎、赤手泅水，而是面对人类的现实困境和可能遇到的困境，依靠对经典的深度理解与诠释，从中外已有的智慧宝库中汲取精神营养，为了解决人类在新的实践中遇到的理论难题，同时也是为了思想自身，提供具有想象力、创造力的研究方案和系统阅读，学术的精神和规范就是必不可少的。

人类生生不息，每一代人都有可能创造出前人意料之外的历史局面。而只有那些关注整个人类共同需要并有助于提供满足这种需要的手段与策略的思考和研究，才有着永恒的价值；而一切带着利益集团偏见的、意识形态化的言论，其实都类似于泼妇骂街。

人类的思想是照耀人类前进的火炬。人类先进思想的产生和发展，必将成为社会进步的强大作用力。一个思想贫乏的民族是没有支柱的大厦。一个思想贫乏的人是没有灵魂的躯壳。让我们学做思想者，让我们中间多出一些思想家。用思想的光芒，烛照内心的暗昧之处，驱除锈蚀的污垢，使我们心灵变得敞亮与澄明——生发思想的学术因而是一种高贵的事业，一种精神的历险，我们人性中的神性总是召唤着我们去做一个俄狄浦斯。

期待官员从学界退场

政府官员同时又在大学或研究机构有学术兼职，主持着多项重大课题，招收攻读博士或硕士学位的研究生，这种情况在今天的中国内地非常普遍，且有愈演愈烈之势。

我们应该承认，在当今的政府官员中有一些天资优异、很有学养的人士。他们完全有能力指导研究生和承担重大项目的研究工作，但问题是我国有着浓厚的人身依附、“官本位”的历史污垢，政府官员因其特殊的身份，在学界容易扮演“既是裁判员，又是运动员”的角色，从而在课题的立项申报和审批、研究生录取和学生论文答辩通过以及学生就业等方面容易诱发一些人向“权力”的献媚和不公平的竞争。

另外，进行学术研究不仅要具有时间与精力上的保证，更需要的是淡泊名利、宁静致远、耐得寂寞的心境。这是忙忙碌碌的身在官场上的政府官员们最不具有的。而且，一些研究结论很可能与某些政策或法律法规不完全一致，由于其政府官员的特殊身份因而发表出来也有许多不便，研究的意义也就大打折扣。

我们应该尽快建立一种制度，确定担任行政职务的人不再担任相关的学术职位，但可以保留他的学术资格，等他不再担任行政职务了，还可以继续当教授或博导。其实在这一点上是有榜样可以学习的。基辛格博士原本是哈佛大学的教授。基辛格做国务卿以后，哈佛大学立即通知他辞掉教授职位，如果不辞，学校会摘掉他的帽子。杨炳章先生的《不平则鸣——我在哈佛15年》，就说了这样的一件事，更是值得我们很好地检讨一番。1986年，恰逢哈佛大学建校350周年，校庆与该年的毕业典礼联合举行。因有罗斯福总统出席哈佛300周年校庆的先例在，故哈佛有意邀请当时的美国总统罗拉得·里根参加盛典。邀请传到白宫，里根欣然接受，同时提了一个条件，希望哈佛大学授予他一个荣誉博士学位。对总统阁下的小小请求，哈佛董事会讨论时产生了严重的分歧，旋即广泛征求师生的意见，但多数人的意见是：堂堂最高学府，岂可给一个电影演员什么学位？最后不了了之，里根没有得到学位，当然，他也没有莅临哈佛校庆。

其实，即使是大学的最高行政领导不兼学术职务，也是非常必要的，因为这样更有利于学术保持中立。但现在连校外的官员甚至直接的部门领导，也要当兼职教授或博导，这就很容易滋生权钱交易、权学交易等权力寻租的腐败。以学术打假而享誉学界的杨玉圣教授建议大学副校长以上职务的官员不要招收博士、硕士学位的研究生，这个建议是有其现实意义的。因为同为博士或硕士生导师，身份上的不平等会导致学生之间不平等竞争，还可能诱发一些人以“傍大款”的不良心态和动机进入学界。如果大学校园里弥漫的是谄媚之风，流行的是钻营之风，伤害的不仅是学术的尊严，而且也会毒化人际关系，不利于社会文明的进步。

高官招收研究生，我认为也不利于研究生们学术能力的培养。学问最需要的是怀疑的精神，需要师生间的诘难问疑。许多学生本来对导师就有一种敬畏，倘导师是高官，恐怕就不只是敬畏，而是惶恐了，如何地诘难问疑呢？那就更不用说“吾爱吾师，吾更爱真理”了。

官做到司局级（更不用说更高级别了），已是非常的尊荣了，又何必还非要当个硕导或博导呢？什么都想得到，什么都不想放弃，岂不有“得陇望蜀”之嫌？当今之日，要做到淡泊宁静须抵御各种物欲的诱惑。正所谓“欲淡则心静，心静则理见”，“处身者，不为外物眩晃而动，则其心静，心静则智识明”。这也正是一位称职的政府官员所应该具有的人格品质和生命境界。学界不是名利场，更不是权势场。学界应该是佛门圣地，是恬淡的心灵自由游历的场域，只有心无旁骛的人才配在这里诗意地栖居。惟其如此才能做到历史学家范文澜先生（1893—1969）所说的：“板凳要坐十年冷，文章不写一句空。”

当年邓小平先生对于废除领导干部终身制率先垂范，可谓立德、立功之举，仅此也足以让邓公名垂千古。倘若今天哪位高官政要能够自觉从学界退场，也许暂时会招致一点现实利益的损伤，但我估计也可因此而深得人心。

任何人的时间和精力都是非常有限的，没有任何一个人能够拥有三头六臂。每一个人都能各就各位，专心政务或潜心治学，官员的身份比较单纯，学者的背景也比较清明，这应该是21世纪的中国政治文明建设的应有之义。

代表发言的“三步曲”

从县、市、省、全国，每年开“两会”所耗费的财力不知是否有人做过统计，我估计是一个不小的数字。可这“两会”的社会价值究竟有多大？这就很难说了。尽管每年有一些新的提案，不仅问题依旧是问题，而且许多深层的问题根本就无人触及。

代表们的发言大多是这样的“三步曲”：首先，肯定所取得的成绩；其次，成绩的具体表现，列举一些事实证据；第三，避重就轻、避实就虚、十分含蓄委婉地谈一点存在的不足和问题及问题解决的对策或建议。

形成代表们的发言这“三步曲”套路的原因是多方面的。首先，有思想又敢于仗义执言的人，就不太可能当上“两会”代表，虽然少数或者个别的代表属于有思想又敢于仗义执言的人；其次，作为代表的发言总有录音或文字记录，你的问题如果说得太多、太严重，有的领导听见了就会不高兴，你的“乌纱帽”也就岌岌可危了；第三，在我们今天的社会中，人们对于因言获罪仍心有余悸，“慎言”、说些无关痛痒的话仍是许多人的处世哲学和为官之道。

还有一个原因是“代表”们大多是社会的精英分子，当然也是社会的既得利益者。因为利益的蒙蔽，他们中的某些人也确有可能看不到更多的问题。社会中的弱势群体、边缘人物、“另类”与“异端”是不太可能被选为代表的。相信随着政治文明程度的不断提高，会有越来越多的有思想、有说真话的勇气的人能当上两会代表。

我觉得与其花费大量的财力、物力、人力开两会，不如广开言路，真正兑现《宪法》所赋予公民的各种权利，切实保障公民的言论自由，让人们对于公共领域的所有事情都能够畅所欲言，这样更有利于建设和谐社会，更有利于集中全民族的智慧，致力于国家的强大和人民的幸福。

补记：本文是好几年前写的，一直没有公开发表。今天中国政治民主化的进程有了很多的进步，“两会”的会风也有了很大的改观。本书将其收录，作为社会进步的见证。

文明是一种眼光

《三湘都市报》和《潇湘晨报》上常有好文章，现全文摘录发表在《三湘都市报》2004年2月18日署名黄一龙的《太监眼光和心态》。

北京密云县灯会踩死37名游人，灯会主办单位密云县委书记夏强对记者“沉痛地表示”：“痛定思痛，这起事件给我们的教训十分沉痛，十分深刻。”夏书记十分沉痛，十分深刻的教训是什么呢？他说是“我们深感责任重于泰山，我们深感首都无小事”。《南方周末》如此报道说。

县里举办活动，办出了这么大的人命事件，一县之首的县委书记吸取的教训沉痛也好，深刻也好，都属应该。出人意料的是他“们”（应即密云县委、县政府吧？）的沉痛教训深刻教训竟是“首都无小事”！这是什么意思呢？这就是说，这事不是小事了，闹大了。但是它之所以不是小事，并非因为死了人，而是因为它发生在首都！那么假使密云县不属首都管辖，它就只是小事一桩了？

37条活鲜鲜的人命，在夏书记们的“教训”里，居然只因为它“幸而”发生在首都才不算小事，才使得夏某一批官员沉痛了深刻了。这是说的什么屁话！而且在谁的眼睛里，小事一到首都就变大了呢？我看具有这样慧眼的人，只可能是太监。在太监的眼里，天下不会有比皇帝和皇宫里更大的事了，皇帝打喷嚏挖鼻孔吃饭拉屎“幸”女人以及进行以上活动的环境都是头等要事，他们对此都“责任重于泰山”。虽然皇帝太监俱往矣，可是太监的眼光依然余韵犹存，植入了不少官员的神经。

记得许多年前全民大饥馑，全国紧急调粮进京，理由是“饿死人也不能死在北京”，那视角就与太监无异：人只要死在京畿以外，就“两害相权取其轻”了。不想现在这位夏书记总结教训的时候，那眼神依然毫无进步。有朋友认为，“中华文明”早就被“文革”消灭殆尽了。他太悲观了。请看附丽于其上的太监眼光和心态不是完好无损地被继承着么？

读罢此文，不禁拍案叫绝。对于同一件事情我们怎么看待，很多时候不是一个简单的对错问题，但一定有眼光的高下，有一个立场的问题。我们社会中，总有一些人，自然多是些觉得自己是重要人物的人，特别是在公共场合，在媒体面前，说起话来，一副义正词严的样子，煞有介事、振振有词、道貌岸然，骨子里却是充满了虚假与伪善，是言不由衷，是混淆视听，没有真情，没有良知，甚至没有人性，可耻可恶。这就是人们常说的“打官腔”。

要彻底杜绝这种“官腔”，就需要改变过去那种干部任命的体制。这种体制实质上是“人治”传统的制度保证，这种体制的弊端就是对上负责而不对下负责。让我们大大小小的政府官员始终牢记普通公民的利益，牢记他们的苦乐安危，不是一个简单的思想教育问题，首先是一个政治文明的建设问题。

垄断是万恶之源

垄断可以发生在社会生活的方方面面。独霸市场是一种垄断，思想专制是一种垄断，对公众知情权的剥夺也是一种垄断。

据统计，目前我国的电力、电信、石油、金融、保险、水电气供应、烟草等行业共有职工 833 万人，不到全国职工人数的 8 / 100，但工资和工资外收入总额估算却相当于全国职工工资总额的 55 / 100。不同的研究机构用不同的方式所进行的调查都表明，目前有些行业管理层与普通职工的收入差距达 15 倍，高的甚至达到了 30 多倍(《平均工资增长不等于社会总福利增加》，《中国青年报》2007 年 7 月 3 日)。

垄断行业收入过高，不符合按劳取酬的分配原则。按照该原则，一个人能力越强、贡献越大，收入就越高。但垄断收入发出的信号却是：谁拥有垄断权、掌握垄断资源，谁的工资福利就高、待遇就好。垄断企业的薪酬可以不受企业盈亏约束，"效益好时就涨工资，形势不好时就涨价"。企业利润增长，他们的人工成本快速上涨；一旦经营成本稍有提升，他们就凭借强势地位把成本转嫁到公众身上。

谁是垄断的受益者？当然是垄断者，极少数的人。行业垄断的背后是权力垄断。由垄断结成利益共同体，有一张巨大无形的保护伞。

长期从事公共事务研究，并且一直关注出租车行业的经济学家郭玉闪反对出租车涨价。北京市运输管理局的一份内部资料显示，银建出租汽车公司高层管理者的月均收入高达 21 544 元，似乎可作为郭玉闪这番话的注脚(《中国民航报》，2006 年 5 月 10 日，第五版《焦点关注》)。出租车在我国许多大城市是标准的行政垄断行业，在出租车司机上面有一个个行政垄断庇护下的"寄生食利"公司。为什么出租车制度不与"国际""接轨"，油价却要与"国际""接轨"？一些权力部门为了自身的部门利益，当然也就是为了少数人的私利，擅自出台一些政策法规，还打出"国际惯例"的幌子。

垄断是万恶之源，这在任何领域恐怕都是如此。湖南省郴州市原副市长雷渊利涉嫌经济犯罪2006年被送上法庭。他在一封忏悔信中说："人家背后议论我是'玩权、玩钱、玩女人'的'三玩'干部，我认为名副其实。"就是这样一个劣迹斑斑的腐败分子，却在领导岗位上步步提拔，最终酿成重大经济损失和恶劣社会影响。重领导"看法"，轻民意评价，也导致雷渊利的"带病"提拔。这是权力垄断的后果。

把手中权力视作私人法宝，对管理和服务对象颐指气使、滥施淫威的行径，在社会上普遍存在。只因不满酒店董事长没有亲自送开张宴的请柬，湖南浏阳市电力局党委书记周××、副局长李××指挥属下对当天开张的这家酒店及所在小区恶意停电，造成恶劣的社会影响(2006年8月4日新华网)。

据媒体披露，由于酒店董事长事先没有亲自将开张宴的请柬送到电力局，酒店开张当日，就有"今天要停电"的消息传到酒店。当晚，在另一家酒店喝酒的周××、李××命令该酒店十分钟内派人过来陪酒。酒店只得立马派出销售部女经理和一名女员工前往。酒桌之上，浏阳市电力局的人对酒店派过去的女经理和女员工说：停电就要停你们一通宵，你们给我喝酒，喝一瓶白酒少停你们一小时电！

不仅如此，一桌人在喝光7瓶白酒后，还对从酒店过去的女员工搂搂抱抱。遭到对方拒绝后，周、李立即指使手下对酒店拉闸停电。此次停电，不仅造成开张酒店的混乱，还殃及这一小区广大居民。因新开张的"准五星"酒店"不懂礼数"，让我们有幸见识了个别地方"电老虎"的难伺候。或许，喝白酒、抱美女的供电条件，只是一种在特定场合、特定环境下上演的极端个例，但这足以说明，一些手握权力的个人和单位仗势欺人、以权压民已经到了令人发指的程度，在他们的脑海里，根本没有执政为民的概念，治下百姓反而成了他们鱼肉的对象。一旦碰上不甚识相的被管理者，他们便会不择手段地侵害百姓的利益。

还比如，在不少地方上演的"政府请客、百姓埋单，明星发财、官员沾腥"闹剧，同样是由于权力垄断。

垄断体制的最大弊端，在于其不公平的竞争，阻止了其他单位进入这些行业的机会，打破了自由、公平的经济秩序。垄断滋生暴利，垄断诱发腐败，垄断还会侵占百姓利益。房价为何如此之高？我推测这背后定有官商勾结的黑幕。

垄断与特权是罪恶的孪生兄弟。特权现象的司空见惯，不但使得一些“特殊人物”心安理得地享受着各种特殊待遇，也使得一些“非特权人物”原本对于特权现象的愤怒逐渐转变为对于特权的羡慕与追逐。垄断与特权毒化着人们的心灵，败坏着社会风气。《学习时报》署名文章这样指出：现实中的行政性垄断经过多年整治，非但未能得到有效遏制，反而有变本加厉、日益严重的趋势。《反垄断法》在最近一次草案修改中，“禁止滥用行政权力限制竞争”一章被整体删除。该文担心，反行政垄断在立法中的“缺席”有可能传递出错误信息。

中国迄今为止仍然是一个以权力为中心的关系社会，而不是以知识和能力为中心的自由竞争的社会。越是文化教育落后、经济欠发达地区，资源的权力垄断性越强，特权现象也越是普遍。可见，垄断与特权也是愚昧和落后的代名词。

在今天，由于民意还无法充分地表达，更无法产生制衡力量，民意的力量并不强势。但公众不能保持缄默，尤其是面对霸王条款的欺凌时，逆来顺受只会助长垄断行业的嚣张气焰。许多霸王条款面世之初，往往有一个“投石问路”、试探民意的过程，如果公众反应平淡麻木，它们就可能变本加厉。

我们要感谢那些对“电老虎们”不买账的人。倘若所有酒店开张时，董事长都亲自敬送请柬，或者酒店女员工在遇到非分要求时都主动投怀送抱，真不知道这些平时道貌岸然的败类，何时才能在公众面前揭去其虚伪的画皮。一些地方基层官员存在着种种令人担心的现象：耍官威，目下无人，以老子天下第一自居；高高在上，听不到群众呼声；主观武断，长官意志；决策全凭自己一个脑袋一张口等。民主意识的缺失，正孕育着可怕的问题。而今，一些地方群体事件不断，不正是从一个侧面折射少数官员民主政治理念的淡薄吗？

为了使垄断与特权这些丑恶现象尽快从我们的社会中消失，当我们面对霸王条款、不法行径等丑恶现象时，不宜心存幻想，而应坚持主张自己的权利；在丑陋现象没有消弭之前，要再接再厉，继续斗争。沉默没有杀伤力，垄断行业是不会自动放弃自己的私利的。无竞争则惰性生，无竞争就不会有改善资源配置的动力和压力。“欲流之远者必浚其泉源。”这个“源”就是打破垄断，治本之策就是引入充分竞争。

解读“口号”

我们随处都可以见到各种各样的口号：从雄伟的天安门城楼（这是最具象征意义的一座建筑物）到穷乡僻壤摇摇欲坠的民房，从高速公路的道路两旁到电视屏幕。说中国社会是一个充斥着口号的社会恐怕并不过分。

文明社会并不是完全不要口号，有些口号是必要的。它可以是高扬的旗帜，如“加强民主与法治建设”，这对于使民主与法治的观念深入人心就很有意义。有的口号通俗易懂，容易做到妇孺皆知，如“山区人民要致富，少生孩子多种树”，这就巧妙地把“计划生育”与“保护环境”的基本国策都包括在内。

但口号的充斥泛滥，很可能是思想的懒惰和形式主义盛行、习惯于做表面文章而抗拒艰苦细致的劳动的表现。口号简单明了，易于流传，可“轻易得来的东西就将轻易失去”，这是一条铁律。正由于其简单，因而难以打动人心，难以具有鼓舞人、推动人行动的力量，即使口号的发布者用意很好，可“口号”仅仅是“口号”，由于缺乏实际、详尽的操作规程，实际效果恐怕非常有限。更何况口号泛滥，再好的口号，也难以引起人们的重视。什么东西一多以至于泛滥，就会贬值，这也是一条铁律。

一个社会总是要有所倡导。政府对于民众也应该有所引导。口号固然是必要的，但制度的建设更为要紧。而制度的建设就艰苦得多。它需要照顾到各方面的利益。它可能耗费一些立法资源，但是它的效益也是巨大而长远的。譬如，我们建立怎样的一种机制使每一个人都爱岗敬业，这比我们经常号召人们“学习谁谁谁”更有效。为了学习某位英雄，某位先进人物，我们就要大力宣传他（她）的优秀事迹，以至于我们经常有各种“英模事迹报告团”，在全国各地巡回演讲。效果如何呢？我们不能排除“听了激动，回想起来感动，行动上一动不动”的可能。

口号中的话语霸权也是需要我们予以警惕的，记得小时候一句喊得震天响的口号：“‘文化大革命’就是好，就是好，就是好！”不由分说，霸气十足。可历史证明“文化大革命”怎么样呢？究竟谁可以成为口号的发布者，恐怕也是一个需要研究的问题。

遏制“能者多捞”

能者多劳，多劳多得，是一个好社会的正义的体现。可我们今天的社会中，能者多劳固然有，但“能者多捞”可也较为普遍。比如，某君在政府机关任着什么什么长，可还在大学或研究院担任着教授、研究员等职，带着研究生，主持着诸多的大型项目。

要承认，他们大多是能人，而不是庸才。可是有一个人所尽知、不言而喻的朴素真理：每一个人的时间和精力都是有限的，岗位太多，角色太多，势必力不从心，什么都想干，什么都干不好。所以今天，我们的社会中有不少优秀的人，却没干出太多的漂亮的事。原因之一就在于能者的岗位太多，精力分散，以致力所不及，最终只能对什么都敷衍了事，严重的就是失职和渎职，而能者们一声“太忙，实在太忙”便自我解嘲、自我开脱了。

记得当年尼克松政府任命哈佛大学教授亨利·基辛格为国务卿，得知此任命，哈佛大学马上通知基辛格，要求他辞去哈佛大学的教职。这就是世界一流大学的风范——在我们的大学里有一位教授是政界要员，应该是一件十分荣耀也有可能带来潜在好处的事情，作为大学为什么要拒绝呢？那就是因为它有可能破坏大学之间公平竞争的原则。维护社会正义是大学的职责之一。可是我们国内的大学争先恐后地聘请政界要员到学校任职。我们的大学与世界一流大学的差距，恐怕主要是大学文化精神的问题——大学的独立精神的问题。

岗位的背后是利益。作为能者要能主动放弃，需要高贵的心灵和崇高的人格修养，做到的确不易。这就需要刚性的制度建设——需要为“能人们”设置一些职务上限——这其实也是对他们的保护。一个真正有良知、责任心的人，倾其全部的精力尚难干好一件事，何况有那么多重要的岗位和职责？能人们都累倒了，庸人们就会乘机粉墨登场，这个社会又如何能更好地进步呢？

政府官员的职责重在管理与服务。如同球赛时，教练员必须站在场外一样，如果政府官员既当教练又当裁判，现在还上场踢球，那又如何体现公正？比赛结果又如何让民众心悦诚服？

能够“能者多捞”的人，大概不存在不被重用、怀才不遇、壮志难酬的问题，更不会有生存危机、生活贫困的问题。存在的恐怕是应酬太多、事务繁杂、力不从心、角色冲突、人格分裂的问题。“能者多捞”的背后，其实是权权交易、权钱交易、权色交易，是权力寻租，是特权，是官官相护，是向权力的献媚，是变相的行贿受贿。它只能败坏社会道德风气，加剧人们贪欲的膨胀，毒化人们的心灵；导致工作作风的虚浮、工作效率的低下；导致投机钻营、人身依附、狐假虎威；它贻误民主与法制建设的进程，因而有可能殃及民族复兴大业。

有鉴于此，在这里我郑重吁请“能者多捞”的正人君子们能够自律、警醒，也吁请有关机构能够出台有关的法律法规，遏制“能者多捞”现象的进一步蔓延。让人们各就各位，让社会变得更加清明和有秩序，变得更加公正和有效率。

一点感想，一个呼吁

今天的一个大会，一些离职的老先生又一一亮相。我看后的第一感觉就是“老人政治”、人治传统在这块土地上阴魂不散。我们这个还有数以亿计的穷苦人生活的国度什么时候才能成为现代国家呢?

一年一度的元旦、春节很快就要到了。按照惯例,从中央到地方都要举行宏大的隆重的招待会、团拜会。光这样一轮并无多大实质性意义的聚会究竟需要花费多少?我不知道是否有人算过这笔账,相信是笔不小的数目。中国还有数以千万计的儿童和青少年营养不良,还有数以千万计的国民生计维艰。我们的决策者们能够想到这些吗?"建设节约型社会",多么动听的口号,可能不能体现在行动上呢?

我呼唤决策者心中的良知,我祈盼我贫穷落后的祖国早日跻身于现代国家的行列!

霸道与人道

霸道就是只许州官放火,不许百姓点灯;霸道也可能表现为盛气凌人,专横跋扈,一个人说了算,没有任何商量、讨论的余地。霸道还可能表现为唯我独尊,一家独大,"卧榻之侧,岂容他人酣睡",表现为对权力的垄断,对不同意见的打压。而人道就是众生平等,尊重所有人作为独特的人存在的资格和权利,就是对弱者的体恤、同情与关爱,就是对公平竞争原则的守护,对强权的遏制与防范。

在健全的社会中,权力与权利的博弈,这是社会生活的常态。而在中国社会,权利的微弱,是由于权力的强大;权利的缺席,是由于权力的越位。倡导公民对于自身权利的主张,就是为了遏止"衙门"权力的恶性膨胀。霸道与人道势不两立,霸道必然践踏人道。

我们这个社会真的不那么可爱,就因为多了些霸道,少了些人道。首先表现在一些公职人员对公民权利的无知和藐视以及暴露出的权力自身的霸道和乖戾。我经常从媒体上看到,一些公职人员丑闻曝光,不思悔改,还公然呵斥记者,践踏法纪、藐视公义,嚣张蛮横、无所顾忌。

我们这个社会多了些霸道,少了些人道也表现在到处充斥着霸王条款,表现在人与人之间的不平等,充斥着强者对弱者的欺凌。权势者不仅可以要风得风，要雨得雨，而且，可以翻手为云，覆手为雨。而普通民众哪怕是维护自己的基本权益，也要付出高昂的代价，比如民工讨要本来就少得可怜的工钱，也不得不以死相“要挟”。如民航局规定连一瓶矿泉水都不能随身携带，就是霸王条款。如果你要杜绝将易燃易爆品带上飞机，是民航安检系统要提高识别能力，而不是牺牲乘客的便利达到自己的目的。也许有人会说，发达国家也是这么规定的。这里有两个问题：一是发达国家也这么规定，不见得就不是霸王条款；二是发达国家有许多的规定我们是不是都“国际接轨”了？比如全民普选。

我们这个社会多了些霸道，少了些人道还表现在到处是“权家通赢，赢家通吃”，最终导致社会的不公正，导致社会财富集中在少数人手中，并进而导致挥霍浪费，或者流向国外，使得这个社会中处于社会底层的人们生活状况长期得不到应有的改善。

在权力缺乏监督、内心缺乏信仰的人群中，制度、规则都不过是其执行者用以谋取私利的工具，用以打压、刁难不是“自己人”的最好借口。在这样的社会中，霸道可以横行无忌，而人道只能发出微弱的呻吟。一些地位卑微的人在生活中得不到他人应有的尊重，一旦拥有执行规则的权力，常常会从用规则来刁难陌生人中获得心理满足。可见，在缺乏民主、人权、自由和尊严的社会里，必然产生大量的病态人格。

霸道性格与体制的关系值得深入研究。不允许这种研究，当然也是一种霸道，不仅可耻，而且无益于社会进步。其实，任何批评都不足以败坏一个人的社会形象，倒是不允许别人批评，对批评者恶意报复肯定会败坏一个人自己的形象。这对于一个机构，一个政党，一个民族都是如此。听不得批评意见，对不同的声音采取钳制、打压、封锁，甚至杀人灭口，不仅是心胸狭小、小肚鸡肠的表现，也是邪恶的反人道的表现，是当今社会最大的不义。

当我们是少数人的时候，就是考验我们的勇气的时候：我们能不能去自己维护自身的权益；当我们是多数人的时候，就是考验我们的宽容的时候：能不能宽容少数人争取自己权益的言论与行动。一个人有勇气而又能够宽容，便可践行人道。一个国家能够切实保障公民的权利，真正做到“法未禁止即可为”，便可践行人道。

我勉强可以算是这个社会的既得利益者，如果我为这个社会唱赞歌，我能够得到更多的物质利益。但我的理智和良知告诉我，这个社会有太多的不合理，我有责任以我可能的方式来促进社会的改革、改良和进步。我们每一个人都完全有能力让这个社会变得更好，重要的是让更多的人意识到它存在的问题。我之所以不遗余力地呼唤人权，呼唤公民意识的觉醒，就因为我们的社会中有太多的人有意无意地无视种种问题的存在，有太多的人更多地从个人得失出发思考问题，更因为我想让更多的人意识到“跪着虽不会跌倒，但可能被践踏”！

假如我是民工

北京、上海、深圳、重庆、广州、武汉，国内这些国际化的大都市，从表面上看，与发达国家的大都市并无多大差别——宽阔的马路、现代化的设施、富丽堂皇的高楼大厦。差别在哪里呢？比较直观地看，在发达国家，几乎在所有场合，你见到的男男女女、老老少少都是衣着光鲜、举止得体，而在国内的大都市随处可见的是穿着劣质廉价的衣服、满脸惶恐、“苦大仇深”的民工，即使在我的大学里也是如此。这就是当今中国的现实，我们无法粉饰的现实。

假如我是民工，我很有可能成了罪犯。按照我的脾气，对那些用刻薄的语言嘲弄和讥讽我，粗暴地、残忍地践踏我的尊严的人，对那些有意刁难、盘剥我的人，对那些故意下套蒙骗我的血汗钱的人，我会高高地举起愤怒的拳头，甚至是铁锤，然后就是不顾一切地逃跑，逃避警察的追捕，在惶恐中度日如年。

今天我走在大街上，需要上厕所时，我可以大大方方地走进任何一家宾馆去方便。假如我是民工，由于我粗糙的衣着和黝黑的肤色，门卫或者保安会阻挡我的进入，甚至可能将我一顿暴打；如果在拥挤的街道不小心碰撞了某位女士的背包很可能会被当成小偷而令我百口莫辩。我走在大街上，看到自己亲手盖起来的无数住宅楼而自己却只能住在简陋、阴暗、狭小、潮湿的工棚里……我不知道，当人们得知那些气势宏大、金碧辉煌的楼堂馆所居然是由无数衣衫褴褛、蓬头垢面、生活条件极其恶劣的民工们建造起来的，有资格享用这一切的人们该有怎样的心情？

假如我是民工，我或许早就离开了这个世界，带着满身的伤痛和愤懑。也许是因为防不胜防的矿难，也许是因为完全可以避免的工程事故，也许是因为无钱医治而被耽误的疾病，甚至因为犯罪（比如仇杀）而被处以极刑。也许我早就在另一个世界里为这个社会没有歧视、没有冷漠、没有贫穷与苦难、没有对于生命的轻贱而祈祷。

许多次我从睡梦中醒来，意识渐渐清醒，当我确信在大学有我的职位，在京城有我的居所，在身边有我的亲人，在银行有我的存款，我又进入甜美的梦乡。我庆幸我不是民工，在今后的日子里，即使我倒霉透顶我也可以肯定不会沦为民工。

然而，在他们面前我没有丝毫的优越感，我深切地同情他们。和他们打交道时，我尽可能尊重他们；从他们那里购物时，几乎从不讨价还价；家中处理物品时，倘若还有利用价值，我会清洗干净并包裹好放在他们可能捡拾到的地方；我告诉我的孩子，你遇到的那个民工，也许就是你的叔叔或姑姑，就是你爸爸的兄弟姐妹，你绝对不可以对他们表现出哪怕是一点点轻蔑……

民工是中国目前工作时间最长的群体。几乎所有民工，每天都要工作十几个小时，而且大多数没有什么“两倍加班费”之说。“同工不同酬”，“同工不同权”的现象普遍存在。对于处境最差的人们社会予以关注的程度是衡量一个社会文明水准的重要标尺。我们的社会似乎还是为权势者考虑得多了些，而为穷苦者着想应该更多些。当下中国正在进行着伟大的社会变革，城市化的进程至少要持续几百年。在这一过程中，政府、诸多民间机构，甚至个人，都可以有所作为。能够用300多亿元去建什么“中华文化标志城”，却对人们当下的苦难视而不见，“标志城”究竟建给谁看呢？如果300多亿元能够用来改善进城务工人员的生活条件，或者改善他们子女的受教育条件该是何等功德无量的事情！总有人花纳税人的钱表现出十分的大方,真正的“崽卖爷田心不痛”,目的只是为了自我能够从中获利，我们的制度为什么不能有效地防止这些败类的产生?建设法治社会,建设公正的社会,这一过程漫长而痛苦。我们任重道远。我们不能只是消极等待,我们可以为加速这一进程作出努力,因为一切都是事在人为。当“农民”不再是贫穷、愚昧、落后的代名词,“民工”一词从我们的生活中消失之日,才是这一过程的终结之时。

乡村的惆怅

直到1980年我到京城上大学，我在长沙西郊的湘江之滨生活了整整17年。我喜欢乡村的宁静,乡村的宁静在天籁之音中变得恬淡而又祥和。乡村的散淡与悠闲,成了深入我骨髓的东西,成为了我的性格。我放任着这种散淡的性格。这尽管常常会使我失去一些机会,可我仍然放任着。我总觉得,人生在世短短数十载,不要因为追求世俗的名利,而迷失了天然的本性。

“五一”长假,携妻儿到湖南老家小住,希望重温儿时的乡村生活的感受,并以今天的眼光审视乡村的世态人情。我失落于今天的乡村那些古老的、诗意荡漾的景象已难以寻觅:十里荷花,三秋桂子,炊烟袅袅,牧笛悠扬,蛙声一片,清泉汩汩……站在家乡高高的河岸,仿佛看到乡村渐行渐远的背影。我常想:现在是否还存在真正意义上的乡村?乡村不过是一个进化中的城市而已,这也许就是历史的必然吧。记得法国思想家、情境主义代表人物居伊·德波(Guy Debord)在《景观社会》里写道:“世界历史诞生于城市,并在城市战胜乡村的决定性胜利时刻达到成熟。”

城市由于人们的聚居促使着商业的繁荣和公共生活领域的扩张。在城市中,人们聚居,却又相互隔离;空间紧凑,交往却并不自由。这种隔离和不自由其实是违背人们聚居的初衷的。生活在现代化的城市中,人们感受到的是“喧嚣的孤独”。个人与个人之间,群体与群体之间,交往行为在主观上、客观上都存在很多障碍。

如果说，城市是文明的推进器，那么乡村才是灵感的源泉。以色列第一任总统钱姆·韦茨曼（Chaim Weizmann，1894—1952）在其著作《考验与谬误》一书中就写道："城市生活的某些特征无论怎么吸引人，但产生文明的基础主要是农村、上帝的土地，而不是城市。正是在农村的各个谧静角落中，一个国家的语言、诗歌和文学才得以丰富。"一个人如果在青少年时代未曾采摘过植物和捕捉过昆虫，他对于乡间小道、田园山水、树丛池塘的兴趣就会大打折扣。远离自然，会使儿童缺乏感受力、灵性、诗意和想象力。难怪18世纪英国诗人柯柏（William Cowper）有"上帝创造了乡村，人类创造了城市"的诗句。

对乡村生活的憧憬，对田园风光的眷念，一直是中国文化血脉里一个浪漫而又执著的"母题"。明清时期的文人山水画，表达的就是曾经生活在乡村的士大夫对于代表自然的乡村的怀念。他们之所以寄情山水，部分原因是童年生活的记忆，召唤着他们回归自然，部分的原因是庙堂之上的尔虞我诈使他们焦渴疲惫的心灵需要寻求一个休憩之地。人们需要心灵的安顿，也许只有在迥然相异的乡村，才不会产生此处究竟是他乡还是故乡的疑问。

岁月的流逝，也改变着城市的颜容和风情。尽管我们仍能从作为文物保存下来的砖瓦、木质结构的亭台楼榭触摸到自然的灵性，但都市的许多方面与过去相比已经有了天壤之别。在中国，150多年前的都市，除了小商小贩的吆喝声，恐怕没有其他更多的噪音和喧嚣。而现代都市给人的印象就是高楼林立、车水马龙。隔绝着的是泥土和青草的芬芳。过去是城池和城墙在城市与自然之间掘开一道鸿沟，今天城市疯狂的扩张使得乡村向后卑怯地退缩着、退缩着。

在熙来攘往的都市里，历史是由多数人创造的，也是由少数人改写的，正如财富是多数人的追求，但从来只有少数人能拥有巨额财富。而能够改写历史的人大多是从乡村走出来的人，因为他们的心灵深处有自然的灵性做基石。

“小农意识”与“小民意识”

所谓“小农意识”就是目光短浅，过分在意蝇头小利，缺乏全局意识和公共意识。小农意识与平均主义、皇权至上、无政府主义、掠夺式占有欲之间有着千丝万缕的联系。曾几何时，与令人不齿的“小农意识”相对的是“无产阶级意识”。“无产阶级意识”曾经是一个“红极一时”的词，神圣而美好，“无产阶级”代表着“先进”、“集体主义”和“大公无私”，显然这是一个被意识形态涂抹的词汇。“无产阶级意识”里很少张扬个人的权利意识和民主参与意识。

站在“无产阶级”的立场上对“小农意识”的批判，曾经是那样的理直气壮。的确，小农意识是一种落后意识。这种意识产生的根源在于落后的生产方式和落后的文化与教育。

这种落后的生产方式就是被马克思所称之为的“亚细亚生产方式”，即“依靠小农业与家庭工业相结合而存在的中国社会经济结构”。德裔美籍学者魏特夫（K.A.Wittfogel，1896—1988）是中国古代社会研究专家。在所有20世纪对中国问题的研究中，魏特夫的影响最为深远，没有其他任何人可以与之媲美。魏特夫研究的出发点是，中国由于自然原因，大部分地区在农业需要水时缺水，跟地球的其他地区相比，建立大面积控制水利网络对中国来讲异常重要。鉴于中国地域广阔，这种对水的大规模需求只有依靠中央集权制的组织，才能得以实现。由此形成了一种监管供水网络的庞大的农业官僚，并造成政治权力的集中和专制。魏特夫称中国的这种特殊形态为“水利社会”。魏特夫进一步认为，在“水利社会”中只存在两种工作的组织形式，亦即：由农业官僚组织的集体工作以及自给自足的小农经济。这个自给自足的工作方式，也就是亚洲式的工作方式，是以一种特殊的统治形式——“东方专制主义”来进行的。君主专制政府对国家在经济上实行垄断，正是由于这种垄断使得东方社会只有君主意志而没有法律。

由于君主专制对于人们自由权利的漠视和践踏，也由于在漫长的年月里农业生产的技术含量极低，劳动收益也极低，“农民”作为一个卑贱的职业和低贱的身份，总是与“贫穷”、“愚昧”相联系（这一点在第二产业和第三产业兴起以后，变得尤为明显）。自给自足的小农经济使得各家各户之间缺乏利益上的关联，因而无法形成统一的意志和共识，专制统治者对于农民的盘剥和压榨也正是建立在“农民”这个群体的“一盘散沙”之上。

“小农意识”与“小民意识”有共同之处，也有差别。“小民意识”与“贱民意识”、“草民意识”、“蚁民意识”是同义词，相对的是“公民意识”。“小民意识”中缺乏权利意识，缺乏社会主人翁的意识，缺乏民主参与意识，往往是抱残守缺，自轻自贱，逆来顺受，忍气吞声。当“小民”承受来自强权的欺压达到极限时，就很容易转化为“暴民”和“刁民”。历史上的“农民起义”几乎都是“苛政猛于虎”的官逼民反。

今天我们的国家正处在城市化的进程中，每年都有大量的农民工涌入城市。随着城市的扩张，城市周边的地区农民也在逐渐成为市民，然而这并不意味着他们自然而然地会摈弃掉“小农意识”和“小民意识”。公民教育不仅应该渗透在大中小学的教育内容和学校文化建设之中，整个社会也需要成为公民教育的大课堂。在营造公民教育的社会氛围这一点上，政府责无旁贷。

带刺的玫瑰

1.每一个中国人都是一个潜在的专制者，只是有没有机会的问题。一是因为每一个人都有自我中心的倾向，都希望自己一言九鼎，希望自己位高权重，而不希望被质疑、被抨击、被批判、被否定，这大概是共同的人性，自然，每一个中国人都不例外。二是我们中国有漫长的专制主义的传统，我们既没有受过深刻的民主思想的洗礼，更没有真正亲历过民主的生活方式，所以我们的性格基本上是专制性格：独断、专横、听不得反对意见、缺乏包容、唯我独尊，有时还会盛气凌人。如果我有机会在重要的岗位上，大概也不会比现在多数领导人更民主、更有胸怀，这是我们的性格悲剧。

2.我们在公开场合所说的话，基本上是些可说可不说的话，真正深刻的、能触到实质与灵魂的话我们是说不得的，这是我们的一种文化处境。这一处境一是使得我们缺乏丰富、充分的思想资源，使我们在浅层次上重复思虑，久而久之，甚至是自我禁锢、作茧自缚，最终导致我们内心的平庸和贫乏；这一处境也使得我们的内心倍感压抑，积聚着一种强烈的、消极的、绝望的情绪。有时我真的很艳羡那些革命先烈，他们为了追求自由与光明，可以抛头颅、洒热血，可以酣畅淋漓地生与死，可我们没有这种机会，真感到有点生不逢时。当然，“革命的情结”是需要消解的，民主的进程要靠制度的建设来推进。

3.我最瞧不起的人是贪官，更确切地说是赃官。那些偷盗、抢劫的人固然可恨，也必须依法惩处，但和赃官相比，他们还罪可饶恕。因为他们之所以铤而走险，相当一部分人是生计所迫。我相信没有一个人生来就是一个罪犯，当一个人生活在被人欺凌、被人践踏、被人盘剥、被人歧视而又没有足够的谋生能力，生存面临危机时，是容易产生反社会的情绪和行为的。如果我们不努力去消除刑事犯罪的社会根源，单纯地打击和惩处，只是治标之策。

但是赃官们都是生活极其优裕的人，民谣说他们是：“工资基本不动，烟酒基本靠送，老婆基本不用。”我说他们是：“自家的钱基本不花，自家的烟基本不抽，自家的酒基本不喝，自家的床基本不睡。”金钱对他们来说其实没有太多的用处：他们的子女比起普通民众的子女来，生活的起点不知要高出多少倍，可他们还是那么地贪，动辄几十万、上百万、上千万地贪，除了用“下贱”两个字来解释，我想不出更好的解释。他们没有信仰，所以内心中就有一个无底的空洞，要靠物质去填补，以求得暂时的麻木。其实，他们也是上帝的弃儿，他们是不健全制度的牺牲品。作为掌握公共资源的人，是需要一点贵族精神的，不见得一定要视金钱如粪土，但至少要有一点精神追求，少一点物欲，少一点贪婪。

4.我们的干部基本上是选拔和任命的，而选拔和任命的标准是"靠得住、信得过"。在我看来，这是典型的人治传统的表现，是非常短视的。且不说你对他的"靠得住、信得过"的判断是否准确，是否为假象所迷惑，就单说"人是会变的"这一点，"靠得住、信得过"很可能是既不可靠，也不可信。我见到了太多的为官者：上任伊始，谦卑勤政，慢慢坐大了，脾气就渐长了，专制性格就逐渐显露出来。人是环境的产物，环境变了，人自然会变。现在他手中有权了，有权钱交易、权权交易、权色交易的筹码了，在无尽的诱惑中，他会变，他会不知不觉地变，以致变成他以前十分憎恶的人，甚至从人变成鬼。

历史的经验一再证明，人治传统是一个很坏的传统，是导致中国贫穷与落后的重要原因。人是会变的，"清官"也是靠不住的，唯有制度，唯有法治，唯有民主，唯有消除权力垄断，唯有彻底的新闻自由，才有可能使公共权力不至于退化为个人谋利的工具。而且，选拔和任命本身也是有问题的，它容易造成"对上负责而不对下负责"，也会导致人身依附，强化奴性人格，容易任人唯亲，形成小宗派，甚至买官卖官，毒化社会风气，泯灭正义和良知，这也是为历史和现实一再证明的。

5.据可靠消息，中国社会科学院要评选"学部委员"了，我看这基本上是一场闹剧。我们的"社会科学"研究连起码的学术规范都没有建立起来，设立比研究员、教授更高的头衔，只能是使一些人又多了一个钻营并捞取资本的平台。之所以要这么做，据有关人士的解释是为了"内部激励"，我认为，这个理由是缺乏说服力的。假如一个学者要靠虚名浮誉的引诱才有研究的动力，那研究成果恐怕也难以摆脱急功近利的文字垃圾的命运。试问，评上了"学部委员"的人又靠什么去激励他们呢?中国是一个以权力和关系为中心的社会，在一个群体中，多一层头衔，多一层光环，就多一层腐败与阴暗的温床。我非常担心其他机构会竞相效仿，那不啻是一场灾难。为了社会的清明，为了人们拥有内心的宁静与平安，为了使那些混入学术队伍中的败类少一点打压正直学者的依靠和机会，为了学者们能够沉淀出更内在的研究动力，还是少一些评比、少一些功利的诱迫更好。对于我们今天的社会，我推崇"黄老之术"：无为而治。我们可以成百上千地评选出院士或者什么“学部委员”，可如果没有真正的学术自由、思想自由和言论自由，我们就很难造就哪怕是一两个世界一流的头脑。

6.曾获美国科学界最高荣誉“美国国家科学奖”和中国政府授予的“国际科技合作奖”的著名数学家丘成桐，在2006年7月下旬接受《南方人物周刊》采访时表示：“《纽约时报》说北京大学40%引进的人才都是海外的，你去美国调查一下，我担保大部分都是假的。”他称北大这样做是因为可以拿到好处。“引进一个人，可以拿几千万的资金到学校来，学校拿了几千万，给你（指引进的教授）一两百万有什么关系？反正不是他的钱，是国家的钱。”（《北京新闻·时政》，《新京报》2006年8月1日）我不知道丘成桐先生讲的是否属实，更不知道谁可以给予我们令人信服的结论。如果丘成桐先生所言属实，说北京大学这样的行为是卖国行为恐怕是不过分的，与其有关的人则应该受到法律的追究，而北京大学应该被查封。不如此，不足以平民愤。我衷心希望更多有良知和爱国情怀的人用行动来关注这件事情。

7.据《中国青年报》2006年10月16日报道，厦门大学校长朱崇实称：“两个月后，目前国内最漂亮的高尔夫练习场将在厦门大学建成投入使用。今年2006级厦大学生都要上高尔夫球课，其中对管理、法学、经济、软件学院的学生还是必修课，每个学生都要学会打高尔夫球。”校方的解释是，高尔夫球是时下商界领袖们喜爱的一项社交活动，学校要培养精英人才，打高尔夫球算是“精英教育”的必需了。我们不禁要问：大学究竟要培养什么样的精英？

现在有些人只要能吸引别人的眼球，只要能引起轰动效应，什么歪招都敢出，什么厥词都敢放！某些个别大学校长江郎才尽到这般地步，实在是该下课了，国家大笔的资金投放在大学，却用来修豪华气派的校门，用来建什么高尔夫球场。我们真的很不放心，那是纳税人的血汗钱。我真诚地希望那些掌握权力的人在涉及资金投入的问题上能够更加审慎一点。令人感到庆幸的是，消息传出后，招来几乎一致的批评之声，可见有正常思维的人还是占了大多数。可我还要问的是，个别人是怎样占有那些重要位置的？

质疑“学会做人”

“学会做人”是当今中国教育界非常流行的一个口号。在我看来，“做人”这个词本身就值得考量。“做人”问题是在“熟人社会”、封闭社会中产生的，其原因就在于：在这个私人交往的领域，由于每种关系都是个别的，需要特殊而适当的感情回应，并且如果没有做到这一点就会相应地产生回报是否得当的问题，它经常呈现为一个困难的任务或责任。而同陌生人的关系通常同“做人”问题无关。在同陌生人的关系中，人们感觉到摆脱了“做人”的重负与困难，因为在这种与陌生人交往中，一个人无须对同这一个人的关系与同另一个人的关系给予特别的区分。

另外，“学会做人”也带有对学生的不尊重。因为“做人”带有外在化、行为模塑的意味，人成了盛装“道德”的容器。更重要的是，在什么样的价值体系中去成就（成全）一个人，这是问题的关键。专制社会有专制社会关于“好人”的标准，民主社会中有民主社会关于“好人”的标准。如果我们模糊了这样一个关键性的问题，“学会做人”的标准就是空洞的、肤浅的，甚至是有意无意的误导，以致使“学会做人”不仅不能成为一个正确的价值引导，反而会对人构成一种不当的要求，一种无形的压力，强化传统社会中泛道德主义，更确切地说，是回到泛道德主义的老路上去。

所谓的“做人”就是取得成绩不要沾沾自喜，有意外的惊喜不要得意忘形，要学会察言观色、见风使舵，要戒骄戒躁（其实就是要自我贬抑），这样那些不如你的人会觉得你和他们差不了多少，你就可以免遭嫉恨、免遭诬陷、免遭恶语中伤。说话重要的是要看对象、看场合，至于究竟是不是真话、是不是心里话无关紧要，如此等等。

“做人”基本上是面子上的事情，所以与人相处，重要的是不要撕破脸皮。要是撕破脸皮，对方会记恨你一辈子，许多事情也就不好办了。如此一来，在一个单位内，面和心不和、相互猜忌、勾心斗角，“当面说好话，背后下毒手”的事便会层出不穷。而这只能毒化社会风气，锈蚀我们的心灵，使人们的心思大多用在相互防范、相互揣摩、给对方设置陷阱的无耻勾当之中。

“做人”所强调的基本上是外在化的表演，而不是内心的真诚、善良、纯朴等。“学会做人”总容易让人联想起外在化、面具化、器物化、模塑、他律等。“做人”做得好不好，全看他表演得如何。我们的社会中有那么多道貌岸然的伪君子，这恐怕与我们整天大喊“学会做人”不无关系。那些高呼要别人“学会做人”的人，一定私下里有着一种自己做人如何好、如何成功的优越感。

几千年来，中国人一直在强大的道德压力下生活，人成了表现道德的工具。节妇、烈女们成为道德的殉葬品，道德成为杀人的武器，整个社会在旧的道德、僵化的道德、非人道的道德下，“年复一年，丝毫没有长进”(鲁迅)。直到20世纪初，新文化运动的先驱们才吹响了埋葬旧道德的号角。而旧道德不是一具僵尸，而是一种病毒，它渗透在国民的心理结构之中。在“学会做人”的鼓噪中，就遗传着、携带着这种病毒。

在中国，一个人可以没有知识，没有学问，没有头脑，没有思想，没有血性，没有肝胆，没有智者作风，没有大家风范，但不能不标榜自己有道德。把自己打扮成代表道德规范的正人君子或道德法庭的裁判者，从私人生活方面入手攻击、败坏、诽谤和诬蔑别人，攻其一点而不及其余，往往是最为惯用、最为有效的手段。因为倘若某个人被指责为道德上有问题，似乎就有抹不去的污点。这在中国，稍具人生阅历的人，都是并不感到陌生的。恐怕是由于人们熟谙这一道理，所以才告诫青少年学生要如何如何“学会做人”，为了免于他们今后被别人抓住把柄而吃尽苦头。从这层意义上说，提倡“学会做人”也是用心良苦。可是我们在传承和强化着一种什么样的传统呢?

伪君子们以貌似道德的表现来达到他们不道德的目的，道德也往往成了他们掩盖自己的无能、打压创新者的工具。有人就是以道德的名义、以教别人该如何做人为幌子，对人进行精神施虐，以达到控制他人的目的。

就是在今天，中国人仍然生活在无处不在的“看不见的眼”的窥视之中，大多都感到活得很累，都有过“做人难”的感慨。“夹紧尾巴做人”就成了一些人的处世策略或对别人的“忠告”。由于长久地生活在“做人”的精神禁锢之中，也就少有个性的和谐、心灵的舒展和人格的伟岸。

其实“做人”或者说道德是属于私人领域的事情，是个人自我求取的空间，是人们自主判别、自主选择、自主承担的行为领域。史蒂文森(Robert Louis Stevenson)说得好：“表现出自我的本色，并成长为我们所能成长为的人，这是生命的唯一结局。”不以本色示人的人，是不可能成就大事的。原因就在于他缺乏真诚，缺乏勇往直前的果敢，缺乏虔诚投入的品质，缺乏与世界的深度交往，进而缺乏个性的魅力和人格的魅力。

我们必须基于民主社会的一些核心价值来对儿童进行品德培养，这些核心价值包括：社会公正、平等、诚实、守信、个人责任等。学校是人类希望赖以生发、奠基和培植的地方，学校所具有的人类行为，应该是具有繁殖力和经受得起方方面面批评的，学校愈来愈成为未来社会的雏形和孕育新型文化的基地。

我很难想象，一个率真的人，一个淳朴憨厚的人，一个具有赤子之心的人，一个童言无忌、口无遮拦的人，他能坏到哪里去？只恐怕是他们最有可能道出“皇帝新装”的真相，“成人们”才早早地、严格地教导他们“学会做人”吧。

如果一定要说，“教育首先要教学生学会做人”，那必须强调的也是：到底要做什么样的人？毫无疑问，应该是学做现代化国家的“公民”。懂得什么是民主政治，什么是对权力的制衡，什么是司法独立，懂得什么是市场经济、法治国家、宪政国家……懂得以法律保护自己的权益。所以，我更主张：学会分享，学会质疑，学会自主选择，学会快乐地生活，学会开拓生活与自由，学会成为独特的自己……

如何待人、如何处世，是非常私人的事情。如果彼此志趣不相投，保持距离就是了；如果对方违法了，自然是“天网恢恢，疏而不漏”，用不着人们说三道四。让我们共同来营造一种有利于个性张扬的文化，更多地尊重人们对于生活的选择，这将有助于提升我们精神的品位，有助于提高我们生活的品质。

是什么妨碍了我们说真话

所谓“说真话”，就是表达内心真实的想法，而不是说一些空话、套话、言不由衷的话，不是看别人的脸色说话，不是说迎合别人的趣味的话，就是敢于针砭时弊，敢于揭露一些社会的阴暗面，敢于触及到一些敏感的问题。“真话”并不见得都是正确的话，因为所谓“真实”都只是每个人眼中的真实。

之所以要强调“说真话”，就在于只有表达你的真实想法，人们之间的“视界融合”才有可能，充分交流也才有实质性的意义。否则，所谓的“交流”、“分享”都只是自欺欺人的相互敷衍——既不能富有深度，推动认识的前进，也不会达成共识，凝聚成一种力量。一个民族总要有人不断说出真话，才会有希望。而且，如果一个社会不能让人畅所欲言，人们就会表现得十分做作，人与人之间就会缺少真诚。

究竟是什么妨碍了我们“说真话”呢？首先是几千年的思想专制在人们心中投下的浓重的阴影。在过往的中国社会中，因言废人的事时有发生。“真话”有可能让一些权势者不高兴，甚至恼羞成怒，暴跳如雷，而对说真话者大加讨伐，并有可能置于死地。因言获罪，从古以来，就举不胜举。由于公开谤毁朝政或是直接犯了皇帝的大忌而被杀头的，也不乏其人。“历史的经验值得注意”，人们为了避免惹火烧身，只好说一些违心的话。

其次，说真话会得罪一些人，会妨碍一些人去获取某种利益从而使自己的利益受损。比如说，我呼吁遏制“能者多捞”，那些身兼数职的能者们就会不高兴；我呼吁“期待官员从学界退场”，那些在学界呼风唤雨的官员们就会很敏感并进而很反感。你妨碍别人获得某种利益，别人不说伺机报复，至少在一些时候也不会帮你说话，不会把你当成自己人，有好的机会的时候不会想到你。你会处于一种比较孤立的境地，一些好的机会你就难以得到。中国是一个人情社会和关系社会，每一个人都有一些利益相关者，每一个人都是复杂的社会关系中的一个纽结。你说真话损害了一个人的利益，他的利益相关者即使不打击报复你，也会与你“划清界限”。

第三，说真话也容易给人一种幼稚、不成熟的感觉。比如说，美国毋庸置疑的是世界上最发达的国家。它为什么会成为一个最发达的国家呢？原因多多，其中非常主要的是它的机制比较好。好在哪里？在每一个公民身上，在每一个机构与利益集团身上，责、权、利三者统一得比较好。这是一句真话，可大家都不说。你说美国的制度好，岂不是赞美资本主义？岂不是说别的发展中国家制度不好？典型的政治上不成熟。一个政治上不成熟的人是不能委以重任的，是只能处于边缘的。可谁都不愿被边缘化。

当然，敢于说真话，也需要独立思考的习惯和能力。没有了独立思考，就只有人云亦云；没有了书生意气，就只有奴颜媚骨；不敢讲真话，又不得不说时，就只好说假话。

说来说去，是什么妨碍了我们说真话？一言以蔽之，利益。无私才能无畏，可每一个人都是有自己的利益的，谁都不希望自己的利益——合法的以及不合法的利益受损。所以明智的选择就是不说真话，尽量少说真话。迫不得已时，说些套话。其实，套话也是假话，因为它言不由衷。

可为什么总还是有一些敢于仗义执言的人呢？这是源于他们的人生信念和生命境界。在他们看来，因为说真话而遭受的那些损失是不重要的，至少不那么重要。他们有更高远的人生追求，在他们的心中有更大的利益。鲁迅先生是这样说的，“大胆地说话，勇敢地进行，忘掉了一切利害，推开古人，将自己的真心的话发表出来”。鲁迅先生也是这样做的，“苟利国家生死以，岂因祸福避趋之”（林则徐：《赴戍登程口占示家人》）。

当然，并不是什么时候都应该说真话，并不是什么时候说真话都好，也并不是什么时候说假话都不好。正如鲁迅先生所描述过的，当人家刚生了一个儿子，大家都去道喜的时候，如果有人说“这个孩子会死的”，那么他肯定会遭到众人唾骂。可是这确实是一句大实话！可见，说假话，有时是虚伪，有时却是智慧。

如果社会的大多数成员都不愿、不敢公开亮明自己的观点，那么，“隐瞒自己的观点”，说一些言不由衷的空话、套话，就主要不是个人的道德品质问题，而是社会本身存在某种问题。如果有制度的保障，人们说真话不会招致利益的受损，人们说真话的空间相对要大许多。可见，真正妨碍我们说真话的仍然是制度。我们要建立起一种人们“说真话”不会招致其利益受损的制度。

路，还很长。

世风评说

·每年有多少官员携款外逃？这造成的损失是多少？这难道不是公民知情权中的一项吗？作为纳税人难道无权知道他们所交纳的税款做何用途了吗？如果不从一些具体的事情上来体现对公民权利的尊重，所谓“以人为本”，所谓“责任政府”等就都只是美妙的言辞。

有那么多的官员——我们这块土地上的“上流社会”中的人——背叛祖国，这难道不应该促使我们深刻地反省一下爱国主义教育的实际效果吗？空洞的、虚假的说教，除了令人反感和培养伪君子，就是徒然耗费人的生命。

·教育学界曾经有“南北二成(陈)”之说。南是指华东师范大学的陈桂生先生，北是指北京师范大学的成有信先生。他们俩的确是老一辈教育学者中的佼佼者。可是，从世俗的眼光看，他们都是很不得志的人。陈先生著作等身——真正的著作等身，而不像某些人靠当主编才著作等身的，可老先生连博士生导师最后也没有被评上，个中缘由我不太清楚。成有信先生是中国教育学界在《中国社会科学》杂志上唯一一位发表过三篇有分量的学术论文的教育学者，可他老人家快要退休了才评上博士生导师，仅仅招了一名博士研究生，成为中国教育学界唯一只带过一个博士生的博士生导师。成先生为人宽和、正直，从来不搞拉帮结派和依附权贵的小动作，又成就卓著，所以既招人嫉恨，又觉得他没有靠山，欺负他不会有什么不良后果，才会成为这两个“唯一”。可公道自在人心，谁英雄谁好汉，人们心中自然有数。

·大学中有些人是什么奖都能够得到，因为他们主持了许多重大的研究课题，带了许多的硕士生和博士生，出过许多次国，主编了许多的书，他们的荣誉和头衔数不胜数。要能获大奖，就必须获得过许多的奖——这就是为什么会有“马太效应”的原因。他们有着或曾经有过重要位置，在一定的位置上，就可以建立一个关系网，有了这个关系网，就可以要什么有什么，至于是不是有高尚的人格，有没有真才实学，并不重要。这恐怕是中国人文社会科学落后、在国际学术界地位十分低下的重要原因。

·在中国，给健在的国家领导人出版著作或传记之类的东西，应该是一件十分慎重的事，因为这有可能给那些攀龙附凤、巴结权贵的无耻之徒以可乘之机。他们极有可能慷公家之慨，做顺水人情以取悦于人，为自己找后台、找靠山。其实，在西方发达国家，给健在甚至在职的领导人出著作和传记并不鲜见，为什么在我们国家要慎重呢？原因是我们官员手中的权，特别是对于金钱支配的权力太大了。如此公款消费才会异常地火爆。当然，慎重出书只是治标，治本之策还在于对权力的有效制约。

·看由发生在全国各地真实的刑事案件为依凭拍摄的电视连续剧《警界雄风》，在为公安干警打黑除恶的正义之剑拍手称快的同时，我一直有一个困惑：那些黑恶势力真可谓是无恶不作、气焰嚣张，他们鱼肉百姓，称霸一方，杀人越货，心狠手辣，十足的十恶不赦；一个个血淋淋的镜头，一张张狰狞的面孔，一幅幅恐怖的画面，令人触目惊心。可这些黑恶势力肯定不是一两天就形成的，为什么非得等他们做大了、残害了那么多无辜的民众才给予铲除呢？在他们的形成过程中，究竟哪些人在充当他们的保护伞？又有哪些权力部门缺乏必要的监管以致失职和渎职才养虎为患的？如果不彻底铲除他们滋生的社会土壤，黑恶势力就有可能死灰复燃。这种担心恐怕不是多余的。

·西方官员因丑闻而落水，中国官员因落水而被揭丑闻。中国有“为尊者讳”的传统，一个身居要职、身在高位的人，做了什么见不得人的事，总会有人去摆平、去遮掩。当“多行不义必自毙”的规律在他们身上兑现时，当他们成了一条“落水狗”、“一只死老虎”时，他们报复不了别人了，人们也就不必惧怕他们了，知情者敢说真话，媒体也可以深度报道了。当那些遮羞布统统被撕去时，才发现他们是如此的肮脏和龌龊。这一方面反映出制度建设的缺陷，反映出“民主监督”的无力，也反映出国人欺软怕硬的劣根性，尽管“落水狗”被千夫所指是罪有应得。所以，民主对于我们每一个人也是一种保护。

·在可预见的未来，中国要产生世界级的大师是比较困难的，原因就在于我们各种各样的选拔机制具有“思想阉割”功能——不鼓励自由思想和独立人格。美国学者 M.E.斯皮罗在《文化与人性》中所说：“社会系统和个性之间有反馈关系，因此社会系统产生那些个性需要，而个性需要反过来又在社会系统的运行中得到满足并激励社会系统的运行。”在今天的文化生态中，作为学者，思考的首要问题不是言说的真理性，而是言说本身会招致一个怎样的后果。

·左宗棠教育子女时常说的一句话是“境遇以清苦淡泊为妙”。他宁肯让自己的子孙受苦受累学做一个好人，也不愿多留一点钱财荫庇子孙，使之受钱财之累学坏。可是今天的一些贪官们为了自己子女的“幸福”而不惜以身试法，这反映了他们的自私和狭隘，他们的愚昧和缺乏智慧。这些可耻的贪官太下贱，不说也罢。可大学中一些有点权势的导师，为了自己学生的利益而置公正于不顾，却需要提醒：这不仅不能赢得同行的尊重，恐怕也难以赢得那些被“特殊照顾”的学生发自内心的尊重。

忽然想到

1.一个人的一生中也许会遭遇到别人对他的不公正对待，但上苍会公正地对待所有的人。一个人在某些方面遭受的损失，上苍会让他在其他方面得到补偿。重要的是心中充满善念，在行动中体现爱心。

所以，我想告诫那些手中掌握权力的人，不要以为你可以决定别人的命运,你只能主宰你自己的命运。人力达不到的地方很多,那是神秘力量的主宰。中国古训中有“人恶人怕天不怕,人善人欺天不欺”,“一时强弱在于力,千古强弱在于理”之说,可谓金玉良言,值得那些“小人得势”之人警醒。

有人一旦掌握一点权力,就表现出不可一世。他们大概是不懂得历史的。当年和珅很受乾隆的宠信,可谓权倾一世,后来结果怎么样呢?他不仅死得很惨,而且留下千古骂名。

2.“起义”一词,本身是含有褒义的,即为了反抗不义的统治,为了反抗暴政,而发起的武装革命。在传统中国,对农民起义蔑称为“刁民暴动”、“匪患”、“匪祸”。世界许多国家的历史上都有过农民起义,原因就在于“哪里有压迫,哪里就有反抗”,许多的农民起义实属官逼民反,是起义者绝处求生的无奈选择。但像中国历史上这么频繁的农民起义,在世界历史上是不多见的。这并不是因为中国人更具有反抗精神,而是由于“苛政猛于虎”。中国儒家所鼓吹的“仁政”的确在一些明君手中推行过,不过由于专制统治的本性决定了“国”是当权者的“国”,遇上暴君或昏君往往就是民生凋敝、民不聊生。所以,我很讨厌“太平盛世”这样的说法,因为中国从来就没有过什么“盛世”。所谓“盛世”充其量是广大民众“做稳了奴隶”,没逼到揭竿而起的地步罢了。号称“太平盛世”不过是无耻的统治者往自己脸上贴金的小把戏。

3.自近代以来,中国人除了避免挨打、挨饿,还要避免挨欺——欺骗、愚弄、禁锢和钳制。让我们的子孙后代铭记近代那段悲惨的、屈辱的历史,是我们教育者的责任。外国侵略者固然可恨,但同样可恨甚至更为可恨的是引狼入室的专制统治者。专制统治者们为了一己之利,钳制思想,推行愚民政策,使得中国日益贫弱。他们愚昧昏庸,在与列强打交道时,授人以柄,引狼入室,自取其辱。

4.有言道:苦难是人生的一笔财富。其实,并不尽然。对有的人来说是如此,他们深知人生的不易,总是能善待他人。可也有些人,苦难在他们的内心郁结出对他人与社会的仇视:“多年的媳妇熬成了婆以后”,变态成虐待狂,更加狠毒地对待“媳妇”。可见,苦难既可以成就天使,也可以制造恶魔。一切取决于个人的造化,亦或是上帝在投骰子?

5.表面看来,中国人很在意别人怎么看自己,但这一点只局限于熟人圈子。其实,中国人社会性发展的程度普遍不高。这与公共精神的发展有限是互为因果的。比如在滚动电梯上很少有人会自觉地站在右边,以便让有特别需要的人快速通过。不爱护公共卫生和公共财物的行为就更是普遍。

6.占人口大多数的中国农民曾经是没有贱民身份证的贱民,这是我们这个民族抹不去的伤痛和耻辱。它折射出那些强势群体无视公平与正义的丑恶内心。歧视弱者,是人性的硬伤。

零思碎想录

有媒体报道说,“有超过 4 000 名中国贪官逃往他国”,导致了近 500 亿美元资金的流失(参见《打击贪官外逃需从国内固本》,《瞭望东方周刊》2005 年 2 月)。这么巨额的财富的流失,我没有看见谁对此承担责任。的确,防止贪官外逃不是一件简单的事情,但不是一个两个,也不是几十个几百个,而是超过 4 000 个,这实在令人震惊。贪官们都是神通广大、手眼通天的人,逃到国外简直是易如反掌,可见对于权力的制约是何等必要。

2005 年 12 月 22 日,安徽省宿州市灵璧县公安局原局长王建华因为涉嫌犯罪被司法机关逮捕。当地老百姓放鞭炮庆祝,人们张贴标语表达心情,“感谢党感谢人民政府,为我县公安清除一害,使我县广大人民得到安宁和谐生活”,“天网恢恢疏而不漏”。我在想,假如灵璧县再出了个“李建华”,“张建华”,并且同样被绳之以法,灵璧县的广大人民又该感谢谁呢?

中国是一个有着深厚的人治传统的国家,这一点至今在社会生活中仍有非常广泛的表现。宪法保护不了你，制度也保护不了你，只有有权势的人才能保护得了你。所以，经常有大人物保护比他地位低一些的人的“佳话”。被保护过的人自然是要感激涕零的，人身依附以及隐晦的人身依附就构成了我们这个社会人际关系的基本特征。因而，那些讲究“自由意志”和“独立人格”的人，当然就是要被边缘化的人。

社会生活中没有明确的行为底线，这就为是非判断留下一个伸缩性很大的空间，最终必然导致“强权就是真理”；人们为了避免遭受惩罚和被孤立，就只好向强权屈服或献媚。所以，人们大多发展出伎俩和心机，而不能够发展出智慧。这就是中国为什么贫穷和落后的又一原因。

我们的社会中有歌手丛飞这样有爱心的人，但更多的是贪官、赃官。我相信，普通民众对于赃官是切齿痛恨的，他们不仅侵吞国家财富，导致国有资产的流失，更重要的是败坏社会风气，使我们的社会缺乏凝聚力，社会交易成本奇高。何以会有如此众多的赃官？一是制度建设有缺陷，二是民众的精神修养不够。因为赃官也是从国民中被任命和提拔的，而前者是根本性的。制度的缺陷一是由于我们缺乏信仰，二是由于制度建设者们的理论修养差。

2006年4月15日，我乘早班飞机从北京去运城，由于摆渡车调配问题，飞机晚点一小时。早班航班尚且晚点，其他就更不用说了。国内航班何以总是晚点？除去人力无法抗拒的原因（这一原因造成的航班延误大概不超过2%），主要原因是地勤服务和管理不善。因为航班晚点我几乎给所有航空公司的高层领导写过信，但没有谁给我回复过。我猜想，除非是级别比较高的官员，他们会回复，普通乘客是不在他们眼里的。因为，普通乘客决定不了他们的命运，更影响不了他们的利益。

那些决策的人究竟在干什么呢？我不知道，但大概可以肯定不是在认真地履行工作职责。正因为如此，才导致管理松懈，资源运作低效，导致航班几乎百分之百的延误。

泰国总理他信因涉嫌在制定的政策中为其家族企业谋取利益而被泰国民众赶下台，这就是民主的力量。可在世界其他某些专制国家，领导人大肆为其子女为其亲友捞取好处，甚至鲸吞国家财富，人们却敢怒不敢言。这样的领导人是多么的可耻与可恨，这种国度的民众又是何等的可怜与可悲。

伊拉克新政权判决萨达姆·侯赛因绞刑。萨达姆专政时的不可一世，对不同政见者的残酷镇压，或许是该他遭到报应的时候了。

不能让任何一个独裁者、专制者有好下场，这也是人类正义力量的体现。不论是乔治·布什还是小泉大泉，只要是独裁者，就谁也逃脱不了人类正义力量的审判。让专制的力量从人类生活中消失，才能真正确保人类的尊严。21世纪的人类不能容忍任何形式的暴政的存在。专制之所以是一种邪恶的力量，就在于专制是对人们理智能力的极端不信任，对人的尊严的粗暴践踏，是专制者自我中心的恶性膨胀。

普通民众爱不爱国，事小，因为阴沟里翻不了船；政府官员爱不爱国，事大，因为他们掌握着国家的资源。你看，多少官员跑遍了世界？多少官员将子女送到国外？多少贪官携巨款外逃？多少官员与外商勾结出卖国家利益只为了一点回扣或回报？多少官员将钱存入国外的银行？究竟有多少，没有人告诉你，但经验告诉我，因此而导致的国家财富的外流是巨大而惊人的。我敢断言，如果我们的官员都爱国，不用宣传，不用教育，普通民众自然会爱国。对于普通民众来说，这个国家值得去爱，比任何的说教和宣传都管用。这是一个极简单的道理，可有人就是“不懂”，不知用心何在？

2006年3月26日看报，读到法国总统希拉克在出席欧盟首脑会议第一次工作会议期间“捍卫法语”的报道，很有感触。报道说，当听到身为法国人的塞埃用英语演讲时，希拉克打断其讲话，并询问他为什么用英语发言。“我用英语发言,因为这是商务语言。”塞埃回答道。听到这句话,希拉克带领身边的法国外长菲利普·杜斯特布拉奇、财政部长蒂埃里·布雷东齐身离席,以示抗议,直到塞埃发言完毕后才重新返回会议现场。结果使得各国首脑目瞪口呆。

在法国著名作家都德的短篇小说《最后一课》中韩麦尔先生说,法语是世界上最美丽的语言,这其中盈溢着浓浓的爱国情怀。某些中国人在非常正式的外交场合颇具炫耀地说着外语,在他们的心里,汉语是世界上最美丽的语言吗?

美国四年一届的总统选举,从其客观效果来看,是十分有效的公民教育。竞选者为了能获胜,必须对所有国计民生的问题和所有的内政外交政策作出系统的、明确的回答。这就需要一个真正富于智慧的智囊团,这些人是真正有头脑、有专长的,而不是一些马屁精。

竞选者在一场又一场电视实况转播的演讲和辩论中,必须正面回答竞争对手提出的问题,这就有利于促使其治国方略的完善。为期半年多的总统选举,是一个帮助未来的当政者完善治国方略的过程,也是将治国方略昭示天下、接受民意检验的过程。

“文革”时,“红”与“专”作为对一个人评价的两个方面被强调到很高的地位。所谓“红”就是指“政治”上“正确”,而“专”指业务水平。“政治”在一些人眼中不过是他们的既得利益,他们要去愚弄和欺骗人们的烟雾,他们要全力去维护的一种秩序,一个似乎可以一剑封喉的尚方宝剑,好像一旦以“政治”的名义,就有了无可辩驳的合法性和权威性。所以可以模仿西方一位思想家的话说:政治啊政治,多少罪恶假汝而行。

许多正直的学者和科技专家就是以“只专不红”为由而遭受权利的剥夺甚至人身的迫害。假如政治好的人反而不如有私心杂念的人钻研业务时干劲足,不正说明政治的无力吗?钻研业务而取得成果不也是对社会的贡献吗?知道走错了路,而又不敢回头的人,必然用歪理来解释真理,还要振振有词、煞有介事,只为了虚张声势。

以公民的名义

在民主社会中,“公民”是一个神圣的字眼。“公民”区别于“臣民”。当代哲学家罗尔斯(J.Rawls)认为,自由平等和充分介入社会合作是公民的两个基本要素。在我看来,公民的权益是否得到尊重和保护,是衡量一个政府是不是责任政府的重要标准。

在我们今天的社会中,如果是严重的刑事案件,你拨打110,警察可能很快出动。如果你遇到不那么严重的不法商贩坑蒙拐骗的事,要投诉的话那可就难了。这样的事我经历过无数次。各个部门之间相互推诿,或者录音电话复杂的程序,足以使你觉得更可恶的是这些行政执法部门,而不是不法商贩。

难怪一些不法商贩可以十分嚣张地说:你去告吧,爱上哪里告上哪里告。朗朗乾坤下真的就没有说理的地方。出现这种情况只可能有两种解释:一是那些执法管理部门的人,多一事不如少一事,能推则推,反正没有谁会来过问这类“小事”的处理情况,处理不处理这些事情于他们利益毫无影响;二是这些执法部门与不法商贩之间有内部交易,沆瀣一气,狼狈为奸,坑害民众,执法者可以从中渔利。

在我们的国家里,公务员在总人口的比例,恐怕是世界上最高的之一,但当普通公民真正遭受不公正对待时,那可是真正的投告无门。我们的行政执法部门的人究竟在干什么呢?毫不夸张地说,我们一些机关的公务员真是“水”得很,他们的日常“工作”不过是“喝喝茶水,玩玩山水,领领薪水,品品酒水”。有民谣曰:“一杯茶水一支烟,一张报纸看半天。”可以断言的是,由这样一些人肯定支撑不起一个责任政府。

高级官员们不会遇到“坑蒙拐骗”这样一些事情,因为他们不再需要与可能违法违规的商家们打交道,更接触不到那些低级的骗子。他们过去是普通公民时也可能遇到过受冤屈的事,可那早已成了写回忆录的轶闻趣事,激愤的情绪早已无了踪影,所以他们对于普通公民生活的艰难、生活的极端的不便利,已经难以有切肤之感了。他们要么对于这类事情毫不知情,要么觉得这样一些小事不足挂齿。

可是,一个人对待社会的态度,是建立在细微的、日常的生活经验之上的,从建立一个祥和、友善、尊重和信任的人与人的关系来说,小事不小。我们整天鼓噪着加强未成年人的思想道德教育,可不道德的成年人能培养出道德的未成年人吗?如果普通公民的合法权益受不到切实的保护,假如一个人没有觉得这个国家是可爱的,关于爱国主义教育的效果就可想而知。爱国主义教育要有比较好的效果,重要的是让每一个人真切地感到:社会是我们的社会,国家是我们的国家,国家是我们每个人合法权益切实的保护者。

我不知道我们的国家的领导人是不是知道这样一个事实:当普通公民有愤懑和委屈时,几乎没有宣泄一下情绪的渠道,你不能游行,也不能罢工,你不能写大字报,你不能有过激行为(当然跳楼、自杀除外),甚至不能有过激的言论。那些合法的渠道,比如投诉和上访,不仅成本极高——光时间你就耗不起,而且往往没有下文。这样日积月累积累起来的消极情绪就可能危及我们社会的稳定,危及我们社会的可持续发展。还有,我们媒体整天宣传的“以人为本”、“幸福生活”又何从谈起?!

我们正走在通往法治国家的大道上,法律为每位公民划定了权利与义务,也为政府圈定了责任与担当。公民自愿接受政府的管理,并向国家缴纳税款承担政府开支,就是将维护社会秩序的责任转交给了政府。如果我们的各级官员都是由上级任命的,那他就只会对“上”负责而不对普通的公民负责,因为普通公民无法影响他们仕途的升迁。这样的体制下,“为人民服务”就只能成为一句令人厌恶的假话和空话。难怪有良知的学者会尖锐地指出:“我们现在的政府职能转变远远没有达到市场经济的应有要求,解决政府权力过多过大过滥的问题还有很长的、关键性的步骤没有跨越过去。”(童大焕)用制度来保证公务员对普通公民负责,发达的国家早已有行之有效的措施和制度,在强调国际接轨的今天,在这一问题上为什么不接轨呢?如果说,具体的一个一个的人是水,社会是舟,而水能载舟,亦能覆舟。这是千年古训,值得记起。

我谨以公民的名义，吁请尽快建立起一个责任政府，一个让所有公民的权利免受不法侵犯的政府，一个各司其职、廉洁高效的政府。

偏激辩

人们常把一些与“正统”观念存有较大差异的思想斥之为“偏激”。“偏激”是否就无可取之处而需要大加打压呢?非也!

纵观人类思想发展史，人们不难发现，正是由于“偏激”的思想将某一绝大多数人尚未意识到的问题提到十分突出的地位，才引起人们对它的重视和研究；一种极端偏激的思想往往能导致比较正确的结论，真理就存在于由两个极端所构成的连续体的某一点上；“偏激”的思想每每孕育着新的观念，并以其特有的犀利冲破旧的观念的藩篱，推动着思想的进步。

譬如，实用主义教育家杜威提出的“进步教育”的理论，全盘否认传统教育的“三个中心”(课堂、教材、教师)，鼓吹“儿童中心主义”，并且把这一“中心”的移动比做像“哥白尼革命”把天体中心从地球移到太阳一样具有重大意义。他的思想，且不说在当时，就是在今天看来也是十分“偏激”的。然而，他对传统教育振聋发聩的批判，一时形成了探索“进步教育”理论与实践的热潮，有其进步意义。

又如，在影响人的道德品质形成因素的研究上，行为派心理学家强调道德实践的作用，认知派心理学家则重视道德认知的作用。二者各执一端，也都是不无偏颇的，用其中的任何一派来指导实践都是难以取得理想的效果的。然而它们却各自分别有助于道德品质中作用的深入研究，有助于形成各具特色的理论流派。类似这样的例子在各学科中都是屡见不鲜的。可见，对偏激的思想简单地加以否定并不是可取的态度。

偏激的观点，难免有不大成熟或不够完善的地方，甚至包含着错误，但毕竟比那些老生常谈、人云亦云、四平八稳、毫无棱角的观点好得多。况且，在探索真理的过程中，犯错误并不可怕，真正可怕的倒是害怕自己犯错误，又不允许别人犯错误。人们不应该因惧怕思想偏激而束缚自己的思想，也不应将与自己的观点存有差异的思想简单地斥之为“偏激”而加以否定。如果一个人连偏激的思想都不能宽容，那当然就更不可能去指望他尊重异端的权利了。而在一个异端的权利得不到尊重的社会，最好的情况也只能是“多数人的暴政”。

偏激的思想往往有着“片面的深刻”，它较之于四平八稳的平庸，对于思想与学术的发展都有着更多的价值。它带给我们的是警醒，是理智的挑战和内心的震撼，是新的视界的凸现。我们说教育是一个寻求解放的过程，一个从狭隘走向广阔的过程，而偏激的思想对于解除头脑的僵化、精神的禁锢、思维的定势，很多时候都是一剂良药。

“与其重复一句正确的话，还不如试着说一句错误的话”，这对于培养创新意识和创新能力尤为重要。说大家都说的话，是最安全的，也是最省事的。当然个人也就只能淹没在众人之中，隐而不彰。个性的凸现、主体性的彰显，就都成为不可能。这也就是造就“会说话的工具”的最好方法。

偏激的思想往往也就是尖刻的思想，极端的思想，甚至是危险的思想。而这种思想是不易得到人们的认同和赏识的。王尔德说得明白：“人们对于苦难表示同情是很容易的，要他们对思想怀有同情则非常困难。真的，一般人对究竟什么是思想了解得太少了，他们似乎以为只要他们说那种思想是危险的，就等于给那种思想定了罪，其实正是这些思想才具备真正的才智价值。大凡不危险的思想都是根本不配叫做思想的。”（《评论家也是艺术家》）

专制主义者最听不得不同的声音。因为不同的声音有可能揭穿他们的谎言，威胁到他们的利益，所以他们总是要限制人们的思想自由和言论自由。而在一个缺乏健全的民主制度和广大的民众没有养成民主性格的国度中，每一个人都是一个潜在的专制者，只是有没有机会的问题。所以为了培养民主的性格，为了让更多的人有着宽广的胸襟和怀抱，学会从不同的角度看待问题，学会用自己的头脑去判别，让我们的学生从小就习惯于不同的声音，见识各种各样的观念与思想，无疑包括偏激的思想，当是十分重要的。那就更不用说，倘若某一偏激的思想，有助于拓新人们的观念，或是有助于活跃学术气氛，或是有助于形成具有特色的学术流派，就理当受到热情的肯定。

回到常识

19世纪英国学者、诗人马修·阿诺德(1822—1888)："一代人自由思考的成果是下一代人的常识。" 常识不仅是被社会历史实践一再证明了的真理性认识，而且是广为人知的。为了让我们的社会变得更好，在很多问题上，并不需要什么系统深入的调查研究，只需要以谦卑、正直的心灵回到常识，尊重常识。

有名不见得就有实，这是一个常识。随着对外开放的不断加深，我国到国外留学镀金的人也逐年增加，其中不乏在国内"混不下去"的人到国外随便找所学校混个文凭，再回来拾饭碗。炮制一张和当年方鸿渐一样的"克莱登大学"的假文凭，一个不学无术之人转眼就变成全身镀了洋金的"栋梁之才"。而一些人盲目媚外，缺乏应有的鉴赏力，对这等人奉若神明。

在20世纪80年代，每一项改革都伴随着姓"资"还是姓"社"的争论，这令我们今天看来十分荒唐可笑。可见，过去一些东西对人们头脑的禁锢是何等厉害。令人感到悲哀的是，这种在我们的后人看来十分荒唐的禁锢仍令今天的许多人无法摆脱。制度是由人来设计的，是为了服务于人更好的生活，人不是为了体现某种制度而存在，人不是制度的道具。这也是一个常识。

先哲早就告诫世人："绝对的权力导致绝对的腐败！"那种"一手掌握权力、一手操持资本"的权力结构和社会控制垂直的结构，使得一些人享尽监守自盗"之便"，劫持民财一如顺手牵羊。等级与特权、腐败与罪恶、垄断与权力寻租等丑恶现象的产生就是必然的事情。中国正处在一个社会转型期，一个市民社会正在形成之中。市民社会是一个真正优胜劣汰的社会，一个社会资源合理配置的社会，一个不存在人身依附因而能够彰显“自由之意志，独立之人格”的社会，一个每一个人的各种智慧潜力都能得到充分发挥的社会。

唯有民主能够使一个国家走向繁荣与富强，纵观全球，发达国家无一不是民主国家。这对于具有现代文明修养的人来说是一个常识。加速政府转型，建设监管型政府、公共服务型政府、能够使社会有效监督的政府、有限的政府、负责任的政府、与民为善的政府，不仅是解决腐败问题的根本措施，也是建设现代国家的需要。可只要还存在“打天下，坐江山”的意识，就不可能把我们的国家建设成现代国家。因为，“打天下，坐江山”的观念背后仍然是“成王败寇”的逻辑，而不会有尊重民意、商谈伦理的诉求和实践。

“真理越辩越明”，这也是一个常识。但在我们的社会中许多问题不许讨论、不能讨论。而因为一些问题不能系统、深入地讨论，与此有直接或间接相关的问题就说不清楚，认识就不能被推进。我们不可能建设一个对所有人都那么公平合理的制度，但是我们完全可以建设一个所有人都能够批评其不完善的制度。如果一个制度本来就是不公正的，而感觉它不公正的人连批评它的权利都没有，这样的制度就是邪恶的制度。那些被剥夺了批评权利的人就会感到绝望，进而有可能成为这个社会的破坏性力量。违背常识终将受到惩罚，这在所有领域都是一条铁律，教育者尤其应该正视。

深深地忧虑

整个人类就像一只疯狂老鼠，贪婪地啃噬着她的地球母亲，终于会有一天——这一天恐怕也不会太遥远了，这个地球会变得百孔千疮，人类也就将堕入万劫不复的黑暗深渊。

在中国，70 年代以前出生的人，特别是在农村出生和长大的人，对于生态环境的急速恶化，都会有切肤之感。我们小时候，有水的地方就有鱼,而且房前屋后的池塘里的水用手捧起来就可以喝。可如今,我们童年时清澈的池塘,早已变得污秽不堪;许多曾经奔涌不息的大江大河枯水期延长,时常断流以至枯竭;物种消逝,地力衰退,土地沙化,一座又一座城市和村庄饱受干渴之苦……于是沙尘冲出荒漠,“厄尔尼诺”肆虐全球。而所有这一切,不过才只有短短几十年。也许,终会有一天,“稻花香里说丰年,听取蛙声一片”,仅仅只是人类美好的回忆。

我们这一代人,小时候很少生病,几乎不打针、吃药,更不用说住院了。可今天,各地的儿童医院总是人满为患,尽管产妇和婴儿的死亡率大大降低,人均寿命也在延长,但各个年龄段的人们的发病率恐怕都大大提高了。经济发展与人们生命质量的提高并没有成正比。那我们为什么不好好想想,经济发展究竟为了什么?这也反映出人类自身是人类追求高速增长的最大受害者。

人口爆炸伴随的是环境污染,生态恶化,物种消逝,资源枯竭。你看看都市里大街小巷的人头攒动,你再看看马路上各式车辆的你追我赶——城市的主干道几乎成了流动的停车场。今天的人们真的需要好好读读环境保护运动的先驱组织、著名的罗马俱乐部给世界的第一个报告——《增长的极限》。这个报告给人类社会的传统发展模式敲响了第一声警钟,促使人们思考地球资源和承受能力的有限性以及以现有速度开发资源的不可持续性。《增长的极限》从 1972 年公开发表以来,快 40 年过去了。在今天,在我们这个人口数量最多、经济增长速度最快的发展中大国,更多的人认真研读这本书,还有更早的蕾切尔·卡逊写的《寂静的春天》,都有着深远意义。

一个社会当然要发展,但过快肯定是不好的,特别是片面地强调某一方面的发展。如果陶醉于高增长、高消费,如果以过度消费来拉动内需,那么 GDP 的高增长只会带来社会整体福利的下降。这些年来,中国经济持续的高增长却没有导致社会整体福利的相应提高,特别是中低收入阶层的人们的生存境况没有多少改善,就因为我们的社会各种原因和形式的消费太多。

在我看来,环保是一种价值观、一种生活态度,是我们这个时代最重要的美德。我时常会觉得自己非常富有，可我的生活却十分俭朴。我没有私家车，住的房子也不过50多平方米。袜子破了，缝补以后还会接着再穿。我却乐于送给真正的读书人书——我几乎每天都送人书，资助需要资助的朋友、亲戚和学生，不和小商小贩们讨价还价；在饭店就餐时，从来不点名贵的菜，尽管绝大多数情况下都不由我买单；我反对餐桌上的过度消费。我向来认为，钱在谁手里并不必然导致浪费，因为货币只是一种交易媒介，但物质上的浪费却是实实在在的浪费，所以我在绝大多数情况下会将杯中的水喝得一滴不剩，不管在多么庄重的场所都会将没喝完的矿泉水瓶带走，尽量避免使用宾馆提供的一次性用具。我真希望有更多的人像我一样，学会过简单生活，减少一切不必要的物质消耗，让我们人类在这颗星球上尽可能多存续一段时间。

我们需要形成这样一种社会共识："环保是我们这个时代最重要的美德。"一定要通过一切可能的途径来营造"以节俭为荣，以奢华为耻"的社会风尚。我常常从媒体的报道中看到，一些名人不惜花费巨资将婚礼办得十分奢华，我猜想很多人会心生艳羡。可我从内心深处极度反感，十分鄙薄，觉得这些人极其无聊和无耻。尽管每个人都有自由支配自己合法收入的自由，但我们作为人类的一员，从道义上说，谁也没有过度消费公共资源的自由。一些媒体的从业人员热衷于报道奢华的场面，也反映出他们浅薄、无聊和良知的缺失。

大多数美国人的生活方式是需要检讨的。如果整个人类都像美国人那么奢华地生活，人类至少需要四个地球。美国人口只占全球人口的5%，美国的资源消耗却占到世界资源消耗总量的近20%。美国的富有，在很大程度上是建立在对发展中国家的掠夺的基础上的，尽管我非常肯定美国的制度设计，也意识到全世界的发达国家都与美国有着良好的关系，但我在情绪上仍然是反美的。

前不久，我所服务的北师大为顾明远先生举行了顾先生从教六十周年暨八十寿辰的隆重庆典。顾先生在会上说（我没有出席，后来看报道得知），他不同意搞这样的庆典。我相信顾先生是真诚的，可这样的活动的始作俑者是些什么人呢？大概他们自己不会掏腰包来赞助这样一个至少花费十多万的活动的吧。那就无法排除这些人慷公家之慨做顺水人情的嫌疑。顾先生是中国教育学界的泰斗级的人物，获得过一个大学教授所能获得的所有荣誉和奖励，这当然是他老人家的造化，但也说明你再为他增添些什么也就不过如此吧。在中国，顾先生这个级别的人至少每一代人中有两三百个，如果都如此隆重庆祝一下，其花费又怕是一个天文数字。

我主张对一个人的尊敬，最好潜存在心中，用一种不那么张扬，更不会耗费过多资源的方式来表达。我向顾先生表达我的敬意的方式包括为他的优秀著作写书评，有需要写序的大型丛书，我会想到顾先生；有学校需要名人题写校名之类的事，我也会想到顾先生，但我也不会曲意逢迎。顾先生曾将他的《顾明远教育口述史》送我，我自然十分感动，几乎立即就决定要为此写一篇感情真挚而充沛的书评。我认认真真地读了几遍，却让我大失所望，因为这书实在乏善可陈。顾先生扮演的教育角色之多、游历之广、影响之大，在当今中国无人能出其右，可书的内容仿佛记流水账，读来味同嚼蜡，难以卒读。看来口述史的写作需要对叙述的事件进行挖掘和叙述者的自我观照，方能做到有血有肉，引人入胜。

顺便说一下，顾先生是我的老师，他老人家也很提携我，我十分尊敬顾先生并心存感激。我没有出席庆典，是因为我去了就忍不住要说话，说话又怕不“得体”，扫了某些人的兴。因为在我看来，顾先生所做的一切都只是在尽他的本分，做人的本分和角色的本分。顾先生之所以能赢得我的敬重，就因为很多人还没有尽到自己的本分，这不免让我感到人生的荒谬和悲哀。

古人说，“人生不满百，常怀千岁忧”。倘若只想着今天 GDP 的增长，而杀鸡取卵，寅支卯粮，人类很快就会从这个星球上消失，那我们今天所做的这一切又有多少意义呢。早就有人警告说：“地球上的最后一滴水，将会是人类的眼泪”，但愿不会一语成谶。

片面之辞

·一个伟大的人物，在才智、个性或品格方面一定有过人之处，你可能因为机遇和偶然成为巨富和名人，但绝不可能因为偶然而成为伟人。

·对于真诚的渴求、对于探索的兴趣中包含着善的价值。对整个人类和一个民族而言，在文明战胜野蛮、光明取代黑暗、理性驱除愚昧的脚步中，蕴藏着对于崇高、道义与良知的吁求。

·自从一位名人说过“计算机要从娃娃抓起”以后，要“从娃娃抓起”就成为了一句套话，什么都“从娃娃抓起”，我们的娃娃恐怕迟早会被抓死的。还是慎提“从娃娃抓起”为好。

·我们总是担心孩子们“不学好”，总是担心他们会“变坏”，好像人与生俱来就有变坏的本能，于是需要我们成人——曾经的儿童——耳提面命，谆谆教诲。其实，俗话说得好：“好孩子是夸出来的。”

·因人设岗是人治传统的表现。现在一些机关出现了一个新的角色，名曰“调研员”。所谓“调研员”其实就是些既上不去，又下不来的政府冗员，他们真正被“吊”（调）在那里了。

·把一件事情上升到“政治高度”，早已成为一些掌握公权的人统一公众认识的撒手锏。凡事一旦上升到“政治高度”，其他一切工作都得给搞好这件事情让路，而这件事也立即成了一切工作的中心。这就是典型话语霸权。

·诗人气质对于人文学者和教师来说，都是一个宝贵的资质，但对于政治家来说却不是。政治家需要的是科学精神，特别是求真务实的品格，这也是区分政治家与政客的一个标准。

·撒谎和欺瞒是美国领导人的大忌。昔日总统尼克松，虽然兼备聪明才智和战略眼光，却深为美国人痛恨，原因就是他在“水门事件”上说了谎话，被美国人视为用“秘密而肮脏”的手段解决问题。美国有揭露撒谎和欺瞒的机制，可并不是所有国家都有。

·诗人气质对于文人来说，是一个可贵的品质，但对于政治人物来说却不是，因为决策需要的是冷静与理性，缜密的推理和全面的考量。

·“贤人政治”之所以靠不住，不仅在于“贤人”可能经不住诱惑而堕落，也在于贪官可以把自己伪装成“满口的仁义道德，一肚子男盗女娼”的正人君子。

·我们每一个人都有低级趣味的需要，只是我们习惯了道貌岸然而不敢承认罢了。其实，承认自己有低级趣味的需要，并不妨碍我们去成为一个高尚的人。

·中国至今仍是一个官本位的社会，就连大学的许多人也都要削尖了脑袋捞个一官半职。大学里各种各样的“长”，其实大多是些学问做不下去的人。如果学问做得好，又何必去当个什么“长”？(不过，鄙人连工会小组长都没当过，可也才摸着做学问的门边。)

·说教不仅是伪善的表现，也是肤浅和平庸的表现，是典型的“学问不够，‘政治’来凑”的变种。

·敬畏感是宗教情怀的一个重要元素。一个有着健全人格的人需要有一种敬畏感。如果一个人天不怕地不怕，那这个人就会很可怕。我们过去的无神论教育恐怕要对今天我们社会中触目惊心的道德沦丧负责任。

·成长才是儿童生命的主题，成长固然离不开学习，但除了学习，还需要有足够的休息、充分的睡眠、尽情的嬉戏，以至追逐、打闹、做白日梦和“面对着天空发呆”。

·我们这个民族是一个缺乏理论修养和深厚的理性精神的民族，这既是我们落后的原因，也是我们落后的表现。

·对于我们这个民族尖锐的批判意见，很容易被人扣上“民族虚无主义”的帽子。幸好有鲁迅先生的话语在，我们这些没有背景的人还可以发表点片面之辞。其实是“爱之愈深，责之愈切”，有人好像就是不明白这个道理。

·学校是一种社会机构，她的文化精神决定着她的品质，学校就应该笑声朗朗、书声琅琅、歌声朗朗。可我们许多学校却是死气沉沉，学生们是心事重重，暮气沉沉。

·我们每个人都是一个潜在的专制者,只是有没有机会的问题,因为我们没有受过民主思想的洗礼,没有经历过真正的民主生活,我们的性格中或多或少携带着专制主义的病毒。

·"很忙"是一些人表白自己地位显赫、身位优越的口头禅,可"忙"是"心"字旁一个"亡"字。心都死了,忙又是为了什么?

·各种各样的"奖"基本上不是评出来的。所谓"评奖",确切地讲,是"分"奖。至于评委们的坐地分赃还不在此列。

·我们生活在都市由钢筋水泥所构筑的丛林之中,落日的余霞已远离了我们的视野,甚至连灿烂的星空也在都市明丽的灯火里消逝得无影无踪,我们很少能够看到"一轮明月耀天心"的绚丽景象了。

·无论是男人还是女人,永远不要把对方想得太完美,不管她有多么美丽的容颜,也不管他有多么绚烂的光环。既然是人,谁也逃不脱人性的弱点。早早地看清楚这一点,免得日后失望。

·"好人"的一个有意味的定义就是"好玩之人"。这一定义强调了人生的趣味。较之于人们普遍认可的"好人就是那些奉献多于索取的人"这一理解来,有更高的生命境界。其实,希望别人奉献,是我们普遍的心理,因为我们可以从中受益,这多少可以折射出我们内心的暗昧和人性的弱点。

·有民谚云:"可怜之人,必有可恨之处。"这固然有一点道理,但也充分地反映出我们的文化中宽恕与博爱元素的稀缺。

·人世间让我们为之动容的总是那些充满本色的事物,比如星光,比如彩云,比如细雨斜阳。假如连这些都不能唤起对于生活的热爱和礼赞,生命是多么枯长。

·"猝然临之而不惊,无故加之而不怒"是崇高的生命境界。急躁和易怒其实都是有情绪障碍的表现。

·讲究信用会降低交易成本,从而使社会整体效益最大化;违约和欺骗会增大交易成本,最终损害双方的利益。让骗子无处藏身,让欺诈者血本无归,因为他们不仅损害了社会的整体利益,更重要的是它毒化了人际关系,进而毒化人们的心灵。

·中国有推行愚民政策的传统，欺上瞒下更是一些官吏的鬼蜮伎俩。尊重公民的知情权，是民主社会的重要特征。其实，在绝大多数情况下，公布真相也许会有一定的副作用，但掩盖真相的副作用无疑会恶劣得多。

·由于每一个人的天资、禀赋、家世、经历的不同，也由于无数的偶然和不可抗拒的力量，每一个人都走着不同的路，追求着不同的目标。正因为如此，世界才如此丰富多彩，安宁而充满活力。倘若大家走着同一条路，那就会拥挤不堪，就会充满纷争和嫉恨，甚至是血腥和杀戮。孔子说"君子和而不同，小人同而不和"，人与人融洽和谐的关系，需要以足够的物理空间和心理空间为条件。

·在我看来，市场经济和资本主义是同义词，可在当今的中国，市场经济却仍未脱离"仕场经济"的窠臼，这也是腐败大量产生的根本原因。深圳有关机构"推荐"学生看一位高官的女儿制作并主演的影片，再一次暴露了"仕场经济"的丑恶本质。

·过去，我们习惯于说西方国家的种种弊端，以满足我们虚假的优势感。其实，我们应该更多地发现异质文明中那些积极的东西，以此作为参照物，用来反衬我们社会文化中存在的问题，这才是自信和富有智慧的表现。

·时尚传媒不遗余力地传销时尚——铺张与挥霍，而眷注心灵的高尚人士力促人们过简单生活，倡导节俭与朴素。各敲各的锣，各唱各的调。社会就是这样在为人们提供多种多样的价值观和生活方式的选择之中迈向更加理性与文明。

·不论我们是否参观了圣寺或是皈依任何特别的信仰，我们都是精神的生物。我们都有与人分享意义的需要，并渴望了解别人内心的生活。当精神发育受到扭曲而发生病变时，才会出现一种窥探癖。

·学生告状，这样的事情在我们的学校中往往得到鼓励，这样做的后果，就是不让学生学会自己去面对问题和冲突，而是诉诸强权，形成阴暗的人格，不利于学生正直和磊落的人格培养。

·我不相信中国历史上有什么真正的"太平盛世"，用鲁迅先生的话说，不过是“做稳了奴隶的时代”。什么“打天下，坐江山”，什么“太平盛世”，这些观念都散发着浓厚的改朝换代的腐臭气息，与民主政治的观念相去十万八千里，需要我们来一次彻底的清理，让我们对这样的腐臭观念弃之如敝屣。

·“极左”的实质就是狭隘、平庸、肤浅，就是自私、假正经。“极左”中找不到人道、尊严与人性的闪光，有的只是冷酷、阴险和邪恶。

·我对王朔的作品是基本肯定的，它的价值就在于对中国文化中那些假道学、伪崇高的无情的嘲弄和讥讽。

·在过去很长一段时间，由于“无产”、由于“集体”永远优先于“个人”、由于“大锅饭”和“铲平主义”，个人的自主性和独立性被销蚀了，更遑论个性魅力。

·如果一个人不具有对于永恒的追求，那他就只会在乎眼前的利益，只会在乎各种低俗的欲望的满足，而不会有对历史负责的情愫；他的“道德”行为不过是“聪明人的远虑”，这样的人可能很有心机，但绝谈不上智慧。

·暧昧是一切美感的元素，大自然中许多“不明不白”要比“大明大白”更美好，如清晨的薄雾、黄昏的暮霭、月光下的田园、云岫里的丛树；两性之间的美感也必定需要一点暧昧。

我的严重声明

中国外交部发言人姜瑜表示：“举办北京奥运会是海内外所有中国人的百年梦想，也是包括美国在内的世界各国人民的普遍期待。”(资料来源：《新京报》，2008 年 4 月 10 日，A_{11})举办北京奥运会是不是海内外所有中国人的百年梦想，是不是包括美国在内的世界各国人民的普遍期待，我不得而知。但我可以肯定也只能肯定的是，我是中国人，却从来没有过这样的梦想。在此，我要严重声明：举办北京奥运会从来就不是我的梦想，我的梦想是使我的国家成为一个尊重人权、自由、民主、文明的现代国家。未经我的授权，就擅自代表我表达对一件事情的态度，对此，我感到不安和不满。

奥运会不过是一场体育赛事。我对于体育缺乏兴趣，我几乎从来不看任何体育比赛。有人对此感兴趣，与我毫不相干。我尊重所有人的梦想，我也希望所有人不要将自己的意志强加于我。我一直都是守法和负责任的公民，我坚定地捍卫我作为公民的权利，尽管我的很多权利长期受到侵犯。我对于自己经常在不知情的情况下被“代表”感到愤怒和烦恼，因为这意味着无视我的“独立之意志，自由之人格”。也许有人觉得我小题大做，但我认为正是由于很多人对于自我权利的不合理让度，才导致了我的一些应有权利的缺失。

在一个现代国家中，民意不可随意涂抹，任何人都没有这个权力。只有基于科学、中立和公正的民意调查，才可以对有关民意的事情作出评论。否则，就是谎言与欺骗。

我何以要发表这则声明

我发表这则声明，目的有三：其一，倡导严谨细密思考和精当表达的作风。这在我看来，是具有良好的理性修养的重要表现。严谨细密的思考对我们做好任何一项工作都有至关重要的意义。特别在全球化的今天，在国际交往中，要能很好地维护国家利益，就必须思虑清晰、措辞得当，诸如在合同文本中的条款表述。

其二，倡导科学、中立、公正的民意调查。在我们的生活中，关涉国计民生的事情，这样的民意调查几乎没有。现代社会变得如此复杂，利益如此多元，要能作出对不同利益群体的人们都不失公正的决策，光凭良好的愿望是远远不够的。科学精神的核心元素之一是实证精神。民意调查有助于真实地反映民意，有助于科学、民主的决策。

其三，敦促政府尊重公民的知情权，以及与此相关的新闻自由、出版自由和言论自由。经常有人向我征询对某一事情的看法，但往往由于我没有获得足够多的、可信的信息而无法发表个人评论。说实话，国内的新闻报道（更确切地说是宣传）在我个人的心中公信力是非常有限的。这与我过去受过太多的欺骗有关。不尊重公民的知情权，最终损害的是政府的公信力。

捍卫公民的言论自由，不仅是政府的责任，也是每一个公民的义务。在我们的社会中，有太多的人生活在自我恐吓、自我设限之中。我尽管感到言论自由的不充分，但我没有因为我发表的任何言论受到过来自政府的任何形式的追究、恐吓。

仅此而言，我愿意帮助政府改进工作，以自己的微薄之力推进政治民主化进程，而不是像某些人说的那样站在政府的对立面。有怎样的政府，在很大程度上取决于有怎样的公民。所以，我坚决摒弃小民意识、蚁民意识、贱民意识、暴民意识，极力倡导公民意识，做一个理性、诚实、有担当、负责任的公民。

另外，在我们的社会中，相当多的人习惯于以虚伪的共同体(如“天下”、“人民”、“国家”)的名义来表达个人意见。这是一种“集体无意识”，值得我们自觉的警惕。

一声叹息

·如今的报纸上爱提这样一句话：你如果20岁不年轻，30岁不强壮，40岁不富有，50岁不睿智，那你这辈子就别想年轻、强壮、富有和睿智了。我们穷苦的农民兄弟，基本上是晚熟早衰，年轻、强壮、富有和睿智，这些对于他们都太奢侈了。

·中国大学里的教授，理工科的我不太熟悉，不敢妄加评论。文科的教授不少都是徒有虚名：他们不能作出任何一个有意味的命题，不能就任何一个问题作出有说服力的解释，甚至说不出一句能够打动人心的话……既没有学问，又没有才华。

·南宋的张载说：“为天地立心，为生民立命，为往圣续绝学，为万世开太平。”这句话被广泛引用，作为中国传统智识分子具有高度的社会责任感的明证和显例。其实，这种过于浓烈的精英意识(甚至可以说是救世主意识)，是特权意识进而是等级社会的心理基础。在这种意识中是不太可能孕育出平等、民主和宽容的精神的。可这些携带有专制主义病毒的东西经常被当做优秀文化传统来弘扬。

·人口数量与资源之间尖锐的矛盾，是当今和未来相当一段时间内中国社会的主要矛盾之一。我们目前还没有解决这个矛盾的有效方法。在残酷的竞争压力之下，一个人从出世的那一刻起，就被抛入一个无休无止的大竞技场中。越是社会底层，年龄越小，压力越大。一个在过于强大的压力之下成长起来的人，是不太可能有平常心的，这也就意味着相当多的人不太可能有健康的人格。

·“权为民所用，情为民所系，利为民所谋”，在一些地方官员那里被习惯性地停在口头上，不但没有任何实际的行动，而且被用来作为敷衍上级、蒙混过关的口号。他们特别在意的是上级的喜怒，而非广大公众的疾苦，就因为他们的命运掌控在上级手中。对于这一事实，人们早有觉察，甚至深刻认识，就因为与一些人的现实利益密切相关，大家对此保持缄默。

·制度经济学家们认为，腐败是“公共权力的非公共运作”，是“利用公共权力达到私人目的”。山东泰安“胡建学案”被查处后，泰安市原市委书记胡建学坦白道：“官当到我们这一级别，就没有人能监督了。”也正是缺乏监督的权力，成了他们进入地狱的向导。

·重庆市农妇熊德明只因为对总理温家宝说了一句她丈夫的2 000多元血汗钱被拖欠的真话，而成为新闻人物，可见在一个假话、空话、套话充斥的社会，说真话是何等的稀缺，这是多么具有讽刺意味和令人悲哀。

·天随人愿，花好月圆是一个最古老也最美好的愿望。可生活中常常是“老天不肯遂人愿，天妒良缘终不长”，种种的不如人意，说不出也道不明。

·在一个研讨会的开幕式上，一个专家谈了许多个人的理性思考，可台下的听众却心不在焉，无所用心。这主要的原因，就在于大家的心态：“开幕式”就是一个过场，一个仪式的要素，人们在乎的是形式，而不是内容。这也许可以视为“态度决定一切”的一种注释。

·如果我们没教孩子们任何她真正需要知道的东西，譬如：如何快乐地活着，如何与不同的人相处，如何面对冲突和挫折，如何有个人价值感和自尊心，而单教给她如何读、写、算，那又有多少意义？

同事之间

记得十年前，看过一部由牛振华主演的电影，片名叫《背靠背，脸对脸》，故事内容大致就是同事之间的“台上握手，台下踢脚”的面和心不和、相互倾轧、相互拆台的把戏与勾当。艺术源于生活，是对生活的提炼。现实生活中，从我个人的感受来说，一个单位的同事之间相互防范、相互挤兑、勾心斗角、人为地设置障碍的事简直是家常便饭。从小的方面说，这是我们的团队缺乏向心力、凝聚力的原因（其实，我们根本就不存在团队，“单位”这个概念最准确）；从大的方面说，这是中国落后的重要原因。我们大量的心思和精力都耗费在庸俗的、无聊的人际关系上了。

先贤们早有断言，“窝里斗”、内耗是中国人的劣根性。这些劣根性的背后是眼光短浅和心胸狭隘。而这又与中国几千年单一的、垂直的、等级的社会结构有关。孔子说：“君子和而不同，小人同而不和”，过于趋同，就容易导致相互忌恨、相互排斥的现象。我们知道，一个乞丐，他可能嫉妒另一个乞丐今天比他多乞讨到了10元钱，可他绝不会嫉妒一个亿万富翁今天又增加了几百万的财富，这就是所谓的“秋艳不招春妒”。可见，社会的多元化是多么的重要，它不仅有利于社会的进步，也有利于个人内心的纯净和人格境界的提升。其实这两方面本来就是互为因果、互为条件的。

同事之间人际关系的不和谐，也有人类学上的原因。人是社会的动物，别看世界上有几十亿人，可真正与你有利害关系的就那么几个人，所以你整天琢磨的和整天琢磨你的人就那么几个。只是由于我们中国资源不丰富，生存竞争比较严酷，才会出现这种人际关系极度的不和谐的现象。当然，并不是所有的同事关系都不和谐，不同年龄、不同资历之间的同事关系一般会比较好，不和谐的现象主要存在于有竞争关系的同事之间。

我渴望人与人之间，首先是同事之间有一种明丽的、和谐的、融洽的关系，因为这影响着我们的生命质量和人格境界，影响着我们的心灵舒展和个性张扬，影响着我们工作的效率，影响着我们的文化创造力。为此，在许多事情上就需要做到公平、公正、公开，少一点暗箱操作，因为“阳光是最好的消毒剂”；多一点充分、真诚的沟通，多一点对人的尊重、理解和宽容；单位的主要领导多一点精神的追求，不搞小集团、小宗派；不把机会和荣誉过分地集中在少数人身上，从制度建设上铲除人身依附的土壤；少一点“扶持一小撮，打击一大片”的政策与措施，努力创造一种宽松、宽厚、宽容的心理氛围，营造一种不同风格、不同个性的人都能取得成功的环境。而要做到这些，又不能寄托在个人的人格修养上，民主恐怕是最为根本的一途。

何以浮躁

浮躁可谓当今中国社会的显著特征。人们耐不住寂寞，人们无法忍受清贫，人们缺乏内心的沉静，人们渴望暴富，想方设法寻求刺激。这是一个审美迷乱的时代，朝新夕旧，我们永远跟不上新潮的脚步。就像我们不知道电话号码还要升到几位数、列车是不是还要提速一样。这首先也许是由于几千年来，中国一直是一个“静的社会”；而近二三十年来，急速的发展，使一切静的东西都动了起来，人心思变，人心思富，恨不得一夜之间来个天翻地覆，因而表现出浮躁。过去中国普遍的物质匮乏，对于贫穷，人们有着刻骨铭心的记忆。猛然间社会财富多了起来，人们便免不了饥不择食、饮鸩止渴、火中取栗。可以说，浮躁是社会日新月异、快速发展的副产品。

浮躁也是因为长时间的一元、单调、死寂的社会生活，使得人们变得气量狭小、缺乏包容性，如是便有“天下本无事，庸人自扰之”的烦恼。人们习惯于攀比，从众心理十分普遍。什么事情都蜂拥而上，唯恐落在人后，彼此推波助澜，愈演愈烈。浮躁也是缺乏精神修养的表现，人们不是眷注内心，注重体验，而是过于在意外在的得失。付出一点点努力，就想收到立竿见影的效果，缺乏等待的心情，缺乏从容的气度。现在不少孩子是“对人不感激，对己不克制，对事不努力，对物不爱惜”，这是不是我们成人社会中的浮躁在孩子中的表现?

古人劝善的言论中，关于要“宁静”、要“淡泊”的训诫俯拾皆是。《菜根谭》中就有：“静中念虑澄澈，见心之真体；闲中气象从容，识心之真机；淡中意趣冲夷，得心之真味。观心证道，无如此三者。”（九十六宁静淡泊，观心之道）古人云：“风恬浪静中，见人生之真境；味淡声稀处，识心体之本然。”先贤还告诫世人：“性躁心粗者一事无成，心和气平者百福自集。”《大学》中说：“知止，而后有定；定，而后能静；静，而后能安；安，而后能虑；虑，而后能得。”怕是因为一个人的志向要在清心寡欲的状态下才能表现出来，而一个人的节操会从贪图物质享受中丧失殆尽。一个宁静而安详的内心世界更容易接纳、包容和感悟真理。古人讲修养，就是改造内心世界，强调只要内心静如止水，就可收到“百邪不入，寒暑不侵”的效果。对于贪婪之人而言，正所谓“人心不足蛇吞象”，由于个人欲望永不知足也就永远生活在痛苦之中，终究会水满自溢，物极必反，否极泰来。

一个人的夜晚，在灯下静坐，你是不是也时常会有这样的念头——抬头看一看星空?也许我们不知道那些星星的名字，我们只是希冀着那来自于天庭的宁静的力量让我们躁动不安的心静下来，静下来，聆听冥冥中那个无所不知无所不在的声音……康德说：世界上有两件东西能够震撼人们的心灵：一件是我们心中崇高的道德标准，另一件是我们头顶上灿烂的星空。深邃、纯美的思想只能从纯净的内心中流溢出来，杂务缠心、用心不专都只可能使内心荒芜和虚空。对于真理，对于绝对命令，唯静心沉玩者，乃能得旨。

古人云：“性定菜根香。”其实，现实生活中，还是多些心静，少些欲念，多些禅意，少些喧嚣争斗好，这样有利于自我反省，修身养性。所谓“静中观心，真妄毕见”的现实意义即此。能过吃粗茶淡饭生活的人，他们的操守多半像冰玉般纯洁；而讲求华美饮食奢侈的人，多半甘愿做出卑躬屈膝的奴才面孔。“静以修身,俭以养德”,浮躁无疑是无益于精神的成长和人格的丰满的。

说三道四

·我的一位朋友对我说，每次在他们同学聚会结账时实行的是AA制,可他一位在部委机关工作的同学从来都是一毛不拔。我说,这不难理解,都是公款消费惹出的毛病。有那样一些人就属于“自家的钱基本不花,自家的酒基本不喝,自家的烟基本不抽,自家的床基本不睡”的“四基型人物”,不管他们作何消费,他们都不习惯于自己埋单。可见,权力腐败对人格的矮化与扭曲是何等的可怕。

·在机场或一些大型的购物场所，我们不难看到一些各种名目的捐款箱,说实话,我很少捐款,我也很少看到别人捐款。虽然,捐款箱中也躺着一些花花绿绿、大大小小的纸币,我不知道那是不是“托”。我不捐款的理由是,我不知道这些善款又会被谁贪污了去。在一个缺乏诚信的社会中,公益事业怕是难以发展起来的。

我平时最恨骗子,我觉得他们毒化了人际关系,侵蚀了社会的信用系统,使得我们的社会生活成本奇高,应该加重对他们的惩罚力度,以保证社会的有效运转。

·当学生问我“考试怎么考”或“您这样讲,我们考试怎么办”时,我往往无言以对,真有那种“秀才遇到兵,有理讲不清”的力不从心和无奈。在初中、高中,关注考试还情有可原,可大学生为什么仍在意的是考试?这无疑是应试教育的结果。中小学12年,他们得到的规训就是“考试成绩就是一切”,“一切为了考试”,“为了一切考试”。“大考小考,老师的法宝,考分考分,学生的命根。”他们从来没有感受过学习过程的快乐,他们从来没有体验过学习带给他们精神成长时的愉悦。

考试是必要的,它只是作为教育要素之一的评价的一种手段,可它成了目的,成了掌控教育的魔力。这是教育的异化,也是教育的悲哀。

·每到期末考试，我都会对学生说，你们考得不好没关系，你们可以用一生去学习和探索；考得不好我还有办法帮助你，如果你考试作弊，我就没办法帮你了，那是你一生抹不去的污点。

有的老师对学生作弊睁只眼闭只眼，这很难指责这些老师，按规定对考试作弊的处罚是很严厉的，要真按规定处罚，有学生就会要死要活，更有甚者危及当事教师的人身安全。可谁来保护教师的合法权益呢？靠《教师法》吗？这恐怕是其他职业的人很难想象的教师的无奈与尴尬。

·我的一位在校部机关工作过的朋友说："大学中的黑幕也是触目惊心的，大学也是藏污纳垢的地方。"我不知道他的话有多大的可信度，但据我院一位领导在全院大会上说，审计机关在我校做的审计，审计出一些问题，既有个人的，也有机构的，有的还比较严重。至于详情，我们普通教师自然不知道。

·2003年"感动中国"的十个人物之一的梁雨润，在评委的颁奖辞中有"为老百姓办事，需要莫大的正气和勇气"的话语。我感到的是，我们社会中以权谋私的邪气是何等的猖獗，正义的力量是何等的脆弱和渺小！

他解决了17年的沉冤，固然可嘉，但我要问谁对"17年的沉冤"负责呢？那些失职和渎职的人该如何处理呢？如果我们不去掉我们心中的"清官"情结，如果我们不把维护社会的正义诉诸于法律的尊严，而是寄托在一些"清官"身上，那么，法治社会的建设将遥遥无期。

·我力图创造丰富和充满愉快的课堂。我不敢说所有学生都喜欢我的课，完全可能有学生听不懂我的课，因为要能听懂我的课需要有一种专注的品质以及整合信息的能力。但我敢说那些基础比较好的学生、那些比较聪慧的学生、那些有良好的学习品质的学生一定喜欢我的课，并且能获得较大的成长。我是真正在用生命备课的，平时的学习、思考和生活，我都会想到课堂，想着和学生去分享我对事情的评论与感受。

·我们需要崇尚理性和秩序，也需要体验癫狂和原始本能的释放，以及冒险和挑战极限。人性的丰富和生命力的张扬，需要通过许多许多的途径来实现，比如肢体语言、表情、艺术创造、服装、饰物（包括文身）、发型，更不用说通过语言文字，任何对人性的禁锢，不管是由于宗教或是所谓道德,都是邪恶的。足球、摇滚、极限运动、人体彩绘、行为艺术……都有着唤醒沉沦的激情、激活生命活力的价值。一个被贫穷、专制、迷信和假道学禁锢与压制的民族需要来一场彻底的矫枉过正,一场彻底的人性的解放。

边想边说

《边想边说》意味着这些文字并非深思熟虑的产物,因而可能非常单薄、非常零碎、非常杂乱。当然也可能较为鲜活、较为灵动、较为率真,从而给读者留有十分广阔的质疑、修正、丰富、深化和阐释的空间。一个时代的思想总是因为自由言说和自由交流而变得丰富、深刻和富有生命力。

1.许多受过大学教育的人,仍然不会写文章,拿起笔来,才思枯窘,觉得没有什么可写的。原因恐怕就在于缺少生活,缺少体验,缺少思考。一言以蔽之,缺少生活的积累与学识的积累。在杜威那里,“生活”与“经验”是同义语,理由就是“生活”就意味着生命过程的独特性、亲历性和创造性。我们常常把一个人的“亲历”、“阅历”、“经历”视作一个人的资历的重要组成部分,也就可以看出,人们对“生活的积累”还是相当看重的。

2.写作就是“展示真我的风采”。如果缺乏真诚,只有一些要小心翼翼地护卫的面具,真正的写作当然就不可能。学者的独立人格表现为不随声附和、不曲意逢迎;坚持自己的独立判断和服从于自己的学术良知;另一方面也表现为不“为赋新词强说愁”,不为“标新立异”而故作惊人之论;不哗众取宠,不装腔作势;自觉地与“长官意志”保持距离,并能对此作冷静的、理性的审视与分析。

3.张文质有言:“‘写’有时候会滋长一种‘自恋癖’。”(《唇舌的授权》)这与常言道的“文章是自己的好,庄稼是别人的好”有异曲同工之妙。还有一种版本的说法是:“孩子是自己的好,××是别人的好。”文章和孩子可以相提并论,可见文章在我们生命中的意义。原因恐怕就在于写作会使得人们对于自我的内心有更多的眷顾,更多的发现和更多的欣赏。

4.打动人的文章,打动人的演讲,都需要有真情性。没有真情性,就只能是“声音模仿者”。真情性源自敢于担待的品格,源自一种任其自然、随遇而安的生活态度。为什么这么说呢?那就是你不会刻意追求一点什么,你相信生命在任何情形下,都会获得成长,都会日渐丰满。

5.在社会上,人们热衷于讲权术、讲技巧、讲究“经营策略”、讲究处世伎俩,就是不讲个性魅力与人格魅力,不讲真情,不讲真诚,不讲真性情。虚假、虚伪、虚饰与虚夸,仍是今天我们社会中较为普遍的现象。

“他引人注目地缺乏魅力”,这话是波得莱尔说的,用它来评价一些明星,包括政治明星是太恰当不过的。看来,出镜率不能打造魅力。魅力源自实力,正如一句广告词所说的“有实力就会有魅力”。对于政治家来说,实力就是政治远见、政治谋略;对于商人来说,实力就是经营理念和商业利润;对于演员来说,实力就是表演天才;对于教育家来说,实力就是对人的洞察力,就是教育智慧。

6.语文教学的重要目标就是培养学生对于语言的敏感性。比如看到“自由”一词时,在我们内心深处引起的是无限的遐思和热烈的向往,联想到广大、无限、宽阔、高远,联想到闲适、舒展、从容、优雅,联想到自主、尊严、多种选择与责任,联想到宁静和平、无拘无束、天马行空、挥洒自如。当我们看到“大地”一词时,就联想到果实、丰收、生命、植物,联想到“日月经天,江河行地”,联想到四季、耕耘、收获和劳动,联想到厚重、坚实、质朴和宁谧,联想到我们脚下的这块土地——生养我们的故乡和祖国。

7.在中国社会中,作为普通人是没有资格、也没有资本来自我欣赏、自我肯定的,而只有自我贬损、自我压抑的份,正如鲁迅先生指出的:中国几千年来,只有爱国的自大、集体的自大,而没有个体的自大。

为什么不能把别人的自我肯定、自我欣赏当成对我们的激励、一种建设性的挑战呢?真正谦和、谦逊、谦恭的人,是能够接纳别人的自我肯定和自我欣赏的,因为他们真正具有“海纳百川”的胸襟和怀抱。

当我们对别人的自我肯定、自我欣赏报以轻蔑、反感的态度时,反映出的只是我们自己的狭隘。而狭隘是与自私、人格弱小、鼠目寸光、胸无大志、卑琐怯懦、嫉妒、平庸、小家子气等相联系的。为别人的成功喝彩，真诚地分享别人成功的喜悦，这才是大家风范。

8."保卫童年"是一个富于诗意和高贵的思想。童年总是与童心、童真、童趣、童言无忌联系在一起的，因而令我们特别怀念。在许多成人的眼中，儿童的内心世界是贫乏的、简单的。其实，这很可能只是由于我们的无知。科学的观察和研究就表明，即使是婴儿也决不只是一个客体。就外部活动而言，婴儿是亲子互动的积极参与者，并且对监护者同样具有很强大的影响力；就内部活动而言，婴儿也拥有超乎我们先前所想象的复杂的内心世界。回忆童年，是我们走进童心的可能方式。

教师对于学生的真诚的关爱，也许就是凝聚在默默无言的耐心等待之中。

9.在教育中，重要的不在于让学生记住了什么，重要的是我们所获得的文化的浸染、精神的陶融和理智的启悟。所以，"意义的发现"比之事物的科学描述更重要。充实、纯洁的精神生活就是让儿童了解广阔的世界、往昔的时代、他人及自然与自我的关系，建构自我与世界的丰富关系，感受到人类智慧的高妙和伟大心灵的美好与深邃，从而使学生感悟到世界的一切都与我们息息相关，感悟到"生活没有旁观者"这一朴素的真理。

10.高扬教育的理想与信念之所以必要，就因为它是与人生的理想相联系的。一个人如果只将脑袋埋在饭碗里，又怎么能看见远方那些飘逝的云朵呢?正如艺术家注目的是美，经济学家注目的是利润，教育学家注目的当是人的成长；他必须回答理想的人的形象，以及如何有效地促进人的成长。

11.人们愈来愈依赖于外在的名分来对自我进行定义，而缺乏自知之明。除了一大堆的社会角色、各种头衔，人们便无法确证自我。人成为了盛装各种面具、道具的容器。不是有学问就能成为"博导"，也不是一定要有学问才能成为"博导"，但"博导"似乎是有学问的代名词。在这样的社会中，我们的教育也愈来愈失落了对自我的灵魂拷问，疏离了"反躬自省”之学。其实，很有必要经常地想这样一个问题：对于假冒伪劣产品我们都深恶痛绝，那么，对于一个徒有其表、浪得虚名的人，我们又将如何看待呢？

12.“不要紧，下次努力就得啦！”香港青少年协会曾经公布一项调查显示，这是孩子们最喜欢父母说的一句话。给孩子过多的压力，虽然也有可能使他们取得某些方面的成绩，但在其性格中很可能缺少了和谐、优雅和高贵的修养。

13.办好一所学校，需要有三大支柱：一是一个优秀的校长和以他为核心的廉洁、公正、富于明确的教育追求与凝聚力的领导班子：对于学校的领导和管理，首先是教育思想的领导和管理，其次才是行政的领导和管理（苏霍姆林斯基）；二是一支高素质的教师队伍：大到国家的教育方针政策，小到学校的规章制度，都要靠教师去落实和体现；三是有为教师的发展和学生的成长所提供的丰富的读物以及丰富多彩的教育活动。尽管一些硬件的建设（如校舍、体育场、语言实验室、校园的网络建设等等）也十分重要，但相对以上三者来说，仍是次要的。

14.校长首先应该是一个精神领袖，其次才是行政领导。领袖不是自封的，而是由其卓越的个人影响力自发形成的，这种影响力来源于人格魅力——善良、真诚、宽容与正直，来源于个性魅力——独特、纯净、丰富与深刻。能够成为一校之长，应该说至少是衣食无忧，完全可以追求一点自我实现，追求一点人格魅力与个性魅力。校长应该有自己的阅读计划。没有广泛的阅读，就没有广阔的精神空间，就没有丰富的激活我们创造冲动的因素。

15.“一个好的校长就是一所好的学校”，这句话试图说明校长的极端重要性。校长作为学校的核心人物，他的重要性就体现在他是教师团队中“平等中的首席”，而不是凌驾于教师之上，可以盛气凌人、专横跋扈、独断专行的。校长的作用就在于不断地培养教师，特别是培养教师中的领袖。有眼光的校长，一定是热心支持教改的校长；有进取心的教师，一定是热心教改的教师。

16.对学生抱有信心即学校相信他们具有学习好的能力。假设有人表示相信我们的能力，并要我们完成艰巨的任务，我们这时的感觉与另一个对我们缺乏信心、降低标准并让我们完成简单、平凡甚至蔑视性任务时的感觉会全然不同。同样道理，有效力的学校同没有效力的学校之间的显著特征之一就是学校建立起的这种信心。

17.1957年，英国学者奥康纳(D.J.O·Connor)断言："'理论'一词在教育方面的使用一般是一个尊称"，以至于理论工作者也受到特别的尊重。但只有具有独立人格的学者才无愧于这种尊重。学者的独立人格表现为不随声附和、不曲意逢迎；坚持自己的独立判断和服从于自己的学术良知；另一方面也表现为不"为赋新词强说愁"，不为"标新立异"而故作惊人之论；不哗众取宠，不装腔作势；自觉地与"长官意志"保持距离，并能对此作冷静的、理性的审视与分析。学者最重要的品质就是理智的诚实。

18.教师相信学生，学生就会相信自己；这无论从理智能力的发展还是道德能力的发展都是如此。老师兴趣广泛，热衷于智力问题，善于接受新思想，也会对儿童的学习有所影响。有远见的教师往往能为儿童开辟出许多新天地，许多儿童因此选择了自己的终身职业。但教师凭什么相信学生呢？这就是教师的心态、胸怀与信念的问题。

19.对多样化的尊重是对人的尊重的文化心理基础，因为人总是多样化的。我们每一个人都有许许多多的理由让人讥诟、指责和轻视，因为我们的肤色、容颜、身高、体型、口音、脾性、嗜好，甚至表情。当我们缺乏对于多样化的尊重，我们就会发现没有人是值得尊重的，因为正如古训所说的"金无足赤，人无完人"。

20.在这个社会中，令我欣赏的人其实并不很多，我深知这是我性格上的缺陷。假如我能更多地欣赏别人，更宽厚一点，我大概也是可以官运亨通的，可直到现在——马上就不惑之年了——从来没有担任过任何的行政职务，今后大概也无可能。我不太欣赏别人，别人当然也就不欣赏我。更有比较势利的人，经常会对"做官无望的人"另眼相看，因为机会或者好处给谁，他们是需要通过反复掂量的：那就是机会给谁，更有可能带来回报，你一个无权无势的人，拿什么去回报人家对你的"恩赐"呢？可余文森教授对我情深义重，到处褒奖我，真难为他一片苦心。在这片苦心背后，我感到的是他的质朴、真诚和宽广的胸怀，从他的身上折射出的人性的光辉。

21.经验培植着我们的信念和直觉，而正是信念和直觉支撑着我们的理想，使其能够不依赖于现实而生存。教育的理想与信念，一个需要通过对话而不断彰显的主题。我们把太多的东西交给了冷冰冰的理性，我们过于强调或者看重分析，我们渐渐地疏离了感悟和直觉。

22.如果我们能把我们所取得的成就、所拥有的一切美好的东西，都当成意外的惊喜，而不是理所当然该属于我们的，那生活中就会有许许多多可以支撑和温暖我们的心灵的亮点。意外惊喜的感觉总会让我们对生活怀有一种感激之情。感激、感动、感恩，都是人性的流光溢彩。

23.深刻的思想是一种美。深刻的思想加上细腻的笔触和感性的铺陈，一般都能写就美文。美文往往是一种生命至真的感受，纯粹、人性、自然而又经典。美文拒绝独断论的表达，它温柔而有张力，它有着直抵心灵的力量，却没有强暴的施虐。它娓娓道来，把我们带入冥想和遐思，遥远我们记忆的归程。

能写得一手美文，简直就是上天的造化。相对来说，这样的人不多，但按绝对数来讲，也不算少。"江山代有才人出"，以文章传世的，哪朝哪代没有呢？

24.读书籍报刊，经常会读到一些令人悠然心会的阐释或命题，领悟到一种理智的美，深邃的美。如果我们经常能感受到这种美，我们也会变得丰富、深刻和睿智的。阅读是何等的重要！古人就曾说："三日不读书，言语无味，且面目可憎。"

美好的心情，以至美好的心灵是需要美好的事物，以及记录那些美好情愫的文字去滋润、去温暖、去感化，去一点点一滴滴地浸染、沉淀的。多读一点美文吧！

25.文字这个东西真的很奇妙。我们既可用它砌成摩天大厦，也可用它缕刻微缩景观；它无需任何器物，却可建造美轮美奂的景致。难怪孟夫子说"万物皆备于我"。文字营造的美只有"心眼"方可见。我们能够"看"到什么，其实更多地看到的是我们的内心。用美好的文字去拨响人们心底那根空灵悠远的岁月之弦，这就是写作的价值所在。

26.热爱，顾名思义，即热烈的爱。这其中必定有一份成熟的理性和丰满的激情。它意味着投入，义无反顾。一个浅尝辄止、朝秦暮楚的人，是不会有真诚可言的，对事物的专注与真诚的品质是相联系的。

27.在人教社小学《数学》教材第11册的编写说明上，居然写有“力求使教材具有中国社会主义特色”的话。我不知道数学是如何去体现中国社会主义特色的。在我看来，如果这不是套话、空话，就是只有在这种思想支配下去牵强附会、故作姿态、虚假矫情？

28.人性的教育呼唤诗意。教育中如果没有诗意和激情就没有召唤和启示，就没有美感，没有情性的陶冶和净化，没有灵魂的飞升和投入生活的热忱。

教育之所以要呼唤诗意，还在于情感的苍白、才思的枯竭、内心的冷漠都与唯理性的教育有关。

教育中呼唤诗意之所以可能，就因为诗是一切生命的永恒的超越性激情。这是每个心灵蕴藏的素朴的诗：它揭示了人性渴望不朽的冲动，揭示了人精神如渊海般的神秘与不可言说，揭示了人的内心深处对于永恒与无限的渴望。我们都向往一望无际的大漠，喜欢辽阔的草原，乐于亲近浩瀚的大海，反映我们希冀超越局限、走向永恒的内在冲动。

29.过去国人的规则意识是淡薄的，法律意识不强，对于法律之外的“规则”，用灵活性极强的原则取代。这样一来，“规则”往往是一纸空文；“规则”仅仅是对于弱势群体进行剥夺和欺压的工具。原泰安市委书记胡建学曾深有感受地说：“官做到司局级，就没有人管得了了。”尽管他说的并不尽然（胡长清、成克杰远不只是司局级，可最终也没有逃脱惩罚），但也说明，传统社会中的“刑不上大夫”的现象仍是广泛存在的。等级意识、特权意识与规则意识是不相容的。

30.不论在家中，还是在异乡，或在旅途，只要有健全的心智，生命都不会白白地耗费。你可以读，可以写，可以扪心自问，可以聆听自然，可以体察人情冷暖，可以洞悉浮生世象。对于有智慧的人来说，活着就是机会。他们无需贪图别人的恩赐，这也是他们人格之所以能够挺立的重要原因。

31.我们的教育过于强调用简单重复、高深严格、强化训练的方式来实现“知识”的快速积累。而创造力的生发需要闲适与自由作为土壤。自由的心灵才会有快乐。过多的限制只会压抑孩子,使孩子处于沮丧的、无奈的、消极的情绪之中。“我真希望我家穷,穷得要把钢琴卖掉”,这是一位被父母逼迫学钢琴的小学生的渴望，这难道不是一记当头棒喝吗?没有内在动力支持的学习,只能是摧残。

32.用自己的头脑去思考、去判别,用自己的语言去表达,这本该不成问题的问题,却不得不成为我们首先要面对的问题。多年来的教师的独断、武断、专断,在孩子们的头脑中形成了一个根深蒂固的观念:老师的任何一个问题都是有标准答案的,他们习惯了揣摩教师的想法,而不是我怎么看,我怎么想,我如何用自己的语言去表达。难怪有人疾呼:“我们的孩子患了失语症了!”其实,患了失语症的何止是孩子?!

33.有学者将我们现在的教学称之为“去问题教学”(袁振国)。尽管教师不停地在问问题,但更多的是明知故问的所谓“问题”。学生用不着思考,也没有时间来思考。“问题”应该是课堂中学生为了完成一个任务、达到一个目标所必须克服的一个困难、一个障碍。在一堂课里,并不需要解决(或回答)所有的问题。其实,“结论是思考停止之处”。而问题就是动力,问题对于唤起学生成长的渴望、探索的冲动,有着不可替代的价值。比较好的教学应该是让学生带着问题、带着兴趣走进教室,带着更多的问题、更大的兴趣走出教室,走出校门,走向生活,走向社会。

34.“结了婚的女人不一定会生孩子，生了孩子的女人不一定结了婚。”这是河北石家庄某小学生用“不一定”造的句子。看来学生的早熟不仅是生理上的。

35.法国人凯恩斯对于“真爱”有着十分温馨的表述:“真正的爱是夜的花香,是黑暗中的宝石,是医生听到的第一声心跳。它是寻常的奇迹,是用柔软的白云织成而撒在夜空的满天星斗。”吴寿锦先生则说,理解是一种充满温情的爱。人对人的理解中一定包括着移情,包含着设身处地为别人着想,这无疑是极其重要的品质。难怪熊川武教授竭力推行他的

“理解教育”。

36.西方思想家,从马克思、尼采到马尔库塞、弗洛姆,对于资本主义的批判,之所以能够深刻并影响着资本主义的发展,首先是因为他们有批判的自由,他们也是以批判为职志的。他们的批判也是西方社会进步的一种动力、一种内在机制的一个环节或要素。早期资本主义,即在资本主义原始积累阶段,的确是充满了罪恶,充满了血腥和残酷的;但资本主义,作为市场经济的一种模式和类型也是在不断地改革和完善的;成熟的市场经济,是社会资源配置的最有效的形式。

马克思对于资本主义的批判和揭露是正确的,他对于资本主义的最终命运的预见,放在一相当长时段内,也是正确的。毕竟,财富的过分集中,容易导致垄断,会妨碍社会由形式民主向实质民主迈进的进程。

37.对人的尊重,必须落在对于个体生命的尊重。一切以牺牲个体生命为代价而换取的所谓“大业”,所谓“圆满”,不管它冠以何种美妙的名字,其正当性都是值得怀疑的。一切以“虚幻的共同体”的名义,甚至不管以什么样的名义,对于人——不论是作为群体的人,还是个体的人——作出牺牲的要求都是不正当的。

38.我许多可以自鸣得意的思想和表达都是在与自我对话中产生的。这更多的是在夜深人静的时候。这个时候,远离尘世的纷扰,流浪的心真正回到了家中,独自面对历史,面对社会与人生,面对自我,什么都可以想,什么都可以不想,也不必担心睡得太晚明天不能按时起床。我体悟到:思考与自由有着须臾不可分的关系,无论对于个人,还是社会。其实,睡觉睡到自然醒也是一种待遇。生活的辩证法就在于:有所得必有所失。任其自然,随遇而安,是生活的最高智慧。

39.生活的道理是不能靠说教来让人接受的;但是可以分享;分享并不意味着马上就会被认可,但当他(她)有同样或近似的经历后,曾经分享的成果会渐渐地凸现和丰满起来。比如说,只有经历过生活的繁华、驳杂、喧嚣的人,才会认同这样一种对于生活的感悟:简单的生活就是一种享受。一个一直生活在单调、贫乏、沉闷的生活情境中的人,绝不可能悟识到这一点。如果你给他讲“简单的生活就是一种美”,他可能会认为这不过是欺人之谈，是在兜售精神鸦片。

40.如果你专注思考，那最好离官场远一点，因为官场中有许多的利益，这些利益会诱惑你，使你要去权衡，要去挣扎（甚至是倾轧），使你失去内心的清净澄明。当官会获得许多现实的好处，可当官也会使人变得平庸。这就是生活的辩证法。

当然，对于本来就平庸的人来说，当官是一个不错的选择。其实，所有的人的选择，都是利益权衡后的选择，这是最朴素的真理。可有人热衷于将自己的选择美其名曰“奉献”，很有些“得了便宜还卖乖”的嫌疑。

所以，好的官员的选择制度就在于：能够吸引通过职位来展示个人的个性魅力、人格魅力和智慧魅力的人，而不是那些通过这个职位来捞取好处的人。这样的人，通常没有个性魅力和人格魅力，因为他们鼠目寸光，心胸狭窄，他们是在为欲望的满足而钻营，而不是为自我实现而努力。

41.道德就是生活经验的产物，无论对人类共同体而言，还是对个体而言，都是如此，所以最高明的道德教育当是自然的、自发的生活教育。处于“前台”的德育，最好退场。

42.越是无耻的人，越是爱把自己装扮成“善的使者”（如伊梅尔达·马科斯这个拥有 2 000 双手套、3 000 双皮鞋的贪婪女人），都声称自己是真理的代言人，是真理的化身。他们喝着民众的血，还信誓旦旦地声言自己是为了人民。

43.合理的规章制度，是学校正常运行的关键。有效执行规章制度的关键是：这些规定必须具有公平性、可行性、必要性。过高、不公平以及具有压制性的规章制度不能形成有效力的学校气氛。自发性、利己性、创造性以及其他个性特征不应受规章制度的压制，否则会阻碍教师和学生成为向着自己希望的方向发展、成长着的人，也会阻碍他们成为向着学校鼓励的方向发展、成长着的人。

44.中国素来有“无才不怪”的说法。怕是因为才华出众的人往往孤傲不驯，放浪形骸。这只是专制社会中的普遍现象。“怪才”的形成主要是由于社会不宽容，有过多地压抑性的因素与力量，堵塞的内在冲动的宣泄。久而久之，就导致了个性的压抑、人格的扭曲和性格的病态。

才华是一种天赋，但这种资质能在多大程度上得以彰显和凸现、弘扬和发挥，就取决于环境、教育、机遇以及个人的生活态度。有才华的人总是特立独行，如果社会化程度不高，就会表现出我行我素、桀骜不驯、愤世嫉俗、郁郁寡欢。有才华的人，往往会有一些“另类思维”，以至异常的举止；他们有着自由的、自发的、散漫的、内在的冲动。天资比较平庸的人，一般从众心理比较强，他不容易看到世界的独到的光景，当然他也就不会有什么“大惊小怪”的发现。世俗是为庸人、是生活所编制的一套常规，也可以说是庸人共同生活形成的一种惯习。

45.所谓全面地看问题，不单纯是头头是道地说出个子丑寅卯、一二三四来，而是坚持两点论，既看到事物积极的一面，也看到事物消极的一面。能够坚持用“两点论”看待问题，有助于我们保持乐观与豁达的心境以及随遇而安的生活态度。

46.警惕与消解语言的暴力，是自由充分交流的条件。过去，我们习惯这样的思维和这样的表达：貌似铿锵有力，实则面目狰狞：不给对方容留下质疑与追问的空间，不给对方以表达不同意见的机会；我就是“真理”、“规律”、“客观事实”的代言人。如说“任务是十分光荣的，形式是一派大好的，工作是大有可为的”，就连私人之间的通信，也都多用“近来工作是忙的，身体是好的”这样的说辞开头。动辄就用“是……的”这样的句式来表达，更确切地说是“宣称”，这就是典型的“文革”语言：一锤定音，不容置疑，不容争辩，透着霸道，用哲学术语来讲，就是独断论。

47.在专制社会中，文化被分为正统文化和非正统文化。统治阶级的文化被定于一尊，非正统文化处于被打压、被防范、被围剿的境地。而在民主社会中，文化分化为主流文化和非主流文化。非主流文化实质上是相对于主流文化的异质的成分。正是这些异质成分，构成一种相互制约、相互补充并在对立中相互吸收、不断更新的关系，构成一个社会文化的生态平衡。于是文化本身就能生动活泼地向前发展，就避免了武断、专制，避免发生社会僵化或者停滞不前，更可以避免决策上的重大失误，因为在决策之前就存在一种抵消失误的机制。我相信这就是恩格斯所说的历史发展主要依靠一种合力的意思，这也是文化多元化的意义所在。

48.所谓“话语”（Discouse），即实践着的语言。教育学话语的转换，不仅是我们看待和分析教育问题思维方式的转变，也是我们关于教育观念的转变。

譬如，我们经常说的“受教育者”，它作为对于人的一种身份标定，总有着将人们对学生的理解导向“受动”、“被动”的嫌疑；又如，我们习惯于将自己对教育的理解，冠称为、标定为对“教育本质”的把握。其实，任何对教育的理解都只是一得之见，一种理解，非要将一种理解非法地晋升为“本质的理解”，就很有些霸气和独断；后现代思潮之所以极力要“消解本质”，就因为以“本质”的名义言说，有谋求话语霸权的企图。

话语的转换亦即视镜的转换，研究方法的转换，以及研究趣味和研究者立场的转换。如过去我们研究“教育与社会”的关系，用“决定与被决定”、“作用与反作用”来描述和解释。这就有将“社会”、“教育”实体化并割裂它们之间有机联系的倾向。如果从社会生态、文化生态的视镜出发，社会与教育的关系就当是“互动”、“共生”的关系。研究二者的关系，就应该从现实的教育活动中，在教学制度和班级组织中来凸现、彰显社会关系和社会构型是如何通过教育得以复制或改造的：从专制社会和民主社会中，师生关系的性质、类型的差别中；“决定与被决定”、“作用与被作用”的话语系统表征的是机械的、静止的、孤立的和片面的形而上学的思维模式。

49. 五千年的中华文明养育了一代又一代贤哲俊秀，他们见识高远、学养宏富，如今天仍健在者，作家如王蒙、学者如黄克剑、艺术家如黄永玉。然而，在我有限的交往与观察中，我感觉到国人精神世界的贫乏、平庸与苍白，实在是个不小的问题；即使在受过高等教育的人群中，这个问题也较为严重地存在着。

50.原湖北省天门市委书记张二江严重违法乱纪，可就在被湖北省纪委“双规”的前几天，他仍然在人前拍胸保证：“我有什么问题呢？我敢拿党票担保！”（《北京晨报》，2002 年 2 月 2 日，《视点》栏目）“党票”成为一些人伪装自己、保护自己的道具，就像一件防弹衣。我们的社会中究竟有多少张二江?人们过于看重说了什么,而不是做了什么。

51. 理论研究与实际工作之间的差距往往会表现在理论研究注重抽象和概括,这就必然过滤掉许多具体的、情景性的差异性和独特性,理论研究会有自己的关注对象,而这一对象在实际工作中是存在于一个生态性的背景之中的。理论研究有这样两个貌似对的"误区",即"将复杂问题简单化"和"将简单问题复杂化",前者是由于抽象与概括带来的,后者是分析带来的。

52.对于和平与自由的向往,对于圣洁的爱的讴歌,对于专制、独裁、暴力、强制等恶势力的鞭挞与诅咒,是所有艺术——文学、舞蹈、雕塑、美术等永恒的、最具魅力的共同主题。因此,可以说,艺术是积极的情感诸如爱、同情、欢乐的升华,消极情感诸如仇恨、压抑、沮丧的宣泄。唤醒存在于内心深处的真切的爱,对于自由与美的永恒的冲动与渴望,是所有教育——从科学教育、人文教育到艺术教育的共同使命。

53.据《羊城晚报》报道,上海一位中学教师年薪 10 万。《南方周末》在转载这一报道时,加了《编者按》:年薪 10 万,在很多高收入行业的人们看来不过小菜一碟。但对中学教师来说,却算得上令人咂舌的"高薪"。是因为教师们的智商没有他们高吗?不是。是因为教师们付出的劳动没有他们多吗?也不是。尊重教师不应只是精神上的鼓励,甚至沦为一句口号。其实,没有相应的权益上的鼓励,单纯的精神上的鼓励就有精神禁锢的嫌疑。在不少地区,教师的年收入还不到一万。拖欠教师工资的地方,也还不在少数。我不知道我们凭什么对教师提出这样或那样的要求。愿上海闸北区的做法早日从"特殊"变成"一般"。

我们必须面对

我们已足够强大,我们有能力、有自信面对我们的历史与现实。正如阿德诺(J.W.Adorno)所言:"让苦难有出声的机会是一切真理的条件。"正视真实的现实和历史是为了使我们对于我们的民族和国家有更加真切和强烈的责任感，并更加清晰我们前行的路。

我们必须面对在抗日战争中的民族英雄所作出的牺牲，必须面对张自忠等两百多位为国捐躯的国民党高级将领，必须面对数以百万计的英勇牺牲的士兵，他们同共产党领导的抗日将士同样都是中华民族的光荣与骄傲。

我们必须面对在大跃进的灾难性后果中因饥饿而死的数以千万计的国民，那是我们民族永远的伤痛，我们必须面对在十年浩劫中数以十万计的屈死的冤魂。

我们必须面对张志新、遇罗克等烈士直面真理的灵魂，烈士殷红的鲜血应该成为我们永远警觉的清醒剂——在不允许自由思想的环境中，人们就容易变得醉生梦死，得过且过，并不把人的存在的真实、价值和意义放在心上。

我们必须面对我们缺乏足够的定力去抵制灯红酒绿、声色犬马的诱惑：我们既没有内在的信仰去抗拒纸醉金迷的诱惑，也没有制度的栅栏使我们与堕落的泥潭隔离开来。有那么多人因为物欲的膨胀而失去了自由甚至生命，也有人因为携款外逃而成为惶惶不可终日的丧家犬。

我们必须面对那些早期“羊吃人”的西方资本主义世界正在变得文明、人道、公正、富有、和谐，他们的社会福利保障，他们社会中的人际关系融洽与友善，是我们望尘莫及的。可我们没有从西方社会的变革中吸取足够的启示，值得庆幸的是，今天我们正走在通往和谐社会的路途之中。

大都市的灯红酒绿、车水马龙掩盖不了广大中西部地区的贫穷与落后。如果重新擦亮久被城市的繁华尘封的眼睛，我们会发现，他们与我们相隔千山万水，却又与我们休戚相关。我们必须面对我国约有 75%的人没有任何形式的保险，来保障他们的基本健康，全国有近三成的家庭因病致贫。农村绝对贫困人口约 2 610 多万人。农村低收入人口约 4 977 万人。城市低保市民约 2 200 多万人。我们必须面对数以千万计的贫困人群，那些布满愁容、充满无助眼神的农民和城市贫困人群，是我们的骨肉同胞，他们的不幸同样是我们每一个人的不幸。

一张张失去儿子、丈夫、爸爸的悲痛欲绝的面孔，连接起了2005年的日子——这一年，可称做“矿难记忆年”。我们必须面对这样一个事实：太多、太深重、太长久的苦难会使人异化，会使人变得麻木不仁，情感冷漠，狡黠油滑，逢场作戏，犬儒虚无。我们必须正视我们民族经历过的苦难记忆以及造成这些苦难的缘由。

我们必须面对我们日益膨胀的城市有许多的零就业户。零就业户，就意味着这个家庭没有任何经济来源，意味着贫穷与苦难，意味着需要抛弃尊严等待救济。没有机会靠双手劳动是痛苦的，没有收入的生活是困窘的，这样的生活境遇不难想见：他们的心情不会是阳光灿烂的。如果他们长时间地处于有能力没机会的状态，处于主流社会边缘，难免胡思乱想，有的可能会自暴自弃，甚至铤而走险。

我们有9亿多人生活在乡村。乡村的教育质量决定着我们民族的未来。我们必须面对农村教育的凋敝。乡村的教育经费投入的严重不足，使得师资薄弱、课程资源匮乏。我们必须面对那些流浪的少年儿童，我们有责任使他们有一个幸福温暖的童年。我们甚至不得不面对在我们的国土上还存在着最原始的罪恶，如贩卖人口。

我们必须面对城市对于外来务工者实在太多的亏欠。无数外来工为城市挥洒汗水和青春，把梦想和希望都托付给这片土地，然而，他们收获的有时却是一颗苦涩的果实：他们干着那些最脏最累、城里人不愿干的活，却拿着微薄的薪水，甚至为讨要这点薪水而付出令人心酸的代价——我们必须面对农民工兄弟为求讨回血汗钱，一次次爬上高高的塔吊以死相逼的情景；他们建造了高楼和小区，装修了无数温馨的居室，自己却住在阴暗、潮湿、简陋的工棚，把对家的渴望深深埋在心底；他们吃着劣质的食品，过着贫乏的文化生活，忍受着孤独和寂寞，甚至还要遭受某些“高贵”的城里人的歧视和白眼。我常常想，如果我是他们，我会怎样来回应这一切。唉！又能怎样呢，穷苦人除了有一条命还能有什么？

我们必须面对假冒伪劣产品的泛滥和猖獗。在日常生活中，劣质奶粉、黑心棉、注水肉、陈化粮、农药菜损害了消费者的健康。据中国经济体制改革研究会副会长杨启先估算，包括三角债、假冒伪劣产品等在内，中国每年由于信用问题造成的经济损失达6 000亿元。其实,我们凭日常生活的经验就能感觉到:当前社会诚信缺失现象非常普遍,后果也十分严重。

中国的确有任长霞这样的好“官”,可他们的伟大是以一些贪官、玩忽职守的人为背景的。任长霞们是灰色天幕上的星,如果阳光灿烂,星光是无法凸现的。任长霞澄清了一个又一个冤案,解决了一个又一个悬案,她付出了爱心与心血,可她以前的那些在任者在干什么呢?我们必须面对我们体制上的缺陷,切实推进民主政治建设的进程。

我们无论在物质上还是精神上都已足够强大,我们完全有能力、有自信面对我们的历史与现实。任何掩饰和逃避都将无济于事。勇敢地面对现实,并朝着崇高的目标不断地努力,这是我们的责任。

词林偶拾

智　慧

在希腊语中,“智慧”一词出于伊雄语,其义有三,(A)聪明与谨慎,(B)敏于技艺,(C)学问与智慧。古希腊哲学家德谟克利特的说明是:“从智慧中引申出这三种德性:很好地思想、很好地说话、很好地行动。”

我们在“智慧”一词里赋予价值内涵,它不仅指一个人具有睿智、聪颖的品质,同时指具有善良、正直的品质。它内蕴着道义和良知,以区别于欺诈和狡黠。如有的人智商很高,但不是用在正道上,我们便不用“智慧”而是用“狡黠”评价他。具有智慧的人,应当是头脑和心地都很正直的人,有灵魂、有头脑的人。我们不会认为希特勒和东条英机是有智慧的,他们是邪恶的,缺乏道义和良知的人。教育的使命就是使人富于智慧,培养人的感受力、理解力、鉴赏力和创造力,并能在公平、正义与人道的原则下,使用和发挥这些能力。

纯 洁

当用它来评价一个人时,也就暗含着对一个人的内心世界的丰富的肯定。正如我们用“丰富”一词来评价一个人时,也就包含着对一个人精神世界纯洁的肯定一样。也就是说,纯洁与丰富是统一的、相辅相成的。一个人的内心世界,离开了纯洁,也就谈不上丰富,那貌似丰富的东西,其实只是芜杂,甚至阴险叵测;而离开了丰富,也就谈不上纯洁,而只是实实在在的贫乏、浅薄与幼稚。

美学中有一个命题:美即和谐。和,首先强调世界的丰富性。世界的丰富性,在于众多事物的相成相济。他们从音乐、烹调等日常事物中体会到,单调是没有出路的,所谓“声一无听,色一无文,味一无果,物一不讲”。这就是,一种声响不成音乐,没有听头;一种颜色不成文采,没有看头;一种味道不成美食,没有吃头;一种事物没有比较,无法品评。很显然,这里强调的是多种因素相谐的美。在他们看来,这种相谐正是生机的源泉;“夫和实生物,同则不继。以他平他谓之和,故能丰长而物归之;若以同裨同,尽乃弃矣”。只有“和”才具有生机,才能使万物蓬勃生长,趋向成熟,若只是相同因素的简单重复、相加,则必将导致枯竭、萎缩而凋败。

节俭与慷慨、奢侈与吝啬,也都是相反相成的,是貌似对立而实则统一的。前者统一在富于利他主义的基础上,而后者统一在利己主义的基础上。节俭、奢侈,是两种迥然不同的对待自己的物质生活的态度。慷慨、吝啬,则是两种相反的在物质生活上对待他人的态度。节俭和慷慨,只能是一种选择的结果。当一个人具有可以奢侈的物质条件,而朴素地生活着,方可称之为节俭,否则就是地地道道的清贫罢了。而慷慨,也必须是自觉地、无私地给予,被迫与无奈或是带有功利的给予都称不上慷慨。

同 志

这是一个称谓词。在我们的社会中曾普通化为不分男女老幼、不论职业和身份、不论“尊卑贵贱”一概以“同志”相称(当然,阶级异己分子除外）。在那年月，当批判者尚用“同志”称呼批判对象时，就意味着还只是人民内部矛盾，而不是敌我矛盾。据说有人在某种境况中被人称为“同志”时，曾感动得“未语泪先流”。古语有“同门曰朋，同志曰友”之说。“同志”者，志同道合之谓也。英文中“comrade”一词，汉语译为“同志”。但英语国家的人们，却极少使用它来称呼对方。

改革开放以来，我们人与人之间的称呼也多样化起来，如先生、小姐、老板、太太之类。我总觉得“同志”的称谓如果过于泛化，就有不尊重别人的个性之嫌了。倘若一个见利忘义、惟利是图的人称你为同志，岂不是对你的侮辱？据说有教养的西方人有这样一个习惯：在不了解对方之前，先问一下对方“我该如何称呼您”，未作考证，不知确否。当真如此，倒是值得我们学习的。称呼事小（其实也大，在过去，倘若称万岁爷为“朋友”“哥们”之类的，恐怕是要触怒龙颜的，轻则削职为民，重则招来杀身之祸），但一个人、一个民族的文明水准从中可略见一斑。况且，语言这东西，我们平时不太注意（因为我们生活在语言海洋中，正如我们不太注意周围空气的存在一样），但它无时无刻不在塑造着我们的感知模式与思维模式。而当一个民族缺乏尊重别人个性的品质时，总是一件特别值得忧虑的事情。

被大众遗忘的民国

刚刚过去的20世纪无疑是中国有史以来社会变革最为迅猛的一个世纪。1949年后，在中国大陆存续了38年的中华民国（1912—1949），经历的风雨飘摇，它的是是非非，它的恩恩怨怨，渐渐淡出人们的视野。

其实，民国是一段并不久远的历史。1911年10月10日革命党人发动武昌起义并取得成功，并在随后的两个多月带动中国各地的革命响应。12月29日，清朝原有的22个行省中业已独立的17个省，派出代表，推选刚刚返回国内的孙中山先生为中华民国临时大总统。1912年1月1日，孙中山宣誓就职，发布《临时大总统宣言书》、《告全国同胞书》等文件,正式宣告中华民国的诞生。亚洲第一个民主共和国——中华民国正式成立。它的成立标志着推翻了清朝260年的专制统治,结束了中国长达2000年之久的君主专制制度,为挽救民族危亡,争取国家的独立、民主和富强开创了一个新的时代。

中华民国的诞生,是以孙中山、黄兴为代表的革命先驱长期奋斗的成果。仿照西方资产阶级政党建立起来的同盟会,这是中国历史上第一个全国性的政党。同盟会以激进的民主主义纲领把小团体参差不齐的政治水平提到前所未有的新的高度。这个纲领就是孙中山提出的"驱逐鞑虏,恢复中华,创立民国,平均地权";后来由此进一步阐发为以民族、民权、民生为内容的三民主义。同盟会还宣布在未来的民国:"凡为国民,皆平等以有参政权。大总统由国民共举。议会以国民公举之议员构成之,制定中华民国宪法,人人共守,敢有帝制自为者,天下共击之。"这个共和国的蓝图,对长期受封建君主专制压迫的中国人民有巨大的感召力和吸引力。

正当中国人民在探索建设现代国家的努力之时,战争的阴霾笼罩在中国的上空。日军的侵华战争是中华民族空前的灾难,它就发生在民国时期。我们不妨透过淞沪会战来感受一下战争的惨烈和国民政府的作为:1937年8月13日,日军进攻上海,淞沪会战打响。为速战速决,日军先后投入30万兵力,动用了300多架飞机、数10艘军舰。国民政府也动用了精锐的部队,先后将70多万兵力调往淞沪战场。在这场长达3个月、规模空前的鏖战中,士兵伤亡惨烈异常。根据国民政府后来的统计,会战中,整营整连阵亡不算罕见,每日经由兵站送往后方的伤员常在万人以上。然而,装备简陋的中国军队仍然前赴后继,节节抵抗,先后在罗店、宝山、南北塘口等地给日军以重创,可谓一寸江河一寸血。淞沪会战粉碎了日军"三个月灭亡中国"的迷梦。

淞沪会战是抗日战争时期中日军队之间的首次主力会战,交战双方总共投入近百万兵力,在3个多月的时间内激战于以上海为中心的长江三角洲地区,是抗战8年中规模最大、时间最持久的战役之一,震惊世界。

1937—1945年,国民革命军所属第五军、第十军、第十三军、第十八军、第二十六军、第五十二军、第五十九军、第七十四军，新一军及新六军与日军共在38 931次小型战斗、1 117次重大战役、22场大会战中较量，伤亡人数高达330余万人（含1937年至1945年间的补充兵员）。国民革命军虽因装备等因素无法取得绝对优势，但也于台儿庄、淞沪、长沙、独山等正规战，上海、笕桥等空战中给予日军重创。

日本的侵华战争最为严重的后果是打断了中国向现代工业社会发展的步伐。据学者徐勇的研究，1928年到1936年中国的工业增长率是8%—9%，台湾的学者统计是11.2%，这是中国近代历史中最好的阶段，被学者们称为“黄金时代”。

民国时期中国固然黑暗，但还是有点光的，有一些多少年后让人想起来的趣事和美谈，令人怀念。我不知道我们的后人怎么评价我们这个时代。我们需要做点光明的事情，让我们的后人也能够像我们今天怀念鲁迅，怀念胡适，怀念傅斯年，怀念闻一多一样，怀念我们。

莫里斯·哈布瓦赫曾经指出：“尽管我们确信自己的记忆是精确无误的，但社会却不时地要求人们不能只是在思想中再现他们生活中以前的事情，而是还要润饰它们，削减它们，或者完善它们，乃至于赋予它们一种现实都不曾拥有的魅力。”（莫里斯·哈布瓦赫著《论集体记忆》，上海人民出版社，2002年，第91页）在生活中，有的人看起来可能很讨厌，吝啬乃至狡诈；然而，从另一角度看，却有可能大方、热情、正直，甚至善良，这往往取决于我们观察对方的角度。因此，常常是我们看人的心态，决定了看人的角度，而看人的角度又决定了人的“好坏”。看人如此，看一个时代，一段历史，也是如此。

在中国大陆公众的视域中，只有所谓的“解放前”，民国却是隐而不彰的。真实的东西往往不讨人喜欢，但人们却不得不一再地回到他们否认过的事实并为此而付出代价，我们对此不也并不陌生吗？“我要以我微弱的力量，冒着不讨任何人喜欢的危险，服务于真理和正义。”（爱因斯坦）面对被大众遗忘的民国，我们不禁要问“是谁设置了历史的雾障”？中华民国在大陆的消亡是当时国民党政府专制的必然结果。一个政府就等于一个国家，政权的更迭总是伴随着改朝换代，这样的时代该结束了吧。

“一个人对于‘过去’的记忆反映他所处的社会认同体系以及相关的权力关系。社会告诉他哪些是重要的、真实的过去。”[王明珂《历史事实、历史记忆与历史心性》,《历史研究》,2001(5)]大众对民国知之甚少,且大多又被妖魔化,难怪要被遗忘。可那也是我们民族的历史啊!记得一位世界名人说过:忘记历史就意味着背叛。赶紧补课吧,中华民国,我们不能遗忘的过去。

关于“革命”的断想

“革命”一词,曾经是神圣、正义、进步、光明的代名词。过去一段时间内,人们对于“革命”最好的理解也就是“残酷斗争、无情打击”,以至“革命者”的形象往往是大义凛然、卓然傲立,以至铁石心肠,冷酷无情。如果谁要是被戴上了“反革命”的帽子,那就在劫难逃了。可见我们也曾有过对这个词的曲解和玷污。

对“革命”一词比较确切的理解,应该是“结构性的变革”“颠覆性的变化”“根本性的改造”,以便区别于“改良”。在政治领域中,“革命”与“解放”相关联,革命者推翻压迫者而获得解放。革命可以发生在社会生活的各个领域。西方在现代化的历程中,就经历过产业革命、民主革命、科学革命和管理革命。库恩的名作《科学革命的结构》,讲的就是科学研究范式的结构性、根本性、颠覆性的变更。

革命家就是那些为了社会的进步和解放,为了社会的正义和文明,作出了卓越而宝贵的努力的人。孙中山先生是伟大的革命家,他说:“我们革命的目的,是为中国谋幸福,因为不愿少数满洲人专制,故要民族革命;不愿君主一人专制,故要政治革命;不愿少数富人专制,故要社会革命。”“余致力国民革命,凡四十年,其目的在求中国之自由平等。积四十年之经验,深知欲达到此目的,必须唤起民众,及联合世界上以平等待我之民族,共同奋斗。”这是孙中山先生逝世前留给后来的革命者的临终遗言,也是他对自己40年革命生涯的深刻总结。

“革命是暴动”，这是毛泽东先生的定义。在他看来，革命就是“造反有理”，就是“枪杆子里面出政权”。这是特定的历史境遇中，对于“革命”的诠释。暴力行动给社会带来的动荡与破坏，在一定的时期是社会进步所必须付出的代价，辛亥革命就是非常必要的。其必要性我们从下述事件可见一斑：英国人于1875年曾自行修筑了淞沪铁路的一段，结果被清政府赎回拆除。唐山至胥各庄铁路完工后，清朝官员怕火车惊动附近的清朝皇帝陵墓，最初竟然用骡马来拖火车。甲午战争后，短短几年间，中国的重要铁路干线修筑权几乎全部被列强所攫取。清政府的愚昧、昏庸已经是无以复加，人神共怒。这样的政府不以革命的方式来推翻，真是天理难容。

如果说19世纪，是中国屈辱的世纪；那么，20世纪就是中国一个“革命”的世纪。革命的风云风起云涌，是20世纪的中国的真实写照，以至于在一些人的心中总有着“革命”的情结。在和平时期，就会表现出浮躁、急功近利、抗拒艰苦细致的工作这样一些病症。

革命总是疾风骤雨般的。从人类的历史长河来看，社会的进步需要革命，需要革命去扫荡那些陈腐的、顽固的阻碍社会进步的邪恶势力，如清王朝的愚昧昏庸的权贵。但更需要点点滴滴的改良。而在一个法治的社会、多元的社会、开放的社会、民主的社会，所有的矛盾和问题都应该通过平等的协商、真诚的对话、自由的交流来达成共识。这就是哈贝马斯所倡导的“商谈伦理”。这也是我们建设一个自由社会应有的态度。

我心中的毛泽东情结

我相信，在中国大陆出生、40岁以上又经历过“文革”的人，都和我一样，心中有挥之不去的毛泽东情结。在我的童年时代，背诵毛泽东的诗词，诵读毛泽东的文章，唱着歌颂毛泽东的歌曲，佩戴着毛泽东的像章，目到之处几乎都是毛泽东的画像……毛泽东对于我们的影响是刻骨铭心的。他的许多言辞、语录，我都可以娓娓道来，如数家珍。如果有人问我，谁对我的影响最大？我会真诚地告诉他，那就是毛泽东。在我上大学前，我对于毛泽东的情感是“崇拜”一词不足以表达的，毛泽东在我的心中，是越不过的天。

今天，我以一个探索人类文明历程的思想者来看待毛泽东，我真诚地认为：首先，他是一个有着很高天分和学而不厌的人。尽管他没有受过很多的正规教育，他仅仅是一个师范毕业生，套用今天的学历，充其量是大专；而后来，即使是战争环境和公务繁忙，也没有妨碍他对于书籍的热爱，这使得他不仅在诗词、书法等方面有非常独特的风格，有很高的造诣，而且在文史哲方面学识的丰厚，恐怕也是令今天许多文科教授汗颜的。

其次，他是一个清廉的领导人。他真诚地希望国家富强、人民幸福，并真诚地付出了宝贵的努力。他丝毫没有像现在许多身居要职的人一样，为自己和亲友捞取物质上的好处。他的许多故事令人感动，令人油然起敬。这并不是由于制度的制约，而是他的人生信念的身体力行，这是值得我们（特别是手中掌握权力的人）认真学习的。这也是人们之所以能够原谅他晚年的错误，而对他深深怀念的重要原因。

第三，毛泽东是一个富有个性魅力的人。他倔强、坚定、果敢，在他的身上充分地体现出湖南人不怕死、不信邪的性格。他率真、自然、朴素、毫不做作。洪应明在《菜根谭》中说：“文章作到极处，无有它奇，只是恰好；人品作到极处，无有它异，只是本然。”毛泽东身上体现的大家风范、恢弘的气度是人们难以企及的，当然这也与他的地位有关。

我们也不难发现，在早年，毛泽东曾意识到民主的重要性，可在他的性格中，仍然有着专制主义的成分（不够民主的成分）——这与他生活的时代和身世有关——特别是在晚年，他变得缺乏必要的包容。他对于西方近代文明不仅缺乏丰富和深刻的理解，而且有相当多的误解，这使得他没有能够切实推进中国民主化的进程，也使他在对国际国内形势的判断和国内外政策的制定上犯有严重的错误，从而使中华民族复兴进程遭受严重挫折。

我经常为他晚年的错误深深地惋惜和遗憾，特别是当我听那些十分熟悉的歌颂毛泽东的歌曲的时候——那些歌曲情真意切，表现出人民对于作为领袖的毛泽东崇高的敬仰和真心的爱戴。如果他能够不发动“文化大革命”，如果能够更多地信任和尊重知识分子……可历史是不能假设的。

作为历史人物的毛泽东，历史会给予他公正的评价的，这恐怕是我们这一代人不易做到的。因为在理性上，毛泽东走下了神坛，可在情感上，我们却难以走出毛泽东的巨大身影——我们有一个复杂的毛泽东情结。这也是时代带给我们的历史局限性。

俄国思想家恰达耶夫说：“当一个人找不到自己与过去、与未来的联系时，他便会丧失自我。”(《哲学书简》)审视毛泽东对于我成长的影响，是认识自我不可回避的重要方面。毛泽东在我心中地位的变化，我对于毛泽东的情感轨迹，是我心路历程的重要的组成部分，也是我个人文化处境的重要方面。

历史的细节

我对历史情有独钟，因而对于那些“通古今之变”的学人有一种特别的景仰。我感兴趣的不是那些宏大的叙事，而是历史的细节——那些能让我们终身难忘、潸然泪下的历史细节。

通过历史细节的发掘，才有可能看到被掩埋的历史，才能还原被意识形态所剪裁的历史。在现代西方文化浸淫一个多世纪以后，20 世纪中国文化精神的根本变化之一，是进步历史观的确立。进步历史观的现代性在于两点：第一，它认为历史是一个从落后向前不断进步的过程；第二，“进步”是以科学—技术的合理性为内容的，它为历史研究提供了普遍、客观的原则。通过进步历史观，中国历史向我们展现为一个可以清晰、确切把握的线性发展过程。但是，这种清晰和明确是以落后与先进二元对立的单向运动为基础的，它无疑压抑或忽视了这个线性运动之外的历史活动的丰富性。在 20 世纪即将结束之际，瞻前顾后，我们特别深刻地感受到历史丰富性的丧失，和因为这个丧失而处于一种无历史的困境。

无疑，我们面临着重新发现历史丰富性的使命。这个使命的必要性，既在于我们作为后来者对于过去所承担的责任，又在于我们现在的存在需要历史性的支持。德国文学家和哲学家瓦尔特·本雅明(Walter Benjamin，1892—1940)指出，进步历史观压抑历史丰富性的根源在于，它以同质而空洞的时间观念为基础，在这个基础上，过去被抽象为无时间的永恒形象，而我们被排除在历史之外，生活在单纯的现在之中。

以下是中学《历史》教科书上的几个历史细节，通过这些细节我们应当对中国近代史有更为深切的认识：

1.八国联军冲入北京后，纵火放炮，大肆抢劫。北京城内炮声隆隆，火光冲天，成了一个“强盗世界”。侵略者争相抢掠清政府的官衙库款。日军从户部抢得白银300万两，并烧毁户部以毁灭罪证。法军抢劫礼王府现银200多万两和无数金银财宝，用大车拉了7天。侵略者还以搜捕义和团为名，在大街小巷挨户破门而入，将粮食、家具和银钱钟表等全部抢走。他们还把抢来的东西拍卖，按官阶高低瓜分赃款。侵略者甚至还以杀人为乐事。一群逃难的老百姓，被法军逼进一条死胡同里，全部被机枪射杀。庄王府被焚时，1 700多人被侵略者活活烧死。大街上尸骸枕藉，满目断壁残垣。

2.《临时大总统关于革除前清官司厅称呼致内务部令》：“官厅为治事之机关，职员乃人民之公仆，本非特殊之阶级，何取非分之名称。查前清官厅视官等之高下，有大人、老爷等名称，受之者增惭，施之者失体，义无取焉。光复以后，闻中央地方官厅，漫不加察，仍沿旧称，殊为共和政体之玷。嗣后各官厅人员相称，咸以官职；民间普通称呼，则曰先生，曰君，不得再沿前清官厅恶称。”

3.1937年12月，日军攻陷南京。接着，日军以集体枪杀、焚烧、活埋、砍头、军犬撕咬等极其残忍的手段，对南京平民和被俘士兵进行血腥屠杀，制造了惨绝人寰的南京大惨案。

12月16日，日军将集中关押在华侨招待所的中国平民和被俘士兵5 000多人，押往中山码头，用机枪扫射后，弃尸江中，毁尸灭迹。

18日，日军将囚禁在南京幕府山的男女老幼5.7万多人，全部用铅丝捆绑，驱赶到下关草鞋峡，用机枪密集扫射，对倒在血泊中呻吟的群众，用刺刀戳死。随后，日军浇上煤油，纵火焚烧，残余骸骨被抛入长江。

日军还丧心病狂地进行“杀人竞赛”。日军少尉向井敏明和野田毅约定，谁先在占领南京时杀满100名中国人，谁就是胜者。当这两个杀人恶魔手拿砍缺了口的军刀相遇在紫金山下时，野田杀了105人，向井杀了106人。由于不知道谁先杀到100人，胜负难分，他们决定重新再赌谁先杀满150人。1937年12月，日本《东京日日新闻》以“胜利者”的口气对日军的“杀人比赛”进行了报道。日本军方认为这是“耀扬国威”的“光荣举动”。

《历史》教科书能够呈现这样一些细节，是值得肯定的。离开了细节历史就缺乏了感人的力量。我也希望我们的教师在教学中能够更多地关注这些细节。这并不是要学生去机械地记住这些细节，而是要培养学生善于从这些细节中有所发现、有所感悟，并善于用具体的事例说明思想。

有人说，历史永远是人类的导师，不管它是辉煌还是阴暗，是崇高还是卑劣，是悲壮还是滑稽，给后人留下的是愉快的记忆还是苦涩的回味，都可以启人心智，教人明理，使之更好地把握现在，选择未来。历史，无论是光荣还是耻辱，我们都必须面对，在面对中学习，尤其是从历史的教训中学习。

在历史的长河中徜徉

我越来越有兴致把历史当闲书来说。对历史的兴趣，其实就是对精神生活的兴趣，对学问的兴趣，对我们祖先的生存境遇的兴趣。发展学生对于精神生活的兴趣，增强年轻一代对于民族的认同感，都是历史教育的重要价值。而一个对于精神生活有浓厚兴趣的人不太可能沉迷于物质的享乐，不太可能去过一种奢华的、无节制的生活。

我在中学时期学的历史，现在看来是多么的单薄和粗糙。在大学，作为公共必修课，也学过中国通史。当时是上大课，几百人一个大教室，教学效果不佳，现在丝毫感觉不到它曾经带给我的有益影响。历史是由若干的事实构成的，这些事实之间有着怎样的关联，其实是相当复杂的。如果教学内容没有故事性，不生动，不鲜活，如果教师缺乏良好的教学设计，只是照本宣科地讲一讲，教学效果必定是少慢差费的。好的历史教材应该具有很强的可读性。

历史教学特别应该遵循由简到繁、由粗到细、由近及远、由易到难的教学原则。如果一个人一开始学历史就过多地沉溺于细节之中，像中国这样古老国家的学习者会不堪重负，并坠入到历史的云雾之中。因此先有一个粗线条的线索，再慢慢地深入到细节中，倒是人们学习历史的合理过程。

理解历史就是理解历史的语境，并进而理解我们今天的生存处境。中国历史的治乱兴衰，朝代更迭，历史的轮回，这当然不会是中国社会独有的现象，但这一现象的存在却表明中国民族不是一个政治民族。这是马克斯·韦伯（Weber,Max,1864—1920）的观点。在韦伯看来，落后民族与发达民族相比的最大差异之一恰恰就在于，落后民族从根本上是一个“非政治的民族”（Unpolitical Nation），亦即由于缺乏一套能够使全体国民都参与其中的政治过程和政治机制，这就是民主的程序。在“非政治的民族”的国家大多数国民并不生活在本国政治之中，而是生活在本国政治之外，他们被剥夺参与公共事务的机会，他们成为“无声的存在”，卑微的、可有可无的存在。韦伯由此强调，发达民族与落后民族的根本差异并不仅仅在于“外在强盛”，即经济、军事的发达，更在于“内在强盛”，即国民通过政治参与而对本民族整体长期利益具有高度的政治认同感所形成的政治向心力。而实质上一个缺乏“内在强盛”的国家而要获得“外在强盛”也几乎是不可能的。穷兵黩武，当然不能视为“外在强盛”。一个民族，如同一个人，如果不能从自己的经验中学习，不断地自我反思、总结，并切实地改进，它就不能很好地成长和进步。

假如没有西方文化的影响，我们恐怕还生活在帝制之中，还生活在那些无能甚至无耻的皇帝虚幻的光环下。世袭的嫡长制作为选择最高国家领导人(即皇帝)的制度,因为它选择性极小,因而很难(在绝大多数时候是完全没有可能)选择到优秀的、称职的人来作为国家的最高领导人,而这个最高领导人权力又特别大,并且几乎不受制约。两千多年的帝制时代,一共有将近500个皇帝,90%的皇帝要么极其昏庸无能,要么残暴变态、荒淫无耻、挥霍无度,愚昧无知的"三无皇帝"也不在少数。无论是杜甫的"先帝侍女八千人"(《剑器行》),还是白居易的"后宫佳丽三千人"(《长恨歌》),都可以佐证"三无皇帝"的存在。真正才智清明、人格健康的人少之又少。这就决定了中国的历史是一部底层民众的苦难史。

对于西方文明的理解会在很大的程度上影响到我们对于中国历史的理解。因此,对历史的理解与一个人的生活阅历有关、学识修养有关,更与价值取向和思维方式有关。因此,青少年时期学历史只能获得对于祖先过往生活境况的粗浅的印象。历史的教学就是要引领学生走进这片广袤、深邃、迷人的精神领域,获得对待历史的正确态度和探索历史的有效方法。学习历史应该成为一个人终身的必修课。

整体而言,女性的历史知识和地理知识相对来说要薄弱许多,这必然不利于她们思维的广度与深度的发展。任何事情都是在时间和空间中发生的。如果一个人既没有很好的历史知识的修养,又没有很好的地理知识的修养,他就很难建立起一个思考的框架,进而难以进行有效的思考。

审视教育目标

我们究竟需要培养什么样的人呢?我们有这样那样的提法,如“德、智、体全面发展、有社会主义觉悟、有文化的劳动者”,“四有新人”(有理想、有道德、有文化、有纪律),“德、智、体、美等全面发展的社会主义事业建设者和接班人”等等。尽管这些提法都有其特定的历史内涵,也都有其确当性,但毋庸讳言,我们对于教育中这个最为核心和最为根本的问题缺乏严肃、认真、深入、细致地研究。正如联合国教科文组织国际教育发展委员会在《学会生存》这份著名报告中所指出的:“如果教育要继续成为一个生机勃勃的有机体,能够运用智慧和精力去满足个人的和社会发展的需要,那么它就必须克服自满和墨守成规的缺点。教育必须经常检查它的目标、内容和方法。”(联合国教科文组织国际教育发展委员会编著《学会生存》,上海译文出版社,1979 年,第 120 页)

我们需要不断地、严肃认真地审视我们的教育目标。或许,我们可以通过“现代人的什么素质最重要”这一角度来切入。当今时代,是一个多元化的时代,应该说,“人的什么素质最重要”这样一个问题,只能是仁者见仁、智者见智的问题。如果一定要说什么素质最为重要,那我只能说这样的素质:批判性的思考力、创新的能力、开拓新生活的能力、选择与合作的能力。

现代社会所需要的是富有教养、有独立性、有自信心、自由自律、敢于冒险、具有创造力、足智多谋、能够积极主动地参与决策和讲求效率的人。现在有这样一种提法：思想政治素质是最重要的素质。如果这是对于作为先进分子的共产党员的要求，我想那是完全可以理解的，但如果是作为对全体国民的要求，我觉得就大可商榷了。

一是在民主社会、法制社会中，无论是思想（世界观、人生观、价值观）问题，还是政治态度、政治理想的问题，都只能是一个自主判断和自主选择的问题。二是思想政治素质的高低究竟由谁来评判呢？这会不会又有可能给那些“打着红旗反红旗”的人们提供某种口实？三是“思想政治素质是最重要的素质”总容易使人联想起“政治挂帅”、“宁要社会主义的草，不要资本主义的苗”之类的极“左”言论。

目前，在青少年的成长中，品德问题的确是不可忽视的问题，但是品德问题要与思想问题、政治问题区别开来，尽管二者有着种种关联；况且，品德问题也还不是我们面临的最大问题。最大的问题恐怕还是创新精神和创新能力不够理想的问题。如果我们过多地强调“思想政治素质是最重要的素质”，过多地强调“思想品德”教育，就可能产生误导，就可能导致在思想认识上和实际行动上对于创新精神与创新能力的培养造成不必要的顾虑和束缚；况且，社会文化是一个精神生态，一个人的发展也是整体性的，如果我们窄化某些标准，就不利于我们营造宽松、和谐、自由发展的人的成长的社会文化和心理氛围。

笔者认为，现代社会——一个多元、平等的社会，一个推行民主与法制的社会，一个社会变迁和社会流动日益加速的社会，一个需要竞争与合作的社会，一个其活力与综合国力取决于全民创新能力的社会，需要培养的是具有理性精神、具有广博深厚的基础文明的教养、具有某一领域的专门知识和技能、具有有效地表达自我的能力、具有自我延伸的能力、具有自由与责任的意识和能力。概括地说，就是有灵魂、有头脑、有专长，能够创造幸福生活和服务社群的人。

教育需要无为而治

“无为而治”本言自孔子“无为而治者，其舜也与”(《论语·卫灵公十五》)，但在老子哲学里，“无为而治”的思想成为了一个体系。“无为”是老子哲学的一个专有名词，不能照字面直译作“没有作为”，或误解为“无所谓”。老子说：“我无为而民自化，我好静而民自正，我无事而民自富，我无欲而民自朴。”(《老子·五十七章》)老子主张行道，不能违背规律，否则就是“有为”——乱为、妄为。“无为”是讲从“无为”的态度去“有为”。可见老子并不反对人类的努力，老子说：“万物作而弗始，生而弗有，为而弗恃，功成而弗居。”(《老子·二章》)因此，“无为”不是消极的，而是有其积极意义的。老子以“无为”来反对一切违反自然的事，反对强作妄为、贪求无厌。

教育的确是关涉千家万户，关涉民族的昌盛、国家富强的大业。社会各界给予教育真诚的关注是一件值得庆幸的事情，因为社会对于教育的合理期待也是教育的重要资源。但眼下人们对于教育过高的期望，赋予教育过于沉重的职责，甚至是过于苛严的要求，就有些过犹不及了。它使得广大的校长和教师心理压力太大，使得老师们整天疲于奔命，也使得中小学生没有喘息的机会，没有自主发展的空间，这也是诸多有识之士共同忧虑的事情。

社会的方方面面出了问题，总习惯于拿教育说事，好像教育是万能的。

在我看来，过分夸大教育的作用，与人治传统有千丝万缕的联系。动不动就“从娃娃抓起”，动不动就“进中小学课堂”，已经成了某些部门和个人的行事风格。比如“廉政建设”进课堂就非常的滑稽可笑，请问哪一个贪官不知道贪污可耻、贪污犯法？更有一些部门不是真诚地为学校服务，为教师和学生服务，而是大搞各种各样的形式主义的检查、评比，使得中小学应接不暇，无异于把中小学变成他们滥施淫威的场所。

成长是儿童生命的主题。成长当然离不开学习，但除了学习，还需要有积极充分的休息、充足的睡眠，需要追逐、嬉戏、打闹，需要无所事事、做白日梦，需要有“面对着天空发呆”的自我调适。可家长们对于孩子的要求，除了学习，还是学习，错误地认为娱乐和玩耍是浪费时间、耽误学习。殊不知，“学习能力只是儿童发展的一个方面，我们必须承认儿童各方面的发展不是孤立的，而是不可分割的。例如，一个刚进入学校的儿童，其社会性发展，情感发展水平，身体发育的迟缓或损伤都将影响其学习能力”（珍妮特·凯著，曲文洁译《爱与责任——教学助理指南》，北京师范大学出版社，2006 年，第 15 页）。

学校最应该是优哉游哉、藏焉息焉的地方，最应该非常的从容，非常的宽松、宽容与宽厚，非常的闲适与祥和。学生的成长需要有足够的智力负荷、理智的挑战的同时，也需要有心身的舒展、愉悦和惬意。学校就应该是书声琅琅、笑声、歌声朗朗。

教育的无为而治，首先是有关部门完善对学校、教师和学生的评价标准，改变片面以“升学率”论英雄的观念和做法。我们整个社会，特别是家长也需要调整对教育的期望，给学校、给教师、给孩子减压减负。试想，当众多的父母致力于炮制一个个“清华男孩”或“哈佛女孩”时，会是一种什么样的情形？孩子们整天读英语、进奥校，没有休息日，没有自由的空间，像一个陀螺一样永不停止地旋转，而父母则是抽打他们的鞭子。社会的进步不是一朝一夕的事情，不可急功近利。孩子的成长也不是学校一家的事情，在很大程度上取决于社会的文明水准。

实现教育的无为而治，我们广大的校长、教师也需要调整心态。任何时候我们都只能做到“不能尽如人意，但求无愧吾心”，很多时候我们尽了努力就问心无愧了。教育就是对于学生成长的守望，在必要的时候，在学生自由地行走和奔跑时，提醒他们哪儿有陷阱，哪儿是悬崖，哪儿可能被绊倒，哪儿有荆棘可能刺伤肌肤。教育不可能无所不能，不可能包打天下，不可能在短时间内使一个弱国变为世界强国，永远也不可能使一个弱智变为天才。

用思想提升教育的品质

所谓“思想”,维特根斯坦给予了明确的表述:“事实的逻辑形象就是思想”,“思想是有意义的命题”。用我们的日常话语来表达,思想就是我们对于事实的描述、解释和预言,就是我们用以诱导、申述、劝说、暗示等言辞的集合。

“你真正的生命是你的思想”,这就是一个重要的、十分有价值的命题,当然也是一个关于人生的重要思想。它意味着:如果没有思想,人就只是酒囊饭袋、行尸走肉;就会一事无成、枉度此生;当然就更谈不上个性的魅力和人格的魅力了。

教育需要思想,需要有思想的教育学者,去解释教育的现象、揭示教育的真谛、预见教育的未来;需要有思想的行政领导,去制定教育政策,用思想推动教育的改革;需要有思想的校长,用思想凝聚人心、管理学校,去创生先进的办学模式;需要有思想的教育刊物的编辑,去鉴赏和传播对于教育的真知灼见,去发掘新的表达方式和新的分享方式,如《教育参考》的吴国平、《明日教育论坛》的张文质;更需要有成千上万有思想的教师,他们有自己明确的教育理想和教育追求,如魏书生、刘可钦。

之所以要用思想来提升教育的品质,就因为教育作为一种有着丰富的价值内涵和精神旨趣的活动,其行为是有着明确的目标追求的。而目标的确定需要理性的思考,需要对历史、社会、文化与人性的洞察;目标追求中的实际操作,既受制于要达到的目标,又受制于具体的环境。如果囿于操作的层面,行为就是盲目的,其效果就可能是低效的、无效的,甚至是负效的。从活动到行为再到操作,前者引导着后者,后者受制于、服务于前者。

教育作为一种关涉(关照、关注)人的精神世界的活动,因而思想便有了双重的意义:

一是用思想武装我们的行为,用思想去重塑我们的教育行为,“观念改变，行动改变；行动改变，命运改变”。命运的改变，远远不只是个人命运的改变，也将是整个国家和民族命运的改变。

二是用思想陶养学子的心灵。只有用思想才能滋养丰富的心灵和厚重的人格。在教育世界中，倘若有丰富的思想熠熠生辉，倘若有丰富的思想相互碰撞，倘若有高尚、丰富、独到、深刻的思想来鼓舞人心，我们的事业，我们的人生，才更有趣味，更有魅力，我们才真正无愧于上苍给予我们的——不可重复，不可替代，无比珍贵的生命。

从某一价值尺度来看，有正确思想和错误的思想之分，也有深刻的思想和肤浅的思想之别。但不管何种思想，只有有自由表达和相互交流的机会，才有可能得到传播，丰富，深化或者修正。我们所能做的就是创造一个自由言说、自由交流的空间。

我们应该有勇气承认我们自身的局限性，甚至狭隘性。任何人都没有权利把自己打扮成、标榜为“真理”或“规律”的代言人而对别人的思想加以讨伐。充分的交流和理性的批判，最有可能达成共识，最有可能揭穿谎言和无耻的欺骗。我们必须禁绝任何人把一种解释非法地晋升为唯一正确的解释的企图。

在我们的社会中，我们特别需要培养一种讲理的性格，一种服膺真理、以理服人的性格，一种民主的性格。所谓民主的性格就是乐于分享、善于沟通、服膺真理、勇于承担的性格。

思想的创生，是一种精神的历险，需要胆识，需要勇气，也需要宽松、宽容的氛围。让我们共同去营造，让我们用心去呵护生长思想的土壤，让阳光洒满大地，让美好永驻人间，让我们的心灵沐浴在思想圣洁的光辉中，自由地舞蹈。

素质教育的旨趣

关于素质教育见诸报刊的议论自然不乏真知灼见，但也不乏浮词曲说。其定义之多，内涵之丰富，概念之歧义，都使得我们不得不进行选择。

这个选择的过程实质上是研究者赋予素质教育以确当的内涵的过程。

我认为,所谓素质教育就是能够促进学生自主发展、和谐发展、有特色的发展和可持续的发展的教育。"理论的基本职能是描述、预言和解释。"作为学术研究,概念的厘定是最基础性的工作。因为概念不仅是思维的工具——有了概念才能作出判断、形成命题、进行论证,也是学术探索的成果——在对概念的界定和使用中包含着论者的学术主张,概念的演变往往标志着学术思想的演变。一切研究成果不但在概念和范畴中积累,而且理论也借概念和范畴而发展;理论的确立和深化,离不开概念和范畴的确立和深化。有鉴于此,对素质教育的研究,概念和概念系统的建构其实是思想上的澄清与理论上的梳理。

对于什么是素质教育,以下表述是比较有影响的:"素质教育是以促进学生身心发展为目的,以提高国民的思想道德、科学文化、劳动技术、身体心理素质为宗旨的基础教育。相对立的,应试教育则是以考试得分为手段,以把少数人从多数人中选拔出来送上大学为唯一目的,片面追求升学的教育。"

笔者认为,如果仅仅将应试教育作为素质教育的对立面,那么就大大地窄化和浅化了素质教育的意旨和内涵;素质教育应该承担起否弃一切不人道的教育、一切非人性的教育的历史使命。由于人的发展的全面性,要求教育具有全面性;理想的教育应当具有良好教育的所有特征,这也就是为什么一切有益的教育改革的探索、一切被实践证明好的教育的途径和方法都可以囊括在素质教育之中的原因。因此,素质教育作为"理想的教育""先进的教育""良好的教育"的代名词,作为面向新世纪的教育的价值追求,是有着学理上和实践上的确当性的。它对于凝聚全民族的智慧,去创造、建构一种理想的教育模式,去营造一种追求良好教育的社会心理氛围是有着十分重要的意义和价值的。

另外,一般论者都是对应试教育的弊端与危害广加罗列,如应试教育导致学生自信心、自主性的下降,导致生活激情和自我期望的贬抑,导致探索精神与批判精神的匮乏,导致情感—价值体验的苍白,导致不良和过度的竞争,导致人与人之间的不和谐,等等。这些弊端和危害应该说的确是“应试教育”中实实在在存在的，但如果对“应试教育”存在的现实必然性缺乏深层的分析，我们就很难做到对症下药，从而从根本上实现向素质教育的转轨。

素质教育的提出和全面展开，实际上意味着我国基础教育改革的重心已开始由体制、结构等外部性的因素转向教育过程内部，意味着我国基础教育的发展追求开始把质量与效益提到了主要位置，因而是带有整体和根本意义的教育变革。

本着严肃认真的态度，要赋予素质教育以确当的内涵，不能靠想当然，需要对我国教育的思想基础进行审思：我们究竟是为了什么在办教育。这就需要我们对“教育与人权”“教育与个性解放”“教育与人道主义”“教育与民主政治”“教育与社会公正”等问题进行深入、系统的研究；需要深入思考为什么应试教育虽然已成众矢之的却能大行其道，素质教育虽然千呼万唤却仍难觅踪迹。

要走出这一困境，就需要对教育发展的战略有高屋建瓴的把握；需要对当下的社会现象和教育现象进行学理分析；需要对世界教育改革的措施与经验进行认真的研究。如果对上述问题缺乏深入、细致的探讨，就会对素质教育的内涵和应当承担的使命缺乏确当的认识，在实践上素质教育就有可能流于形式和肤浅，因而缺乏应有的生命力。

当我们把素质教育作为我国教育发展的方针，作为一面旗帜、一个口号时，需要对素质教育进行价值分析、政策分析；需要对素质教育的目标进行系统建构；需要对素质教育的课程改制和实践模式进行可行性分析；还需要对素质教育这一概念和术语进行知识社会学的分析。只有这样，对于素质教育的研究才能真正起到教育学的学术积累和推动我国教育发展的作用。

创新教育：关注学生的全面发展

创新能力不仅是一个民族、一个社会富有生机与活力的前提条件，也是一个民族、一个社会文明发展水准的标志，是一个国家综合国力的重要组成部分。但创新不仅指为整个社会、整个人类文明带来变革的新质因素的产出，也包括对于自我具有提升生命质量的发现和开拓，马斯洛将前者称为“特殊才能的创造性”，将后者称为“自我实现的创造性”。

也就是说，对于我们许多人来说，创新仅仅意味着对于我们个人自身有一种新的经验或思想的产出和获得。这意味着，创新不只是属于那些社会精英分子的专利，我们每一个人的生活本身是值得我们去创造的。从某种意义上说，创新是自我实现的最高的表现形式。教育作为人道主义的事业，创新教育理所当然应该关注个人生命质量的提升、关注学生自由全面的发展。

许多论者把创新教育理解为(或者说等同于)创造教育或创造力教育，这在笔者看来，是大大地窄化和浅化了创新教育的意旨和内涵。应当把创新教育理解为教育哲学意义上的教育转向：从守成性教育、维持性教育到创新性教育的转向，从注重教育的文化传承功能向注重教育的文化革新功能的转向。这一转向涉及教育目标、教育内容、教育原则和方法、教育评价标准的全面的、根本的变革。

正如“素质教育”是涵摄、统领整个教育全局的教育发展方针一样，创新教育也不仅仅是教育方法的改革或是教育内容上的增减，而是教育功能上的重新定位，是带有全局性的、结构性的教育革新和教育发展的价值追求。

创新教育是不是排斥和否弃知识教育呢？当然不是。正如人们所熟知的一句西方格言“空袋不能直立”所蕴含的道理一样，知识是我们的精神成长和人格强健所必不可少的。无知必然无能，贫乏必然平庸。但关键恐怕在于获取的是何种知识，特别是如何获得知识。这有一个知识观的转变问题。

如何通过知识获得解放，这是我们这个时代需要不断追问的严肃问题。学习是为了获得知识，这似乎是天经地义的事情，然而只要我们敢于正视这样的事实：受过 20 多年正规的学校教育、通过无数次严格的筛选，拿到了博士文凭的许多人在学术创新、知识创新上仍鲜有建树，在个人生活方面亦是单调乏味、了无生气，我们就不得不反省一下：在知识量上的增加是不是激发创造潜能的唯一条件？进而我们甚至要问：在何种条件下，知识的增加反而会压抑甚至泯灭人的创造力？

创新教育与个人自由全面发展的教育在精神实质上应该说是潜相交通、互为因果的。换一个角度来说，创新教育只有以个性自由全面发展的教育为依凭、为底蕴，才有可能防止将创新教育窄化、浅化和庸俗化。不能把创新教育简单化地理解为创造力教育，甚至简化为创造技能教育，尽管创造力教育（包括创造技能教育）的确是创新教育的重要组成部分。创新教育需要有助于生命的舒展、生命的涌动的教育情境的创设，甚至是整个社会崇尚开放与多元的文化形态的创生。

可是，“人们过多地把批判看做一种邪恶的力量，而不是反省和促动的力量，在当代中国尤为突出。而这种‘单向度的思维方式’带给我们的则是对开拓、进取和创新意识的禁锢，是对否定、升华和超越能力的丧失以及对求是、向善与臻美精神的背离”。这不仅仅是令人遗憾的。

有学者对于创新精神作了富于诗意的表达：创新精神其实是一种游走型智慧生存方式，是不断地探求人类求知境界的探险精神，它本能地摒弃认同于任何一个正确答案，摒弃停泊于任何一个特定领域，摒弃遵奉于任何一个传统规则（秦志强）。

不满足于已有结论、不相信唯一正确的解释、不迷信权威的仲裁、不屈服于任何外在的压力而放弃自己的主张，这都是创造型人才的人格特征。因此，我们可以说，对创造力的呼唤亦是对“自由意志、独立人格”的呼唤，是对“立于天地之间”大写的“人”的呼唤，是对专制主义的蔑视和对机械唯物主义的超越！具有创造力的人往往是心灵可以素面朝天的，他们往往具有率性而为的真情性，往往能超越于世俗与功利的羁绊。

确立关注学生自由全面发展的创新教育的观念，有助于我们站在时代的高度来自觉反省、检讨我们以往的教育，有助于我们只争朝夕地克服应试教育对学生创新精神的压抑、对创新能力的摧残、对创造型人格的蔑视，有助于使素质教育的推行有更明确的方向，有助于素质教育的实施落到实处。

新世纪的教育:有尊严的多样化

教育是人们寻求解放,从狭隘走向广阔的过程。个性、独特性和多样性,既是教育的重要资源,也是教育追求的目标。

新世纪的教育,无论从办学体制,还是培养目标,也无论是教学内容,还是教学的手段与方法,都需要多样化。因为无论是一个学校的办学特色,还是学生的个性发展,都是以承认、接纳、尊重和珍视多样化为其存在的前提的。个性就意味着差别和多样化。而多样化总是优于单一化的,因为多样化包容了即使是最好的单一化。对多样性的尊重,就意味着对于个性和独特性的尊重。

肇始于西方的文艺复兴,经过以卢梭为精神领袖的启蒙运动和以康德为代表的哲学革命,一直延续到西方的现当代,有一个重要的思想主题,那就是对于个人自由与独立意识的呼唤和弘扬。这一思想主题的核心内容是强调个体与群体的区别,强调个人对社会的优势地位和个体的独立、自由:人类自觉地意识到了每个个体的人作为人类整体(类存在、群体、各种各样的共同体)中的一个特殊的存在而有别于其他同类,每个人都是一个特殊的世界;人类要想充分地发展自身,必须首先发展每个个体的独特性,让个体在社会中保持其独立性,尽可能地给个体以自由。

社会发展的最终目的是为了个人的全面而自由的发展,并且是通过人的自由自觉的活动来实现的。个人的发展、个人的幸福和个人的自由都有着"独立的善"的价值,它不需要别的任何价值来证明。也就是说,并不因为个人自由是社会自由的条件,也不是因为个人发展是社会发展的一个条件,个人自由、个人发展才有了价值,个人自由、个人发展其本身就是目的,有着自足的价值。更何况现实的个人是社会发展的重要动力,离开现实的个人的发展,社会的发展就是不可理解和毫无意义的了。

中国曾是一个封建专制制度长期盛行的国家。"专制制度的唯一原则就是轻视人类,使人不成其为人。"专制制度推行的政治奴役、思想钳制、精神禁锢、个性贬抑,即使在我们今天的社会生活和校园生活中仍有着广泛的表现:无视人们的自由民主权力,压抑社会成员的积极性、能动性、主体性和首创精神。以至于我们经常能够感到到处都是麻木意识、奴性人格,这主要是因为人们被决定得太多了,被束缚得太久了,从而使得人们丧失了心灵舒展、思想飞翔的能力。在我们的教育中,教师中心、教师主宰、对学生理智能力的极端蔑视,以永远正确的说教敷衍学生,其实都是专制主义的表现。

是到了我们深刻地反省我们的教育的时候了!在我们的教育中对自由探索的推崇没有受到足够的重视,甚至是受到了相当程度上的限制。而自由探索需要我们宽容不同意见,尊重个人表达其思想的权利,不论其价值观多么与众不同,都能享有外在的自由而不必担心受到追究、责罚或者迫害和制裁。

当然,对对立的意见的宽容,并不意味着这些意见可以免遭批判性的审视。之所以有必要推崇自由探索,是因为如果存在对立意见自由交换的机会,我们就有通过商谈而达成共识的可能,就能拓展我们的视界;相互交换意见的过程往往与结果同样重要,在教育中甚至更为重要。因为真理更多的是一个过程,我们始终只是在真理的路途之中,我们“始于迷茫,而又终于更高水平的迷茫”。

为了我们的教育有尊严的多样化,为了个人自由全面的发展,把有争议的问题、敏感的话题、社会生活的光明面和阴暗面、教师内心的真实想法,带入课堂,带入学生的精神生活,是我们明智的选择,也是我们对于我们自身和我们生活于其中的社会拥有自信的表现。尽管有的学生可能因此成为叛逆者、危害社群的人,但可以肯定,将会有更多的学生成为具有创新意识和创新能力的美好人生与美好社会的建设者。良好的教育注定不会因噎废食,因为良好的教育必定有一个价值预设:人性向善,“在我们之中,在我们所做的事情之中,终究是好的多,坏的少”(Norman Meiler),人类追求光明、追求进步的内在冲动永存于我们的血脉之中。

自由选课:人性化的制度设计

社会进步的一个标志就是人们的行为愈来愈少地受制于指令性和强制性的计划,而有着更多的选择性和自主性。为了给全校学生提供更多的自主选择的机会,在教学中引入竞争机制,切实提高全校公共必修课的教学质量,推动教学改革的不断深化,有些学校已从本学期开始在全校教育学、政治经济学课中,逐步推行学生跨系、跨年级试听选课制度,也就是在开课的前两周,学生可以根据教务处提供的课表和有关任课教师的个人情况自由听课,选择教师。

教学是学校的中心工作和培养自由全面发展人的最主要途径,在很大程度上,对学校来说,教育意味着教学。一所学校的教育质量的高低,取决于教学质量的高低,而教学质量的高低又取决于教师的学术水平和事业心与责任感,取决于学生学习的积极性与主动性。

逐步推行学生跨系、跨年级试听选课制度,提供给学生选择的机会,有助于培养他们的判断力、鉴赏力和自主选择的能力。长期以来我们习惯的排课是建立在这样一个假设的基础上的,即教师学术素养和教学技巧的差别不大,其实学生在与教师接触的相同时间里,从不同水平的教师那儿所获得的知识是不同的,任意选课能够使不同兴趣和学习风格的学生的需要得到尊重。即使是同一门课,不同的教师所理解的重点和难点也是不尽相同的,教学风格也多有差异——有的教师习惯于有板有眼、条分缕析的讲解,有的教师则擅长于营造纵横捭阖的磅礴气势,有的教师讲究逻辑的推导和演绎,有的教师则注重文化的浸染、心灵的晤对。自主判断和自主选择的意识和能力,是现代社会公民的重要素质。而只有向成长的青年学生提供自主选择的机会,这种意识和能力才能得到切实的培养。在任何事情上,只有当人们拥有自主选择的权力时,我们才能对其行为追究责任。

推行学生自由选课制度,首先,有助于教师确立现代教育的观念,特别是牢固确立教育就是服务的思想。确立这样一种观念就是要使我们的教育在制度、目标、措施与方法层面真正“做到一切为了学生，为了一切学生，为了学生的一切”，真正做到为了全体学生的全面发展，特别是能够公正地对待每一个人，向他们提供最恰切的教育，使具有不同天赋、潜能，不同气质、性格和不同文化背景的学生都能得到最充分的发展，以便他们在社会生活中能够找到他们应处的位置，最充分地实现他们作为大写的“人”的价值。而将教育就是服务的观念落实到日常的课堂教学之中便是，尽可能地为学生的发展提供机会；让学生更多地体验到被人关注、被人爱护的温暖与幸福，更多地体验到自由探索与成功的快乐和自豪，更多地感受到人性的光明与和煦，感受到仁慈、宽容与敬业的力量。真正良好的教育一定是最具服务精神的教育。而只有这样的教学才能受到学生的欢迎。

推行学生自由选课制度，也有助于增强教师的事业心和责任感，从而不断提高教学水平。打一个不太恰当的比喻，就像婚姻，排课是“父母之命，媒妁之言”，而选课则是自由恋爱。学生主动选择某一位教师的课，这其中一定包含着对这位教师的尊重与信任，教师也就一定会有更为强烈的责任感来努力工作，促使教师主动地去更新教学内容、改革教学方法，以期获得学生的尊重和选择，不辜负学生们的信任和期待。

推行学生自由选课制度，还有利于促进高校教学改革的不断深化。首先，促使学校适时调整教学运行机制，把竞争机制引入教学中来，推动教学内容的不断更新和教师教学方法的改革。长期以来，基本的情况就是教师授什么课，学生就被动地上什么课，不论教师教学质量好坏，教学内容是否适合，学生都无法选择教师和课程。由于在教学过程中缺乏提高教学质量的动力机制，有些教师的教学内容陈旧，教学方法简单，教学质量低下。其次，给学校的教学活动注入了生机和活力，有助于提高人才培养的质量。

当然，作为一种探索和尝试，尚有许多的问题需要认真研究和解决。但毋庸置疑，逐步推行学生自由选课制度，最终实现全面推行弹性学制，是大学教育改革的一个重要方向。

个性教育:让人成为他自己

“崇尚个性”、“发展个性”等等,日益成为优质教育的自觉追求。人们对于个性的理解,一般是与众不同。这并没有错。但问题是,“与众不同”从何而来?

朱智贤先生主编的《心理学大字典》对“个性”作了这样的界定:“个性(personality)也可称人格。指一个人的整个精神面貌,即具有一定倾向性的心理特征的总和。个性结构是多层次,多侧面的,由复杂的心理特征的独特结合构成的整体。这些层次有:1.完成某种活动的潜在可能性的特征,即能力。2.心理活动的动力特征,即气质。3.完成活动任务的态度和行为方式方面的特征,即性格。4.活动倾向方面的特征,如动机、兴趣、理想、信念等。这些特征不是孤立存在的,是错综复杂交互联系,有机结合成一个整体,对人的行为进行调节和控制的。”

在顾明远先生主编的《教育大字典》中对“个性”作了这样的界定:“个性(individuality;personality)一译‘人格’。一般有广义、狭义两种用法。广义指个人的意识倾向和各种稳定而独特的心理特性的总和,即个人的心理面貌。狭义常指个人心理面貌中与共性相对的个别性,即个人独有的心理特征。源于拉丁文‘persona’,意即演员所带的‘面具’,后引申为人物、角色及其内心特征,即心理面貌。”

让我们来看看艾森克 - 阿诺德和梅利对个性所下的定义:“个性是人所具有的、相对来说较为稳定的气质。它可由外因激发或促成,是生理冲动、社会环境及自然环境之间相互作用的产物。个性通常指的是情感—意动的特定品质、情操、态度、心理状况、无意识的机制、兴趣和理想,它们能确定人的特性或特有的行为和思想。”大卫·丰塔纳就此评论道:“这一定义不仅强调了个性的内涵,而且还指出了个性是稳定的(也就是说我们不可能一日之间变得判若两人)和有机的(即个性的表征是相互联系的),个性是人的生理机制和周围环境相互作用的结果,是一种特殊的品质(即每一种个性都是独特的)。”在以上对个性的理解中,基本上没有脱离开心理学的窠臼。

个性的外在表现为独特性,而内在的特质却是主体性和个人,无论是缺乏独立性、自主性(表现为缺乏主见、人云亦云、盲目从众),还是缺乏创造性(表现为内心世界的贫乏、智慧上的平庸),都会被视为缺乏个性。正如康德所指出的:“‘他有个性’,这在绝大多数场合下不单是说到他,而且也是在称赞他,因为这是一种激起人家对他的敬重和赞叹的可贵性质。”在教育学的视域中,个性与自由个性,有着共同的含义,即指人的完整性、独特性,个体所具有的自由意志和独立人格。

我们强调个性教育,首先就是基于对个体独特性的尊重。为什么要强调个体的独特性呢?其理论意义和实践意义何在呢?

首先,每个人生来原本就是独一无二的,正如我们每一个人的指纹是独一无二的一样,这也是每一个人的生命之所以值得无比珍视的一个重要原因;如果我们要求用一种模式去限制原本是丰富多彩、各具特征的个人的发展,就意味着我们对某些个体不公正。这也是教育之所以要民主化的重要理由。

其次,每一个人的独特性是人类文化多姿多彩的重要源泉,因而是人类文明不断进步的重要源泉;各个个人的独特性亦即我们之间的差异性,而差异既使得合作成为必要,也使得合作成为可能;人类文化进步的动力就蕴藏在个人的独特性之中。独特性不单单是个性的外在表现形式,而且是个性得以确立的表征,是个体内在自然——天赋的凸现、显发的确证。建基于主体性与创造性的独特性是个体个性发展程度的标尺,也就是说,越是具有以主体性与创造性为底蕴的独特性,个体的发展程度就越高,个体自我实现的程度就越高,个体内在自然——潜能——的实现程度越高。

那么,主体性与个性是什么关系呢?笔者认为,主体性是个性的核心,创造性是基于主体性的个性的又一内在规定性,知识、经验、能力、智力、情感、道德等都是个性的构成要素,而独特性则是个性的外在表现形式。马克思说:“要使这种个性成为可能,能力的发展就要达到一定的程度和全面性。”能力无疑是个性的构成要素，能力不行，靠什么去独立地面对世界呢？但问题是主动性不发展，能力的发展就会受到极大的局限。

笔者认为，如果将创造性也视为主体性的内涵之一，那么，其一，“主体性”就变得过于宽泛了，对一个概念的泛化或滥用，往往导致消解，这就是孙子所云的“无所不备，则无所不寡”(《孙子·虚实篇》)。正如韦伯所指出的：“一个术语的有效性——或范围——越广，就越使我们远离现象的丰富性，因为要包罗最大可能数目现象的一般因素，它就必然会尽可能地抽象，从而其内容也就空乏。”[(德)韦伯，朱红文等译《社会科学方法论》，中国人民大学出版社，1982年，第75页]

其二，我们无法将“主体性”与“个性”作出区分。如果“主体性”等同于个性，那么，提出“主体性”又有什么意义呢？另外，将“主体性”的内涵规定为自主性(独立性)、能动性和超越性，三者分别从不同的角度来表现人的主体性，在逻辑上也较为自恰。

特别值得提及的是，个性是一种精神的力量，与身心的健康有着密切的关系。世界卫生组织对健康的定义是：“健康是一种身体上、精神上和社会上完全安宁的状态，不只是没有疾病。”如果心中充满恐惧和怨恨，如果心存芥蒂、人际关系不和谐，如果充满焦虑和沮丧之感，那是不健全的个性。个性的发展必定包含着健康。

情感教育之所以必要

当今教育界的一些有识之士极力呼吁情感教育，并将情感的发展列入评价学生发展的重要指标，细细想来，实在是非常必要的。

这首先因为人是一个整体。知、情、意、行四个方面是相互影响、相互生成的。凭经验我们就能知道，没有情感的脑力劳动，就容易导致疲劳。更由于对事物的理解，远远不只是一个单纯的理智问题，不单纯是一个观察、分析、推理的问题，它同时与人们的动机、趣味、意向、胸臆和襟怀相联系。一个心胸狭窄、器局很小、情感偏执的人,往往不能冷静、公正、客观地看待问题,特别是当问题与个人利益有一定关联的时候。

歌德年轻时写过这样一句话:“人们只能认识自己所爱的,爱或激情越强烈越充沛,认识就越深刻越完整。”在他的一生中,他一再以不同的方式在不同的场合重申这一思想。爱与认识,激情与理智,理性与非理性,作为完整的人的不同的生命表现形态,有着最深刻、最内在的相互增进的关系。

对于生命、对于心灵,我们不能缺少的是反省能力和批判精神,因为在生命的运动中,一切都转瞬即逝,所谓“绝对的真理”、“最后的知识”只是一厢情愿和对生命激情的扼杀。但唯理智教育“是以传授系统知识、开发理性能力为唯一目的,借助具有固定含义的语言、概念、逻辑、科学等理性化的手段和工具来实施的教育”。“其根本缺陷在于将认知从情与意中剥离出来，将真从善与美中抽取出来，撇开情感与意志讲认知的发展。”(朱小蔓)这样的教育不仅无助于学生情感的发展,就是理智的发展也难以取得应有的效果。

一个受过情感教育的人,一定会是一个温顺、谦和、善于沟通且能唤起人们对于生活的热爱与柔情的人,而不会是一个专横、霸道、粗野、暴戾之人。在世界范围内,许多大的跨国公司的高层技术人员中有许多华裔,而在高层管理层却鲜有我们的同胞,据认为是因为华裔人士不太擅长人际沟通,特别是不善于面对面的人际沟通,不知道此种归因是否正确，但在我们的国民性中有一个较为普遍的现象不能不引起我们的思考,那就是:人们一旦得势,就极易自我膨胀,表现出极端的自我中心:刚愎自用、唯我独尊、专横跋扈、盛气凌人;如某某“庄主”、某些私营企业的老板。这大概也与没有受过真正意义的情感教育有关:一直处于被人忽视并多少有些自我贬抑,久而久之,被人关注、被人欣赏就成了一种强烈的、缺失性的需要,其表现就会是一些病态的自恋和自大。

为了造就能够创造幸福生活的人和民主社会的建设者,给学生更多的关注、关爱,更多的鼓舞与欣赏,这对于防范和消除病态的自我中心和自我膨胀,塑造民主的性格,当是十分必要的。民主的性格就是乐于分享、善于沟通、勤于反思、勇于承担、敢于创新的性格，就是能与所有人平等交往、坚守自我的尊严和高度尊重他人的性格。这种性格是需要用真诚、关爱和平等的交往去培植的。情感教育是由爱所牵引的教育，是基于对学生生命尊重的教育。

有学者指出：从工具本体的建设转向情感本体的建设，正是未来人类发展的方向。人类在获得了空前的物质上的巨大成就的同时也导致了人们精神家园的荒芜，导致了与自我、与他人、与自然、与我们本该敬畏的对象的疏离。这在很大程度上是由于欲望的膨胀，把情简单化为了欲，把人异化了，把人当做了机器，用冷冰冰的制度或人际关系窒息了人的生命激情。当人徒有欲，或冷酷无情时，则“异于禽兽者几希”了。

美国心理学家戈尔曼(Daniel Goleman)的著作《情商》(Emotional Intelligence)揭示了人类潜在的情感方面得到发展的重要性，因为有越来越多的证据表明，一个人一生中最基本的道德立场根源于潜在的情感能力。情商是让我们更充分地展示人性的一系列特性和品质，它们对我们的命运具有广泛的影响。“情商=能力，这些能力包括：激励自我，坚定地面对挫折，控制冲动，使满意持久，调整心情，不要让忧伤影响到思考、移情和憧憬未来的能力。”这与弗洛姆所说的“爱是一种能力”有着异曲同工之妙。

正因为情感在人的生命历程中有如此重要的价值，以直接促进学生的情感发展为目的的教学才得以受到特别关注。当代许多卓越的教育家都有过精深的论述：赞科夫指出教学要着眼于学生的一般发展；苏霍姆林斯基要求教学丰富学生的精神生活；巴班斯基认为教学要致力于全面培养学生的个性；罗杰斯则把发展学生自身潜能和积极向上的自我概念和价值体系作为教学的首要任务；布洛姆等则明确地把情感列为教学三大目标领域之一。尽管每个教育家的表述不尽相同，但都认为应当培养学生积极健康、丰富细腻的情感。因为它是与正视困难、不畏挫折、主动进取、自信自尊的性格品质相联系的。

情感教育之所以可能，就在于“谁言寸草心，报得三春晖”、“床前小儿女，人间第一情”这些“人同此心、心同此理”的美好情愫流淌在我们的血脉之中，这也是千百年来人类文明积淀的重要成果。在我们的心中潜存着一些人类永恒的情感，诸如感激、同情、敬畏、羞耻、亲情、友谊和爱恋，这都是需要教育去开启、唤醒和提升的。进而如何在孩子们的心中培植安全感、信任感、自豪感、崇高感、神圣感、责任感，这就更是需要我们认真研究的问题。

情感教育是心灵的晤对与真情的沐浴。它牵引着人们回到真实的生命状态、回到本原的心灵感觉，去体悟我们内心深处的灵性之光。而那些凡是遮蔽了我们生命热情的东西，遮蔽了我们对于无限、永恒与神秘的向往与渴求的东西，都应该引起我们的警惕和追问。只有在对过程的追求、对"现在"的真切感受中，我们才有可能在有限中发现无限、在卑微中开拓出灿烂。我们需要勇敢地直面自己的心灵，需要有"完全将自己交付给内心最完美的启示的勇气"。蔡元培先生在谈到美育之于情感的作用时曾这样说过："人人都有感情，而并非都有伟大而高尚的行为，这是由于感情推动力的薄弱。要转弱而为强，转薄而为厚，就有待于陶养。陶养的工具为美的对象。"

情感教育也是对本能、对直觉、对当下的呼唤，这宛若一朵朵周而复始、次第绽开的玫瑰，在一阵阵闪烁的火红中，我们那曾睡去的心灵，将会因为它的浸润，慢慢恢复生机和活力，直至幡然悔悟、重现本身。

饱食终日、无所用心，精神萎靡、麻木不仁，得过且过、心如死灰，这些都是教育的大敌。而情感充沛、精神饱满、潜心投入、心无旁骛、信心十足、追求卓越，则是学生获得更充分发展的心理基础和人格品质。大量研究表明：学生学习成绩的好坏，不仅取决于他（她）的智商，还取决于他（她）情意的发展。情意包括求知动机、理想和抱负、意志的坚定性、兴趣和情绪的稳定性、独立性、好胜心和自我意识等七个方面。

培养学生敏感的心灵、丰富的体验、细腻的感受，是完整人的教育所需要的。因此，在学校教育中，让学生有更多的活动、更多的参与、更多的平等交往与对话、更多的美感陶冶，更多地与自然界交融，更多地感受到被人欣赏、被人关爱的温暖与幸福，这都是情感教育的现实途径；在情感教育中，既要有春风化雨、润物无声的感化与陶冶，又要抓住一些教育契机使学生获得高峰体验，使学生获致“登山则情满于山，观海则意溢于海”的情性修养，朝着最终达到“得失在所不计，毁誉无动于衷”的生命境界而努力。

反思道德教育

一

那些永远被人们记起而且不断被赋予新的内涵的话题必定具有永恒的意义，比如“真、善、美”，比如教育、道德与道德教育。任何认真看待教育的人，都会肯定道德教育的重要性。如果完全去除道德教育的因素，教育也就不成为教育了。但问题在于，道德教育的出发点是什么？

我们的回答是，对于精神价值的守护，对于生活意义的追寻，应该是教育（特别是道德教育）的最崇高的使命。对于精神价值的尊重和守护，意味着精神有着物质无可比拟的价值，有着不能以物质的尺度来衡量的独特价值；意味着人的精神的神秘性和不可言说性；意味着人的心灵世界的丰富与深邃；意味着需要审慎地防范将人简单化、物化和粗暴地裁剪与肢解。而意义，对于个体而言，既不是某种先验的规定，也不是某种抽象的原则，而是生活自身真切的对人的价值，是个体自主创造、自主赋予、自主诠释的生活空间中的精魂。但是，只有当我们预设了比肉体生存本身更高的意义的处所，生命才能成为生活之本，对生命之爱也才能成为生活意义的根源。这正是“意义”的玄妙之处，也正是“教育”的义理精微之所在。

没有价值的生活就是人的无意义的生存。“没有价值观体系的状态就是一种心理病态。人类需要一种生活哲学、宗教或一种价值体系，就像他们需要阳光、钙和爱情一样。”然而生命的意义是无法通过说教、灌输而获得的，只能通过对人类历史、人类文化的体悟，通过对自我心灵的叩问而获得。时下，个人与人类精神文化之间成了一种走马观花式的浅表性接触,人们也逐渐失去了对高尚精神文化的敬重与仰慕,这就是意义危机。而意义危机的背后是信仰危机。道德教育应该有助于化解这一危机,并真切地关注个体生活意义的生成。

二

学校道德教育实效低下的原因固然是多方面的,但我们以往的道德教育在很大程度上是一种无视主体性的道德教育是其重要原因。这种无视主体性的道德教育主要表现在:

1.对道德教育的目标设定的虚空或低俗,对道德教育价值认识论上的狭隘与功利——人们更多地把“个人”作为社会的“一份子”来看待,个人不是被视为个人,而是被视为“国民”,对个人的独特性和独立性缺乏应有的尊重。道德教育的重要性更多地从社会稳定与和谐、理想社会的实现的角度来强调,甚至为了“虚幻的共同体”的需要,因而缺乏应有的感召力。

2.把道德片面地视为对人的意志与行为的限制与防范,在道德教育方法上把学生单纯地视为道德规范的被动的接收者,普遍采用灌输。而“灌输既不是一种教授道德的方法,也不是一种道德的教育方法。之所以说它不是一种教授道德的方法,是因为真正的道德包括对于那些有可能处于冲突之中的价值作出审慎的决定;之所以说它不是一种道德的教育方法,是因为合乎道德的教育意味着尊重儿童正在发展着的推理能力和对他们所学的内容的评价能力”。

3.片面强调学生对于道德义务、道德责任的认同,而无视义务与权利的对等性,忽视学生的道德生活和需要,忽视引导和提供机会与情景使学生对个体的人格尊严、生命的意义与价值予以体认:在道德教育过程中,往往把“禁止”、“防堵”,甚至“管、卡、压”作为立足点和基本手段,忽视学生的主体地位和主体性的发展,学生受到来自多方面不应有的限制和束缚,个性差异、独立人格得不到应有的尊重。

三

我们必须审慎地区分宣传与教育之间的差别：宣传是通过反复的、带着无可争辩的口吻、具有强权色彩的说教与宣称；而教育则力图唤醒人们理性的自主，对问题不懈地质询与追问而获得真理的澄明和内心的敞亮。教育不仅要"求得"师生理智的清明，更要"求得"灵魂的纯净和超越。

宣传是宣传者以真理的代言人的身份强说"真理"，而教育是教育者引导和辅佐学生建构真理的过程，在宣传者那里，真理是实体性的存在；而在教育者那里，真理只是我们可能拥有的视界的融合。"用自己的头脑去判别"，对真理的执著追问以及对于生命意义的强烈诉求，即思想自由和信仰自由在个体精神世界中的确立，是教育的重要鹄的。

多少年来，学生一直有意无意地被看做是需要说教和灌输、缺乏选择能力和选择余地的人的集合。其实，只有在开放的环境中，人才可能具有免疫力；也只有在充满各种诱惑的环境中，人才能生长出抗拒诱惑的能力。道德存在于具有冲突的情境中，道德和教育共同的一个特征就是个体的自主选择与自主建构。

四

伦理与道德的区别就在于，伦理强调外在规范、他律、理性认知，而道德是一种内心的生活，是立于信念(仰)之上的自主的、可以自我求取的精神空间。道德相对于伦理，更具有永恒性和普遍性，是个体意识向类意识的复归。如果说伦理教育着眼于理性、认知、统一、规范，那么道德教育着眼于情感、意趣、个体、自由。道德是与对生命的意义的理解相关联的。道德不是用来责罚别人的，而是用来自我求取的；人总是作为社会的人而存在的，把道德归属于个人，并不是要消解道德的社会性，而是要捍卫道德的纯洁性，捍卫个人自由作为"独立的善"的价值，把道德作为人自我实现的途径。

我们可以要求一个人遵守公共生活的规范，但我们不能要求一个人去奉献。对于一个社会来说，制度建设也许是比道德教化更要紧的事情，假如一个制度是不公正的，是存在着等级和对一部分歧视的，那么又何以可能要求人们拥有“平等”的观念？人与人之间的尊重又如何能做到真诚？过去，我们把“伦理”与“道德”混为一谈，这个原因恐怕就在于中国传统社会中政治、伦理、道德的三位一体；从“道德伦理化”到“伦理政治化”再到“政治伦理化”——“伦理道德化”，在这种文化境遇中，一个人的政治地位也就成了一个人道德水准的标志，政治人物往往就成为道德的表率、道德的楷模。

五

古人云：“身教者从，言教者讼。”道德是社会中的力量，更是人本身的力量，人本身若无道德的要求，任何强力也不能使他变为道德的人；过分要求别人“有道德”，其实是有自己并不怎么道德的嫌疑的。一来是因为，宽容本身就是一种道德：“躬自厚而薄责于人”，不仅要“己所不欲，勿施于人”，而且要“己所欲，勿施人”，这才是崇高的道德境界，过分要求别人“有道德”的人是没有这种境界的；二来是，过分要求别人讲道德，也有自己企图从别人的“讲道德”中捞取好处的嫌疑：别人都奉献，自己便可坐享其成；别人都讲风格，自己便可“吃风格”；即使是非常邪恶的人，大概也都希望别人是很道德的。

真正高贵的精神是乐于分享、非自我中心的，心灵的力量是感化的而非强制性的。一般所说的良心指主体对正义和义务的内心确认，并以此作为内心的评价标准。它是人在道德上自我认识、自我选择、自我评价和自我负责的体现。

六

我非常认同和欣赏这样一种观点：“有一个重要的观念认为，所有的教育都是道德教育。因为我们有多方面的理由表明，教育从根本上涉及个体内部价值体系的发展。”这一观念体现的是一种“关系思维”，它较之于“首位论”这种“等级思维”的产物要来得合理和高明。道德教育无疑是教育中最具人性意蕴的部分与要素：从人与动物这个维度上看，道德教育注重人的精神性与超越性；从个人与社会的关系上看，道德教育注重人的主体性与独特性。

中国历来重视道德教育，中国古代教育史几乎就是一部道德教育史，这是不争的事实。但对此作出价值评判恐怕要联系到人们对道德的理解、道德在个人生命系统中的意义、道德在社会生活中功能的考察，以及强调道德教育的出发点等。离开这些，来谈“优秀传统”是有些轻率的。因为中国传统的道德教育基本上只是“建国君民”、“化民成俗”的工具和手段，而不是人生意义的关照和精神价值的弘扬。

七

推己及人、将心比心是中国传统文化对人们道德践履的要求。然而，“推己及人”何以可能?这种可能性恐怕就存在于共同的人性之中，正如“人同此心、心同此理”这句古老的格言告诉我们的：我们作为人类的一份子，分享着共同的人性。共同的人性存在于我们每一个人的心灵深处，道德教育的价值就在于唤醒、弘扬、生发和不断地提升我们心中的“向善性”。过度防范、强制和惩罚，既与道德的真义不符，也与教育的旨趣相悖。对人充满信任，以真诚的态度对待我们周围的人和事，即使遭受一些挫折和痛楚，也不因噎废食，这便是道德教育要达成的一个目标。其实，遭遇挫折本身就是我们成长中的一部分；通过挫折来获得丰富的情感体验，我们才有可能对别人的不幸有同情共感。

道德教育与学生的生活世界

由于我们谈论的生活是人的生活，因此它的含义就远远超出了生物学上“生存、活着”的意义，而有着深厚的文化旨趣与价值内涵。如果说，“生活”指的是生命的存在状态，那么，“生活世界”指的便是生活实有与应有的畛域。“生活世界”这一概念为德国思想家胡塞尔(Edmund Husserl)所常用。狭义的生活世界概念，指日常的、知觉地给予的世界，即日常生活世界。生命展现于生活，生活是生命的形式。人在世界中展开人的思想与言行，展开人的生命与人生历程，与个人实际生活发生真实“牵涉”的世界的总和构成人的“生活世界”。

教育是对现实的、具体的人的教育，是在现实的、具体的人的生命历程中展开的师生的心灵相遇。因此，教育都是在人的生活世界之中行进的，都超不出生活世界的畛域。教育活动和人在教育中的生活都是属于生活世界的，生活世界是教育的根基和教育可以依持的场域，是教育之所以能够促进学生个体多种品质生成的奥妙蕴藏的处所。

杜威在《民主主义与教育》中认为：“‘生活’包括习惯、制度、信仰、胜利和失败、休闲和工作。”又认为，“我们使用‘生活’这个词来表示个体的和种族的全部经验”。(杜威《民主主义与教育》，人民教育出版社，1990年，第3页)杜威常常视生活与经验为同样的东西，如他在《经验与自然》中阐释“经验”的含义时也一同阐明了生活的含义。他说，经验和与它类似的“生活”一样，“既包括人们所做的、所遭遇的事情，人们所追求的、所爱的、所相信的、所忍受的事情，也包括人们怎样活动和接受活动，人们行动和遭受、意欲和享受、观察、信仰、想象的方式”。(《杜威教育论著选》，华东师范大学出版社，1981年，第272页)杜威视生活与经验为同样的东西其实也就是对精神生活的强调，因为即使是与精神生活相对的物质生活或是生理活动，如果没有精神关照、心灵关照，个体经验就无法生成。

强调关注学生的生活世界，就是要反对教育与学生当下生活的疏离，就是强调教育要切入并丰富学生的经验。所谓经验，即个体在其生活世界中的际遇、经历和体验，是间接经验转化为个体精神财富的中介和“加速器”。体验是理性与非理性的结晶，离开了活动、交往和情境，离开了学生当下的生活，体验就无法生成。

道德教育为什么要关注学生的生活世界呢?

首先，“儿童不可能把自己的生活、自己的印象、自己的感受远远地丢在校门之外，怀着纯而又纯的学习愿望来到学校”。我们关心儿童，不能只关心他们的学习如何，他们的智力发展如何，还应当关心他们的整个精神世界的活动，关心他们的全部生活。因此，我们不能只是在学科上下工夫，在智力的发展上下工夫，而应该在整体的人身上下工夫，着眼于学生的完整的、独特的自我的成全。生活是过程，现在的生活本身就是生活，它并不是将来生活的准备。

如果人专注于未来生活的完满，并把现在一切努力看成是未来生活的准备，那么他就必然会遗忘现在就是生活，无法倾心于现在的生活，以获得现时生活的充盈。布莱兹·帕斯卡尔(Blaise Pascal，1623—1662)说得很透彻:“现在永远也不是我们的目的: 过去和现在都是我们的手段，唯有未来才是我们的目的。因而我们永远也没有在生活着，我们只是在希望着生活;并且既然我们永远都在准备着能够幸福，所以我们永远都不幸福也就是不可避免的了。”(帕斯卡尔《思想录》，商务印书馆，1995年，第 83 页)重视现在，重视学生当下的生活世界，意味着强调儿童现在的兴趣和能力，意味着关注学生现实生活中的欢乐与哀愁，所面临的挑战与诱惑。

其次，事实上，一个人只有在他经历过种种情绪上的体验，包括遭到挫折和感情的创伤，才能对别人的疾苦有移情的体验。理智能力的发展是道德发展的必要条件，这是皮亚杰和科尔伯格道德认知—发展学说的一种基本看法，但道德发展与认知发展相互平行的现象并不意味着道德判断只是认知水平在道德问题上的简单应用。道德发展不仅需要认知发展，而且还需要社会性的刺激。这种社会性的刺激来源于个体之间的相互作用,来源于学生生活世界中的价值冲突。

再次,人的精神世界的形成是通过某些实际体验来实现的。"人的亲密感情、兴趣、动机的形成,则又是一种方式,不同于掌握某种知识、规则和技巧。譬如,可以对学生讲解某个算术规则或语法规则,让他们做相应的例题和习题,结果他们就会掌握这个规则。但是,假定以善良和同情为题进行谈话,然后布置相应的作业,指望用这种方法培养出善良和有同情心的人, 那是不可能的。用这样的方法最容易培养伪君子和伪善的人。"[(苏)列·符·赞科夫著《和教师的谈话》,教育科学出版社,1980 年,第 41 页]由于脱离了学生丰富多彩的生活,因而也就不可能培养出真正的生活者,而生活与生活世界正是道德教育赖以发生的真实背景。

概括地说,道德教育之所以特别应该关照学生的生活世界,是因为只有在学生的生活世界中,在学生的现实遭遇中,在学生内心世界的价值冲突中,才真正蕴藏着宝贵的教育时机,才能够真正开掘出学生道德人格生成与确立的源头活水。关注学生的生活世界意味着对于学生的尊重——对于学生需要的尊重,对于学生独特性的尊重,对于学生当下生活的尊重。而尊重是教育必不可少的要素。强调道德教育必须关照学生的生活世界就是要反对和摒弃那种高高在上的道德训诫,反对和摒弃道貌岸然、煞有介事的"伪崇高",强调将学生培养成一个诚实和正直的人,人格统整的人,一个平凡、乐观、自信而友善的生活者。

道德教育的目的是为了促进学生的道德成长。学生的道德成长离不开学习。道德学习作为一种学习类型,也必须利用真实的问题情境,成为解决问题的学习。从教条主义出发,脱离学生的真实需要,我们的教育无异于戴着枷锁跳舞。

道德很典型地(尽管并不总是)与克服内在冲突或者不愿为而为之的努力紧密相关。价值冲突在道德教育中的作用是由道德的本性确定的。只有关注学生的生活世界,社会生活中的价值冲突和学生内心的价值冲突在其成长发展中的作用才能进入教育者的视野,才可能去发掘其教育价值。学生道德人格的生成和确立的现实基础只能是其生活世界,舍此,任何教育都只是外在化的装饰。

科学的观察和研究表明，即使是婴儿也决不只是一个客体。就外部活动而言，婴儿是亲子互动的积极参与者，并且对监护者同样具有很强大的影响力；就内部活动而言，婴儿也拥有超乎我们先前所想象的复杂的内心世界。

由此，培养学生敏感的心灵、丰富的体验、细腻的感受，是完整人的教育所需要的。因此，在学校教育中，让学生有更多的活动、更多的参与、更多的平等交往与对话、更多的美感陶冶、更多的与自然界交融、更多地感受到被人欣赏、被人关爱的温暖与幸福，这都是道德教育的现实途径。

关注学生的生活世界逻辑地要求我们的教育对社会生活中的价值冲突与学生内心世界的价值冲突予以关照。社会生活中以及学生所面临的价值冲突，是教育，特别道德教育重要的资源；道德的发展源自社会冲突情景中的社会性相互作用。有争议的价值问题必须由学生在课堂上处理，这些问题因其不确定性可激发学生的道德思维。任何道德价值都是经验的产物，因而是个人的、相对的。每个人都有选择自己的价值并依此行事的权利，同时对选择承担责任。任何人不能也不应该把某种价值观念强加给别人。无视学生的生活世界，无视学生道德活动的主体性，无视社会生活中和学生内心世界的价值冲突，道德教学只会使儿童安于习俗、服从权威，而不能获得真正的精神财富，再合理的道德规范都只是外在的、没有生命力的、束缚人的枷锁，这种道德教育也是道德人格教育所要拒斥和否弃的。

在任何社会中，不仅有占主导地位的价值体系的存在，同时也会有非主流的价值体系的存在，这就使得冲突无法避免。但这种冲突并不完全是消极的。相反，它正是社会道德、个体道德生成、运动、发展的永不枯竭的原动力。特别是在社会变革时期，不同的社会道德之间、社会道德与个体道德之间、不同的个体道德之间的冲突，是整个社会道德进步的源头活水。正是在冲突之中，先进的道德显示其进步性和生命力。

我们要正确认识价值冲突的社会意义，合理地对待社会中现实存在的价值冲突，通过对价值冲突的正视、理解与疏导，推动社会的进步。社会生活中以及学生所面临的价值冲突，是教育，特别是道德教育重要的资源。因为价值冲突对于学生体认社会文化的多元,确立主体性的价值评判标准,实现对社会、他人以及自我的理解与认同,选择实现和提高自我价值的现实途径,都有重要的意义。一言以概之,价值冲突是个人的自由全面发展、道德人格确立的内在动力。

我国目前正处在社会转型时期。置身于开放的世界体系中的中国社会,原来以历时形态依次更替的不同文明时代的价值观念共时性地存在着。这些不同文明时代的基本文化精神在历史演进中都表现出某些方面不可替代的价值,又都展示出内在的某种缺陷和弊端,表现出价值观念上的巨大冲突。这一现象必然反映在我们的教育中,反映在学生的生活世界中。英国著名比较教育学家萨德勒(1861—1943)说:"学校外的事情,比学校内的事情更重要,而且它支配和说明着学校内的事情。"(萨德勒著,刘树范、李永连译《比较教育学》,吉林人民出版社,1989 年,第 71 页)对社会生活中价值冲突的正视是与开放的心态和宽容的精神相联系的,而对学生个体内心世界的价值冲突的关注,即是与对个体成长的关注相联系的。

道德教育的目标

近日在《中国德育》读到这样一段文字:"道德不是一套咒语,而是一首歌;不是一堵墙,而是一道台阶。如果是一块布,不是用来遮丑,而是用以显美;如果是一条绳索,不是用来束缚,而是用于攀登。如果它是目的,就让我们轻装上阵去奔向它;如果它是工具,就让我们轻松自如地去使用它。这样才是道德的。"说得真好,这是我至今为止看到的关于"道德"最富有诗意的诠释。

作为一个受过良好教育的人,道德的修养无疑是一个重要的方面。关注个体的道德成长的学校道德教育,必须着眼于个体的日常生活的行为准则的正当性和必要性。作为社会道德,完全可能本身是不道德的,所以传统中国才会有"以礼杀人"的问题。作为个体道德就是对于良善道德的个体的把握和践履,即所谓“德者得也”。对于学校德育的价值,一位学界同仁说得好:“德育不能安排人的生活,却能成就人的道德生活追求;德育不能左右生命,却能提高生命的质量;德育不能克隆美德,却能造就‘道德上成熟的人’。”

关于学校德育实效,普遍认为很不理想。之所以得出这样的结论,是因为我们的投入远远大于产出,当然还与我们过高的期望有关。我们学校德育实效低下的原因究竟是什么呢?

第一个原因就是我们的社会缺乏稳定的核心价值。什么叫核心的道德价值呢?所谓核心价值,就是每个人都能够自觉地认可,并且自觉去践履的,是其他价值的根据和理由。比如说在中国传统社会里面,就是仁、义、礼、智、信。在西方社会里面,就是自由、平等、民主、博爱、人权。我们今天说什么集体主义,爱国主义,社会主义,大家想想这个能不能作为所有国民的核心价值?在现代西方社会,自由、平等、民主、博爱、人权,那是所有人都会拥护的,因为这些东西与每一个人生命的质量,每一个人的幸福人生密切相关。谁不渴望自由,谁不渴望平等,谁不希望民主参与,谁不希望享受更多的人权,而在我们的文化中“集体”是一个被异化了的东西,所以我们现在要更多地倡导西方文化意义上的个人主义。西方意义的个人主义就是强调个人的责任,强调个人的价值。我们社会为什么落后?重要的原因是我们不尊重个人,不尊重个人的价值。

第二个原因就是我们的教育脱离学生生活实际,假大空的东西太多。在我们国人的骨子里,有一种“伪崇高”的东西。我们太容易把不是什么事的事当成一回事,太容易激动,太过敏感,太容易将平常的事往神圣上联想,这就容易导致虚情假意和伪崇高。

第三个原因就是无视我们学生道德主体性的培养。我们总是把道德更多理解成一种规则,一种要求,一种限制。其实,道德还有一个方面:它是个体和谐发展的要素,是一个人自我求取的空间,是好的生命境界的确证和表征。今天我们需要特别强调:“人不是为了体现道德而存在,道德是为了人更好的生活。”

健全的道德教育的目标应该由这样三点构成:不断提升学生的需

要，培养学生理性的、自主性的道德判断和道德选择能力，帮助学生形成普遍化的道德。这三个方面分别是从情意、认知和行为来说的。

第一个目标就是不断提升学生的需要。我们所有自觉自愿的行为都是由需要所推动的，你找不出哪一个行为不是由自觉自愿所推动的。人们都有需要，但需要是有层次的，有高级需要，也有低级需要。

但这些不同层次需要的关系是怎样的?高级需要的出现是以低级需要的满足为条件的。为什么那些犯罪的人往往是那些处境不利的呢?就因为他们连生存的问题都没有解决，他们自尊的、道德的需要就不会出现。高级需要出现后就可以改造或者超越低级需要。什么叫改造呢?比如吃食物是所有人的正常需要。但对于不同的人来说这个需要在整个生命的系统里意义是不一样的。有的人活着就是为了吃，有的人吃是为了更好地活着。在人格发展的低层次利己和利他是对立的，而在人格发展的高层次利己和利他是相统一的。比如一个人需要救助的时候，你作为一个有高层次需要的人，你不去救助他，你就会感到很自责、很内疚、很不安，你去救他是你的一种真实的、主体性的需要。这里，我们特别要强调培养学生的感恩，培养学生的一种高级需要——敬畏与感恩。一个总是能够感动别人和容易被人感动的人，一定是比较善良的人。他的内心一定比较灵敏，比较丰富，比较细腻，比较纯洁。所以要培养学生的感恩。假如一个学生对什么都麻木满不在乎，我觉得这就是道德堕落的开始。

学校道德教育的第二个目标就是要培养学生理性的、自主性的道德判断和道德选择能力。道德更多存在于有价值冲突的情境之中。柯尔柏格讲：道德其实也是一种推理，道德推理的能力基于你普遍认知的能力的发展，所以我们要反对道德蒙昧主义。我们要推崇德行，怎么去实行这个目标?那就要靠个人学问的修养。《中庸》中“尊德性而道问学，致广大而尽精微，极高明而道中庸”讲的就是人格修养与学识修养、博与专、伟大与平凡的关系。如果你的学识修养、学问修养很差的话，你要说你道德很崇高，这是很难令人信服的。因此，为了更好地促进学生的道德成长，就需要发展他的整个精神力量，发展他的理智的判断力，培养他对于学习的兴趣，对于人类文明的兴趣，对于精神生活的兴趣。

在道德教育中,“具有理性的、自主性的道德判断和道德选择的能力”作为目标而提出是与对理性精神的强调相一致的。尽管唯理性主义有其偏失,但理性精神是任何时候都值得倡扬的。所谓理性精神包含着这样两层含义:一是理智的好奇心和求知欲,这意味着不断进取、不断超越、不断探索的精神;二是批判意识与怀疑精神,这意味着不唯书、不唯上、只唯实的科学态度。如果理性不是道德教育和道德行动的必要因素,那么道德教育就可以简单地解释为使儿童在特定的条件下按照特定的方式行事。“任何人都不能被灌输或施加条件来诚实地讲话或公正地判决,因为实施这些美德都要求一种自觉意识和自由选择的品质。”(麦克莱伦《教育哲学》,生活·读书·新知三联书店,1988年,第325页)

道德教育的第三个目标就是帮助学生形成普遍化的道德。什么叫普遍化的道德,我觉得有这三个层面,一个是底线伦理。也就是“人之为人”你应该做到的那些最基本的要求。这个往往以法律的形式出现,这是“人之为人”的底线。否则,你就是衣冠禽兽。我强调底线伦理,就是我们要回到起点,不要那些假大空的东西。要面对现实,因为我们很多人连起码的东西都没做到,去过早和过多地强调那些比较高的东西无异于对牛弹琴。

教育是一项价值引导的工作。它必然有超越性的追求。但这个追求的起点是什么?是不是越高越好?我们应该回到起点,回到日常生活的基本准则。现代社会中伦理的权威已经不可能再是,也不应该再是神或类神的圣贤,而应该是与健全的民主生活相一致的价值观念。所以我们有必要提出:学校德育首先是基于底线伦理的追求。

基于伦理底线的追求的道德教育首先需要拒绝伪崇高。如果哪所学校还在慢条斯理地向学生灌输“一假、二大、三空”的陈词滥调,还要大张旗鼓、煞有介事地强调自我牺牲、无私奉献,我看那不是教育,而是欺骗和奴役。

普遍化道德的另一个重要方面就是核心价值。所谓核心价值就是能够派生出其他更具体价值的那些更为根本的价值,是与我们所有人的生活息息相关的、每一个人都愿意自觉维护并付诸实践的价值。我们今天应该倡导什么样的核心价值？我觉得那就是启蒙思想家讲的——自由、民主、博爱、人权、平等这样一套东西。这是全人类的普世伦理。

普遍化的道德第三个方面就是要有终极关怀。终极关怀是什么呢？中国传统思想家讨论的问题都是人应该怎样活着，而对于一个更高的问题："人为什么活着"，却没有太多的思考。后者是比前者更具有形上意味的问题，是一个关于灵魂，也就是关于信仰的问题。其实，我们的好多问题都可以归结到没有信仰，没有信仰人们的眼中就只有利益，所以什么都可以用来做交易，只要对我有利就不管三七二十一，所以我们过去的无神论教育是要对我们今天普遍的道德堕落负责任?现在很多人是天不怕地不怕，没有任何敬畏感。如果一个人天不怕地不怕，那这个人就很可怕。今天，我们需要强调敬畏感，同情心，感恩的心，忏悔意识。其实这都是基督教的基本精神。我经常想，如果我们的公民，我们的老师有十分之一是真诚的信徒的话，那么我们民族的素质就会大大地提高。其实我们的宪法里面就讲思想自由、信仰自由，我觉得基督教还是比较好的，对人有强大的教化和净化功能。

提升学生的需要层次，旨在强调道德教育要关注学生的道德生活和道德行为的内在动机；学生的个体道德是自主建构的，而不是通过"灌输—外铄"而成的；如果在道德教育中扼杀人的自然本性，而不是努力提升学生需要的层次，道德生活中自律精神就不能得到很好的发展，而当外界约束力鞭长莫及时，行为也就可能失去约束而表现出非道德的行为来，他律的道德是造成双重人格的根源之一。目标二：培养学生理性的、自主性的道德判断和道德选择能力，旨在强调道德教育的最基本的形式和主体性道德人格形成的根本，同时也是现实的途径；既然主体性道德人格不可能通过"灌输—外铄"而生成，那么，发展学生的道德推理、道德判断和道德选择能力，就应该是道德教育最基本的目标设定；如果说，目标一：提升学生的需要层次，所要否弃的是脱离学生生活实际和需要的教育的话，那么，目标二：培养学生理性的、自主性的道德判断和道德选择能力，则是要竭力反对道德生活和道德教育中的道德蒙昧主义。目标三：引导学生形成普遍化的道德，则力图表征道德人格的确立与达成（既是个体需要层次提升的结果，也是理性的、自主性的道德判断和道德选择能力处于高级阶段的确证）是建基于一种超越的、向上的、能致广大的道德理念的，它力图标识在道德教育内容的选择方面应有的一个基本准则。

为了发展学生的道德，首先我们要相信每个人都有做一个好人的需要。其实，孩子很小就会表现出这一点。1998 年诺贝尔奖获得者罗伯特·劳克林（Robert B.Laughlin）在谈到他的教育经历时说："从不告诉我的学生应该做什么，不应该做什么。我只对他们说，你们要想清楚什么是最重要的事情。要专注于做那些你认为是最重要的事情，因为生命的过程很短。而每个人都有责任通过自己的努力，使这个世界更美好。"相信儿童有自主判断的能力，相信人性之中潜藏着良知，这是基于伦理底线的追求的道德教育的核心信念。

我们要创造一个温馨的社会生活环境，要去唤醒人们这些美好的东西。如果一个人经常受到歧视、欺骗、蒙蔽或者压榨与盘剥，他就会在内心生出一种敌意和仇恨来。为了学生更好的道德成长，我们也要特别强调宽松、宽厚、宽容的社会生活氛围和学校生活氛围。另外要创设丰富学生道德体验的情境。有很多的案例都说明个体的道德是基于体验而成长的。

期待健康的性教育

性教育是孩子成长的重要一课，但是如何对未成年人进行科学的性教育，现在已经成为人们探讨的一大话题。性教育的核心内容应该是如何看待男人和女人的关系问题。这也不是一个简单的性道德的问题，它涉及人性和文化更为广阔的领域。

性是人类生命的源泉，是整个人生不可或缺的一部分。不管我们是否主动参与，性欲都是构成我们日常思想和情感的一部分。它植根于我们的梦想、渴望、恐惧和挫折之中。可是，"我们在性的问题上要么无知，要么世故；要么压制，要么刺激；要么矢口否认，要么任意放纵；要么是惩处到近乎残忍，要么就是利用到近乎盘剥；要么遮遮挡挡、神神秘秘，要么就是连廉耻都不顾……可以说，只要这种混乱状态一天不结束，性就必然与欺骗、下流联系在一起。什么理智的诚实，什么人类的尊严，都将无从谈起”（阿兰·格莱德）。

尽管我们不能否认人类在相互交往中，性的影响无处不在，但是这并不意味着性在每一个生命的所有时刻都有着决定性的影响。性在各种层次上限定着人，如做父母、追逐权力、为他人谋利益，等等。对于某些人来说，性是他们的指导纲领，他们在这上面消耗了大部分的时间和精力；而对于另一些人，由于机会的原因，或是出于个人的选择，性在他们的生活里没有显著作用。然而对于我们大多数人，性的吸引力取决于自己内心的需求和外界情况的变化，时强、时弱。在人生的每一个阶段，性的表现形式也各不相同。对于儿童，性是游戏；对于青春期少年，性是强烈憧憬的源泉；而对于成年人，性是爱情的黏合剂，是一种生育方式。总之，对于每一个人，性都是潜在的快乐与折磨的源泉。性是每一种文化的一个组成部分。从史前的原始石刻到印度庙宇上精心制作的色情雕像，关于人类性活动的记录，在历史上的各个时期，都能找到证据。

我们很难给性下个定义，因为它有很多层次上的含义。性可以指性别，可以指性功能，指生殖能力，指性器官，在心理学上可以指男性的阳刚和女性的阴柔。性在行为上还有很多意义。从进化论的角度来看，性的首要目的是繁殖。但它也有很多其他方面的如生物学的、心理学的以及社会学的目的。

自从亚当和夏娃偷吃了那枚禁果而被逐出伊甸园的那一天起，男人和女人就永远处在了现实之中，爱恨情仇随之成为一个共有而必须面对的主题。于是，上至达官显贵，下至凡夫俗子，没有一个不为这一主题所困惑、所烦恼。毕竟性的意向和需求是永恒的，或者说是永无穷尽的问题和节目，它永远不会从个人和社会生活中消失。

世界卫生组织在几个国家调查的结果：适当的性教育不但不会引起性行为的提前，反而会推迟性行为或使其更安全。美国著名心理学家詹姆士·杜布森《正当青春期》一书明确提出：对青春期的人在教他们生理知识的同时，一定要教给他们性道德。要他们了解人体发育的奇妙，为成人后的婚姻和育儿做好准备，同时要让他们懂得克制性欲是必须做的一件事。这样的书有助于少年对性开放的时髦保持冷静，对性冲动保持克制。

一个人如何对待“性”，也是衡量他的生活是否“健康”的重要指标。怎样才算健康的态度呢？首先，应该坦然，禁绝那些不必要的顾忌。其次，应该诚实。

人们的性观念、性行为，绝不仅仅是一种生理本能的反映，而是包括思维、语言、情感、意识观念在内的文化心理因素与生理因素相互作用的产物。性活动是行为、情欲态度和品质的综合表现，因而也是一种文化现象。两性关系的形式及其变化，表明了“自然界在何种程度上成了人并具有人的本质”，因而由此可以衡量一个民族文化发展的程度：“群婚制是与蒙昧时代相适应的，对偶婚制是与野蛮时代相适应的，以通奸和卖淫为补充的一夫一妻制是与文明时代相适应的。”（《马克思恩格斯选集》第4卷，第70～71页）在人类生活中，没有爱和尊严的性，不仅是单纯的兽欲，而且比靠自然控制力调节的野兽的性交来说，在精神上、伦理上都要卑劣得多。

两性关系是“人和人之间直接的、自然的、必然的关系”，从这种关系可以“判断人的整个教养程度”，“人在何种程度上成为并把自己理解为类存在物、人”，“人的自然的行为在何种程度上成了人的行为”，“人具有的需要在何种程度上成了人的需要，也就是说，别人作为人在何种程度上对他来说成了需要，他作为个人的存在在何种程度上同时又是社会存在物”（《马克思恩格斯全集》第42卷，第119页）。

健康的教育在性意识的升华与净化中的作用，不仅取决于科学教育、道德教育和情操教育，而且取决于作为构成科学教育、道德教育和情操教育一个重要方面的性教育。没有性教育的教育其本身是不健全的。

性教育不仅为文化进步、民族健康和世风纯洁所必需（精神分析大师弗洛伊德就曾一再指出：文明要以人的性生活上的一些限制为代价才能进步），而且对于提高个人生活质量，使婚姻和家庭幸福，使性功能障碍得到预防和及早治愈，纯洁个体文化，破除对于性的低级庸俗的神秘感都是必要的。这是因为，对待性的正确的观念和态度，是心理健康和人格健全的重要方面。当性意识是而且仅仅是一种自我创造的审美意识时才是健康的。也就是说，只有把性行为看做是一种审美的、一种相互创造的过程，一种相互的本质力量表征与确征的过程，健全人格的形成才有了坚实的基础。而这有赖于我们开明的、严肃的、科学的、怀着崇高目的和纯洁感情的性教育。正如汤因比博士指出："在性教育中，一个极端是过分有害的开放主义、放任主义；另一个极端是过分有害的神秘主义、压制主义。"（《展望二十一世纪——汤因比与池田大作对话录》，国际文化出版社，1985 年，第 5 页）为了人类文化的进步，为了维持人类的尊严，人类既然不能没有性关系，也就不能没有科学的、健康的性教育。

造就自主发展的人

"以学生的发展为本"愈来愈成为人们认同的教育思想。我认为，这一理念可以展开为以下六个命题：学生的发展首先是为了他能够成为他自己，成为他自己的幸福生活的创造者，并进而成为自由社会的建设者；教育的要求是基于学生的需要，高于学生已有水平并且是学生通过努力可以达到的；教育必须着眼于学生潜能的唤醒、开掘与提升，促进学生的自主发展；教育必须着眼于学生的全面成长，促进学生认知、情感、态度与技能等方面的和谐发展；教育必须关注学生的生活世界和学生的独特需要，促进学生有特色地发展；教育必须关注学生的终身学习的愿望和能力的形成，促进学生的可持续发展。其中，自主发展是其核心和灵魂。

在我看来，一个自主发展的人，就是有清晰的自我认识、有积极的自我形象、悦纳自我的人；就是有明确努力的目标，有内在的学习需要与成长渴望的人；就是有良好的学习策略与学习习惯的人。

《学记》中说："善歌者，使人继其声；善教者，使人继其志"，叶圣陶先生说:"教就是为了不教",这都是与"高品质的教育就是要促使所有学生的成功——造就自主发展的人"这一思想相一致的。一个自主发展的人,才可能是有发展的后劲、有发展的潜力的人;就是在他离开学校以后仍然热爱学习、不断成长、变得越来越有力量的人。一个自主发展的人,也是具有健康人格的人。"健康人格意味着人把自己看做是一个人,一个拥有自由和责任的人,而不是一个感情冲动的消极工具或他人所期望的人。对他人方面,健康人格也把他人看做是一个人,而不是物或工具。像布伯指出的那样,他们生活在与同等地位的人的'我与你'的对话关系之中,而不是'我与它'的关系。"(悉尼·乔拉德等《健康人格》,华夏出版社,1990年,第18页)

为了造就自主发展的人,关键是提高课堂教学的效率,实现有效教学。让学生过充实的精神生活,让学生感受到智力劳动的快乐;让学生全副身心地卷入到学习活动之中,让学生获得更多的成功的体验,让学生的自信建立在点点滴滴的成功的基础上,这是造就自主发展的人的最根本的途径。

其次就是切实地推行发展性评价。发展性评价就是为了促使学生参与评价过程,包括参与制定评价标准,以实现评价标准的内在化,形成内在的自我评价的尺度。评价是学校生活的重要内容,是人的社会化不可或缺的社会性刺激生成的方式。重视评价,对于明确教育的质量标准,丰富和提升教育者的教育智慧,有着重要的价值。发展性评价就是旨在促进教师成长与学生发展的教育评价。

教育评价有诊断、反馈、导向、激励、甄别等功能,而这些功能都可以服务于教师的成长和学生的发展。让评价者和被评价者参与制定评价的内容和标准;共同设计评价工具;客观、全面地收集和分析事实、证据;充分真诚地肯定所取得的成绩,明确改进的方向并制定努力改进的工作方案。"让被评价者最大程度地接受评价结果,就是评价的最大效益",这是第四代评价的核心理念,为了使受评价者心悦诚服地接受评价结果,评价过程中的相互尊重、友好协商和充分沟通就十分必要。另外,评价标准的多元化,使不同风格和个性的人都有被认可与赏识的机会和可能也十分重要。

发展性评价的另一个原则即激励性、期待性，以呵护学生的自尊心和自信心，以便学生形成积极的自我形象。自信心是极其重要的，应积极通过发展性评价着力培养学生的自信心。当一个人自信时，他最有可能发挥他的潜力，表现出最佳的生命状态。而当学生经常遭受打击和挫折时，就会形成一种"习得性无助"。习得性无助是描述动物——包括人在内——在愿望多次受到挫折以后，表现出来的绝望和放弃的态度。这时的基本心理过程是退缩和放弃，对人来说，还有自我怀疑、自我否定和自我设限等，使自己变得悲观绝望、听天由命，听任外界的摆布，任自己的命运随着外力的强弱而波动起伏。人在成长的过程中，如果在某一方面总是受到其他人的批评或负面评价，他就会倾向于形成一种信念，认为自己在这方面真的不行，从而放弃努力。同样，人在做一件事的时候，如果一次又一次地遭到失败，他也会倾向于放弃再试一次的努力，认为自己无论如何也做不好这件事。

粗暴的、贬损性的评价广泛地存在于我们的教育之中，存在于我们人与人的交往之中。归根到底，这是一个国民性的问题，一个文化的深层结构的问题。在自然的、真诚的交往、沟通和互动之中，渗透发展性评价的理念，是良好教育的天然要素。

另外，在学生全部的生活之中，特别是在课堂生活中，我们要特别注重发展学生想象未来、憧憬未来、规划未来、设计未来的能力；着力培养他们一个十分重要的品质：干什么都要有一个明确的追求，而不是稀里糊涂、浑浑噩噩、听天由命、随波逐流；要经常和学生讨论当下学习领域和学习主题的意义，带给学生理智的挑战，让学生感到思考与探索的乐趣——这就需要精巧地设计问题，基于问题的解决来进行教学。

最后，发展学生的学习策略和思考策略始终应该作为教学的重要目标来追求。教师在教学设计和教学过程中，都要予以高度关注。在我看来，有学问的人较之于没有学问的人，首先不是因为前者比后者学得更多，而是因为在学习上的浪费更少。善于学习的人，有良好的学习策略和学习习惯的人，一定善于做认知加工，及时复习，一定会经常温故知新，一定善于对认知过程进行思维的自我监控，不会有口无心地背诵，不会不加分析地盲目做习题。

在造就自主发展的人的努力中，家庭教育起着重要的作用。比如，如何培养孩子良好的学习习惯；如何表达对孩子的期许——既不过高，从而构成对孩子的压力，也不过低，从而致使孩子的成长动力不足；如何带给孩子高品质的日常生活经验；家长如何以身作则等等，对于孩子的成长有不可替代的作用。因此，加强家庭和学校之间的沟通与合作就极其必要。

目前不论是大学生，还是中小学学生，厌学的情况都是比较严重的。其原因是多方面的，如课程内容不当——过于艰深，脱离学生的生活经验，枯燥乏味；教学方法简单、单一，缺乏趣味性；师生关系紧张；题海战术导致课业负担过重等等。

值得我们高度关注的是，在城市的学校中，大概有10%的“学困生”，农村的比例就更高。“学困生”的产生原因固然很多，但主要是由于在一些重点知识的掌握上没有及时拾遗补阙，导致知识链条的断裂，积累得越来越多，最终导致积重难返。培养学生学业求助的能力，使学生对自己的学业成败切实地负起责任，这不仅是学校教育的责任，也是家庭的责任。

用精英教育打造一流的国家

在知识经济时代，一个国家的实力并不取决于它的人口之众，而是取决于它的科学技术和制度的创新能力，这种创新能力又取决于人们受到的良好的教育。也就是说，一个国家的强大主要取决于精英教育而不是大众教育。

通观发达国家的教育，基本的格局是公立学校面向大众教育，私立学校致力于精英教育。究其背后的原因，就因为政府要保证所有的国民受到最基本的教育，即推行免费的义务教育，这是现代政府的责任。而政府在教育上的投入总是有限的，这就使得公立学校在办学的硬件设置、教师待遇、办公经费等方面显得逊色。而办学经费不足，就会制约学校开展丰富多彩的富有吸引力的教育活动，教师待遇不高就难以吸引到优秀的师资，从而影响优质教育的打造。因为，公立学校只能保证所有的儿童，包括那些家庭经济状况十分恶劣的儿童都能享有受教育的权利。

让所有的孩子都上得了学，“一个都不能少”，实现受教育权利的平等，我们今天基本做到了。但一个国家要成为世界一流的国家，就断然不可缺少精英教育。目前，我们国家最缺少的就是杰出人物，最缺少的是世界一流的头脑。要使我们的国家成为世界一流的国家，就需要在关注平民教育、大力推行免费的义务教育的同时，高度重视精英教育，就是既重视基础教育的普及，更要重视教育水准的提高。

作为发展中的国家，我国在教育经费上的投入远远低于发达国家。发达国家的精英教育尚且要依靠私立教育，我们就更需要如此。据中国人民大学和香港科技大学的联合调查，在我国内地，20%的城市家庭拥有城市居民家庭金融资产总值的 66.4%，城市居民家庭财产的基尼系数高达 0.51，财富集中度高于美国。这当然反映出社会的财富分配的不够公正，但也说明，20%的城市富有家庭有巨大的教育投资潜力。他们通过支付学费让子女就读私立学校，从而享受更加优质的教育。这既分担了政府教育投入的压力，使有限的公共财政投入在人均经费投入上有所提高，又使自己的子女受到了更好的教育，成为社会的精英人士。这无疑是一个双赢的结果。整个社会由此进入到一个良性循环——无论是富家子弟，还是贫寒子弟，都享受到更好的教育。这个推论的前提是富有阶层的人们子女教育更多地选择私立学校。

而他们选择私立学校的前提又是私立学校能够提供更优质的教育服务，更适合于精英教育。世界教育发展史雄辩地证明私立学校更适合于精英教育，原因就在于：私立学校有更大的办学自主权，有助于打造特色学校；私立学校教师待遇更高，有助于吸引到更优秀的教师；私立学校班级规模更小，能够有效地推行小班化教学，更适宜于因材施教。研究表明，班级人数超过三十五人，教师就只能将更多的注意力放在对班级的控制上，而不是与学生充分的互动上。班级规模过大必然制约教育内在质量的提高。在我国公立学校要普遍推行小班化教学尚需时日。乐观地估计，按目前经济发展速度，也至少在三十年后才有可能。

在当今世界，在相当长的时间内，优质教育资源总是稀缺的，包括美国。从社会的公平与正义的角度强调教育的均衡发展是有道理的，但充分利用民间资源使优质教育得以增量，符合广大人民的根本利用和长远利益，符合国家核心利益。

英国的伊顿公学、戈登斯敦学校都是私立学校，被称为“精英的摇篮”；在美国各地，培育精英的私立学校更是争奇斗艳；其他发达国家，也都把鼓励私立教育的发展作为基本的教育政策。要使我们的国家成为世界一流的国家，就需要大幅度的提高我们的教育水准。通过发展私立教育来推进精英教育就是一个重要策略。这需要在全社会形成共识，形成健康的机制，真正使《民办教育促进法》落到实处，让大众教育和精英教育各呈异彩，互相促进。因此，从这个意义上说，支持和推动私立教育的发展是一种高尚的爱国行为。

我们不仅需要发展培育精英的私立学校，也要能办好这种学校。坐落在上海浦东新区的上海尚德实验学校在学校文化建设、师资培养、教学质量等方面都堪称典范。该校的成功就充分证明在当今中国办好私立学校是完全可能的。我真诚地希望在中华大地，在每一座城市有更多的这样令人称羡的学校。

我无数次的发自内心地感叹：对于我们每一个人来说有什么比受到良好的教育更重要的呢？我相信大家也都会认同这样一个观点：如果一个家庭，社会经济地位很高，但孩子学业不良，品行不端，甚至是纨绔子弟，是败家子，我们一定会觉得这样的家庭有没落之感；相反，如果一个家庭，社会经济地位很高，孩子也很争气，很有教养，具有精英气质，我们就会觉得这样的家庭有兴旺之感，成为更加受人羡慕和受人尊敬的家庭。对于所有的家庭，特别是对于富裕家庭，最好的投资无疑是对于子女教育的投资。

生命的境界

哲学史家冯友兰(1895—1990)先生曾在《人生的境界》一文中说："我们可以把各种不同的人生境界划分为四个等级。从最低的说起，它们是：自然境界，功利境界，道德境界，天地境界。"依照孟子的伦理理想，人所追求的有这样几个层次："可欲之谓善，有诸已之谓信，充实之谓美，充实而有光辉之谓大，大而化之之谓圣，圣而不可知之之谓神。"(《孟子·尽心章句下》)这也不妨视为孟子眼中的人生的不同境界。

人生的境界，即人的生命境界，这是每一代人都必须面对的问题。因为"人被宣称为应当是不断探究他自身的存在物——一个在他生存的每时每刻都必须查问和审视他的生存状况的存在物"(恩斯特·卡西尔《人论》，上海译文出版社，第8页)。

今天生活在这个世界上的人，大约有60多亿。按照其生命的境界大概可以分为三类：为生计而奔波忙碌的人；摆脱了生存危机为欲望的满足而苦心钻营的人；为追求自我实现、追求永恒而不懈努力的人。

一个人生命境界很大程度上是由生活境况决定的。因为没有人能够将自己没有的东西给予别人。要一个尚在温饱线上挣扎的人去追求崇高的生命境界不仅是强人所难，也是残酷的，不人道的。所以，中国传统的思想家，一味地推崇崇高人格，而无视整个社会的文明程度，无视人们的社会现实生活的处境，最终导致的是整个社会的普遍虚伪。

可的确有一部分人已经没有了生存危机，甚至可以说经济上还比较富有，但他们整天地钻营，无非是为了满足一种低俗的欲望。有些人的欲望像墙根下的小草，终年处在阴暗之中，对这样的欲望，应该给它播撒点阳光和水分；有些人的欲望，像蓬勃的树，由于光合作用充分，生长得很贪婪，旁枝斜出，甚至直刺青天，对这样的枝蔓，就有修剪的必要。那些贪官就属于后一种人。

在我看来，生命的最高境界就是生活在自己的情怀里，为有价值的目标不懈地努力，“举世而誉之而不加劝，举世而非之而不加沮，定乎内外之分，变乎荣辱之境”（《庄子·内篇·逍遥游第一》）。这是只有有清晰的自我认识，有积极的自我形象，有高度统一的自我和生活哲学的人才能做到的。有崇高生命境界的人，把追求永恒作为自己的人生目标，通过“立德”、“立功”或“立言”去实现，他会铲除一切妨碍他通向最高目标的事务，执著地、心无旁骛地追求自我实现，追求生命的意义。

而只有一个追求生命意义的人才可能是一个有生命境界的人。在我看来，人的生命的价值就在于：在多大的范围内、多大的程度上给人以积极的影响。这其中有三个变量：影响人群的广度、对人深度和对人影响的积极程度。一个人生命的价值就是这三者的乘积。而生命的意义是我们对于生命价值的内心体认。

追求生命的境界，是一个不断超越自我的过程。这伴随着对于自我的不断深化和完整的认识。认识自我是人的自我意识的集中表现，并突出的表明人是一种自觉自为的存在物。因此现实的人无可规避地生活在二重性中：人不仅生存于当下可感的境遇中，人也超越可感的当下为自己设想和规划一种更值得作为自己生存之所的世界，而且这种设想和规划不是一次性完成的，当起先的价值目的通过人的对象化获得相当程度地如愿以偿之后，人的心灵又会从这既成的新境中跃起，为自己设想并规划更新的天地。

我常常和我的朋友们谈论这样的话题：我们已经是衣食无忧了，甚至可以说功成名就，还有什么值得我们去追求呢？仔细地体察自己的内心，都会得出同样的答案——唯有生命的境界值得追求。想起那些贪官，他们都是些有着优越的生存境遇的人，却没有应有的生命境界，他们是不幸的，是上帝的弃儿。因为贪婪是最真实的贫穷，内心的充实才是最真实的富有。一个人拥有的真正财富是既不能通过掠夺来获取，也不能被剥夺而失去。当一个人真正觉悟的那一刻，就是他放弃单纯追寻外在的财富，而开始追寻他内心世界的真正财富的时候。

在一个功利和浮躁的社会中，人们被操纵、复制成了千人一面、万众一辞，学历、职称、高薪、房子、牌子、票子、汽车，成为许多人奋斗和追求的目标，成为人生的唯一意义。而更多的人为了一点点蝇头小利，不惜与别人攀比、明争暗斗。人们每天煞费苦心、操劳忙碌，被焦虑、恐慌搞得心烦意乱、精疲力竭，不过是想让社会承认自己，想让社会和“管制者”接受自己、容纳自己，人们哪里还会想到什么生命的境界和人生的意义？想到这些，我是多么的庆幸。感谢命运，感谢生活。

六个“讲一点”

美好的人生是需要追求一点生命的境界的。我把对生命境界的追求概括为如下“六个讲一点”。

首先，讲一点享受，无愧于自我。人们的享受也是有层次的。享受不仅仅是感官享受，我们完全可以享受内心的充实与平安，享受创造的快慰，享受生命的高峰体验。如果一个人把对“享受”的理解停留在物质享受、感官享受的层面，那只能说明高级需要没有在他的视界中出现。善待自我，是善待他人的前提和条件，一个不会享受生活的人，往往对别人也会比较苛刻。

“人生得意须尽欢，莫使金樽空对月”、“钟鼓馔玉不足贵，但愿长醉不复醒”，与其说是一种享乐思想，不如说它表现的是诗人对生命的沉醉及其在生命力的驱使下试图超越时空羁绊之外的迷狂。面对上苍赐予我们的五彩缤纷的世界、多姿多彩的生活和我们每人一次的珍贵生命，我们没有理由拒绝去接纳、去享受。只有发现，才有欣赏；只有欣赏，我们才能体验到世界的美好，才能感到生活的趣味，进而感受到生命的意义与价值。而要能发现，就需要独具慧眼，需要有一个开放的心态，让生命有如晨曦中的第一道光芒那么美丽与安详，那么柔和与生动。幸福不可能来源于普遍的痛苦和自我牺牲。追求幸福的权利是指个人有权为了自己生活，选择自己的个人幸福并为实现这样的幸福而努力。

其次，讲一点奉献，无愧于亲人。家是扶老携幼的承担。“有钱能使鬼推磨”，却唯独买不到亲情，买不到家的那种温暖与安全。诗圣杜甫早已道出了对“家”的牵挂：“烽火连三月，家书抵万金。”“家书”的珍贵，这也许只有在交通与通信都极不便利的时代漂泊异乡的人才可能深切地体会得到的。

我一向反对从政府的角度要求人们奉献，因为这可能削弱对于社会公正的追求，掩盖一些人以“奉献”的名义对人实施“道德绑架”的嫌疑，掩盖一些人要别人奉献而自己从别人的奉献中捞取好处的企图。但我提倡每一个人都要对自己的亲人讲奉献。如果一个人对他自己的亲人也斤斤计较，那他就太没品位、太自私和狭隘了。对自己的亲人讲奉献，甚至可以说是人之为人的伦理底线。

再次，讲一点真情，无愧于朋友。“二人同心，其利断金；同心之言，其臭如兰”(《易经·系辞》)，这是古人的交友之道，讲的是两个人，兴趣爱好会相投，就能够做朋友；如果两个朋友志向相投，两个人的优势结合起来就可以所向披靡，天下无敌。这句话经过了数千年的生活检验，已经成为了一句至理名言。虽然今天“朋友”二字已经被社会叫滥叫俗叫贬值了，然而这丝毫不能抹杀一个好朋友的珍贵价值。

我们的生命里或许可以没有成功、没有胜利，没有其他的东西，但不能没有的是朋友。茫茫尘世中，能让胸口温暖的是朋友以及和朋友的往事。朋友也许只是你生命中某个时段的一个过客，但因为这份缘起缘灭，更使生命变得美丽。选择一个好的朋友，就是选择了一个正确的方向，一种接近成功人生的旅程。

胡适有一句名言：“做学问要在不疑处有疑，待人要在有疑处不疑。”他当然不是叫人装傻瓜，更不是叫人放弃立场，滥交朋友。所谓“不疑”，就是不要瞎猜测，不要无端地不信任别人，不要苛求，不要动不动就拿高得不能再高连自己也够不着的所谓“形而上”的标准来裁量他人短长。人生有几个可以抵膝而谈、推心置腹、肝胆相照、两肋插刀的朋友？这无疑是生命的好境界。

第四，讲一点责任，无愧于社群。人是社会中人。人与人的关系是多米诺骨牌的关系，所以每一个人天然地在承担着一定的社会责任。其实，每一个人也都有责任承担的需要。因为，没有一个人希望自己是一个无足轻重的人。给更多人以更深刻的、更积极的影响，是使我能想到的一个人存在价值最好的证明。我们国家的贫穷与落后，虽然这主要不是我们造成的，但我们有责任去改变。我们需要一种信念与热忱，相信生活总会改变，贫穷总会改变。我们真诚地努力一定会结出硕果，因为我们可以准确地数出一个苹果中有几颗种子，但我们永远无法计算出因为这些种子而能够结出多少苹果来。

那些位高权重的贪官们本来他们有很好的造福一方的机会，可他们欲壑难填，而且并不在乎别人戳脊梁骨，此所谓“笑骂由你笑骂，好处我自捞之”，不捞白不捞，最终沦为千古罪人。也许我无法阻止恶鸟从头上越过，但我可以阻止它在我头上栖息筑窝；而且我坚信如我者多了，恶鸟就会被累死、冻死，直至彻底绝种。

第五，讲一点博爱，无愧于人类。博爱即自爱，护生即护心。“真正的爱是夜的花香，是黑暗中的宝石，是医生听到第一声心跳。它是寻常的奇迹，是用柔软的白云织成而撒在夜空的满天星斗。”[（法）凯恩斯]

呵护生灵，呵护人的生命尊严，多一点博爱，对于和谐社会的建设有着重要的意义。博爱的精神在中国社会中是比较稀缺的。像强迫人给狗下跪的事在今天的中国还时有发生，就很好地说明了这一点。大庆一人力车夫王强因避让汽车，撞死了一条宠物狗，被狗主人夫妇强逼下跪，为死狗磕头，并逼其赔偿200元之后，才扬长而去。围观者众，竟无人阻止狗主人男女的恶行。身强力壮的王强，在屈辱的泪水中给死狗下了跪，磕了头。他想到的是不要惹事，躺在病床上的母亲还要等他挣钱治病。想一想在这个过程中，王强及其车夫们内心一点一点积累的愤怒，再想一想城里不断发生的恶性案件吧。那些自视高贵的人对乡下人、对弱势群体的歧视和凌辱，是恶性案件的产生土壤和温床！

中国有着数千年等级社会的历史，在我们的社会价值中，少有“平等的人”的概念，每个人都被确定在不同的等级的阶梯上，因等级而确定了他的价值。我们曾经慷慨激昂地批判过“天赋人权”的理论，导致对人的价值认识的根本缺失。处于社会底层的弱势者，他们的生命价值和人格尊严受到漠视，在相当一些人的内心深处还被认为是合理的。比如在一些媒体上，我们经常可以看到对于那些“真真假假乞丐的欺骗和不劳而获”的讨伐。而在我们身边，比这些更可耻可恨一千倍的事还多着呢，为什么很多人却熟视无睹？独对那些已沦落到靠可怜去乞讨几个钱的人高举“正义”的杀威棒，甚至连基本事实都不讲地征讨一气。

多一点沟通、多一点理解，多一点宽容、多一点关爱，多一点与人为善、多一点和谐温馨，这确实是我们每个人都能做得到的，也是我们每一个人需要与期盼的，我们都有责任去创造适宜生命生长的环境和土壤。

最后，讲一点信仰，无愧于天地。尼采曾借查拉图斯特拉之口说：“人是需要超越的东西。”这“超越的东西”无疑包括信仰。正义与邪恶的较量是人类活动的永恒主题之一。只要有恶势力的存在，就需要正义的力量与之进行不停歇的斗争。在这个过程中，一个人没有信仰，就会失掉骨气和立场。这样的人，哪怕他活上两辈子，也不过相当于被拖着乱跑的一截车皮。而一个有信仰的人，才可能做到“不戚戚于贫贱，不汲汲于富贵”，才不会见风使舵、趋炎附势，真正拥有纯净高远、宽和淡泊的人生境界。

以下是一段基督徒的祷告词，非常值得我们分享：“主啊，求你使我成为你和平的工具，在有仇恨的地方，让我播种仁爱；在有伤害的地方，让我播种宽恕；在有猜疑的地方，让我播种信任；在有绝望的地方，让我播种希望；在有黑暗的地方，让我播种光明；在有悲伤的地方，让我播种喜乐。主啊，求你给我们梦寐以求的，叫我们不求被安慰，但去安慰；不求被理解，但去理解；不求被爱，但去爱。因为给予就是我们的收获，宽恕别人，我们就被宽恕，这样的死亡，就是我们的新生。”

从自我到亲人、朋友，再到社群、人类，最后到天地，这是一个不断从狭隘走向广阔的过程，这也是一个立于天地之间大写的“人”精神成长的历程。

身外之物与身内之物

人们常说，金钱、财富、荣誉、权势、地位等都不过是身外之物，生不带来，死不带去。既然有身外之物，必定有身内之物，否则人就成为空无一物的酒囊饭袋，亦或是行尸走肉。

身内之物包括些什么？在我看来，应该包括信仰、希望、爱心、智慧、节操、内心的明敏、理智的好奇心、探索的冲动、生活的激情、灵修与高峰体验、生命的境界、个性的魅力等。概括地说，就是思想与情怀。

在过往的人类历史中，身外之物与身内之物在绝大多数时候都很难取得平衡，特别是在一个不健全的社会中可能还会严重地冲突着、分裂着。于是诗人便有“高尚是高尚者的墓志铭，卑鄙是卑鄙者的通行证”（北岛）的慨叹。你看那些“先富起来”的“暴发户”们，又有多少是靠着诚实的劳动和智慧获得财富的，更多的是靠非法手段——钻政策的空子、官商勾结、偷税漏税、坑蒙拐骗……这也许是市场经济初期的必然现象吧。

身外之物是可见的，可度量的，所以就有人以此招摇过市、耀武扬威，作为在人前炫耀的资本。身内之物虽然看不见，却是人之为人的根本，是赢得人们发自内心尊重的唯一的原因。比如，心地开阔之人总是能以宽厚之心待人，所以人们都乐于与他亲近交往。正如韩愈在《原毁》中所说：“古之君子，其责己也重以周，其待人也轻以约。重以周，故不怠；轻以约，故人乐为善。”可见，胸怀大度是一种高尚的品质，是身内之物充实和丰盈的表现，它能够容万物于胸襟，萌和善于心田，在博大中显出深沉与完美。在沧海桑田的世上，胸怀大度者在宽容别人的同时也升华了自己，世间也因他们多了祥和与宁静。只有身外之物的人，暗地里一定会觉得自己贫困不堪。是的，摆脱了生存危机并不就意味着摆脱了贫困。

当然，身外之物与身内之物并不是绝对对立的，而是可以转化的。

富，然后贵；贫，更多地与“贱”相联。物质上富有的人，更有可能表现出大气，不斤斤计较。但的确有一些人，他再有钱，骨子里仍是一个乞丐，金钱上的富有无法转化为他“人格上的强健”。

影响我们个人行为选择的因素无外乎天理、国法、人情、权势（功利）。所谓“天理”，就是指人们的信仰、普遍化的道德原则，就是康德说的“绝对命令”。在一个健全的社会中，在这四者之中，最具影响力的因素应该是天理，其次是国法，再次才是人情，最不起作用的是权势。良善的法律应当是既遵从着天理，又顺乎着人情。人情既包括人之常情——人们普遍的感情，又包括着私情——在人类的普遍关系之外，总会有个人独特的人情关系，总会有一些私交，一些“特别的爱”与“特别的你”。权势与功利相连。人们都有趋利避害的本能。即使是再高尚的人，也会在不违背天理、国法和人情的前提下追求利益的最大化。而在一个不健全的社会中，天理、国法、人情，都大不过权势。中国的专制社会，就是一个真实的写照。

一个好社会，一定是珍视人们身内之物的社会，也一定是一个使人们身内之物与身外之物相协调和相一致的社会——身外之物是身内之物的确证与表征。如果一个社会是那些没有良知、没有智慧、不讲道义、不顾廉耻的人拥有更多的财富，掌控着公共权力，那这个社会一定是一个充满不幸、弱肉强食、缺乏凝聚力的社会。

在一个多元社会中，一个有良知、有头脑、有眼光、有真本事的人，一定会是一个成功的人，因为多元社会必定是一个“是金子就一定会闪光”的社会、一个不存在人身依附的社会。一个人真正拥有的财富是不能转移进来，也不能被剥夺走的。在一个健全的社会中，没有人可以打倒你，除非你自己。你也不需要谁给予你机会，活着，健康地活着，对你来说就是机会。一个身内之物充实和丰盈的人，一定是一个物质富有、口碑很好、受人尊敬和信任的人。我非常认同这样一个观点：男人的魅力源于境界，女人的魅力源于情调。而无论是境界，还是情调，都无疑是身内之物。

过一个怎样的人生

人生苦短，究竟应该过一个怎样的人生，这个问题我常想。对绝大多数人来说，想过怎样的人生不见得就能拥有怎样的人生，但如果连想都没想过，那肯定不会有自觉的追求和或多或少的实现。对每一个人来说，人生是你自己的，你对它负责也罢，不负责也罢，总之，好也是你的，不好也是你的，没有人可以代替你去过自己的人生。这样想来，究竟应该过一个怎样的人生的问题，就成了一个谁也回避不了的问题。正如刚刚去世的伟大作家史铁生先生所言："只有人才把怎样活着看得比活着本身更要紧，只有人在顽固地追问并要求着生存的意义。"

我们究竟应该过一个怎样的人生呢?从哲学上讲，"应该"意味着"可能"。可能性的存在是"应该"的前提。而人生选择的可能性有多大，对一个社会来讲，取决于它的文明进步的程度；对具体的个人来讲，取决于他的生存境况。

我们如何确保我们的生活不是廉价、粗糙、劣质、平庸、昏暗和委琐的?这首先取决于我们想要过怎样的生活，然后我们如何去为之努力，包括我们对于自我人生的规划，对于日常生活的经营，对于好社会、好政府的祈望和切实的付出。在我看来，值得过的人生包括探索的人生、游历的人生、写作的人生、言说的人生、恋爱的人生、享乐的人生。这也是我在努力实践的人生。

人是理性的动物，人有与生俱来的理智的好奇心。探索就是不断地去满足自己理智的好奇心的过程。探索可以通过诸多的途径来实现，包括阅读、游历、交往、冥想、研究等等。阅读是最容易、最有效、最可能普遍和经常发生的求知行为。而相对来说，研究是最复杂、最高级的探索活动。当然，许多的研究都离不开系统的阅读。一个人只有受到必要的教育和训练方可掌握研究的方法，才有可能从事复杂的研究。

探索首先是一种心态，一种不自满、不臆断、不囿于成见、不固步自封、不因循守旧的心态。人正是通过探索拓展着精神世界的疆域、丰富和敏感着我们的内心，练就出一双发现的眼睛，才可能"苟日新，日日新，又日新"，才可能自强不息，走向人生更加幽微、更加宏大广阔的境界。不断地去激发和培养人们理智的好奇心，对于外部世界和自我内心世界探索的渴望，是一切形式的真正教育的应有之义。

游历是探索的一种形式，而游历的价值又不仅仅是探索，它还有审美、享乐的价值，因此，我在这里将它单独出来，命名为"游历的人生"。有一种人被称之为"旅行家"，这在我看来就是"游历的人生"的最佳体现者。随着经济的发展，社会的进步，广泛的游历对于越来越多的人日益成为可能。许多事情能与不能，首先取决于你的意愿。如果你觉得一件事情是有价值的、重要的、值得去为之努力的，那你就会找不出太多的理由不那么去做。游历相对于阅读、交往、冥思和许多的一般性的研究而言，它需要更多的资源，包括时间与金钱。游历使人变得谦卑，帮助人们去发现世界的丰富性，游历中遭遇到的异质的人、事和物在我们的内心中留下深刻的印象，带给你无数凝神屏息的瞬间。每一次游历都给我留下意味隽永的回味，我就曾写过《通过旅游而获得成长》。

其实，人生又何尝不是一场游历呢？和你牵手的那个人就是你的游伴，游历的况味不仅取决于你去了哪儿，也取决于谁走在你的身边，一路上你在和谁分享你的发现，你的感伤，你的惊喜。

《左传》中说："'太上有立德，其次有立功，其次有立言。'虽久不废，此之谓不朽。"写作就是"立言"的重要方式。写作不仅能使人表达精确，也能使人变得丰富和厚重。能写好文章的人是了不起的。因为要写好文章，就需要有丰富的生活的积累、学识的积累，还需要掌握好剪材选材、布局谋篇、起承转合、逻辑修辞等写作技巧，更需要丰富的语言积累和富有个性的语言表达能力。只有具有丰富的生活积累和学识积累才能提炼出有价值的主题，作品才会有认识价值。可以说，能写好文章的人百事可做。因为写作是一种高级和复杂的脑力劳动，能写好文章说明一个人才智的通达、见识的卓越，这大概也是科举取仕在中国历史上能够存续一千多年的原因吧。写作可以引导人去过一种内心的生活，完善内在的自我，实现对自我内在的确认，去抗拒由于外在的缺陷或局限所带给人的焦虑、沮丧和自卑。一个作家的作品的受欢迎程度与他(她)的相貌的相关度就很低，甚至可以说毫不相关；当今华人世界中的女作家，如毕淑敏、张晓风、席慕容、舒婷都不曾是美女，可丝毫没有影响到她们的作品受欢迎的程度，男性作家就更是如此了。以理性、平和的风格去影响读者，在文字中展示对于这个世界的思想与情怀，是一件多么惬意和富有成就感的事情！

与写作相关却又有区别的是“言说”。我这里说的“言说”，有特定的含义，即指通过学术讲座、培训报告、即兴演说、课堂教学等形式传播知识与思想的途径。这当然不是谁都能有这样的机会去表现自我的。但乐于与人打交道，乐于表达内心真实的想法，乐于一起理性的、心平气和的就某些问题进行讨论，这却是几乎每一个人都可以做到的。在一些场合，做到知无不言、言无不尽，不仅有认识价值，也有助于建设一个公正、文明、民主的社会。因为，错误的言论经常可以导致真理性的言论，所以，创造宽松的言论环境，有助于培养开放的、富有理性判断力的个体和建设一个成熟的、更具创新能力的社会。

如果一个人连“敢说”的勇气都没有，那一定会生活得非常委琐。当然，人们缺乏“敢说”的勇气，这个背后很可能有其社会的原因。可任何一个社会不正是由我们这样每一个具体的个人构成的吗?如果我们能有更多的人有大胆放言的勇气，更多地考量是非而不是个人得失，就能推动一个更为丰富和健全的社会的逐渐形成。

恋爱是审美的最高表现形式，是在“他我”中对自我的观照，正所谓“审美经验揭示了人类与世界的最深刻和亲密的关系”(杜夫海纳著《美学与哲学》，中国社会科学出版社，1985 年，第 3 页)。恋爱乃浪漫情怀的最佳表达。恋爱是为了抗拒孤独，将自我交付给另一个灵魂，并将自我安放在一个安全、温暖、诗意的港湾。没有爱恋的时光是苍白和乏味的，也无法倾听到更为内在的自我。

从情窦初开到风烛残年，在人生的任何一个阶段，恋爱都可以以不同的形式进行着，爱的深沉、真挚与热烈，爱的纯净与坚贞，标示着人生的高度与辉煌。恋爱不见得一定要轰轰烈烈，有一种爱无言却深邃。但人生倘若没有过一场深刻的恋爱，那基本上等于虚度。正如诗人华兹华斯所宣称的："我们凭借赞美、希望和爱情生活。"

不论是探索、游历，还是写作、言说与恋爱，只有当它是享受生活的过程，才是美好与值得追求的。因此，有品位的人生一定是享乐的人生，是乐生而不是谋生，是在生活之内的沉醉而不是在生活之外的游离与挣扎。

享乐并不必然导致对于责任的放弃，也并不必然导致生活态度的轻薄和生活的奢华。这首先取决于你的享乐观。如果你觉得"简单就是享受"，那么，你尽可以去过一种没有无聊的应酬和虚假的客套的生活。享乐的人生之所以值得推崇，就因为每一个人本身就是目的。而且，一个能够享受生活的人，更有可能是一个善待自我、热爱生活、友爱他人和奉献社会的人。一个人能不能拥有一个享乐的人生，不仅取决于他拥有的社会资本，也取决于他自身发展的程度，而这二者本身在很大程度上又会互为因果、相互生成。

我非常认可这样一个观点："人生最大的一种痛，不是失败，而是没有经历自己想要经历的一切。"一个探索者当他游历时会有更多的发现，更大的收获，而游历也可以推动、丰富和提升他的探索；探索与游历都极可能成为他写作和言说的主题和素材；而一个有着丰富阅历和内心世界的人会更具个人魅力，更有可能赢得爱情和拥有更为丰富的资源去享受人生。

安平乐道

有一个成语叫"安贫乐道"，出自《后汉书·韦彪传》："安贫乐道，恬于进趣，三辅诸儒莫不慕仰之。"其意指：虽然处境贫困，但仍乐于坚守自己的人生的理想、信念和准则。"安贫乐道"，暗含着人类的生活存在着物质生活和精神生活两个相互关联的层面。

其实，人类自从她出现的那天起，就面临着这样一个困局：外在条件完善总是赶不上内心欲望增长。这一方面成为人类文明进步的动力，另一方面，它也成为人类不满以至痛苦的根源。为了解决这对矛盾，我们的祖先想了种种的方法，但无非是这样两个进路：一为发展生产力，生产出更多的满足人们需要的产品和手段；一为劝诫、引导人们节制内心的欲望，以至清心寡欲，从而去过一种内心的生活。"劝人安贫乐道是古今治国平天下的大经络，开过的方子也很多，但都没有十全大补的功效。"（鲁迅《花边文学·安贫乐道法》）鲁迅先生说得固然不错，但像"一箪食，一瓢饮，在陋巷，人不堪其忧，回也不改其乐"的颜回这样"安于贫而乐于道"的人自古及今还是大有人在的，尽管从统计学上它不占有统计优势。不可否认，安贫乐道作为一种生活情趣和高洁傲岸的道德情操还是令人感佩和景仰的。

但对于任何人来说，贫困毕竟不是一种值得肯定、更不值得夸耀的生存境况。一个社会存在"绝对贫困"的人群只能说明这个社会的发展程度不高，如果这个"绝对贫困"的人群还包括这个社会中的一些知识精英和道德精英的话，更说明这个社会是一个非常糟糕的社会。安贫乐道尽管可能是某些个人无怨无悔的选择，一种自觉坚守的生活态度，但它反映出的整个社会的文化生态一定是有问题的。因此，我更愿意提倡"安平乐道"。安平，即安于平淡，安于平凡，拥有一颗平常心；"乐道"，即乐于过内心的生活，崇尚精神的价值，坚守自己的理想、信仰和立身行事的准则。

在今天，要践履安平乐道的生活准则，首先要学会安静地生活。学会安静地生活这对爱热闹的国人尤其显得必要。"热闹"在汉语中绝对是一个褒义词。因此，就有"看热闹"，"凑热闹"，人们就喜欢那热热闹闹，热闹与喜庆仿佛如影随形。不热闹就要人为地制造出热闹来。所以就有"闹新春"，"闹元宵"，"闹洞房"，倘若能达到人头攒动，摩肩接踵，热火朝天，人声鼎沸，热闹非凡，盛况空前的效果，那就再好不过了。仿佛热闹必然关联着繁华、兴盛和荣耀。不计成本爱热闹其实是面子工程，是虚荣心在作祟，是不够理性和不够自信的表现，2008 年奥运和 2009 年"国庆大典”就是显例。热闹是给人看的，热闹也只是一时的，内心的寂寞却只有自己知道。学会安静地生活，就是要回到自己的内心，谛听心灵的悸动和低语。

其次就是要鄙薄奢华，过一种朴素的生活。市场经济时代的人们突破了自然经济时代自然地缘的局限和自然血缘的制约，却又宿命地受到物的统治，它摆脱了“对人的依赖”，却又陷入了“对物的依赖”。物质的丰富与人为物役的程度成正相关地发展着。当下各种广告极尽奢华、充满蛊惑的语言，点燃着人心中的贪欲。加上制度的缺陷所导致的畸形的公款消费在炫富广告煽动下的盲目攀比，使得奢华之风日盛一日。

许多印制精美的报刊上承载着的不过是文字的垃圾，这些垃圾在蛊惑过度消费上没少兴风作浪。它们所谓的资讯传递的信息是：城市中产阶级，正以温情脉脉的情调走在时代的前端，这包括所谓优雅、品位以及格调。在一场自视为“白领”、“金领”、“中产”、“精英”的人群之中，渐渐地生出一股奢靡之风。

我很反感这种穷人乍富的浅薄。不管多么富有，节俭总是一种美德。“静以修身，俭以养德”是千古不易的真理。我时常记起爱因斯坦说过的“我总觉得我占有的人类财富太多”。以基督教的观念来看，任何物质财富都是上帝赋予我们的；从无神论的观点来看，都是劳动者创造的，这其中包含着他们的智慧和汗水。古人说得好：“奢侈之费，甚于天灾。”勤俭是持家之本、富民之道、兴邦之策。有道是：“克勤于邦，克俭于家。”“俭”之所以能养德就在于清心寡欲能使人更专注于精神层面的东西，良知在淡出的物欲中得以彰显。在文明社会里，节俭并不是寒酸小气，而是现代文明的内在诉求。鄙薄奢华，过一种朴素的生活并不是要人成为苦行僧，而是要努力避免不必要的资源消耗，避免一切不必要的浪费。

享受并不等于奢华，而在于对生活品质的细节把握。相反，少了物质上的累赘，心灵才有活泼自在的空间。就像哲学家所说的：“拥有即是被拥有。”占有的物质太多使自己成为提不起也放不下的奴隶。浮躁和浮华早已把我们的心遮蔽得严严实实，我们如何可能触摸真正的自我，并以这种自我来触摸时代与社会的真正问题？

我国是一个人口众多、资源贫乏的国家，如果任由奢华之风盛行，那总有一天我们国土上的最后一滴水将是国人悔恨的眼泪(仿写自："地球上的最后一滴水将是人类的眼泪")。但愿我是危言耸听、杞人忧天！在资源相对匮乏和人口众多的社会背景下，提倡勤俭节约已不仅仅是一种道德要求，而是每个公民必须承担的社会义务和责任。

再次，推崇从容简约的生活，为了促使每一个人从点滴做起，需要更为精细的制度建设。在我们当今的社会中，迅速暴富的人，自然不乏靠正当合法经营致富的，但也有相当一部分靠的是钻政策空子和权钱交易富起来的。财富的快速敛聚，钱来得容易，挥霍也就大手大脚，很多的时光沉醉在灯红酒绿、声色犬马的狂欢中。相比不少文明国家富豪的衣着朴素，不喜张扬与乐善好施，一些中国富豪公益上"一毛不拔"，享受上却挥金如土，一味贪图奢侈与虚荣，炫耀比阔，发泄物欲，几近成了一种病态。也正是这样一些人败坏了社会风气，扭曲人们的价值观，使得物质至上、拜金主义甚嚣尘上。这反映出我们在制度建设上的缺陷：在社会财富的合理分配和引导合理消费上有效监管制度的缺位。我相信一定可以设计出这样的制度：拥有的越多承担的社会责任也越大，过度消费需要付出几倍甚至几十倍的代价。畸形消费、过度消费只能导致 GDP 的虚高，导致资源的进一步稀缺，而不能提高一个社会的经济净福利。相反，还会提高生活成本，导致竞相攀比，从而降低人们的幸福感。

安平乐道，作为一种生活态度，不仅有助于个人的身心健康，也有助于社会的文明进步。因为，无数的个案表明：心灵的内在安宁，才是幸福长寿最不可或缺的因素。清明的智慧和气定心闲的涵养都有赖安平乐道的自觉追求。不难想象，对于任何人来说，无论是"身心尘外远，岁月坐中忘"的诗意，还是"不雨花犹落，无风絮自飞"的禅机；也不论是"一蓑烟雨任平生"的豪迈与旷达，还是"行到水穷处，坐看云起时"的从容与淡定，离开了安平乐道的生活态度，断然是不可能的。

大学真好

在溶溶的月色中，独自一人在校园幽静的小道上漫步，感到内心的恬淡与怡然，感到生活真好，大学真好。

刚参加工作的头两年里，在与某些从事其他职业的故交晤谈中，感受到他们的富有与得意时，心中不免有一种失落和怅惘。渐渐地，随着对大学生活体验的丰富和深刻，便日益觉得当时那种情绪的肤浅。而今，当我那些面临毕业分配的朋友，在择业的问题上，征求我的意见时，我便会很真诚地向他们历数着大学的种种好处。

在大学里，你有的是闲暇（闲暇是一个人自由发展的空间）。你有的是时间去尽情欣赏齐秦、童安格的嗓音，品味蒙田、惠特曼的情致，涉足维柯、卡西尔的理论大厦；你还有时间去感受古代神话动人的真诚和诗意的光辉，去领略科幻小说撩人的憧憬和世界的诡奇；你还有的是时间：既可去建构纵横捭阖、“通古今之变，成一家之言”的鸿篇巨制，也可以创作意态潇洒、“暗香浮动奇思涌发”的闲文小品……你可以将自己的禀赋与才情淋漓尽致地发挥出来，而这最需要的是心境的闲适与安详——这也是大学生活所能给予你的最丰厚的报酬。

在局外人看来，大学生活是狭窄的。的确，你可能无缘结识那些政坛名流、商界大亨，你也可能难得有机会遍游名山大川。而在你的“陋室”，却尽可以“谈笑有鸿儒，往来无白丁”；你也可以领略到“书中乾坤大，笔下天地宽”的意趣；当你看到年轻的大学生洋溢着生命鲜活的脸庞与身姿，你岂不是更能感受到人性的真实与美好？当你看到教室中学子们渴求知识的眼神和图书馆里幽香、精美的图书，不也觉得是一种怡人的景致？

你的确可能很清贫，但你一点也不卑微。在心地和头脑都很正直的人们眼中，教师是智慧与德行的象征。无论如何，大学教师是一个体面的职业吧。在众多的职业中，它也是最易于与事业相统一的。你当对孔夫子自铭“乐以忘忧，不知老之将至”的话有更深切的体认。在每一节课，你都可以酣畅地发挥你的思想，你可以在貌似徐缓的清谈之中蓄满渊雅的学识，导引着年轻的心灵作一种富于哲理与情趣的精神漫游，在振奋别人的同时振奋你自己。“教，然后知困”、“知困，然后能自强也”，教学是你不断自我完善的强大动力。

在大学，你既可以宾客盈门，也践履着“君子之交淡于水”的人生格言；你不必为人情所累，不必为你身边的婚丧嫁娶劳心费神；你也可以“躲进小楼成一统”，沉溺于冥思遐想中；你既没有纷繁人事的搅扰，也不必在师长面前唯唯诺诺、曲意逢迎；你尽可以把内心的激越、收获的快慰、莫名的感伤、情场的失意统统化作歌声，交给畅饮；尽管你可能十分与众不同，周围的人却不会对你有太多的指指点点……在这里，没那么多的人生羁绊，要说个性的张扬、品格的纯正、心境的澄澈，大学真不失为一方乐土，你能不觉得大学真好？

倘若我们站在大学讲坛上，不单单是由于“得天下英才而教育之”的使命感的驱使，同时也能真切地感受到校园文化的宽松与高洁，感受到生活的明丽与清新，我们岂不会来得更加执著和潇洒？

如果再给我一次机会，我想，我还是会选择大学教师这个职业的，因为我真诚地感到：大学真好！

浪漫就是真心的爱

我曾问一位朋友，浪漫是什么？她回答：浪漫就是真心的爱。我没有仔细推敲这个回答是不是很“科学”，但我实在想不出比这更好的命题。

浪漫是一种心情，是一种趣味，是一种情调，是一种对待生活的态度。它与财富和地位无关，浪漫蕴涵于举手投足间，寓于平缓如溪水般的生活。在蒙蒙细雨中，在铺满金黄的银杏树叶的小道上，在皎洁的月光下，在残阳如血的余晖里，从容地踱步或轻轻地吟诵，也都是一种浪漫。

看着灿烂而纯净的阳光从窗外照射进来，心中便蓄满了暖暖的诗意，便有了写作、表达和用心营造一点什么的冲动……生活由于浪漫的加盟而充满活力与情趣，将人生旅途点缀得花香弥漫、浓情四溢。

在一个真情逃亡和高尚隐逸的时代，一个为功利和俗套主宰的时代，用心去营造一点浪漫，这是最为高尚的善待自我。古人云：浪漫情怀总是诗。诗意地生活，带给自己，也带给别人好心情。埃兹拉·庞德写过这样两行诗："当我倦于赞美落日和晨曦，请不要把我列入不朽者的行列。"

爱代表着人类最美好的情感。自古以来，爱就一直都是为人津津乐道、亘古不变的话题。无论是亲人之间的爱、情侣之间的爱，或者朋友之间的爱……爱都如同一股股的暖流流入干渴、疲惫的心灵；如同照亮归程的点点暖色灯光给人明亮和鼓励。曾经有人断言，如果这个世界上失去了爱这种感情，这个世界将会彻底毁灭。

在忙忙碌碌的生活和营营役役的日子中，人们的心灵渐渐干涸，渐渐忘记该如何对身边关爱自己的人表达出内心的感受。长此下去，我们的心会越来越冷淡，可能会丧失关爱他人的能力。

爱情是个永恒的题材，是支永远唱不完的歌，它是最为丰富多彩、最为勾魂摄魄的人间情怀。不论是初恋时那种"剪不断，理还乱，别有一番滋味在心头"的美好情怀，也不论那种正在爱着的欢乐意识和对挚爱深情的真切体验；不论是对昔日情事的回味、追忆和缅怀，也不论是对爱的诠释——对爱与人性修养、文明教化之间关系的理性思考和深情品味，都是文人笔下最亮丽的主题。

人们不倦地歌唱爱情，不厌其烦地诉说爱情，因为它是生命的源泉，是人类灵魂中最为绚丽芬芳的花朵。任何一个有文明教养的人，都将以不懂得爱情的真谛而感到羞愧。西哲曾云：爱情是一位伟大的导师，它教我们重新做人。印度有谚云：智慧的吸引，产生尊敬；心灵的吸引，产生友谊；身体的吸引，产生情欲；三者相加，才产生爱情。

爱情没有一定的规则，它千姿百态、异彩纷呈；但它有着共同的人性的光辉，它是人类的文明之树的甜美果实。有一首打油诗也颇值得玩味："一无所知，就一无所能；一无所能，就一无所悟；一无所悟，就一无所爱；一无所爱，就是酒囊饭袋。知识愈丰富，爱就愈充溢。"一个人爱的能力与精神世界的充实和丰富是成正相关的。

米兰·昆德拉在《生命中不能承受之轻》里说：有两种男人，一种人在一个女人身上找寻所有女人的影子，一种人在不同的女人身上找寻同一个女人的影子。如果这"一个女人"是一个完整的精神性的存在，而不单纯是一个生物的、肉体的存在，在这两种男人身上，都有可能存在爱情。爱与财富无关，爱也与地位无关。戏曲中那句家喻户晓的唱词道：夫妻恩爱苦也甜。可"贫贱夫妻百事哀"也是生活的真实。从爱侣到怨偶，婚姻并不能保证爱情生长，也无法拯救爱的枯萎和死亡。

幸福的意蕴

幸福的时候我总是渴望向关爱我的人们展示我的心绪——那澄静、清明、亮丽、鲜活的心绪。这时，自己会感到有一种东西在心中悄然涌动，就像一个容器里盛满了液体，而容器里却有一个物体在缓缓地膨胀，这液体便不由自主地流溢出来。人生中，许多美好的时刻是无法留下痕迹也无需留下证据的。

世界其实就是我们自己。生活的苦与乐、沉重与轻松、窘迫与宽裕，全在于我们的感觉，而感觉是受理性观念支配的。也正是在这种意义上，我们可以说：你真正的生命是你的思想。

只要用劳动创造生活，创造幸福，生命就是有意义的。当你老迈之时，回首人生历程，你才有资格对自己说，我无愧于心。有人说，生命就仿佛一条路、一部书，总是在不断的经历之后才发现——生命原来这般美好，生活原来如此缤纷，如此值得留恋！对于真正的读书人来说，歪着头，托着腮，阅读着，思考着，评论着，悠闲着，幸福着自己的幸福，又何尝不是生命的好境界。

古人云："有工夫读书谓之福，有力量济人谓之福，有著述行世谓之福，有聪明浑厚之见谓之福，无是非到耳谓之福，无疾病缠身谓之福，无尘俗撄心谓之福，无兵凶荒歉之岁谓之福。"

幸福是一种态度。不管是你面对一项全新的事业，还是面对生活中出现的任何一种新的情况，人生道路上的每一个境遇都给了你一个积极应对或消极应对的机会，正是你选择的应对方式决定了在事情结束后你所感受到的幸福和不幸福的程度。

但最重要的是，幸福是寻求和体验生活中的平衡。幸福是对生活的方方面面都有一个目标，并保证自己每天都朝着实现这个目标的方向前进。幸福是拥有个人、专业和家庭目标，并让这些目标成为一项行动计划的一部分，努力使我们的生活保持平衡。

心灵是一本奇特的账簿，它只有收入而没有支出。因为真诚的奉献是不求回报的，然而它总是会得到丰厚的回报。生活向我们昭示：当我们用真诚的言论和行动去振奋别人的同时，也振奋了我们自己；当我们用广博的爱心去温暖别人的同时，也温暖了我们自己。幸福，不过是一种内心的体验。真正的幸福，是我们对于自己充实、丰富、纯洁、高尚的精神生活的体验。这便是幸福的意蕴。

语　丝

·艺术是人类表达自我的一种方法，艺术也是我们对于生活的一种态度，即用审美的眼光看待万事万物的态度，一种永不停滞、永不自我封闭的态度。

·美是教育的精神元素之一。美存在于美好的思想与情怀中，存在于美好的情境与氛围中。

·一个人的艺术创造的能力在很大程度上取决于天赋，但审美鉴赏力却与文化素养成正相关。

·创造一种尊重儿童、守护童心的学校文化，这是学校教育的应有之义和儿童获得和谐发展最切实的保障。

·不论是自然美，还是社会美，也不论是科学美，还是艺术美，和谐与新奇是一切美的共同特征。

·实事求是的品格是最为重要的。中国人的谦虚,实质上只是一种自我贬抑,一种自虐,就如冬日里街头赤膊的乞丐一样,靠作贱自我来讨赏:这种"谦虚者"差不多都有一种泼皮无赖的禀性,一旦得势,长期受到压抑的情性就会变态地表现出来,从受虐狂而变为虐待狂。

·一个人往往在自鸣得意的时候,心智才会处于最积极的状态,才有可能妙语连珠,并伴之有穿透力和征服力的眼光,带给人以触及心灵的震撼。

·只有经历过失意与困顿,经历过巨大的精神痛楚,才真正能体味出"平平淡淡才是真"这句话所包含的意蕴。

·人性的高贵就表现在:对于所拥有的无比珍视,而对于不属于自己的决不贪图。

·愈是个性的就愈是人类的,因为每个人都是一个宇宙。根植于自我的创造,都是对人类无限丰富性的确证。

·对于平凡的我们,在这个世界上,把我们看得很重要的人,和对于我们很重要的人,相对来说,都是很少的。用心去善待他们,实在是我们存在的理由与价值。

·能够健康而坦然的生活已经是足够美好的了,所有的追求,已然是一种生命的辉煌。

·生命本身只是一个过程,倘若有许多激情荡漾的刹那,有许多挚爱瞬间的永恒,生命就会如同灿烂的星空,由无数的亮点在广袤的天空上镶嵌而成。

·当我们感觉着自己生活幸福时,我们就更有可能成为对社会有价值的成员。因为,一个幸福的人更有可能珍惜生活,善待自我,友爱他人,奉献社会。

·成长是生命永恒的主题。但成长往往需要契机。离群索居作些沉思,沉淀纷繁的思绪,升华驳杂的情感,静视自己的内心,然后做些调适,这就是成长。

·生命历程中有两种不幸的境遇,即生命之重与生命之轻。前者是因生存危机或承担着沉重的责任,使人疲于奔命,使人力不从心;后者则是因无所执著，无所依傍，无所牵挂，也无人将他牵挂，他的存在对任何人和这个世界都无价值。

把感动留住

5·12 汶川大地震，带给了我们太多的感怀。面对巨大的灾难，全国人民以及国际社会的关切、祝福与援助，灾区人民的自强与感恩，所表现出的人性的光辉，使无数的心灵受到洗礼、温暖和净化。

不能设想一个没有人性、没有人文情怀的民族能够自立于世界民族之林，一个没有人性、没有爱心的公民被视为合格的公民。有人性、懂得爱人、关心人、体贴人，才会有社会责任心，才会自觉维护人的权利、人的尊严，也才有完整的人格，才有人自身的和谐与社会的和谐。

那位背着孩子的遗体走了几十里山路的父亲，那位用自己的身体护卫孩子的母亲，那些把生的希望留给学生而自己不幸遇难的老师，那些在危难时刻还勇敢地救助同学的年少学子，还有众多的志愿者、国际救援队、抢险的战士，这一切的一切，都令我泪流满面，心生敬意，让我真切感受到了人性中的善良、爱和坦诚，感受到了生命的可贵。

能把我们每一个孤独的个体联结起来的唯有爱。爱是人与人之间最牢靠的纽带。人与人之间的关系是多米诺骨牌的关系。理解这种关系对于培养学生作为现代社会公民的公共意识和社会责任感有着重要意义。

衡量一个社会的文明程度，一个很重要的标准就是看该社会中人的生命价值的受重视程度，生命权得到保护的程度，人的尊严得到尊重的程度。因此，值得再次重申的是，在文明的价值序列中，生命的价值居于顶端，其他一切都居其次。而在我们以儒家为主体的文化传统中，所缺少的正是尊重个体生命这样一个极其重要的观念。因此，在道德领域，儒家的“仁”最后落实为“孝”和“忠”，所强调的始终是忠君爱国，是为“集体”和国家而牺牲个人。

今天，值得我们特别关注的问题是，在悲痛和感动逐渐淡去之后，由大灾难唤醒的对于生命的同情、人与人之间那种无私的关爱能否长久保持下去，成为社会的一种健康的常态。如果只是一时的亢奋，短暂的亢奋过去之后，大家又回到了以前的冷漠，如果人们心中爱的情感要靠灾难来激活，那我们就该深刻反省一下我们的文化生态、我们的心灵是不是具有某种病症？

我到过一些发达国家，最深刻的感受一是他们的人际关系比较友善、温暖与和谐，二是他们的一切都显得比较精致，富有美感。在网上看到题为《谁偷走了中国人的微笑》的文章，不知作者是不是龙应台，风格很有龙氏的味道，值得一读。我真诚地希望我们政府能够以此为契机，切实推进政治民主化进程，在国人心中树立起阳光政府、责任政府、有限政府、管理型（而不是统治型）政府、服务型政府的形象，这也将大大改善中国的国际形象。果真如此，留在人们心中就不仅仅是感动，更多的是信心和美好的期待。这将是多难兴邦的最好注释。

我的 2005

在晨钟暮鼓的又一次循环中，时光终究要把一些带走，把另外一些留下。带走的是历史，留下的是记忆，而写下的将永远是灵魂。当日历翻开到 12 月 31 日这一天时，2005 年就即将成为历史了。回顾一年所走过的路，盘点一下一年的收成，对于未来的日子当会不无意义。

2005 年是我出版上的丰收年。首先是我的《教育随笔四部曲》之二《教育的智慧与真情》在 3 月初由岳麓书社出版，《中国教育报》两次对本书发表长篇评论，在 9 个月内本书 3 次荣登《中国教育报》的《教师用书排行榜》，《今日教育》（重庆）杂志还专门介绍了本书。接着，4 月，我和张文质君合著的《基础教育课程改革的关键词》一书由福建教育出版社出版，该书也受到了业界的高度好评。5 月南京师范大学出版社出版了我和我领导的学术团队共同探索的成果——《办好学校的策略》，全书 40 多万字，深受广大中小学校长们的青睐，出版不到两个月即加印 1 万。这

3本书其实是多年来探索的成果，不过凑巧在同一年出版罢了。我是主张“大胆作文，谨慎出书”的，书出得太滥，就会失去人心，就会败坏读者的胃。

“在浩如烟海的当代中国教育出版物中，肖川的随笔，正不停地制造着神话。短短两年间，其《教育的理想与信念》一书印数已逾10万。行者肖川，吐纳不断。今年新出版的《教育的智慧与真情》，更加纯净、坦荡、蕴藉、动人。近年来，肖川且行且吟，毫无倦意，他的名字和形象，已组合成为中国教育界一个迷人的符号。”这是在《中国教育报》的《读书周刊》上“2005年图书盘点”里的一段话。也许不无过誉之嫌，但对我无疑是莫大的鼓舞。

在2005年，多家报刊为我开辟了专栏：《基础教育参考》继2004年后继续开辟《肖川文人随笔》专栏，《教师博览》开辟了《肖川走笔》，《中国教师报》开辟了《名家说书》，《现代教育报》开辟了《名家随笔》，《福建评论》（教育版）开辟了由我和刘铁芳、刘良华、张文质三位先生共同撰文的《四方桌》，吉林市的《青年教师》也继上一年开辟了《肖川随笔》，一期一篇，从未间断。特别值得一提的是，我校的《北京师范大学校报》也是一份公开发行的报纸，从4月起开设了《肖川快语》专栏，这在我校的历史上也是第一次。

我一年内发表了3篇学术论文，学校在科研上的考核我就可以过关了。我更在意的是在《中国教育报》发表了16篇文章，在《人民教育》、《教育参考》（上海），在《小学青年教师》、《明日教育论坛》、《中国教师》、《福建教育》、《河北教育》、《师道》、《教育文汇》、《河南教育》、《教育时报》等几十种报刊也多有文章发表。所以，我在一些场合说：“没有读过肖川文章的人，不太可能是一位好教师。”我的推论是，肖川有这么多文章，你都没读过，说明你是一个闭目塞听的人。一个闭目塞听的人怎么可能成为一个好教师呢？有人就曲解了我的意思，说我狂妄。狂妄就狂妄吧，其实，在我内心深处倒真的是很想狂妄的，遗憾的是我现在还没有狂妄的资本。我一直认为狂妄的人有救，卑琐怯弱的人没有救。

2005年我最大的成就恐怕要算和张文质君一道主编《生命教育》的

地方教材了。历时半年多，可谓日夜兼程。本套教材从小学三年级到高中二年级，9 个年级共 18 册，编写人员多为湖北、武汉、咸宁、潜江和钟祥的中小学教师，我和文质负责设计整体框架、编辑思路和最后把关。我再一次真切地感到湖北中小学教师的素质是普遍比较好的。

网上有“南朱北肖”之说，真是抬举我了。除了有点惭愧，在我内心深处我并不认同这种说法。朱永新先生是官员，我是自由知识分子，我们不是一类人。朱永新先生很有亲和力，精力充沛，这些我都自愧不如。相同的是，我们都强调教育的理想，都为民进会员。“中国民主促进会”，我理解应该是为了促进民主而设的政党，我是冲着字面意思加入这一组织的。其实，自由主义知识分子是我最好的身份标识，也是我的自觉追求，我应该属于无党无派的那一类人。

我做任何事情的动机无非有二：一是看我从做这件事中是否可以获得成长。譬如对于没有去过的地方，我就比较有兴趣，我可以熟悉那里的风土人情，因为亲自去过一个地方，那个地方就会在我心灵的版图上鲜活与生动起来。譬如，焦作在郑州的西北方向，大约两小时车程，焦作产煤，离山西晋中很近，约一小时车程，焦作附近有一个风景旅游点，青云山，可以和武夷山媲美。去了之后，焦作就不仅是一个地名了。每当我新去一个地方，我都会有一种成就感。我喜欢新奇，也喜欢挑战，我始终认为成长是每一个人生命中永恒的主题。

二是看我的所作所为能否给予更多的人以积极的影响。我做讲座，总希望听众多一点，因为，人多人少，花费的时间和精力是差不多的。听众多一点，也就是受众多一点，受到我的影响的人自然就会多一点。

北京二中是北京市非常有名的学校，有着悠久的历史，也有着许多的辉煌。从 9 月开始，我作为名誉副校长到这所学校听课，参加他们的教研活动。我的目的是希望了解教师的生存状态，了解学校中的人际关系，向校长学习，向老师们学习。非常值得一提的是钮小桦校长是一位很有教育追求的校长，该校正在开展生命教育的研究。

2005 年我首先到的城市是甘肃的天水，这也是我有生以来第一次去的城市。天水，古称秦州、成纪，秦统一后在此设陇西郡。这里是华夏文明的发祥地之一，这里是河西走廊的水草丰美之地，这里是黄河、长江两条母亲河的分水岭，渭水在这里穿流而过……天水的名片恐怕要算麦积山。第二座我有生以来第一次去的城市是广东的韶关，这里有丹霞山。第三座我有生以来第一次去的城市是江苏的连云港，是和文质君一道去的，这里有花果山。接着是湖南的湘潭。湘潭以前我曾路过，这次去雨湖区参加他们的活动，闻着初夏的青草的味道，唤起我许多童年的记忆。而后是四川的乐山，江苏的无锡，河南的焦作，河北的沧州，湖北的宜昌、咸宁和潜江（县级市），山东的菏泽，辽宁的锦州。每当我新去一个城市都有一点成就感。我真正地走遍了中国，这令我非常得意和自豪。

我最主要的社会角色当然是大学教师。教学与指导研究生是我最主要的工作。2005 年，我上了两门课：《教育文化学》的函授教学与 2005 级高校中职硕士班的《教育原理》。对于我的教学，向来就存在两种极端的评价：认为好的，简直就佩服得五体投地；认为不好的，就会觉得一无是处。我与我校教务处王一川教授谈及此事，他就很能理解。他是少有的明白人。他说富有个性的教学就会出现这种情况。怎样提供给学生选择，让每一个学生都能得到他希望的教学，而又不磨灭教师的教学个性，这是值得研究的问题。喜欢我的课的学生，往往是比较聪明、内心敏感、阅读面比较广、善于建构知识（特别是有一定哲学修养）的学生，像蒋凯、杨旭东、顾梅、余小茅、田盛梅等同学，都是我记忆中的优秀学子。

我现在有 12 位研究生。他们都很不错。王琪、魏远远、白雅娟很有才华，胡乐乐很勤奋，文献收集与整理的能力很强，梁向斌阅读面很广，毛卫群踏实、认真、善良、正直，李姝待人真诚、善于沟通、乐于助人，刘发虎宽厚、质朴。他们令我感到自豪和骄傲。在我们的国度不是缺乏有潜质的人，而是缺乏一种机制使有才华和智慧的人在合适的岗位上发挥作用。

细数阳光：我的 2006

在 12 月 26 日从长沙返京的航班上，我想 2006 年一年的奔波就此结束了。回顾一年所走过的路程，体会到的是幸运、喜悦和感恩。

2006年是我的出版年。先是人民出版社出版我和文质共同主编的《生命教育》教材，教育科学出版社出版我主编的《名师备课丛书》。随后是福建教育出版社出版我和文质、黄旭共同主编的《生命化探索丛书》，由我审校的《名著精品》在岳麓书社出版，我主编的《当代教育思想精要》在开明出版社出版。最后是四川教育出版社出版我和李晓东教授等著的《造就自主发展的人》。

2006年也是我的旅游年。3月底和全国十多位校长赴新加坡教育考察，深切地感受到花园国度的美丽和魅力。4月去河南济源王屋山游玩，5月去神农架，7月去丽江，8月在呼伦贝尔大草原，10月到九寨沟和黄龙。都是风景如画的地方。12月去湖南怀化，怀化号称是“大西南的桥头堡，古建筑的博物馆，原生态的植物园，多民族的文化村，杂交稻的发源地，抗战受降纪念地”。怀化的洪江古城其实比丽江更有文化底蕴，烟馆、青楼、盐局、衙门、钱庄、药铺、客栈等一应俱全。丽江和洪江，都是保存完好的古城，前者游人如织，后者却门可罗雀，二者境况判若云泥，足见事在人为。

这一年，我在大学的教学任务都在假期中完成，这使得我有许多的时间在全国各地传播我的教育主张。2006年，深圳、长沙和成都，这三个城市分别去过七次。在这一年有生以来第一次到过的城市有：广东的惠州，湖南的岳阳和怀化，湖北的十堰和神农架，云南的丽江，四川的绵阳，山东的烟台，河南的三门峡和济源，广西的玉林，内蒙古的包头，吉林的辽源和松原，还有延安和大庆。留下我足迹的地方，也在我心中留下温暖的记忆。

在这一年中，最令我难以忘怀的是河南商丘第一实验小学高阿莉校长亲自策划的“肖川作品倾情吟诵”。16位教师先后登台朗诵了选自《教育的理想与信念》、《教育的智慧和真情》两本书中的十多篇作品，并配有音乐和精致的画面。那份精心，那份情谊，带给我许多的感动，好几次我都感动得泪眼蒙眬。

著名教育专家、翔宇教育集团总校长卢志文先生曾问我：“你为什么能写那么多文章?”我回答:“我全部的时间都用在读书、思考和写作上了,我不用为生计而奔波,也几乎没有什么应酬,更不用做家务,生活纯粹而闲适。我做任何事情的最主要动机是为了获得体验和思想资源。”

我不会单纯地为了金钱而劳作。譬如,我经常乘飞机。几乎所有航空公司都有自己的会员卡,如果积分达到一定的量,就能获得免费机票等好处。但我一张会员卡也没有要过,因为我不愿在这些事情上耗费心思。我觉得在像这样的事情上,我付出的时间和精力,没有导致社会财富的增加,虽然我能得到一些好处,但也纯粹只是一种经济上的好处。很多人都觉得我“怪”,我想是由于我的推理与大多数人不一样。“推理”的不同不是由于“推理”的逻辑法则的不同,而是由于“价值原点”的不同,即“前提”的差别。人们行为自然都是趋利避害的,但何为利,何为害,各人的认知是不同的。况且,同样为“害”,其程度如何,人们的认识也是各不相同的。所以,每个人心中都有一个“利害”的谱系,而这个谱系也就是各不相同的。

在我的著述和言说中,高高地举着两面旗帜:一个是生命教育,一个是公民教育。我很高兴地看到许多老师已经渐渐地注意到了。作为一个普通学者,能有如此广阔的活动舞台,感谢我们疆域辽阔的祖国,感谢一个经济快速发展的时代。

南方一位校长在发给我的电子邮件中写道:“在临近岁末的时候,盘点一年的所得,竟奇怪自己脑海中有了一个出现频率很高的名字——肖川,于是让这个形象定格在脑中,想与他相识的种种,想他的品性特征,居然充满了喜爱与欣赏。一个可爱、率真、单纯而丰富、忧郁而乐观、孩子气十足的文人,一个可以信任的朋友,一个可以激起你想象、点燃你激情的人,很高兴有了这样一位能让人常常想起的朋友。”我从被需要、被认可中感受到自己存在的价值,作为一个读书人有什么比“发现真理”和传播真理更令人感到快乐和美好呢?感谢上苍,感谢命运,感谢生活,感谢生命中相遇的人们。

我非常认同叔本华的观点:“只有那些纯粹为了一吐为快、不得不奋笔疾书的人,才会写出有价值的东西。似乎写作之业,实为对金钱诅咒之业：任何一个作家一旦为挣钱而写作，他的写作就会陷入一塌糊涂之境地。最伟大的作家写出的最杰出的作品，一概属于这样的时候：此时他们的写作一无所获或只有一点报酬。正是在这个意义上，那句西班牙谚语甚为妥帖："名誉和金钱并非装在一个皮包里。" 我认为，人生有三个层次：为生存而劳作；受欲望的驱使，而处心积虑的计较、钻营；为自我实现而不懈地努力追求。"人类需要高尚的、充满理性的和不计私利的头脑。难得的是，秉真情，不作伪，不媚于权，不惑于利，保持自己的独立情操，虽孤寂清贫、乱云飞渡，而不随波逐流。"一个健全的社会也一定是不会使智慧的人贫困的社会。

在2006年即将结束时，12月30日传来了萨达姆·侯赛因被执行绞刑的消息。对于这一事件，我感情非常复杂。对他个人，我并无恶感，甚至对他充满了同情和惋惜。但对于萨达姆所代表的专制、独裁和暴政，我却是深恶痛绝的。从肉体上消灭他有很重要的警示意义：一个人无论拥有多大权力，都要尽可能公正、人道地处理一切问题，否则总会有人找你算账的。希望随着萨达姆的逝去，人类从此不再有暴政、杀戮、专制与独裁，民主、自由、平等、博爱、人权真正成为全人类共同守护的核心价值。这也是我孜孜以求并愿意付出所有努力的目标。

忙碌是一种病毒

我们生活的都市有旋转的上空和汹涌的人流，生活对于我们都是飞速运转的，速度之快常让我们茫然而不知所措。我们总希望有几缕闲暇，能安然坐于湖畔山边，看夕阳落下，看朝阳升起。我们细看风起云涌，感慨昨日之时不可留。太多的事转眼成空，太多的东西需要留下却又难以留下。每日里行色匆匆地奔走于单位与家之间，无奈与疲惫常常溢满心间，总觉得这不是我们想要的生活。偶尔不经意地望向天空，看到蔚蓝色的天宇里淡淡地挂着几丝云彩，悠然而飘逸，不禁感慨：你永远不能休息。否则，你就永远休息。这是当今许多人的生活写照，也是有点近乎残酷的社会现实。

我们常常太忙，在不停地奔波中忘记了一天天奔波的理由。现代人的生活好像你开车一路狂奔到商店，匆匆忙忙地下车，却竟然无法想起要买什么。在这个连梦想都那么实在的时代，城市的上空淹没在喧哗的灯光里，谁还会在寂静的夜晚抬头望一望天空?那些智慧的火花逐渐被湮灭，我们的感觉也变得越来越迟钝。原因恐怕就在于：无论怎样努力，都赶不上不断增长的欲望。人们忙碌着，奋斗着，博得财富与功名累身，但仍觉得缺一佳境，那就是托着腮帮子偷闲，或幻想，或虚构，或涂鸦，忙得忘记为我们身上的从容、优雅、淡定的品质保鲜。“一个病态的社会，其特征是极其简单的，这就是它为生物学需要提供得太多，但同时却处于精神的饥饿状态。”

思想需要经验的累积，灵感需要感受的沉淀，最细致的体验需要最宁静透彻的观照。累积、沉淀、宁静观照，哪一样可以在忙碌中产生呢?我相信，奔忙，使作家无法写作，音乐家无法谱曲，画家无法作画，学者无法著述。奔忙，使思想家变成名嘴，使名嘴变成娱乐家，使娱乐家变成聒噪小丑。闲暇、逗留，确实是催生创造力的不可或缺的有机土壤。

古人云：“人之心胸，多欲则窄，寡欲则宽。人之心境，多欲则忙，寡欲则闲。人之心术，多欲则险，寡欲则平。”“人之心事，多欲则忧，寡欲则乐。人之心气，多欲则馁，寡欲则刚。”[(清)金缨著，张琪译注《格言联璧》，山西古籍出版社，1999 年，第 22~23 页]

生命中有些东西是值得我们为之赴汤蹈火的，那些东西中一定包括灵修和梦想。如果你愿意倾听，一个微弱的声音，姑且称之为良知或内在的自我，总会告诉你生命的真相。然后，你可能意识到你真正想要的是什么，布拉德里·格里夫(Bradley Greive)说：“把手放在胸口，感受心脏的跳动。那其实就是你的生命之钟在滴答作响，细数着余下的时刻。有一天它就会停止，这是千真万确的，而你对此绝对无能为力。所以你不能浪费任何一秒钟珍贵的时光。精力充沛、满怀激情地追求梦想吧，否则你只好止步不前，眼看着梦想付诸东流。”正如清代文学家张潮(1650—约 1709)在《论闲与友》所言：“能闲世人之所忙者，方能忙世人之所闲。人莫乐于闲，非无所事事之谓也。闲则能读书，闲则能游名胜，闲则能交益友，闲则能饮酒，闲则能著书。天下之乐，孰大于是？”

一个只是为了物质消费而生存的人，在伟大的爱因斯坦看来，与一头被豢养的猪没有什么两样。他还指出，光有知识和技能并不能使人类过上幸福而优裕的生活，人类有充分的道德理由把对高尚的道德准则和价值观念的赞美置于客观真理的发现之上。

眷注内心，重视精神生活是有品位的人生的重要方面。这就需要经常给自己的心灵一个节日，让身心放松，静静地体会一下生命的纯净。要知道，内心的宁静才是真正的休闲。苏东坡赞美西湖诗曰：“欲把西湖比西子，淡妆浓抹总相宜。”（《湖上初雨》）西湖如此，西子如此，每个人的人生也应如此，该浓则浓，该淡则淡，浓淡相宜。该浓时，就浓它个轰轰烈烈，撼人心魄，“乱石穿空，惊涛拍岸，卷起千堆雪”；该淡时，就淡它个心如止水，沉稳恬静，“采菊东篱下，悠然见南山”。得意淡然，失意泰然。沉潜下来，潜心体味，与真理为友。记住：“心不欲杂，杂则神荡而不收；心不欲劳，劳则神疲而不入。”

写着这篇文章，耳边回荡着李宗盛低沉苍凉的歌声：“我们来来往往，匆匆忙忙，从一个方向到另一个方向，忙，忙，忙，忙是为了自己的理想，还是为了不让人失望……”经常地扪心自问，经常地回眸走过的路，停下来想一想，下一步我究竟要走向何方？

茶是最好的饮料

对我来说，最大的享受是在家中用心爱的茶具沏一壶茶，确切地讲，是上好的铁观音，坐在阳台上看书。

据专家考证：中国是茶的故乡。中国是最早采制和饮用茶的国家。《神农本草经》中记述了牛首人身的炎帝“神农氏尝百草，日遇七十二毒，得茶而解之”的传说。

自古以来，人们喜欢饮茶，这与茶的“芳香冠六清，溢味播九区”、“鲜明香色凝云液，清澈神情敌病魔”的防病治病作用密切相关。关于茶的药用功效，历代有关医药的文献中多有述及。

今天业内人士将茶的医疗效用总结为：生津、止渴、解热、消暑，除口臭、助消化、增进食欲，兴奋神经中枢、消除疲劳、少睡、益思，利尿、增强肾脏的排泄功能，防治坏血病，固齿强骨，去脂、减肥、防治动脉硬化，清肝、明目、保护视力，解毒、防癌、抗衰老、延年益寿等20多个功效。饮茶不仅能防止人体动脉硬化的产生，而且还能去脂减肥，使人不易发胖。

饮茶满足着人们的物质与精神的双重需求。人们以茶为对象，书画记事，诗赋唱和；人们以茶明志，以茶会友，以茶待客，以茶礼佛，以茶敬祖。千百年来，茶悄悄融入我们生活中的各个领域，形成独特的茶文化。随着岁月流逝和世事变迁，茶渐渐成了中华民族的举国之饮，默默地滋润着一代又一代的炎黄子孙，而中国茶文化也形成更为深厚的内涵。

文人雅士多喜喝茶，并有诗文反映茶事。“茗外风清移月影，壶边夜静听松涛”，“为爱清香频入座，欣同知己细谈心”，“戏作小诗君勿笑，从来佳茗似佳人”，都是意味隽永的佳句。茶之称为茗，乃是其来自草木吸取了万物精华，所以茶是有灵气的。文人富有才情也许和喜欢喝茶有关。

唐代是中国茶文化的成熟时期，是茶文化史上的一座里程碑。唐人将饮茶视为美的享受，以茶会友，以茶入诗，蔚然成风。茶作为普通饮品已经和酒具有同样重要的作用，唐诗中“驱愁知酒力，破睡见茶功”将二者相提并论。这有赖于禅宗的提倡。佛家有“过午不食”之说，禅宗注重禅定，这都需要通过饮茶来振作精神。茶也是中原地区与少数民族贸易的主要物品。茶税收入也因此成为国家财政的重要组成部分。

唐人视品茶为风雅之事，咏茶之作举不胜举。唐代元稹《赋茶词》云：“茶，香叶，嫩芽。慕诗客，爱僧家。”唐代僧人皎然的《饮茶歌》云：“一饮涤昏寐，情思爽朗满天地，再饮清我神，忽如飞雨洒轻尘。”中唐陆羽所著的《茶经》的出现标志着饮茶已经不是单纯的起补充体液的作用了，它上升为生活的艺术。

茶之味清淡，平和，甘洌，相伴国人数千年。饮茶不仅是为了解喝，饮茶也是一种心境和趣味。茶之意趣在于品，品茶是件快慰的事，人们从品茶当中还会发现很多人生哲理，寻找出为人处世之道。真正的品茶是需要有富裕的心态、空闲的时间，以及“和、静、清、寂”的氛围，才能达到神清气爽、心气平静，“其旨归于色香味，其道归于精燥洁”。古人说“莫道醉人惟美酒，茶香入心亦醉人”。饮茶的妙处不只在品其香，还在于清香袅袅中一壶在手，清心怡神，万古长空，一朝风月。

茶是清静的、内敛的，清茶素淡却隽永绵长。品茶的闲情逸致，在乎山水之间，在乎风月之间，在乎诗文之间，让人有所忘怀，有所领悟。细细地品味，慢慢地琢磨，一丝一毫也不漏掉。只有这样，才能品味出茶的意境，茶的真味。“一碗清茶谢知音，半生知己有几人？”与友烹茶长叙，如入世外桃源，喧嚣纷扰烟消云散，于茶间安享人生况味。

乌龙茶是所有茶类中最耐人寻味的茶叶，属半发酵茶，由于色泽呈青褐色也称青茶。乌龙茶的发酵程度介于绿茶和红茶之间，所以乌龙茶既有绿茶鲜浓之味，又有红茶甜醇之美。典型的乌龙茶，叶缘呈红色，叶片中间呈绿色，故有“绿茶红镶边”的美名。汤色黄红，滋味浓醇，具有独特的花香和果香，回味无穷。铁观音便是乌龙茶的一种。

乌龙茶于19世纪中期由闽南首创，后传播到闽北、广东和台湾等地。乌龙有八仙，仙山隔云海，海海漫漫一盅盅淘尽，待饮到酣时，便觉两肋清风，心境高远。茶是经了洗礼与严寒，经了白日与黑夜，将土地的真气、日月精华尽敛一胸。

茶是文明健康的天然饮品，是中华民族对世界文化的重大贡献。茶叶在欧洲的风行，最终导致了欧洲人特别是英国人生活习惯的改变。比如，在下午5点钟喝下午茶成为许多英国家庭的习惯，这一刻也成为家庭中最温馨的时刻。

在北京，下午茶的功能大概有两个：一是休闲，二是交际。一个人、两个人躲在靠窗的一角，享受下午缓慢而又甜蜜的时光。在一个快节奏的今天，我们已经很难享有悠闲自在的时光。下午茶就是仅存的为数不多的休憩与喘息，偶然的驻足与停留。

在世人对健康和回归自然日益关注的趋势下，茶饮必将更为深入人心，大行于天下，茶文化也将发展出更多崭新的内容和形式，焕发更夺目的姿彩。而于我，自从体检查出血糖偏高，所有的饮料都不再喝，就更觉得茶是最好的饮料。

杂感

一

世界的一切事物，都是在其必然性与局限性的矛盾斗争中求得发展的。局限性亦是必然性的一种表现形式，而事物的发展又必须克服其局限性，这也是必然性的反映。

人们对事物的认识亦然。所有从各种不同观点出发的知，都共同地具有对客观世界加以条理化的作用，而且，都有独具一格的对客观世界的整理方式。换言之，建筑在这个认识意向之上的一套"分析构架"，具有它本身独特的分析能力，使它能够从"客观世界"中整理了某一种"现象"来。这是因为，由某种观点决定了的对某种问题的特别关注，导致使人的认知意向去将客观世界中的某一类现象孤立出来，并且还在它们之间寻求一种"必然性"的关联，且把它们的重要性提升到"本质"与"主流"的地位，而将"客观"世界中其他被过滤掉的方面当做是非本质的、意外的，或偶然的因素，甚至当做是"非事实"。

因此，一套由某一种认知意向衍生的分析构架，能使我们看到其他的分析构架所看不到的现象。认知意向对客观世界的这种"照明"作用，就好比在暗室中将一盏灯移到某一个角落，去照明这个暗室中堆聚着的杂物，并且将这堆杂物由光暗对比形成的轮廓，从这个特殊的角度去勾画出来一般，然而，正因为这样，任何照明的作用都不能够，也不可能同时"看到"从所有的角度显示出来的轮廓。

因此，根本就不存在着人的认识意向对客观事物"兼容并包"的可能性，因为，欲试图在天下万事万物之间都去寻求一种必然性、一种关联，就等于没有必然性；把乾坤万象的重要性都提升到"本质"与"主流"的地位，就等于没有“本质”与“主流”。

二

就其本质来说，任何理论天然是具有片面性的，但无限多样的片面性，就构成了全面性，有如树的枝丫，有的朝南，有的朝北，有的朝西，有的则朝东，而正是这种各自就势生长着的独立体，构成了亭亭如盖的完整的树，因而，任何试图兼容并包的验证，不仅会流于肤浅，且会妨碍整个科学的进步。

中国古代哲学，就是这样一个验证，其涵盖性很大，任何问题都似乎能给予解释，然而都是不痛不痒，不深入，也不具体，也正因为它总是那样“左右逢源”，既不可证实，亦不可证伪，因而无界定，亦都无发展。

三

“文化”是人类独有的现象，它是人对自身的生物性的加工，而将这个“生物性”作出某一程度的调整。

生物界对自身“遗传系统”的加工，并非始于人类，当生物进化到人类以后，这种经由大脑处理的体外讯息已经浓密到“人造环境”(亦可称为“文化氛围”)取代自然的环境，成为人类活动的主要媒介，而人的生物本能开始受到自体外讯息组成的意义、价值与象征符号的支配。故此，文化，亦可解释为“人类体外的非生物进化”。

四

对任何外来的精神体系来说，本土文化的“深层结构”就像一个“变压器”，使外来的精神体系必须像电流一般通过它，才能发挥效用。天主教与马克思主义都可以共同为东方与西方人所认同。然而，同一套精神价值体在不同的文化中却往往呈现出不同的形态，亦有不同的功用。在全球化的今天，既需要承认普世伦理的存在，超越意识形态的对立，又需要一种对于民族的认同和文化独特性的珍视与守护。

我庆幸我是一介平民

我在京城20多年，老家的亲戚和邻里但凡升学、就业的事，都会想到我，希望我从中帮帮忙。可我总是坦率地告诉他们：我虽在京城，可我只是一介平民，一个普通得不能再普通的教师，没有一点点实权，真的是爱莫能助。我不知道他们怎么想，是不是会觉得我不近人情，“拒人于千里之外”，明哲保身之类的；或者，干脆就认为，你怎么混得那么惨，没有混出个人样，一点小忙都帮不了。

在帮人“请托”等方面，我真的是无能为力。一是我手中没有什么筹码去和别人交换，二是天生就不愿求人，欠别人的人情总觉得不踏实。我在做学术报告的时候，经常口若悬河、妙语连珠，可在日常生活中却显得有些笨嘴笨舌，不善言辞，特别在要去求别人办事的时候，总感觉张不开嘴。我经常用老子的“大辩若讷”来自我解嘲，自我安慰。

我工作了将近20年，我从来没有获得过什么特别的好的机会，本应该属于我的机会还经常被别人侵吞和抢夺了去。可是，我真的很庆幸自己是一介平民，特别是几乎每天都看到大大小小的贪官一个个被揪出来千夫所指的时候，我就庆幸我手中无权——无处可捞，无力去捞，真正的“贪污没机会，受贿没地位”，使自己能够睡安稳觉，能够心宽体胖地、无比踏实地生活着。我时常感觉到自己的富有——这并不是我拥有很多，而只是由于欲望不多、消费有限。我的每一分钱都无比纯洁，在阳光下都会熠熠生辉，因为那背后只有智慧和汗水。

在一个权力不被权力去监督的社会里，权力是极易导致腐败的，人在江边走，难以不湿鞋。君不见，致使那些官员倒下的根本原因，无一不是他们手中不受制约的权力。那些因腐败而身陷囹圄或命赴黄泉的人，也是值得怜悯和同情的。没有人生来就是一个罪人，也没有人希望自己成为一个罪人。尽管我并不是一个贪婪的人,但如果我拥有贪污和受贿的机会,我也不敢保证我能经受得住诱惑——一次两次也许可以抗拒,十次八次就难说了——那钱来得太容易了,我也许同样会心存侥幸。

我庆幸我是一介平民。没有人对我溜须拍马、阿谀奉承,我看到的是真诚的笑脸,听到的是肺腑之言。我也没有任何必要去取悦他人,去说一些令人肉麻的言不由衷的话,更没必要请客送礼、贿赂他人。因为没有谁能够使一个平民变为"副平民"或"亚平民"。

你看那些八面风光、志得意满的人,也许他生活在恐惧之中,也许他要在铁窗中度过余生,权力使他们获得了许多暂时的利益和享乐,权力也锈蚀了他们的灵魂,并有可能带着他们走向地狱之门。我作为一个读书人,我庆幸我是一介平民,报考我的研究生的学子,都是些有"向学之心"的人,因为在我这里没有权力的荫庇,没有显赫的名声可供利用,唯有对于学问的兴趣和真诚,这反倒能够更好地彰显学术的尊严,更好地彰显为人之师的尊严。

因为我是平民,我就不太可能申请到重大课题(当然也就不可能成为为人不齿的"课题掮客"),成果也不易获大奖,但也由于不必为课题交差而东拼西凑,不必在观点上迎合别人,我的作品字里行间就会跳荡着更多的真诚,所以更能赢得读者的心,更能经受岁月的洗淘。

我庆幸我是一介平民,我从来没有炫耀过我结识过某一位高官,我也从来没有请任何一位高官为我题词作序或是合影留念,更谈不上将合影悬挂在办公室醒目的地方。我是一介平民,我的祖先不可能是吸血鬼,我不必担心我会遭什么报应。我憎恶那些为了捞个一官半职而不顾廉耻的人,我鄙视那些有一点点权力就吆三喝四、专横跋扈的人。沈从文先生说:"我一生从不相信权力,只相信智慧。"权力有时真的会扭曲人性。

我庆幸我是一介平民,也许这其中有一种酸葡萄的心理,一种阿 Q 的"精神胜利法",可问题是,人总得为自己的存在找一个理由。一个人可以为悦纳自我找诸般理由,只要不伤害他人,我们的《宪法》赋予每一个公民思想自由和信仰自由。

上苍给我们每一个人以生命,如何善待自我,如何善待众生,如何服务社群，如何使生命变得充盈，如何最大程度地实现生命的价值，如何善待别人的信任——谨防权力的滥用，这是我们必须思考并体现在社会文化的建设——特别是制度建设中的。在廉政问题上，靠得住的唯有制度。这已逐渐成为了人们的共识，可究竟是什么妨碍了更为完善的制度的建设呢?这才是真正值得我们思考的。

我庆幸我是平民。套用亚伯拉罕·林肯的话说：上帝是青睐平民的，他才创造了如此众多的平民。

给老年肖川的提醒

中国传统文化是“长者本位”的。这是因为直到几十年前，中国一直是一个农业社会。在农耕文明中，春耕夏耘，秋收冬藏都是(且只能是)根据经验行事。由于科学技术的不发达，自给自足的自然经济缺乏生发新的生产力要素的土壤，社会变化极其缓慢，因而使得过去有效的经验，今天仍然有效，明天也还用得着。在一个发展十分缓慢且科学技术非常落后的社会中，经验自然受到特别的膜拜。而一个人的经验总是与年龄成正比的，所以，在这样的社会中，年长就是资本，老年人是智慧、德行和权威的象征。这个传统在我们今天的社会生活中仍旧极有市场。

生老病死是谁也逃脱不掉的宿命。随着各种器官生理机能的退化和老化，心理上也往往会变得保守、固执、封闭和狭隘。趁我现在才刚刚步入中年，神智暂且还算清明，给老年的自己一些提醒，免得老糊涂了，晚节不保，不仅毁了一生的努力，还可能留下千古骂名。

如果不出什么大的意外，到我古稀之年，混个“知名学者”的名头，应该是问题不大。“名人”说出来的话，未必是名言，也甚至未必是“明言”(明智之言)。对此鲁迅先生早有觉察：“名人的话并不都是名言。”名言也不一定非要是名人说的话不可。平头百姓所言，经过实践检验，百试不爽，照样可以成为名言，只是言有名而人无名罢了。而名人说的话，若是眼光褊狭，信口雌黄，可能真的会臭不如屁，一试即爽。但因为他是名人，他放的屁也可能会被某些人当做金科玉律,那些迷信的人总以为龙身上的虱子也会有龙气的,其实不知道它跟普通虱子没有两样。年轻时是时代的弄潮儿,到了晚年,尽说昏话、胡话,而成为阻碍社会进步的顽固势力,这样的例子在历史上并不鲜见,“其实先驱者本是容易变成绊脚石的”(鲁迅),这就需要我们格外地警觉。

人老了,最好不要去写那些又长又臭的所谓“学术论文”了。没有什么新的东西,不过是些陈年旧账和说过无数遍的套话,这样的东西不写也罢。要知道,那些刊物的编辑们,可能是我们自己的学生,自己学生的学生,或者是学界至交好友的门徒。那些又长又臭的文章会使他们很为难:发吧,实在是浪费资源,且徒然耗费读者的时光;不发吧,感情上又过不去,面子上也过不去。中国有尊老敬老的传统,正因为这样,老年人就更需要自尊自重自爱,对年轻人更多地体谅、体恤和扶持。老年人如果有更多的“落红不是无情物,化作春泥更护花”(龚自珍《己亥杂诗》)的美好情怀和作为,像鲁迅先生说的那样,“只要能培一朵花,就不妨做做会朽的腐草”,当会赢得人们更多的发自内心的尊重。

中国民间有“七十不留宿,八十不留饭”之说。大意是说,人过了七十,就不要轻易在外面过夜了,过了八十,就不要随便在别人家吃饭了。想必是人老了,随时有可能发生意外,为了少给别人添麻烦,所以要特别慎重地对待自己的社会交往。至于作报告,那就更要慎之又慎,万一讲到激愤之处,闹个脑血栓、心肌梗塞之类的,将给别人带来多大的麻烦呀!天有不测风云,老年是人生的多事之秋,不可不慎,这是为了别人也是为了自己。

当人老了,可千万不要倚老卖老。要知道,长江后浪推前浪,这是历史的铁律。倚老卖老,与贩卖青春一样,是一种十足的浅薄。所以,在任何时候都不要对年轻人说“我吃过的盐比你吃过的饭还多”之类的话,为老不尊可是人生的大忌。

一个人年过花甲,基本上就可以与世无争了。这积极的方面是可以有一种超然物外的心态,活得潇洒和旷达,活出真我的风采,表现出无畏和执著;消极的方面是什么都无所谓,什么都不放在眼里,更有甚者以势压人，在对待年轻人的一些事情上表现出肆意妄为，因为老年人容易觉得谁对于他们也都是无可奈何了。

本来虚名浮誉这些东西于人生就无多大意义。人老了，荣誉、地位这些身外之物就变得更加无足轻重。所以，挂名的事还是少一点好，否则就会有掠人之美的嫌疑，从而有累清德。君子成人之美，但绝对不会掠人之美。

在我所认识的老一辈学者中，有许多老先生令我由衷地景仰。见到他们，我总会想到“睿慧”这个词：深刻、丰富、睿智，而又善良、慈爱、高贵，一派大家风范。他们有一颗朴素和仁慈的心，他们淡泊名利，奖掖后学，令人高山仰止。他们是我一生的榜样。

中国在日益走向老龄社会，怎样做一个受人尊敬的老人，特别是作为智识分子的我们，怎样对待自己所做的一点工作，所取得的一点成绩，怎样对待年轻学者，认真地思考一下是不无裨益的。像启功先生（1912—2005）那样，做一个知恩图报的人，做一个提携后学的长者，这应该是一个学界老人立身行事的两个基本点。

我向往暮年超然物外的心境。以上是“给老年肖川的提醒”，立此存照，愿接受诸位同仁的监察。

生命教育的三个层次

生命是上天赐给我们最丰盛的礼物。我们作为活生生的生命个体而生存于生命世界之中，人的生命并不是纯然作为一个观察、分析、思维的对象而存在的。我们教师面对的是一群鲜活的生命个体，是一个个对世界充满新奇感的心灵世界。如何把人性中最善良、最美好、最纯真的东西植入孩子的心田，让孩子在渐渐成长的过程中凝聚“人情味”，富有同情心和正义感，是我们生命价值最为完美的体现。我十分欣喜地看到：直面教育，直面人生，以成全每一个富有个性的人的发展为自己价值祈向的“生命教育”新理念，正成为越来越多以教育为天职的人们的共同旗帜。

“生命教育”(Life Education) 一词原本是在美国20世纪60年代作为社会中的吸毒、自杀、他杀、性危机等危害生命的现象的对策而出现的,可以说,生命教育起初是以死亡教育的形式出现的,通过生命教育唤起人们对生命的热爱,消解对生命的威胁。1968年,美国学者杰·唐纳·华特士(J.Donald Walters)开始倡导和实践生命教育思想,这一思想很快发展到许多国家和地区,形成了一种新的教育思潮。

随着生命教育在全球被逐渐推广和认同,不同国家和地区也出现了形形色色的生命教育。20世纪末期,我国台湾地区将“死亡教育”引入,称为生命教育,并在学校教育中逐步推广实施,现已形成了相当的规模,取得了不错的成果,掀起了一股生命教育的热潮。如中国的台湾教育行政部门设立了“生命教育委员会”,并曾将2001年定为“生命教育年”。他们认为,开设独立的生命教育课是学校实施生命教育的最基本的途径。香港教育学院公民教育中心于2002年明确提出以生命教育整合全校的公民及价值教育。2006年春季开学后,湖北咸宁市在全市所有中小学实施《生命教育》实验教学,从三年级到九年级试行,成为我国首个生命教育的实验区。近些年来,我国不少地区和学校在生命教育方面也开展了一些专题性的实践探索,积累了大量有益的经验。

越来越多的有识之士认识到:在应试教育日甚一日的今天,教育的真义被遮蔽了,教育的真正价值失落了,教育成为“训练”的代名词,成为塑造“单向度的人”的工艺流程。我们的教育无助于学生生命尊严的提升,有愧于学生生命尊严的失落。

生命教育的宗旨就在于:捍卫生命的尊严,激发生命的潜能,提升生命的品质,实现生命的价值。“关注生命,尊重生命,珍爱生命,欣赏生命,成全生命,敬畏生命”则构成生命教育的目标。

生命教育重要的是要培植学生的生命情怀。生命情怀是个体对自我生命的确认、接纳和喜爱,是对生命意义的肯定、欣赏和沉浸,以及对他人生命乃至整个生命世界的同情、关怀与珍惜。我们有太多的理由需要强调生命教育。全世界的自杀率是13/100 000,而我国的自杀率是23/100 000,特别是农村妇女的自杀率高达50/100 000。人们不难注意到：每年高考、中考前后，关于中学生自杀的报道便会骤然增多。如果在互联网上搜索一下"中学生自杀"，电脑立即显示出27万余条信息。据卫生部公布的调查，15岁到34岁人群死亡的第一原因不是医学上束手无策的什么疑难病症，而是自杀，并且自杀者年龄也越来越低龄化。有识之士惊呼：自杀，一个就太多了，何况是青春少年！对生命的遗忘是教育最大的悲哀，对生命的漠视是教育最大的失职与不幸。

在今天，生命教育作为素质教育的切入点和着力点，有如下三个层次的含义：

生命教育的第一个层次：生命教育作为教育的价值追求——我们的教育——真正人道的教育，不仅要对学生的升学考试负责，更要对学生一生的生命质量负责，要为学生的幸福人生奠基。

生命教育旨在帮助学生更好地理解生命的意义，确立起生命质量与生命尊严的意识，使他们能拥有一个美好的人生。总的生命质量领域应包括生活体验的全部。生命质量是代表一个人全部生活的术语，不仅仅是个人生活的部分，而应该是个人生活的全部内涵。生命质量是一个包含有终极关怀在内的概念，包含有生命的价值与意义的概念，是人作为精神的存在的内在关照，因而更多地与文化设计和文明的内在品质相关。

生命教育作为教育的价值追求，首要的意义在于：对人的尊重，必须落在对于个体生命的尊重，对个体生命的独特性、唯一性的尊重。一切以牺牲个体生命为代价而换取的所谓"大业"，所谓"圆满"，不管它冠以何种美妙的名字，其正当性都是值得怀疑的。一切以"虚幻的共同体"的名义，对于人作出牺牲的要求都是缺乏其存在的合理性的。尊重学生就意味着尊重学生的需要。

生命教育的第二个层次是生命教育作为教育的存在形态——生命教育就是为了生命主体的自由和幸福所进行的生命化的教育。生命教育应该是真正充满活力的人的教育，是引导人生走向美好和完善的教育。

让课堂充满关注生命的气息，让生命的活力充分地涌流，让智慧之花尽情绽放，应该成为所有教学的自觉追求。生命教育强调用生命去温暖生命，用生命去呵护生命，用生命去撞击生命，用生命去滋润生命，用生命去灿烂生命。在生命的根基上确定人的内在的不可让渡的尊严，树立生命神圣的观念。而在我们的社会中，漠视生命、轻贱生命，甚至是践踏与摧残生命的事时有发生，让人感到生命教育的必要与迫切。生命教育，其现实途径就在于：给学生一些权利，让他自己去选择；给学生一些机会，让他自己去把握；给学生一些困难，让他自己去面对；给学生一些问题，让他自己去解决；给学生一些条件，让他自己去创造。高扬生命的价值，反复吟唱生命的礼赞，让每一个人都能感受到生命积极的存在状态——投入、倾注、热力四射、兴味盎然。缘此，"贴近生命的需要，揭示生命的真相，引领成长的方向，探寻生命的意义，成全生命的价值"应该成为全部教育的自觉追求。

生命教育的第三个层次是生命教育作为教育的实践领域。生命教育是一个有着明确的价值追求而又涵括着多重主题的教育实践领域，因而是地方课程与学校校本课程开发与建设的重要主题和领域。

·安全教育：让儿童远离意外伤害的教育，如熟悉安全防护标志、火灾和地震演习；意外伤害的救护和自我救护；

·了解个体生命的成长历程，如青春期教育；

·艾滋病和毒品预防教育；

·珍爱生命与预防自杀；

·健康人格教育：自尊、自信与直率性格的培养；

·感恩教育与生命情怀的养育；

·临终关怀与死亡教育；

·人权教育——公民的人身权利，文化与社会权利；

·以保护生物多样性为目的的生态环境教育；

·国防与世界和平教育等等；

·敬畏生命与信仰教育。

有研究者发现：根据学生自己的报告，导致中学生轻生的前两大原因，分别为学习压力和个人情感问题，前者占34%，后者占30%。众所周知，学习压力大，是当前中学生存在的最严重的心理问题。因课业任务繁重，竞争激烈，父母的期望值过高，使得学生的精神压力越来越大。

生命教育也要求我们超越和提升传统的道德教育。因为，既不存在脱离人的生活而抽象存在的道德，也不存在没有道德的生活。更为重要的是“道德是为了人们更好地生活，人不是为了道德而存在”。推崇生命教育，主张用生命教育超越和提升道德教育，其理由就在于：道德教育是社会本位、成人中心的，它建立在这样一个假设的基础上，那就是“儿童是没有道德或者是不道德的”。因而道德教育强调外在规范，而不是着眼于儿童的内在需求。

生活是人的生命赖以表征展开与充实的形式。在生命教育的视域中，儿童的生活应包括这样几个层面：自然的、自发的生活——表现儿童内在冲动、童真与童趣的活动；非强制性和组织化的生活。

教育情境中的生活——教育者自觉创设的情境与活动，服务于儿童的成长与发展。不论是自然的、自发的生活，还是教育情境中的生活，都应努力做到：远离危险与意外伤害，确保儿童的安全与健康。学校与校外教育机构都有对儿童进行监护的职能。

主动地、快乐地生活——儿童的生活，是儿童自己的生活，是自由自在的生活，理当没有禁锢，没有恐吓，没有强制，没有苛严的规训；它远离功利、拒绝媚俗，服从兴趣、关注当下。

理智地生活——儿童激情有余，而理智不足；容易冲动，常常将幻想与现实混淆，是其心理活动的主要特征。让儿童学会计划、规划、设计活动，学会合理的期待和对活动的结果的想象是理智的生活品质的要求，这样才可能使儿童学会有责任感的生活。

有创意地生活——不满足于现状，总是试图去改变，不满足于单调的、简单重复的生活，穷尽可能性，换一种方式，在寻求改变中体味生活的乐趣。

生活总是与对生活的感受相联系的，儿童的生活也不例外。引导儿童接纳生活、品味生活，感知生命的复杂性、偶然性和神秘性，培养儿童对于生命的庄严感、神秘感与敬畏感，是我们关注儿童生活的意旨所在。让我们一道构筑保卫童年、守护童真的坚固防线！

没有人能阻止你更多地爱自己,爱自己最好的方法就是使自己变得更加完美。我们期待着通过生命教育使课堂焕发出生命的活力,提升师生校园生活的质量,并进而树立起生命神圣的观念,在生命的根基上确立起人的内在的不可让渡的尊严。我们期待着通过生命教育,学校变得更有吸引力;通过生命教育,个性变得丰富而舒展,人格变得正直而强健;通过生命教育,幸福从此熙熙攘攘,幸福从此溢满心房。

幸福从此溢满心房

亲爱的同学:

新学期又开始了,《生命教育》这门课程将伴随你度过充实快乐的每一天。

《生命教育》旨在帮助你更好地理解生命的意义,确立起生命质量与生命尊严的意识,使你拥有一个美好的人生。为此,本套教材以"关注生命,尊重生命,珍爱生命,欣赏生命,成全生命,敬畏生命"六个核心理念贯穿于整套教材学习主题之中。这些学习主题都是关乎我们生命的健康与幸福的。

在学习主题的设计上,我们力图落实"贴近生命的需要,揭示生命的真相,引领成长的方向,探寻生命的意义,成全生命的价值"这一课程的目标追求。因而,学习内容不仅有了解我们成长中的喜悦与烦恼,也有生命伦理与生命情怀的高扬,诸如提醒我们去怎样做一个受人尊敬与受人欢迎的人,还有一些与我们的日常生活密切相关的主题教育,如"安全教育"、"预防艾滋病教育"、"毒品预防教育"、"法制教育"、"地方病教育"、"国防教育"、"心理健康教育"、"青春期教育"等等。我们的目的就在于通过这些主题的学习,能够激发同学们生命的潜能,提升生命的品质,感受到生命的神圣和美好,更用心地呵护生命的尊严,以便最大程度地实现生命的价值。

让课堂充满关注生命的气息,让生命的活力充分地涌流,让智慧之花尽情绽放，是本课程的教学追求。因此，在“主题阅读”中，同学们要仔细琢磨，再三玩味，读出字里行间的意味来。在“思考与讨论”这一环节，我们试图让同学们带着问题去学习，用问题来引导教学的进程。接下来的内容，是对本课学习主题在逻辑上的展开，也就是对于上面提到的问题回答的可能的角度。在这些内容中，穿插着一些“小资料”，作为我们思想的资源。我们鼓励并欣赏你对于问题独到的理解，和对于教科书上的内容的质疑、修正、丰富和深化。“活动设计”是为了使同学们获得生命体验，从而自然地、自主地生成生命感悟。“名言锦句”意在帮助同学们深化和进一步丰富对于本课学习主题的认识。课文最后的“相关链接”为进一步拓展学习内容的索引，以便同学们的学习在日常生活中延续。我们希望同学们能积极参与教学过程，成为对课堂有贡献的人。

我们期待着通过生命教育这门课程的学习，使课堂焕发出生命的活力，提升师生校园生活的质量，并进而树立起生命神圣的观念，在生命的根基上确立起人的内在的不可让渡的尊严。

没有人能阻止你更多地爱自己，爱自己最好的方法就是使自己变得更加完美。相信同学们会喜欢这门课程，因为，它就是为了你能幸福和健康成长，并进而热爱生活、热爱学习、热爱我们社会这个大家庭而精心创制的。

我们更坚信通过《生命教育》这门课程的学习，每一个同学都有一个无比灿烂、无比辉煌的美丽人生。最后，祝同学们学习愉快，生活充满芬芳，笑容生动而灿烂。

本文是为地方教材和校本教材《生命教育》中学版写的前言，该套教材已经由人民出版社出版。

我祈愿

尊敬的各位领导、各位专家学者、各位校长、各位同仁：

今天是玉树大地震遇难同胞的全国哀悼日，在这个彰显生命价值的特别日子里，北京师范大学生命教育研究中心的成立，更加凸显了它特别的意义，那就是对生命的珍视、眷注、尊重与敬畏。

所谓生命教育，就是让教育充满关注生命的气息，让生命的活力充分涌流，让智慧之花尽情绽放，让敬畏生命的情怀充盈于每一个人的心中。我在给郑州师专附小的题词中这样写道："如果我们的教育能够带给学生温暖的回忆，并因此更加热爱学习、交往、探索与富有个性的表达；如果我们的教育能够让学生学会自立、自主、互助与合作，提升着他们的生命质量与生命尊严的意识；如果我们的教育能够让教师更多地感到精神的充实和生活的愉悦，并总是信心满满地投入工作；如果我们的教育能够让家长感到信任，自觉地支持学校的工作并因此而获得成长，那我们的教育就可以当之无愧地称为生命教育。"

为了筹备"生命教育研究中心"，我们团队的成员发表了系列的论文，出版了四本专著，主编了生命教育的教材和读物，我们正准备在全校（北京师范大学）开设《生命教育》的通识教育课程，我们承担了"十一五"两个国家级的课题，我们打造了系列讲座（包括陈建翔博士的《禅与开悟》，我的《让生命教育在课堂中绽放异彩》和《教育首先是温情地陪伴》，以及《生命教育与师生的幸福人生》等等）。可以说，从论文到专著，从课题到课程，从教材到读物，从网站到讲座，我们都做了诸多的准备。我们将在全国组织召开"全国生命教育的年会"。我们召开会议一般都是与当地教育主管部门或者政府合作，我们只提供智力支持，既没有经费的投入，也不从中获取任何的利益。

我们中心所开展的所有工作一定会遵守国家的法律法规，严格地在宪法的框架内开展工作。我们坚持公益性、非营利性、服务性的行动原则。为北师大、为北师大教育学部、为教育基本理论研究院增光添彩，为中国教育的健康发展贡献我们的智慧和力量。我和我的同事们一定会努力工作，积极探索，用生命的热情将中心打造成有广泛影响、有着良好社会声誉、有浓厚的实践关怀的全国一流的研究机构。

我祈愿并且相信，通过我们的不懈努力，一定能够让生命教育的旗帜在更多学校的上空高高飘扬，在广袤的神州大地上高高飘扬，让生活在这块古老大地上的人们更多地感受生活的美好，让幸福从此熙熙攘攘，让幸福从此溢满心房。

谢谢大家，祝福大家！

本文是作者2010年4月21日在“北京师范大学生命教育研究中心”成立典礼上的讲话。

我庆幸有你同行

尊敬的主持人，尊敬的各位同仁：

今天我们相聚在这里，以生命的名义，分享人生的美好和教育的智慧。自从去年五月九日在成都分别的那刻起，我就在期盼着今天的重逢。

作为一名教育理论工作者，作为深切关注祖国和人类命运、福祉与尊严的公共知识分子，我十分欣慰地看到大河上下，长城内外——从天山脚下到东海之滨，从塞北草原到江南水乡，生命教育的旗帜，在越来越多的学校上空高高飘扬。

北京师范大学生命教育实验学校是一个温暖的大家庭。我们有着共同的信念，高举着同一面旗帜，那就是：生命因教育的温暖而灿烂。一年一度的全国生命教育年会，是一个总结经验、展望未来、积累共识、相互砥砺、迈向卓越的盛会。

北京师范大学生命教育研究中心成立一年多来受到了社会各界广泛的关注，我和我的同事们将以更饱满的热情服务全国的近百所生命教育实验学校，并努力从大家卓有成效的探索中吸取前行的力量。

我一直以来并将一如既往地尽我所能为生命教育探索的拓展与深化贡献我的努力。在江苏灌南会议上，我作了《创造积极的学校文化》的报告，提出生命教育应该成为学校文化建设的核心和灵魂；在山东济南会议上，我作了《让生命教育在课堂中绽放异彩》，强调生命教育在课堂中的落实，提出了充满生命情怀的课堂特征；在四川成都会议上，我作了《教育首先是温情的陪伴》的报告，探讨了生命教育视域中的师生关系；

在今天的郑州会议上，我的报告的主题是《生命教育：与家长共成长》，家长是我们重要的工作伙伴，我们最重要的利益相关者，促进家长的成长，也是我们学校教育的社会责任和社会贡献的一种体现。在明年的天津会议上，我将为大家作《个体生命与民族文化》的报告，和大家一起探讨如何使作为个体的现代中国人既有中国文化的气质，又有着一种世界眼光和文化自觉。任何个人的智慧都是有限的，我们的年会将邀请国内外一流的专家、学者，共同探讨生命教育的真谛和实践策略。我们将不断丰富、完善和提升大会的品质，让每一位与会者都能真切地感到不虚此行。

感谢郑州市教育局，感谢郑州师院附小的同事们，感谢所有光临此次年会的学校代表，感谢来自首都和郑州市的媒体同仁们，感谢所有为生命教育在中华大地上茁壮成长而付出努力的人们。

珍爱生命，感恩生命，享受生命，敬畏生命，愿美好的生命情怀在你我心中荡漾，永不停息。

我有一个心愿：祝好人一生平安，不好的人也一生平安。

谢谢大家！

本文系作者2011年4月28日在全国生命教育2011年年会上的讲话。

用心培育一个读书的民族

我对国人的不读书，有着切肤之感：我们很多人对书籍没有兴趣，对精神生活没有兴趣，我发现很多人离开学校以后就几乎与书籍绝缘了。当我们走进许多家庭，就不难发现，什么高档电器都有，唯独没有几本书。我们这么大的国家，图书销量却很小，而且主要是教辅读物。以色列每年人均读书是55本，俄罗斯是50本，美国是44本，我们只有4本，而且90%是教参和教科书。大家不妨想一想，你一年读了几本书？

中国人中有阅读的需要和兴趣的人在总人口中的比例无疑是很低的。很多非常好的书发行量也只有一两千册，这固然与中国经济不发达、

70%多的人尚在为生计而奔忙有关，但那 20%多的人呢？尽管他们摆脱了生存危机，他们中的大多数仍旧不爱看书，这就很值得深思了。

政府官员大多不读书，他们忙着应酬，忙着出国考察和谈项目，他们热衷于去大学或研究机关兼职，热衷于捞学位，热衷于拿项目、搞课题，可就是不读书——他们没有时间也没有必要读书。商人大多不读书，他们忙着公关，忙着猜拳、喝酒、洗桑拿。今天的中国是“仕场经济”，而不是知识经济，读书值几个钱？他们没有心情读书。工人农民大多受教育程度偏低，收入也低，既没有钱买书，又读不进去，读书对于他们是一件奢侈的事情。教师读书的也不多——中小学教师工作太劳累，没有精力读书。大学教师在为课题交差而读书，确切地说，是翻书，是查书。真正的阅读，超越功利的心灵阅读，恐怕是很少很少的。

一个民族不读书，这个民族的文化就丧失了创造性、批判性，个人就会被群体所淹没。国人为什么不读书？我仔细揣摩，大致有以下几个方面的原因：

一是国人经历了漫长的、刻骨铭心的物质贫困，今天挣钱的机会突然多了起来，于是出现一个物质的时代，一个物欲横流的时代，人们普遍地浮躁，自然难以静下心来读书。

二是长期的思想专制使得人们头脑禁锢，才情枯竭。人们既不易创作出思想深刻、文质兼美的作品，即使有很好的作品，阅读时也难以产生豁然开朗、悠然心会的美妙感觉，人们难以从阅读中感受到快乐。

三是学校教育和家庭教育中没有成功地从小培养起人们的良好的阅读习惯和理智的好奇心。应试教育的泛滥使学生自由阅读的空间变得十分狭小，并使学生从小养成阅读的功利取向。

四是中国文化是一个“皇权至上”的官本位的文化，是一个讲究伦常日用的文化，而对纯粹理性和精神超越缺乏强烈而深刻的追求。历史上频繁的改朝换代，使得中国缺乏贵族传统，从而也就缺乏一种崇高而强大的精神传统。中国传统中其实非常缺乏对于纯粹精神的崇尚。“万般皆下品，唯有读书高”，只因为读书可以做官，可以成为“劳心者治人”的“人上人”，功利的取向是赤裸裸的。

没有出版自由与言论自由，阅读就难以成为大众深刻的精神需要。一个读书的民族一定是一个智慧的民族，一个充满生机与活力的民族，一个必定有着光明前途的民族。过去我们讲：一个人的心灵，高尚的东西不去占领，低下的东西就会趁虚而入。一个不读书的民族，是不会具有智慧和力量的，也不会具有崇高。以色列是全世界人均读书量最大的国家。直到今天，以色列人口也不过600多万，而它在全世界是一个很有影响力的国家。读书对于一个民族的重要性可见一斑。

看过一副对联："为善最乐，读书更佳。"为善之乐在于"予"，读书之佳在于"取"。读书应该是我们的精神体操，来锻炼我们的思维，来丰富我们的认知，来保持我们内心的和谐。锦州铁路中学的苏凌老师说："读书是一种可以忘乎所以悠然的自足，只要一卷在手，便可以拥有许多许多，我喜欢读书的感觉。"是的，有两种东西能让人的心灵永葆青春：真爱与好书。为了让我们的内心不再脆弱，让我们的心灵拥有力量，越来越多的人认识到了阅读的重要性，"多看点书，少看点电视"成为幸福人生的秘诀。更为可喜的是越来越多的学校把教师的系统阅读作为学校工作的重要议程，作为校本培训的重要举措。

如何培养一个读书的民族呢？

首先，作为家长要培养孩子的阅读习惯，让阅读成为孩子生活的一部分。据研究发现，爱书的孩子其人格特征是温柔、善良、开朗、快乐、幽默、自信、有气质、有同情心、语汇丰富、人际关系良好、在学业上的表现也比较好。所以父母要循循善诱，引导孩子从小亲近书籍，崇尚学问，尽早养成阅读习惯。

其次，学校教育中要着力培养学生阅读的内在需要。学校要努力营造书香校园，让学生切实体会到明代于谦所说的："书卷多情似故人，晨昏忧乐每相亲。眼前直下三千字，胸中全无一点尘。"（《观书》）当学生能够认识到，读书可以使精神充实，可以使人远离蒙昧和低俗，可以提升生命的质量，使人觉悟到人之为人的根本，那么他们就会终身与书籍为伴。

学校的图书馆不一定要建在固定的地方，可以建在楼层的各个角落，学生读书不一定要到图书馆去，图书对学生来说越近，阅读便越有可能随时发生。为了方便学生读书，利用一切可能的时间和地点建起流动图书馆,以期让学生在不经意间接触到更多的书。学校固定图书馆和流动图书馆可以交替开放,而且实行超市式全天候开放,使借书看书特别方便。

再次,要打造具有时代精神的高品质的大众读物。让读书成为每一个人日常生活不可缺少的一部分，成为一个民族一个国家的社会风尚，学者具有不可推卸的责任。哲学界的周国平,文学界的余秋雨,史学界的易中天,经济学界的梁小民,伦理学界的何怀宏,他们的学术随笔都写得很好,对于唤起人们阅读的冲动和提升民众的阅读品位,功不可没。

自重者人恒敬之

2008 年奥运会能够在中国举办，这对于中国的改革和开放也是一个难得的历史机遇，作为中华儿女为之感到自豪和骄傲自在情理之中。细心谋划,精心准备也都无可厚非。但凡事都有一个合理的度,伟人与小丑之间往往只有一步之遥。

奥运会本来不过是一场全球体育赛事,可国内一些人太把它当回事了,对它寄予了过多、过高的期望。就因为有外国人要来,过分的热情,过分的周到,显得有些曲意逢迎。结果,适得其反。西方一些人给中国扣上利用奥运“煽动民族主义”的帽子,像斯皮尔伯格这样的人表现出的傲慢与偏见,更是给主办者一记耳光。尽管问题主要在他们一边,尽管我们可以对斯皮尔伯格们说“给你脸不要脸”,但我们的确需要认真地想一想，好好地调整一下自己的心态。一个国家,如果不是高度尊重自己的国民，而对外国人过于热情以至于让人觉出几分媚态,不仅不能得到别人应有的尊敬,反倒会让别人轻视,甚至怀疑你别有用心。

自重者人恒敬之。不能以一颗平常心对待外国人(这“外国人”其实主要是西方人),把他们当成“洋大人”,唯他们的马首是瞻,对他们另眼相看、曲意逢迎,一些人甚至以能说几句外文(过多的是英语)作为自我炫耀的资本,是典型的弱国心态。我们可以心平气和地承认我们国家的落后，我们可以只争朝夕地向别人学习，我们可以穷则思变、自强不息。但任何时候我们都不能以牺牲自我的尊严迎合、取悦任何人，哪怕他的确比我们先进和文明。

前不久，我去日本旅游，导游告诉我，日本人总是将最好的东西留给自己的国民享用。导游小姐反复说，这体现出日本人的自私。但我不这样看，我倒觉得日本政府是真正的亲民政府。你想，社会上层享用最好的东西在哪一个国家都不成问题，问题是普通民众能否享用到最好的东西。将最好的东西留下来供自己的国民享用，普通民众就有可能享用到和社会上层享用的同样好的物品，这对于民族凝聚力、民族精神的培育是多么重要！相反，有的国家，将好的东西出口，普通国民享用的大多是劣质产品。将最好的东西出口换取的外汇用来进口高档商品，当然也只有社会上层可以享用得起。换取的外汇还可以供社会上层出国学习考察、观光旅游，总之，一切都是有利于社会上层。这样的行动逻辑与现实体现的是对普通民众的漠视甚至蔑视。

据刘绍楹先生在《从卸任外国政要"走穴"说到寺庙"CEO"》一文中披露：大名鼎鼎的英国前首相布莱尔，这位卸任的世界政坛名人 2007 年 11 月 6 日"走穴"来到我国南方一座城市，应某企业之邀出席商业活动，美滋滋地把 50 万美元出场费装入自家腰包，而他所做的仅仅是两个多小时的作秀和讲演。无独有偶，英国另一位前首相梅杰、美国前总统克林顿也曾到我国"走穴"过，从我国一些机构、企业拿走不少银两。据说，克林顿 2002 年到 2005 年四次中国之行，总共将近百万美元收入囊中（资料来源《前线》，2008 年第 2 期）。以致英国的媒体都感到奇怪：中国作为一个发展中国家为何如此慷慨大方？这是不是也因为某些人的那种盲目媚外、自轻自贱的思想在作祟呢？想想看，50 万美元是多少农民兄弟一年的收入？我不知道那些不肖子孙，那些败家子是不是受到了应有的惩处？此等败类是不是还安稳地坐在炙手可热的位子上？

在全球化的今天，我们无疑需要坚持对外开放，需要更多地吸取其他民族，特别是世界先进民族的政治智慧、知识创新和技术创新。但在国际交往中，我们始终应该不卑不亢，自觉维护国家主权和民族尊严。并且，需要对所有的中国人以同样的尊重、关爱和呵护。只有这样，我们才能真正赢得世界其他民族的尊重。任何以牺牲中国人自己的尊严、利益和便利，试图去取悦外国人的思想和做法，不仅是可耻的，也将是徒劳的。任何奴颜媚外、仰人鼻息的做派都是自毁长城，都只会招致别人的轻蔑和不屑。我愿三复斯言！

如何培育民族精神

民族精神无疑是一个褒义词，意指一个民族独特的、优秀的精神气质和品格，是一个民族在适应环境，改造世界，形成自己特有语言、习俗和人文传统的长期发展历程中，表现出来的富有生命力的优秀思想、高尚品格和坚定志向。它具有民族性、时代性和先进性特征。

人类社会发展的历史证明，民族精神是一个民族生命力、创造力和凝聚力的源泉。一个民族，一个国家，如果没有民族精神作为赖以生存和发展的精神支撑，就等于没有灵魂，就会失去凝聚力和生命力，就不可能自尊、自立、自强。一个民族要自立于世界民族之林，成为一个伟大的民族，建设一个强大的国家，当然要有自己的精神。

首先的问题是，我们需要培育什么样的民族精神。我倾向于认同“培育民族精神”的说法，一个专制文化中、一个被她伟大的心灵称为“吃人”的文化中，是不太可能有什么丰厚的民族精神的，民族精神或文化的优秀传统是不应该从“圣人”的言论中去寻找的，更何况“圣人”的根本出发点在今天看来，也存在着问题——无非是更好地维护等级的、专制的统治。所谓“民本”，也不过是使“民”能心甘情愿地接受统治和压榨，而不至于犯上作乱罢了，与真正的民主思想相去甚远，甚至大相径庭。

自20世纪二、三十年代以来，对中国知识界影响最大的本土思想家当属鲁迅，原因何在？一是因为鲁迅先生的深刻，他的思想的确超出了他同时代的中国人；他睿智的眼光穿透了中国历史的黑暗，为中国预设了光明的前程；还有一个重要原因，由于毛泽东主席给予了鲁迅崇高的评价，特别是1949年之后，人们想说的话可以假鲁迅之口说出来。比如说中国历史上只有两个时代，一个是稳做奴隶的时代，一个是连奴隶都做不稳的时代，“中国人向来就没有拿到过‘人’的价格，至多不过是奴隶，到现在还如此，然而下于奴隶的时候，却是屡见不鲜的”，所谓“中国的文明者，其实不过是安排给阔人享用的人肉的筵席。所谓中国者，其实不过是安排这人肉的筵席的厨房”……这些都是为人们广为引用的名言，今天的人们即使自己敢于这么说，恐怕也不会被传播，招致封杀或者更严重的后果，也不无可能。因为“极左”的势力还是存在的。当人们觉得自己不够强大时，就只好“扯虎皮做大旗”了，但问题是什么力量使人变得弱小?我们怎样才能消解这种力量呢?这恐怕是培育民族精神的当务之急。如果我们不切实地着手做这些事情，“培育民族精神”又会成为一个过眼烟云的时髦口号；如果“狼来了”喊得多了，人们就会变得麻木；当真正的狼来了时，就只有被动挨打的份了。

我们要培育什么样的民族精神，其实新文化运动的先驱们已经做了回答。民主、科学、人权(或曰个性解放。对于“五四”运动的基本精神，一段时间内只谈民主与科学，而忽略了人权，忽略了个性解放，这恐怕是“一切历史都是当代史”的最好注脚)。一切不以民主、科学、人权为基本的价值取向的民族精神,都将是无益于民族复兴的伟大运动的。

民主，相对的是君主，相对的是独裁和专制，即公民享有广泛的、自由的、充分的参与公共事务决策的权利。他们理当享有知情权和参与权，理当有自由、充分发表自己意见的权利。这就是言论自由。言论自由不是什么都可以随便说，言论自由也是有其底线的，那就是“不能危害公共安全，不能泄露国家机密，不能诽谤和侮辱他人”，除此之外，一切思考的表达都受法律的保护，对于一切言论都可以批评，当然也可以反批评；一切都基于平等的协商的精神，自由言说。自由言说就包含着充分地言说。经自由的言说，最有可能消除愚弄和蒙蔽，揭穿欺骗和谎言，还事情以真相，尽可能全面、理性地认识问题，集思广益、众志成城，将公共事务处理得尽可能的最好。培育民族精神，理当从切实保护言论自由开始。

科学，最核心的是科学精神。科学精神的基本要素应包括如下方面：

合理的怀疑，注重事实，尊重和宽容地对待一切新生事物。细究起来，这一术语可能具有以下含义：崇尚理性的怀疑：既能做到不轻信，不盲从，不唯书，不唯上，又不意气用事，简单否定；重视客观的依据：不臆断、不妄想——科学是富有想象力的，科学也需要大胆猜测，但必须立足于客观依据；鼓励多元的思考：客观世界是多元的、多维的，充满着复杂性、交叉性、交融性，只有鼓励多元、多维度、多方位、多角度，甚至是多时序、多时段的观察思考才能更接近现实存在；强调实践的检验：实践包括实验、实证。倡导平等、自由的争论，珍视创造性、建设性的冲突。只有保障了争论的平权与自由，才会产生出真正的理性怀疑和多元的思考；注重宽容的激励：人的认识能力是有限的，每一个人在实践中都可能遭受失败。宽容是纠正错误的最好方法。

权力即真理，是科学精神的大敌——霸气十足，蛮横不讲理，听不得不同的意见；听到批评的声音就暴跳如雷，甚至欲置对方于死地，不仅是缺乏民主精神的表现，也是缺乏科学精神的表现，是小家子气，是没有现代文明修养的表现。一位在美国工作的教授写过一本书，其主体思想是"布什政府是白痴政府"，不仅没有受到追究，书籍还很畅销；最近又有一个美国学者，还是一个研究所的所长写了一本书，其主题是"美国才是世界上最大的无赖国家"，自然也平安无事。美国的政客们不见得谁都宽宏大量，但在那个制度下，谁要钳制思想自由是不易达到目的的。民主与科学的共同基础是独立思考、独立判断。切实保障思想自由、言论自由，并自然地延伸为出版自由、新闻自由，是培育民族精神不可回避的制度设计。

尊重言论自由，其实就是对于人们理智能力的信任和尊重，也许我的言论不具有真理性，甚至是有严重错误的，但我并不担心这会误导民众，将民众导入歧途。因为我相信人们会，也有能力做出自己的判断。当人们能够意识到各种各样的言论中，不是所有的言论都具有真理性时，那么人们就必然地要依赖自己的理智做出判断，质疑与独立思考的能力与品格才有可能得到更好的培养。

尊重公民的人权，尊重个性自由，发展自由个性，是培育民族精神不可或缺的核心价值追求。民族精神不是某种“虚幻的共同体”的意志，而必须体现在具体的、个体的公民身上。只有尊重个性自由，才能发展自由个性。自由个性比较理想的状态是不拘谨、不呆板、不僵化、不狭隘，心灵比较阳光，性格比较开朗，生活态度比较乐观和积极，具有较强的参与意识、平等意识、自主意识和责任意识。只有当有更多的公民能够敢恨敢爱，敢生敢死，敢想、敢说、敢干、敢承担，一个生气蓬勃的民族，才能出现在世界的舞台上。

只有培育民族精神，弘扬民族精神才有可能。我们需要警惕把那些携带有专制主义、特权意识的东西，当做民族精神来弘扬，如人们津津乐道的“先天下之忧而忧，后天下之乐而乐”，其实这里就有一种特权意识、救世主的意志，而缺乏平等意识。为了保障民主、科学、人权精神的落实，现代法制的建立、健全就是必不可少的。民族精神的培育与法制的健全是相辅相成的。人们有理由期待，当中华大地成为法治光芒普照的朗朗乾坤之日，也就是民族之花盛开之时。

给青年学生的忠告

青年、中年、老年，各自拥有一份独特的美感，一种深长的况味。青春时光，便是生命之树的根部，应该悉心照料呵护，培土施肥浇水，这些就是知识的汲取，人格的蓄养，智慧的培育。我已步入中年，生命渐入佳境。品味人生，感慨良多。我希望年轻人以夯实整个人生的根基为出发点，趁着春光正好，努力为生命的饱满丰盈注入些什么！

1.信仰第一，健康第二，学问（事业）第三。而亲情、爱情、友情当融渗于三者之中。如果没有信仰，再健康的身体也不过是没有灵魂的行尸走肉，所有的情也都注定不会那么纯洁，而会深深地打下功利与市侩的印记。

2.要始终对那些灵魂高贵者怀着崇仰的心情，而要远离那些政客，他们没有节操，没有灵魂，他们不过是些善于钻营和逢迎的势利小人。

3.不要过多地谈论琐屑和庸俗的事情，譬如娱乐圈内的绯闻。谈论琐屑和庸俗的事情，慢慢地就会变得琐屑和庸俗。心地要宽平，见识要卓越，气象要宏大，践履要笃实。

4.人生是一个不可逆转的行程。要相信你会变得越来越有力量，重要的是把今天的日子过得充实和美好。生命是你自己的，心情也是你自己的，自然，快乐也是你自己的。记住：快乐是一种美德。

5.要关注民族、国家及人类的未来，要尽可能地做一些能够增进人类总体福利的事情。一个人的价值实现的程度取决于对自我的超越程度。你生活的舞台愈宽广，你就愈会感到祖国的命运与我们息息相关。

6.自觉地守护人类变得更加美好所依持的核心价值，诸如自由、民主、平等、博爱、人权。

7."人字的结构就是相互支撑"，要善待你生命中的每一个人，并随时准备着去支持别人。

8.要始终保持一种开放的心态。一个成功的人，一定是善于学习的人，向他人学习，向书本学习，向社会实践学习，从自我的经历中学习。

9.不要为了某一种价值而罔顾其他价值，譬如，不要为了金钱而伤害亲情。人生需要在诸多的价值中取得平衡。

10.爱护上苍赐予我们的一切，所有的财富也都是人类共有的财富。即使你将来变得十分富有，也不要占有太多。奉献是生命崇高的境界。

11.即使一切都不改变，我们仍然有努力的空间，相信天道酬勤，相信水滴石穿；不要抱怨环境，学会正面思考，学会从积极的方面看待事情。

12.你至少要有一个可以推心置腹、肝胆相照，甚至可以两肋插刀的朋友。朋友是我们走进另一个生命世界最可能的途径。赢得朋友的秘诀在于真情与宽容。

13.乐于并学会与社会各阶层的人们交往，并保持自我的同一性和统一的生活哲学。

14.不要将别人的忠告视为高高在上的说教，尽管生活的信念要靠经验去培植，但别人的经验也值得分享。只有登上山峰，人才会比山更高。

15.为人要谦和平易，通达疏放，和善包容。这样才能化解人与人之间难以避免的嫌隙、责怨和敌视。

16.学问变化气质，知识滋养人生。手头再紧，也要买书；工作再忙，也要读书；交情再浅，也要送书；房子再小，也要有书橱。

为自由社会培养人

教育除具有使个人获得发展——培养其生存、发展和享受的功能之外，教育还有其社会功能，即使社会安定、和谐并得以延续。但此社会不同于彼社会，有人道之社会，亦有非人道的社会；有民主社会，亦有专制社会；有自由社会，亦有缺乏人权保障的社会。我们的教育要服务于何种社会，这是教育的方向问题，亦即教育的根本问题。

自由社会，民主社会，多元社会，开放社会，法治社会，这些词几乎是同义词，指这样一种社会：人人享有广泛的人权；人人享有平等之权利；人的尊严受到高度的尊重；只要在法律允许的范围内，无人能剥夺其权利，亦不得损害其权利；政府只能做那些法律所赋予它权力的事情；而对于公民而言，什么都可以干，只要法律没有禁止（法律禁止之事亦可以干，但违法必究，且法律面前人人平等）；言论自由、思想自由、出版自由、信仰自由、结社自由、婚姻自由得到充分的尊重和履行……只要你不危害国家安全，只要你不侵犯他人的权利，只要你遵守法律，你就不会遭到拘捕、拘禁，就不会受到法律的追究，更不会受到公权的威胁，你就是安全的。

老子说：“祸莫大于无敌。”用现在的话来说，就是“没有约束是最大的祸患”。民主是人与人平等的政治权利（众生平等），是人与人相互约束的政治运行机制（对立平衡）。

自由社会的核心价值之一，就是平等。平等之所以重要，是因为它关系到人们的生活机会，即他们的幸福与自尊。平等之所以重要还在于：一个极度不平等的社会，由于未能使其公民最充分地发挥天才和能力，从而会损害社会自身；不平等还会威胁到社会的凝聚力，并能够造成其他我们不愿意看到的后果，例如犯罪率居高不下。过去，的确也存在过一些虽然包含着大量的不平等，但却依然保持着稳定的社会——例如，传统的印度世袭阶层制度。而在一个日益民主化、信息化的时代情况就大不同了。一个制造出大范围不平等的社会，会产生普遍的不满与冲突。

我们不否认现实社会中存在的财富、身体、地位差异状况，但是，每个人在人身、人格和尊严等权利方面都必须受到平等保障，享有充分的自由，这是一个民主社会运转的基石。如果我们的孩子，从小就习惯于区分等级和被区分，习惯于在一个公益的口号下牺牲少数无辜者的利益，习惯于漠视他人的尊严和权利，我不敢指望他们会成长为一个合格的现代公民。

自由社会也是多元社会和开放社会。所谓多元社会，即存在着相互冲突而同等重要的价值观念、存在着不同利益共同体、存在着不同声音的社会。在一元和封闭的社会中，过度的垂直控制是其重要特征。著名政治学者帕特曼对这种体制做过大量比较研究，他发现这种制度安排必然在解决集体行动困境中显示出局限性。这种自上而下的垂直控制方式产生出一种以“庇护—附庸”为特点的社会网络关系，使各项实际制度更多因人设事，更多行为短期化，更少公共精神，并必然降低国家行政的效率，阻碍经济增长。垂直的网络，无论多么密集，无论对其参与者多么重要，都难以有效地维系社会信任和合作。信息的垂直流动，常常不如水平流动可靠，其原因部分的在于，下属为了自身利益而对信息有所保留。更为重要的是，那些支撑互惠规范的惩罚手段，不大可能向上实施，即使实施了，也不大可能被接受。这种控制方式有时候会动用极大的资源来做一件事情，并可做成功，但其结果是总体效率的低下。

经济学家米尔顿·弗里德曼认为不管是建筑还是绘画，科学还是文学，工业还是农业，文明的巨大进展从不是来自集权的政府，哥伦布、牛顿和莱布尼兹、爱因斯坦、爱迪生等诸多人，其发明创造没有一个是出自政府的指令。他们的成就是个人天才的产物，是允许多样化和差异的社会风气的产物。

个人自由的保障必须以限制政府权力为前提，一个国家政府官员的权力越大，权力寻租、官商勾结的机会就越多，社会为之付出的交易成本就越大。

对自由最大的威胁是权力的集中。为了保护我们的自由，政府是必要的，通过政府这一工具我们可以行使我们的自由。然而，由于权力集中在当权者手中，它也是对个人自由产生威胁的主要原因。即便行使权力的人们开始是出于良好的动机，我们也不能因此便忘却阿克顿勋爵那句名言："任何权力都会产生腐败，绝对的权力产生绝对的腐败。"

自由社会当然也是法治社会，而不是"人治社会"。法治意味着社会公众自己替自己做主，享有充分表达自己愿望、期待和要求的权利。法治也表明了只有人民（社会公众）自己才有资格拥有对法律之好坏、良善与否予以最终判断的权利，而其判断的共同标准，乃是人本身的生存、发展和完善，即人的全面自由发展。建设法治社会之所以必要，就在于"贤人政治"靠不住——这不仅在于"贤人"可能经不住声色犬马的诱惑而堕落，也在于贪官可以把自己伪装成"满口的仁义道德，一肚子男盗女娼"的"正人君子"。计划经济时代，政治和社会资源紧紧捆绑在一起，政治决定其分配和归属。当时实行"行政级别"体制，不同级别分配给不同层次的社会资源，例如，政治荣誉、工资、房子、车子等。这些都关乎个人切身利益，当改革要改变特权者的既得利益时，就遭遇到了最大的抵制。而这些抵制改革的人，也有着非常动听的借口，他们总是假以"人民"的名义。

自由社会也是能最大程度地发挥人的主体精神和创造潜能的社会，一个能使人的个性最和谐、最健康发展的社会，也是一个最人道、最合乎人性、最有利于每一个人创造属于自己的幸福生活的社会。自由社会否弃特权，拒斥一部分人对另一部分人的奴役和欺瞒，它禁绝强权，它公开、透明，它公正、公平，它能最大程度地集中全体国民的智慧，把少数人（甚至是个别人）可能的独断专行、利令智昏的危害降低到最小的程度。权钱交易、权色交易、买官卖官、欺上瞒下、欺软怕硬……许多丑恶现象在众目睽睽之下变得不可能，公权权力处于全民监督之下。"民主的思想是重要的，因为它不仅体现了自由、平等和公正等诸多价值中的一种价值，而且它是可以联系和协调相互竞争的既有问题的一种价值……民主并不以不同价值的一致为先决条件，毋宁说，它只是为把价值相互联系起来以及把解决价值冲突放到公开参与公共过程之中提供一种方法……”［参见(英)戴维·赫尔德著《民主的模式》，中央编译出版社，1998年］

在一个自由的社会中，个人最有可能去追求自我完善，去追求体现个人智慧的魅力、个性的魅力的机会，而不是靠仰人鼻息、人身依附、趋炎附势去获得现实的好处。“权利”是市场经济以及与之相适应的法治社会的基石和最鲜明的旗帜。良好的市场经济和法治社会的一切制度安排都是以民众的自主权利为核心而逻辑地展开的。特权及其意识的强烈腐蚀作用不仅腐化公共权力，破坏经济效率、秩序和社会公正，而且造成社会道德观念的严重混乱乃至堕落，其危害性在市场经济体制尚未完善的条件下尤为突出。事实上，这正是体制转轨时期影响经济与社会发展及稳定的诸多问题的一个根源。

光有好的制度是不够的。如果执行民主制度的人本身没有经历一个由专制性格向民主性格的转变，没有养成民主的性格，民主的制度仍有被无耻践踏的可能。更何况民主制度的建设有赖制度建设的人们基于民主的理念行事。简单地移植一种制度，而没有广泛的民主基础，其制度能发挥作用者未之尝闻。

一个国家国民政治素质的高低是评价其民主文明程度的重要标志之一。政治学家马克思·韦伯认为，落后民族从根本上来说是一个“非政治的民族”，亦即由于缺乏一套能够使全体国民都参与其中的政治过程和政治机制，大多数国民并不生活在本国政治之中。现代“政治民族”的生成，需要每一个社会公众具有强烈的政治参与意识与政治责任感，这是一个十分迫切的建设性课题。

为自由社会培养人，这就成了我们教育的使命。教育不仅要使个体识文断字，知书达理，有谋生之技能，可以独善其身并兼济天下，教育还要为一个理想的社会奠基，为理想之社会培养人。这个理想社会，就是自由社会、民主社会、开放社会、多元社会、法治社会。这是几千年来人类文明的最杰出的成就——一个尊重人、尊重人道和人性的社会。

理想的社会应当由具有民主性格的人来建设。所谓民主的性格，就是乐于分享、善于沟通、服膺真理、勇于承担、敢于创新的性格。这种性格只能在一个人的人格的定型期来逐渐养成。鲁迅先生说:“惟有民魂是值得宝贵的,惟有他发扬起来,中国才有真进步。”(《华盖集续编·学界的三魂》)鲁迅先生所说的“民魂”,在今天看来,一定得包含民主和自由的因子。分享是民主的基础,没有分享意识的极端,便是独裁。

而为了培养民主的性格,从培养目标到评价选拔的标准,从课程内容到教学方式,从校园生活到家庭教育等,都应该是充满平等、民主、尊重和开放的。学校应该成为民主社会的雏形,应该成为引领社会前进的力量。教育无疑要关注每一个学生的发展,但关注学生发展必须要有这样一个眼界,那就是学生发展的时代内涵,自觉引导学生去过一种民主的生活,形成民主的性格,进而有可能去建设民主的社会。一个国家的光荣与梦想不仅仅是“两弹一星”,也不仅仅是飞船上天,也不仅仅是随后展开的更复杂的太空探索。国家主权的强大、民族的强盛也不仅仅依赖于此,还在于给每个社群、每个公民实现自己的光荣与梦想的充裕空间,并让社群与公民的追求保持和谐与统一。为自由社会培养人,这是教育的社会职能在现时代最核心、最根本的体现,因而是今天我们教育的重要使命。

有所执著

一

西西弗得罪了诸神,诸神惩罚他将巨石推上山顶。由于巨石自身的重量,它总是要重新滚下去,西西弗又必须下山再把巨石推上去。诸神认为再也没有比进行这种无效无望的劳动更为严厉的惩罚了。而对于他,朝向山顶所进行的斗争本身就足以充实人生:这块巨石上的每一颗粒,这黑黝黝的高山上的每一寸土地,只有对他才构成意义。应该认为,西西弗是充实和幸福的。有所执著,正是这样一种淡泊中的跋涉、退避中的追求，一种刚硬的精神气质，一种壁立千仞的节操。

二

不论你是蛰居于象牙之塔，还是高踞于庙堂之位；也不论你是奔波于闹市通衢，还是栖居于田园山水，只有有所执著，才能对常人眼中的得失、毁誉在所不计，无动于衷，才会有一种笑傲人生的旷达与潇洒。

三

现代人解脱了传统社会种种条规的束缚与禁锢，可能也必须独自面对世界——一个人们有了更多需要也有了更多满足需要手段的世界。在纷繁的世界面前，现代人也就有了更多无所执著的空虚与无所依傍的孤独。也正因为如此，有所执著才成了现代人渴求的精神品质。

四

有所执著是对某种生活方式理智的皈依。倘若一种教育，不能凭借教育者人格的力量和真理的力量，造就出一种有所执著的精神气质，那么，这种教育便是一种失败的教育；倘若一种教育，在受教育者尚未具有理性的、自主的选择能力之前，先入为主地向他们灌输某些信条，而这些信条本身又是荒谬和伪善的，那么，培养出来的人不论怎样虔诚地信奉，那也不是执著，而是蒙昧和愚顽。

五

执著是一种真诚的、全身心的投入与倾注。这种投入与倾注的对象，便是我们所谓的事业。茫茫人海中，某些人有职业，却没有事业；某些人有事业，却没有职业；有些人既没有事业又没有职业；某些人事业和职业是相统一的;某些人事业和职业是相分离的。由此观之,各色人生,大抵如此。

我所期盼的未来

“未来并不是我们想要去的某一个地方，未来就存在于我们今天的创造之中。并不既存着通向未来之路,通向未来的路在我们今天的创设之中。这个创造性的活动既改变着创造者自身，也改变着我们的目的地。”(澳大利亚未来委员会)未来是属于我们的,未来也是由我们今天创造的。我们每一个人都有想象未来并表达我们内心真实愿望的权利。思考未来并筹划未来,对未来负责,并进而未雨绸缪,是一个有良知的公民的责任。尽管我们期盼的未来不是某些人希望看到的——因为那样一个民主的、自由的、阳光明媚的未来会使他们的既得利益受损,要以他们特权的丧失为条件——但一个更人性、更平等、更公正、更美好的未来要靠我们通过自由充分的交流达成共识、形成合力,经由制度建设和社会的种种改良而实现。

·中国人口回落到六亿以下,实现人与自然之间的和谐。

·公民可以更多地参与公共事务的决策和管理，宪法赋予公民的包括结社自由和言论自由在内的权利能够落实在我们的日常生活之中。

·城乡差别消灭,“农民”一词不再是卑贱身份的标识,而是与田园风光、悠闲和自然相联系的富有诗意的词。

·人与人之间变得友善、信任与宽容，慈善事业成为广泛的群众基础、人们热衷参与的事业。

·假冒伪劣产品销声匿迹。

·“弱势群体”、“文化处境不利的儿童”成为历史的陈迹。

·所有的儿童真正拥有幸福的童年,不再有过重的课业负担,不再有紧锁的眉头,不再有乞求的眼神,让所有的儿童都生活在爱的阳光中,感受到生活的幸福、美好。

·60%的同年人能够接受大学教育，15%的同年人能够接受研究生教育，实现高等教育的大众化。

·中国有一批世界一流的头脑。

·中国有一批拥有自主知识产权的企业和世界知名的品牌。

·中国人可以自由地出入国门，绝大多数人都有机会亲身感受异域文明。

·每一个家庭都有丰富的藏书，书评杂志和书评周刊广受人们的青睐。

·人们对“当官”不再趋之若鹜，也不再有很多的贪官。从政是为了展示个人的智慧和个性的魅力，而不是为了捞取好处。

·社会保障系统覆盖到所有国民，在中国的任何一个地方，再也看不到衣衫褴褛、蓬头垢面的乞讨者。。

·英语水平的高低不再成为升学、晋升的条件，更不是自我炫耀的资本。

·智慧与德行成为一个人受人尊敬的唯一理由，领袖崇拜彻底地从我们的生活中消失。

·中国有几所世界一流的大学。大学成为社会思想与文化的引领者，而不再是衙门和少数人捞取好处的地方。

·“曾经圣人手，议论安敢到”成为历史的陈迹，新的思想和新的理论如雨后春笋，滋养着我们开放而又敏感的心灵。

……

每个人都渴望正义，希望生活在正义的阳光下，没有贪污，没有腐败，没有抢劫，没有以强凌弱，没有以权谋私……可是，在现实生活中，很多人会觉得正义太少，似乎头顶总是被那些阴云笼罩，喘不过气来。这其中有多种原因，怨天尤人和一味地指责都是不够的。其实，任何一种社会问题的出现，都有其社会根源。面对邪恶，我们除了做力所能及的斗争以外，更重要的是让自己成为一个充满正义感的人，不去沾染邪恶的习性，用自己的行动去感召身边的人。

我们的社会在变得越来越好，我们有充分的理由期待一个更加美好的未来，也正是因为有了对于未来、对于精神上唯美的追求，我们的精神世界才会变得更加瑰丽多姿。

教育的期待

教育内在于一个人文的世界。在这个世界中，教育的方向和效果更多地取决于我们的信念和期待。良好的教育必定有一个价值预设：人性向善。基于这一价值预设，良好的教育更多的是尊重和信任，而不是防范与责罚。

在我们成人世界里，经常可以发现这样一种现象：人们习惯于用对于别人的“错误”、“问题”以“残酷斗争，无情打击”来表明自己旗帜鲜明的立场与态度，而且是立场愈鲜明、态度愈坚决，就似乎愈能标明自己离某种“错误”和“问题”愈远。另外，我们习惯于树立榜样、宣传榜样、学习榜样，而往往漠视我们每一个人身上存在着的宝贵的“善端”，因而我们就往往少了一份对人的信任和由衷的尊重。在我们的教育实际中，在对待学生，特别是对待那些暂时在某些方面后进的学生，有着太多的轻蔑、讥讽、责罚和制裁。在笔者看来，更多地给予学生温暖的感化，让他们多一份真诚的感动，唤醒、激活他们心中潜藏着的对于美好生活与美好事物的向往，是与对人性乐观、光明、正直的期待相联系的。因而，人性问题就不仅仅是一个哲学问题，而是与我们日常的教育行为密切相关的问题。

人性的问题，不是一个实证科学或经验科学的问题，而是一个人文世界中的价值预设。如果说，在政治、法律领域，作“人性本恶”的价值预设有利于政治制度和法律体系的完善的话，那么，在道德、教育领域，作“人性本善”的价值预设，则是道德与教育的内在特征所要求的。在笔者看来，肯定人的精神自我、精神生命、精神需要的存在，就是对人的独特价值和人的尊严的肯定，就是对人性中光明与正义的乐观的祈盼。这种期待，也就是教育人类学所谓的“教育的意向性”。

“人性向善”不是一个需要去证明的事实，而是一种价值承诺，一种有待实践的理想；是教育信念确立的基础和前提。当我们觉得这个世界是美好的，它便在很大程度上折射出我们内心世界的美好；当我们觉得这个世界是丑陋的，它便在很大程度上折射出我们内心的阴暗。在道德教育中，“人性向善”的价值预设就好像要制造一种产品，原材料必须具备可加工成这种产品的性能一样。“人性向善”是说在人性中先验地存在着各种道德的萌芽，因而造就道德性的个体只需“培养”，使这种种子发扬光大。

道德教育必须对人类自身的道德潜能予以充分的信任，否则，道德教育就不可避免地沦为防范、惩罚和模塑的同义语。越来越多的人认识到，真正具有“道德”意义的道德教育，不是把社会现存的道德规范和行为准则灌输给学生，使学生成为一个个“美德的集合体”，而是启发和唤醒学生的道德自觉和道德良心，使学生树立道德理想，领悟人生真义。而“启发”和“唤醒”学生的道德自觉和道德良心之所以可能，是要以个体人性中先验地存在着“向善性”为前提的。

在教育，特别是道德教育的理论建构中，把“人性本善”作为其价值预设，其目的就在于导引出一条现实途径：那就是通过激活、唤醒等方式来发掘、弘扬人的潜能中积极的、美好的、建设性的、善良的因素。“如果认为人的内心深处基本上天生是恶的，那么必然意味着压抑性统治、不信任、控制和警戒。”

在教育中，进而在道德教育中，只有作“人性本善”的价值预设，我们才可能对教育的结果作乐观与光明的期待，才能确立起对人的信心、对教育的信心，我们才有平和的心态；当遭遇挫折时，不至于气急败坏、暴跳如雷，才可能真正具有教育者的胸襟和怀抱。

我们不妨想象一下，一片森林，如果没有一点空隙，阳光怎么能照进来呢？人先验地存在着的“向善性”就如同森林中的空隙，这空隙才是阳光得以照进去的先决条件。真正的道德教育基于一种肯定超越性和趋向于普遍义理的自觉性作为人的本质特性的人性论。换言之，它建基于对人的道德自觉与向善性的无限乐观的期许。

以“人性向善”为价值预设的教育力图引导受教育者营造明丽的内心生活，建构坚实、丰富、光明的精神世界，引导着年轻的心灵对人生的意义和价值作深切的体认，引导人生对世俗功利和有限性的超越，唤醒、弘扬、提升人性深处对正义与光明的期待。因为千百年的人类生活实践告诉我们，只要我们心中有一缕阳光，它便会照亮我们生活的每一个角落，我们就会有更多的友善的、真诚的、甜美的微笑；只要我们在心中珍藏起一份美好，生活就是最甜美的清泉。

前方的路

文明是相对于蒙昧和野蛮而言的，它标识着一定共同体的人类的进步状态。政治文明，指的是人们政治生活的进步状态和成果积累，包括政治主体、政治制度、政治关系、政治运作和政治参与等各个方面的水准和成果。

“政治”一词，在汉语中最原初、最本真的涵义是“对众人的管理”。政，众也；治，有“治理、统治、管理”之意。政治其实与我们每一个人的生存状态、生命质素和人格尊严密切相关。几千年封建专制统治，所积淀形成的“小民意识”“贱民意识”“草民意识”，是与我们今天要建设的政治文明格格不入的。“不问政治”，其实是缺乏政治文明素养的一种表现，尽管在特定的时期是对于专制统治的一种无声的、无力的反抗。

过去，我们只讲两个文明——物质文明和精神文明，今天我们特别提出了政治文明，这在认识上是一个可喜的进步。当然，“文明”一词本身是一个“价值用词”，也就是说，究竟何谓“文明”，何谓“野蛮”，背后有一个评价尺度、价值尺度的问题。因而，政治文明是一个历史的、发展的概念。

政治文明有这样三个层面的问题，一是政治制度：它关涉权力归属问题，在民主政治中，主权在民，它包括政治平等、民主选举、民主监督、政治公开、民主程序等一系列的原则和制度；二是法治精神：良好完备的法律得到全社会普遍的认同和服从,法律具有至高无上的权威,公民通过伸张法律的权威来监督和约束公权和保护自身的合法权利;通过法律来解决人与人之间的利益纷争;三是社会心理和价值取向:封建专制政治的文化心理是以张扬皇权至上、官贵民贱为基本特征的,民主政治则以尊重和保护公民的平等权利为特征。

我们今天谈政治文明,主要是指一个国家政治生活民主化、法治化的发展水平。因而,政治文明的核心是对国家权力,也就是公共权力的合理配置、规范运作和有效制约。

可是今天在一些官员眼里,上级是权力的来源,上级有权决定自己的升迁和前途,上级就是自己的衣食父母;在上级眼里,自己有权决定下级的提拔与否,而提拔与否的标准则完全掌握在自己手里,标准的制定并不是以纳税人满意为尺度,而是以自己的价值体系、自己的好恶作判断。他们从没想过,这种权力来源于何处,上级"只是权力使用者,而非权力拥有者"。"权力来源于上级"的错位的权力观导致一些官员从政时,一切以上级是否满意为标准,而上级也恰恰认为这是正常的——听我的命令是没什么不正常的,哪怕是错误的命令。正是这种观念的严重错位,导致政治生活领域中形式主义、官僚主义、贪污腐败、人身依附、官本位等不正常现象愈演愈烈。这说明我们对于公共权力的合理配置、规范运作和有效制约还有许多事情要做。

切实地保障每一个公民的人权,切切实实加强法制建设,是今天我们政治文明建设的核心内容。因为,在我们的社会中,仍有不少人担心自己有可能被加上莫须有的罪名而遭受追究和惩罚,有更多的人对于社会生活缺乏安全感,而不敢自由思想和自由言说。联想到"孙志刚案件""夫妻看黄碟被抓""处女卖淫案"等的层出不穷,人们的担心也就不难理解了。可见,我们离真正的政治文明还有相当长的路要走,更何况,政治文明也要与时俱进。

作为教育,在政治文明的建设中,无疑扮演着重要的角色,可以发挥重要的作用。其途径就在于通过民主的校园生活,通过充满民主精神的学习资源,让学生从小确立民主的、尊重人权的思想观念,确立自由民主等现代文明的价值观，进而养成民主的性格。

建设一个自由社会、法治社会，一个高度文明和高度民主的社会，是中华民族几代有识之士梦寐以求的目标。尽管我们今天离这个目标还有相当的距离，但我相信，只要方向对了，路再远，也一定会有抵达的那一天。

“旅人啊，请不要停止你的脚步，前方的路，远远没有尽头。”

附 录

本书作者为生命教育实验学校的题词

1.生命是宇宙间的奇迹，是上苍馈赠给我们的最珍贵的礼物，因而我们对生命需要有一种敬畏感；而教育则是人类自身馈赠给生命的最珍贵的礼物。因而，作为人类的一员，我们可以有一种自豪感。一个人拥有了对生命的敬畏感与自豪感，幸福而有尊严地生活着就有了最切实的保障。这种生命情怀也正是生命教育要着力在每一个人心中唤醒和光大的。

——为吉林第十七小学的题词

2.生命教育就是对应试教育、就业教育、技能教育等仅仅服务于学生的生存竞争的教育的扬弃和超越，是引导学生珍爱生命、敬畏生命、感恩生命、享受生命的教育。如果一种教育，让学生学会了很多，却没有学会如何幸福地生活，那这种教育至少是残缺的，甚至可能是反生命、反教育的。

——为包钢一小的题词

3.一个人不管毕业于哪一所学校，所学的是哪一门专业，获得了怎样的学位，最终都得面对生活。任何人都首先是一个生活者，其次才是一个劳动者、思想者，一个技术人员、一个专家，一个文人、一个学者或者一个艺术家。而只有一个人能快乐而有尊严地生活着，才能扮演好其他的社会角色，比如父亲或母亲，丈夫或妻子。更何况“人是目的”，每一个人的幸福本身就有着无须证明、自满自足的价值。而生命教育就正是为学生的幸福人生奠基的教育，也正是始终关注教师生活的幸福指数的教育。

——为天津杨柳青中学的题词

4.我们怀着对生命的敬意，带着信念去耕耘，带着希望去播种：用生命的温暖，光大人性的美好；用生命的活力，唤醒智慧的潜能——在生命教育的园地里，谛听花开的声音。

——为济南新苑小学的题词

5.生命教育就融渗在这样的追求之中：让校园生活充满关怀、激励、温暖与成就感，并能陶养出一种积极向上的人格；让每一个人都能够更加真切和更为丰盈地感到生活的意义和美好，从而以更饱满的热情投入生活、学习与工作。

——为深圳学府中学的题词

6.用人间的情怀，润泽心田；用生命的智慧，拓展成长的空间；用丰富的学识，垫高遥望的视野……我们以心的邀约，度过自主而充实的每一天！这就是我们自觉践行的生命教育。

——为成都二仙桥学校的题词

7.我们赋予生命教育以这样的内涵：师生在学校的每一段时光都荡漾着生命的情怀，在校园的每一个角落都充满人性的温暖——笑声朗朗，书声琅琅，歌声朗朗……每一个人的优长都能够得到充分地绽放，每一个人对未来都有着乐观的向往，在每一个人心中培植起对于教育无限信任的力量。

——为沈阳第四十四中学的题词

8.如果我们的教育能够带给学生温暖的回忆并因此热爱学习、交往、探索与富有个性的表达；如果我们的教育能够让学生学会自律、自主、互助与合作，提升着他们生命质量和生命尊严的意识；如果我们的教育能够让教师更多地感到精神的充实和生活的愉悦，并总是信心满满地投入工作；如果我们的教育能够让家长感到信任、自觉地支持学校的工作并由此而获得成长，那我们的教育就可以当之无愧地称之为生命教育。

——为郑州师专附小的题词

9.游历可以使我们的生命变得丰富与厚重。生命教育不仅要引领学生进行精神的漫游，也要培育学生敢于冒险、开拓和探索的品格。

——为江阴市徐霞客实验小学的题词

10.自觉践行生命教育的学校，一定会无微不至地用智慧、美德与真情成就每一个学生。它摒弃短视与功利，既一视同仁地对待每一个学生，不管出生的贫富、天赋的优劣，又能因材施教，长善救失。

——为深圳市南湖小学的题词

11.我祈愿，在飘扬着生命教育旗帜的幼儿园，没有粗暴，没有糊弄，更没有恫吓与羞辱，每一个孩子都被视为天使，在温情的陪伴里，身体和心智得到和谐的发展。

——为长沙市万婴幼儿园的题词

12.生命教育旨在引领学生过一种安全、理智、负责任、有热情、有追求、有爱心和有创意的生活。学生在当下的校园里过着怎样的生活，会在很大程度上影响着他一生的生活品质。

——为潍坊中新双语学校的题词

13.生命教育守护童心，保卫童年，张扬童趣，彰显童贞。它摒弃貌似崇高的假大空，它禁绝训斥与羞辱，它远离市侩与庸俗，它崇尚自然，倡扬自主与自律，它鼓励个性与创新，它宽容缺陷与错误，它带给学生的是安全、温馨与乐趣。

——为杭州采荷集团一小的题词

14.成长是生命最为积极的和美好的姿态。学生的生命成长通过身体、认知、社会经验的发展而得以实现。促进学生的自主发展，和谐发展，有特色的发展和可持续的发展是生命教育的自觉追求。

——为新疆兵团三中的题词

15.奉献是个体生命价值最高的体现，而所有能够增进人类福祉的发明、发现与创造在客观上都是对社会的奉献。激发创造潜能，培育创新意识，是生命教育因而也是真正良好教育的旨趣。

——为北京市魏善庄第一中心小学的题词

16.以生命教育的眼光发掘学科中生命教育的精神元素，并使课堂充满生命的情怀与律动，打造生命课堂，是生命教育在学校中落实的重要途径。

——为河南鹤壁市兰苑中学的题词

17.生命教育，即“为了生命的教育”，为了学生生命的茁壮与健硕、鲜活与灵动、纯净与高贵的教育。而在为学生提供优质教育的过程中，教师感受到工作的意义和乐趣，自身的价值得以实现与升华，并靓丽和厚重着无悔的人生。

——为河南荥阳第三小学的题词

18.成长是每一个人生命历程中永恒的主题。成长离不开学习，但除了学习还需要更多。生命教育就正是全面关照人的成长的教育。

——为新疆兵团一中的题词

19.生命教育崇尚个体的生命价值，关照个体的人生际遇，并引导个体走向更为广阔的生命世界。因此，我们赞许“以天下为己任”的雄心抱负，更倡导“以己任为天下”的敬业精神。

——为陕西华山中学的题词

20.生命，因为脆弱，所以珍爱；因为美好，所以欣赏；因为独特，所以平等；因为精神，所以高贵；因为神圣，所以敬畏；“因为懂得，所以慈悲”。

——为黑龙江鸡西金华中学的题词

21.人类生生不息，而个体生命十分短暂。对于我们所有人都同样是“与今人相处时日短，与后人相处时日长”。我们今天的所作所为决定着我们的后人会不会以及以怎样的方式和心情谈论我们。这种生命自觉需要生命教育带给每一个学生。

——为湖南雷锋中学的题词

22.教育的完整性、个体生命的完整性，必然使得生命教育体现在教育目标、过程与方法、内容以及教育者的情感与态度等方面。仅仅强调某一方面，都不能确保我们的教育能够造就幸福人生的创造者。

——为江西萍乡中学的题词

23.生命教育的极致表现为教育的力量直抵生命的根基：既有着转识成智、学达性天的睿慧，又有着悲天悯人、民胞物与的情怀。

——为山东寿光世纪学校的题词

24.生命教育标识着教育唯一正当的价值追求：真切地关照学生的生命成长，为学生的幸福人生奠基，并始终不渝、不折不扣地落实在所有教育者一切自觉的追求和努力之中。

——为济南纬二路小学的题词

25.每个人都有追求永恒与不朽的冲动，这也是人不仅具有自然生命与社会生命，更具有精神生命的一个证据。永恒与不朽的只能是精神，它通过"立德、立功、立言"而得以体现。生命教育要弘扬和升华人的精神需要，并引领学生过有品位的精神生活。

——为江西宜丰中学的题词

26.在基础教育阶段，生命教育旨在实现三个统一：呵护儿童的自由天性与培养良好的学习习惯、生活习惯的统一；发展学生健康、稳定、深刻的兴趣、爱好与提高学生全面素质的统一；传承民族文化与培养学生作为民主社会的公民品格的统一。

——为吉林市船营区第四小学的题词

27.特殊教育弘扬人道主义，生命教育彰显生命的智慧与价值。

——为佛山市启聪学校的题词

28.人生涉及两个基本问题：如何活下去和怎样活得更好。生命教育就是从生命的根基上关照这两个问题的教育。

——为四川华蓥市双河小学的题词

29.生命是一段旅程，不管路途开满鲜花还是布满荆棘，走或不走，时光都会将你带到尽头。用欣赏的姿态对待人生，就会发现生命原本是这样美好。教会学生拥有欣赏生命的态度，所有的教师都对此负有责任。

——为南昌市新建县五中的题词

30.成就自我是每一个人的职责与使命。对自己负责才能更好地对社会负责。学问使人生流光溢彩，技艺让事业风生水起。

——为内蒙古赤峰建筑工程学校的题词

31.在日常工作中用母爱滋润每一个学生，与学生一同感受成长的愉悦，乘着阳光在精神的天空飞翔，实践着生命教育的理想。

——为广西柳州潭中路第二小学的题词

32.生命因温暖而成长，因成长而美丽。充满生命情怀的教育就正是生发温暖并进而引领和推动学生成长的力量。

——为石家庄市盛世长安小学的题词

33.生命是一首歌，教育为她填词；人生是一部连续剧，教育为她提升主题。有什么样的教育，就有什么样的人生以至什么样的社会。充满生命气息的教育创造具有人性温暖的人生和社会。

——为太原通宝育杰学校的题词

34.生命教育将有助于学生理解生命的历程，学会规划人生。让学生既能享受当下生活的美好，又能着眼于未来，用理想照亮现实，减少以至避免盲目而忙乱的生存焦虑。

——为邯郸市第六中学的题词

35.生命教育要向学生传递这样的信息：生命不仅仅属于我们自己，它属于爱我们和我们爱的所有人。活着，好好地活着，善待自己，也是一种责任。

——为云南玉溪第一小学的题词

36.一个人为何而生以及应该如何生活，这不是一般的知识，而是人生一切问题的中心问题求得解决的生命哲学。只有服务于美好人生的建设、引导人生对于德性与幸福的追求的教育，才有可能成为有灵魂的活动，这样的活动才配称之为生命教育。

——为上海市周浦育才学校的题词

37.人生是一个不可逆的过程，没有彩排，没有预演。因此，生命教育在引领学生有时是享受，有时则需要勇敢地面对当下生活的同时，也要学会审慎地经营人生，包括人生设计、职业规划、时间管理与压力应对等。

——为四川双流东升迎春小学的题词

38.在像我一样的平凡人那里，生活的意义与趣味就在于对生活丰富的感受和对于善的最深的感动。感动植根于人性中的善、人性中的美，并最终极大地张扬这种善与美。因此它能够有效地防止人心灵的沙漠化，能够使心灵永保鲜活与纯净。感恩教育作为生命教育的重要内容与途径，需要每一个老师和学生都善于捕捉生活中点点滴滴的感动。

——为湖北荆州市张家三巷小学的题词

39.一个人只有对明天怀着美好的憧憬和无限的希望，才会感到生活源源不绝的动力，感受到生活的有滋有味。教育者最好的示范是以自己精彩的人生唤起学生对于成长的渴望和对于未来乐观的向往。也正是在这种意义上，我们可以说，生命教育是以生命影响生命、以生命成全生命的教育。

——为江苏灌南县实验小学的题词

40.在学校教育中，对于学生的健康成长来说，来自教师的温暖才是最重要的。教师的温暖最主要的体现在对学生的理解、尊重、体恤和激励上。生命教育倡导师生之间的相互温暖，彼此成全。在这一过程中，教师起着主导作用。

——为辽宁本溪市第八中学的题词

41.每一个人都有一扇心门。它将自我与外部世界分别开来。关注学生生命成长的教育，拥有叩开并永远使每个心灵对美德与智慧敞开大门的力量。

——为天津市海河中学的题词

42.每一个人都渴望富足而充满美好趣味的生活，这种渴望是一种真实而积极的生命成长的力量。生命教育就是要珍视生命的内在需要，引领学生去过一种有意义的生活。

——为新疆兵团农二师八一中学的题词

43.将生命教育作为学校文化建设的自觉追求，就一定能创造一个更温情、更和谐、更阳光的教育情境，并让所有师生过更有尊严与幸福的生活。

——为深圳平冈中学的题词

44.有鼓励就会有梦想，有梦想就会有阳光，有阳光就会有温暖，有温暖就会有生命灿烂的绽放。

——为济南育晖小学的题词

45.幸福属于以阳光的心态争取幸福的人。造就幸福人生的创造者从健康人格的培养着手，用欣赏和鼓励夯实自信，健康人格的成长就有了坚实的基础。

——为无锡市藕塘中学的题词

46.幸福是人生的最高价值。感受幸福的能力源于内心的力量。生命教育要着力帮助学生聚集这种力量，以便使学生有能力去创造属于自己的幸福人生。

——为石家庄第四十中学的题词

47.让每一个孩子都有一个温暖幸福的童年，这是社会文明的标志，也是在为一个和谐融洽的社会奠基。家庭和社会机构都责无旁贷。

——为辽宁海城爱的旅程教育发展机构的题词

48.教育媒体的社会责任就在于始终坚守教育正当的价值追求：为

学生的幸福人生奠基,为自由社会培养人。

——为《今日教育》杂志的题词

49.将成为学生生命中的贵人作为每一个教师的自觉追求,就一定能够使学校生活成为学生终身美好记忆的巨大源泉。

——为安阳市人民大道小学的题词

50.在孩子幼小的心灵里播撒爱、温暖与探索的精神种子,是幼儿园教师的神圣职责,而一个乐观、开朗、热情的教师最能胜任这项工作。

——为深圳实验幼儿园的题词

51.生命教育就是沐浴灵府,润泽生命的教育,它以造就有胆、有识、有情、有义、有趣的完整的人作为自己高远的追求。

——为北京小学大连华润·海中国分校题词

52.教师给予学生的既可以是真诚的欣赏、热情的鼓励、也可以是明确的指引、良好的示范和建设性的建议,还可以是善意的批评和令人心悦诚服的惩戒。教育就存在于积极的关注和对成长的引领之中。

——为广西贵港市江南中学的题词

53.每个人心中都有一个沉睡的巨人。唤醒她,并促使学生带着她去创造更完美的自我,这是良好的教育最好的证明。

——为内蒙古集宁市新世纪学校的题词

54.基础教育不仅要对学生的升学考试负责,更要对学生的幸福人生负责;不仅要对现在的学生负责,也要对这块土地的未来负责:要自觉地为一个自由、民主、开放、多元的社会培养人。

——为重庆市江北中学的题词

55.微笑教育是东山小学的一面鲜明亮丽的旗帜。她高贵地飘扬在学校的上空，飘扬在每一个东山人的心头；她铭刻在灵魂，书写在脸上；她绽放在校园的每一个角落，每一个瞬间。

——为大连开发区东山小学的题词

图书在版编目(CIP)数据

成为有信念的教师/肖川著.—长沙:岳麓书社,2012.9(2022.4重印)
ISBN 978-7-80761-214-8

Ⅰ.①成… Ⅱ.①肖… Ⅲ.①教育工作—文集 Ⅳ.①G4-53

中国版本图书馆CIP数据核字(2012)第169213号

CHENGWEI YOU XINNIAN DE JIAOSHI
成为有信念的教师
作　　者:肖　川
责任编辑:蔡　晟　赵爱平
封面设计:山和水工作室　刘峰

岳麓书社出版发行
地址:湖南省长沙市爱民路47号
直销电话:0731-88804152　0731-88885616
邮编:410006

版次:2012年9月第1版
印次:2022年4月第10次印刷
开本:710×1000　1/16
印张:25.25
字数:370千字
书号:ISBN 978-7-80761-214-8
定价:59.00元

承印:长沙超峰印刷有限公司

如有印装质量问题,请与本社印务部联系
电话:0731-88884129